ALLBRIGHT
LAW OFFICES
锦天城

锦天城法律实务丛书

破产衍生诉讼案例分析与实务

ANALYSIS AND PRACTICE OF BANKRUPTCY DERIVATIVE CASES

申林平　傅莲芳 / 主编

法律出版社 LAW PRESS · CHINA
北京

图书在版编目(CIP)数据

破产衍生诉讼案例分析与实务 / 申林平,傅莲芳主编. -- 北京:法律出版社,2023
(锦天城法律实务丛书)
ISBN 978-7-5197-8141-5

Ⅰ.①破… Ⅱ.①申… ②傅… Ⅲ.①破产法-案例-中国 Ⅳ.①D922.291.925

中国国家版本馆 CIP 数据核字(2023)第 138390 号

锦天城法律实务丛书	**破产衍生诉讼案例分析与实务** **POCHAN YANSHENG SUSONG ANLI FENXI YU SHIWU**	申林平　傅莲芳　主编	策划编辑 薛　晗　田　浩 责任编辑 薛　晗　田　浩 装帧设计 臧晓飞

出版发行 法律出版社
编辑统筹 法商出版分社
责任校对 王　丰　郭艳萍
责任印制 胡晓雅
经　　销 新华书店

开本 710 毫米×1000 毫米　1/16
印张 29.25　　**字数** 483 千
版本 2023 年 10 月第 1 版
印次 2023 年 10 月第 1 次印刷
印刷 三河市龙大印装有限公司

地址:北京市丰台区莲花池西里 7 号(100073)
网址:www.lawpress.com.cn
投稿邮箱:info@lawpress.com.cn
举报盗版邮箱:jbwq@lawpress.com.cn

销售电话:010-83938349
客服电话:010-83938350
咨询电话:010-63939796

书号:ISBN 978-7-5197-8141-5
定价:118.00 元
凡购买本社图书,如有印装错误,我社负责退换。电话:010-83938349

编委会成员

行。在2020年《民事案件案由规定》二十三"与破产有关的纠纷"项下共规定了13个案由，分别是"请求撤销个别清偿行为纠纷、请求确认债务人行为无效纠纷、对外追收债权纠纷、追收未缴出资纠纷、追收抽逃出资纠纷、追收非正常收入纠纷、破产债权确认纠纷、取回权纠纷、破产抵销权纠纷、别除权纠纷、破产撤销权纠纷、损害债务人利益赔偿纠纷、管理人责任纠纷"。与2011年《民事案件案由规定》相比，其在"与破产有关的纠纷"案由项下删去了"申请破产清算、申请破产重整、申请破产和解"3个破产程序案件案由。2020年《民事案件案由规定》下"与破产有关的纠纷"这13个案由就是我们通常所说的破产衍生诉讼案由。

本书就以2020年《民事案件案由规定》中有关破产衍生诉讼的13个案由为出发点逐一梳理，通过案例分析选取该案由项下具有典型特征的案例，总结裁判要旨，分析一审、二审、再审争议焦点及法院裁判观点，让读者对此问题形成具象化认识，再通过实务问题解答将该案由项下常见争议焦点进行总结，13个破产衍生诉讼的案由纠纷既有其共性又有其特殊性，本书通过分析不同争议焦点下法院不同的裁判观点进而给出实务操作指引。

德沃金曾言："法律是一种不断完善的实践。"黑格尔也曾说过："法律决非一成不变的，相反地，正如天空和海洋因风浪而起变化一样，法律也因情况和时运而变化。"在纷繁复杂的现实世界中，每天都有新的企业产生、旧的企业消亡，经济社会生活如同稳定运行的齿轮一样，滚滚向前，以法律为指引，司法实践面对精彩纷呈也不断变化的现实生活给出了答案，裁判观点将法律运用到实践中去，切实地解决了当事人之间的矛盾利益冲突，维持着法律的衡平之美。在破产衍生诉讼中更是如此，法律条文并非机械适用，其背后拥有的立法精神与原则，使无论现实社会如何变迁，我们都可以创造性地适用法律，通过司法审判维系社会的公平与正义，使债务人、债权人、其他利益相关者、社会公众利益等达到平衡。本书也希望通过论述破产衍生诉讼中的实务问题，让读者体会到法律的科学之美、艺术之美；也期待读者通过本书的阅看，能注意到司法是维护社会公平正义的最后一道防线，个案的公平裁判和司法裁判尺度的统一是我们每个案件参与方共同追求的目标，需要大家一起努力。

感谢破产法学界和实务界的前辈、朋友们对我们的大力支持和帮助，感谢本所对法律理论研究和实务总结的重视，感谢法律出版社田浩等老师的大力支持！

作者于北京东方广场

编委会成员

主　编：申林平　傅莲芳

副主编：董思雨（执行）　石璐瑶　胡玉斐　张少东　张佳凝　陈杰銮

前　言

“衍生”，顾名思义指“演变而生”，那么“破产衍生诉讼”其实是指破产申请受理后，当事人新提起的与债务人法律关系调整有关的诉讼。从广义上而言，破产衍生诉讼包括民事诉讼、刑事诉讼等，但本书所指破产衍生诉讼仅指狭义上的破产衍生诉讼，即民事诉讼。通过司法案例大数据检索可以发现，随着市场经济的快速发展、营商环境的不断优化、破产管理人水平的不断提升、债权人法律意识的不断增强，破产衍生诉讼的案例数量逐年攀升，破产衍生诉讼已经成为解决债务人企业相关实体权利义务纠纷的惯常方式。

但与实践快速发展不相适应的便是我国目前还没有系统地出台与破产衍生诉讼相关的法律法规或者司法解释，我们可以预见破产衍生诉讼接下来将会迎来爆发式增长，而没有统一的裁判标准将会使当事人承担较高的诉讼风险以及增加法院对案件的审理难度，所以本书通过梳理大量司法案件，以期对实践进行总结，梳理破产衍生诉讼中的裁判规则，为破产衍生诉讼的发展提供一些帮助。

2008 年，最高人民法院正式印发《民事案件案由规定》。2011 年 2 月，最高人民法院发布《关于印发修改后的〈民事案件案由规定〉的通知》，对 2008 年 2 月 4 日制发的《民事案件案由规定》进行了修改（修改后的《民事案件案由规定》以下简称 2011 年《民事案件案由规定》），自 2011 年 4 月 1 日起施行。2011 年《民事案件案由规定》发布实施以来，在方便当事人进行民事诉讼、规范人民法院立案、审判和司法统计工作方面，发挥了重要作用。后 2020 年为切实贯彻实施《民法典》，最高人民法院对 2011 年《民事案件案由规定》进行了修改，修改后的《民事案件案由规定》（以下简称 2020 年《民事案件案由规定》）自 2021 年 1 月 1 日起施行。在2020年《民事案件案由规定》二十三“与破产有关的纠纷”项下共规定了13个案由，分别是“请求撤销个别清偿行为纠纷、请求确认债务人行为无效纠纷、对外追收债权纠纷、追收未缴出资纠纷、追收抽逃出资纠纷、追收非正常收入纠纷、破产债权确认纠纷、取回权纠纷、破产抵销权纠纷、别除权纠纷、破产撤销权纠纷、损害债务人利益赔偿纠纷、管理人责任纠纷”。与2011年《民事案件案由规定》相比，其在“与破产有关的纠纷”案由项下删去了“申请破产清算、申请破产重整、申请破产和解”3个破产程序案件案由。2020年《民事案件案由规定》下“与破产有关的纠纷”这13个案由就是我们通常所说的破产衍生诉讼案由。

本书就以2020年《民事案件案由规定》中有关破产衍生诉讼的13个案由为出发点逐一梳理，通过案例分析选取该案由项下具有典型特征的案例，总结裁判要旨，分析一审、二审、再审争议焦点及法院裁判观点，让读者对此问题形成具象化认识，再通过实务问题解答将该案由项下常见争议焦点进行总结，13个破产衍生诉讼的案由纠纷既有其共性又有其特殊性，本书通过分析不同争议焦点下法院不同的裁判观点进而给出实务操作指引。

德沃金曾言：“法律是一种不断完善的实践。”黑格尔也曾说过：“法律决非一成不变的，相反地，正如天空和海洋因风浪而起变化一样，法律也因情况和时运而变化。”在纷繁复杂的现实世界中，每天都有新的企业产生、旧的企业消亡，经济社会生活如同稳定运行的齿轮一样，滚滚向前，以法律为指引，司法实践面对精彩纷呈也不断变化的现实生活给出了答案，裁判观点将法律运用到实践中去，切实地解决了当事人之间的矛盾利益冲突，维持着法律的衡平之美。在破产衍生诉讼中更是如此，法律条文并非机械适用，其背后拥有的立法精神与原则，使无论现实社会如何变迁，我们都可以创造性地适用法律，通过司法审判维系社会的公平与正义，使债务人、债权人、其他利益相关者、社会公众利益等达到平衡。本书也希望通过论述破产衍生诉讼中的实务问题，让读者体会到法律的科学之美、艺术之美；也期待读者通过本书的阅看，能注意到司法是维护社会公平正义的最后一道防线，个案的公平裁判和司法裁判尺度的统一是我们每个案件参与方共同追求的目标，需要大家一起努力。

感谢破产法学界和实务界的前辈、朋友们对我们的大力支持和帮助，感谢本所对法律理论研究和实务总结的重视，感谢法律出版社田浩等老师的大力支持！

作者于北京东方广场

简写表

全称	简称
《中华人民共和国民法典》	《民法典》
《中华人民共和国企业破产法》	《企业破产法》
《中华人民共和国企业破产法（试行）》	《企业破产法（试行）》
《中华人民共和国公司法》	《公司法》
《中华人民共和国侵权责任法》（已失效）	《侵权法》
《中华人民共和国合同法》（已失效）	《合同法》
《中华人民共和国物权法》（已失效）	《物权法》
《中华人民共和国担保法》（已失效）	《担保法》
《中华人民共和国劳动合同法》	《劳动合同法》
《中华人民共和国消费者权益保护法》	《消费者权益保护法》
《中华人民共和国票据法》	《票据法》
《中华人民共和国民事诉讼法》	《民事诉讼法》
《最高人民法院关于适用〈中华人民共和国企业破产法〉若干问题的规定（一）》	《企业破产法司法解释（一）》
《最高人民法院关于适用〈中华人民共和国企业破产法〉若干问题的规定（二）》	《企业破产法司法解释（二）》

续表

全称	简称
《最高人民法院关于适用〈中华人民共和国企业破产法〉若干问题的规定（三）》	《企业破产法司法解释（三）》
《最高人民法院关于审理企业破产案件若干问题的规定》	《关于审理企业破产案件若干问题的规定》
《最高人民法院关于适用〈中华人民共和国公司法〉若干问题的规定（二）》	《公司法司法解释（二）》
《最高人民法院关于适用〈中华人民共和国公司法〉若干问题的规定（三）》	《公司法司法解释（三）》
《最高人民法院关于适用〈中华人民共和国民法典〉有关担保制度的解释》	《民法典担保制度司法解释》
《最高人民法院关于适用〈中华人民共和国担保法〉若干问题的解释》（已失效）	《担保法解释》
《最高人民法院关于审理建设工程施工合同纠纷案件适用法律问题的解释（一）》	《民法典建设工程司法解释（一）》
《最高人民法院关于审理建设工程施工合同纠纷案件适用法律问题的解释（二）》	《审理建设工程施工合同纠纷案件司法解释（二）》
《全国法院破产审判工作会议纪要》	《破产审判纪要》
《全国法院民商事审判工作会议纪要》	《九民会议纪要》
《最高人民法院关于审理民间借贷案件适用法律若干问题的规定》	《民间借贷法律规定》
《最高人民法院关于建设工程价款优先受偿权问题的批复》（已失效）	《建设工程价款优先受偿权问题批复》

目·录

专题一 请求撤销个别清偿行为纠纷

专题二 请求确认债务人行为无效纠纷

专题三 对外追收债权纠纷

专题八 取回权纠纷

专题九 破产抵销权纠纷

专题十 别除权纠纷

撤销权纠纷 专题十一

损害债务人利益赔偿纠纷 专题十二

管理人纠纷 专题十三

请求撤销个别清偿行为纠纷

专题一

我国破产衍生诉讼中的破产撤销制度，在法律中主要集中规定在《企业破产法》第三十一条①和第三十二条②，该制度是为保障破产程序中全体债权人的利益，实现公平清偿的一项制度。③《企业破产法》第三十一条在破产衍生诉讼中主要在破产撤销权纠纷中适用，第三十二条属于危机期间的个别清偿行为，主要在撤销个别清偿行为纠纷中适用。危机期间的个别清偿行为的撤销属于破产法上特有的撤销。④ 这是因为，该个别清偿行为在破产程序之外属正当合法行为，为民法所保护，只因进入了破产程序才被撤销。与之相较，《企业破产法》第三十一条中规定的无偿转让财产、以明显不合理的价格进行交易以及放弃债权的行为，即使在破产法外，根据其他实体法亦得撤销。⑤《企业破产法》第三十二条和《企业破产法司法解释（二）》第十四条、第十五条、第十六条共同构成了我

① 《企业破产法》第三十一条规定："人民法院受理破产申请前一年内，涉及债务人财产的下列行为，管理人有权请求人民法院予以撤销：（一）无偿转让财产的；（二）以明显不合理的价格进行交易的；（三）对没有财产担保的债务提供财产担保的；（四）对未到期的债务提前清偿的；（五）放弃债权的。"

② 《企业破产法》第三十二条规定："人民法院受理破产申请前六个月内，债务人有本法第二条第一款规定的情形，仍对个别债权人进行清偿的，管理人有权请求人民法院予以撤销。但是，个别清偿使债务人财产受益的除外。"

③ 参见程某与A公司管理人请求撤销个别清偿行为纠纷案，江苏省南通市中级人民法院（2017）苏06民终2665号民事判决书。

④ 参见李志强：《论〈破产法〉上的偏颇性清偿》，载《中国商法》2007年第1期，第423页。

⑤ 参见胡利玲、刘骐宁：《危机期间个别清偿行为撤销构成要件实证研究》，载《湖北社会科学》2019年第6期，第137－146页。

国企业对危机期间个别清偿行为撤销的现行法律规范。

笔者围绕个别清偿行为撤销的构成要件，典型可撤销的个别清偿行为的认定，撤销个别清偿行为的例外和可撤销的个别清偿行为中行为人主观状态的认定这四部分进行说明。个别清偿行为撤销的构成要件部分对目前实践中较为常见的二要件、三要件和四要件进行了阐释说明；典型可撤销的个别清偿行为认定选取了出票人破产支付票款行为，个别债权人自行达成以物抵债协议的行为，银行扣划贷款行为等进行了进一步详细解释；撤销个别清偿行为的例外部分对债务人以自有财产设定担保物权的债权进行个别清偿，债务人经诉讼、仲裁、执行程序对债权人进行的个别清偿，债务人为维系基本生产需要而支付水费、电费等进行的个别清偿，债务人支付劳动报酬、人身损害赔偿金进行的个别清偿，使债务人财产受益的其他个别清偿，并结合实践中法官借用域外立法经验创设的同时履行行为、发生后位新价值、惯常交易等例外清偿行为进行解释说明；可撤销的个别清偿行为中行为人主观状态的认定对实践中常见的纯主观主义、客观主义以及缓和主观主义进行了讨论。希望上述讨论可以尽可能维护个别债权人与全体债权人之间的利益平衡，真正实现破产撤销权的制度作用。

一、个别清偿行为撤销的构成要件

（一）导引案例分析

程某与A公司管理人请求撤销个别清偿行为纠纷上诉案/江苏省南通市中级人民法院辖区/（2017）苏06民终2665号①

【裁判要点】

依照法律规定并结合一般民法原则，可撤销的个别清偿行为应当包括以下要件：其一，清偿行为发生在人民法院受理破产申请前6个月内。其二，债务人在清偿债务时已具备破产原因。其三，债权人知道或者应当知道债务人具备破产原因的状况。其四，该清偿行为不会使债务人财产受益。

【基本案情】

A公司分别于2012年7月4日、7月13日、11月30日共向程某借款140万

① 相关案件：A公司管理人与程某请求撤销个别清偿行为纠纷案，江苏省南通市通州区人民法院（2017）苏0612民初1359号民事判决书。

元，并于2014年11月27日偿还该借款，当时借期均已届满。2014年7月1日，A公司与某农商行订立了金额为2200万元的《借款展期协议》，程某作为原借款合同的保证人仍然为A公司的该笔展期借款提供保证担保。2014年12月26日，一审法院受理B公司对A公司的破产申请，后于2015年7月31日终止重整程序并宣告A公司破产。

【一审判决结果】

1. 撤销A公司于2014年11月27日对程某清偿140万元的行为。

2. 程某于本判决发生法律效力后10日内返还A公司140万元。该款由程某直接给付A公司管理人。

【一审判决思路】

1. 就A公司向程某清偿140万元时，是否出现破产原因的争议。

2014年12月22日，B公司向一审法院提出对A公司的破产申请，该院于当月26日裁定受理。生效的（2015）通商破字第00001号民事裁定书认定了A公司不能清偿到期债务，明显缺乏清偿能力，破产原因已出现的事实。一审法院裁定时间与此前A公司向程某还款时间仅间隔1个月，现未见A公司在此期间出现影响清偿能力的重大变故，A公司明显缺乏清偿能力的情形非法院受理破产重整申请前短短1个月内所能形成。

（2015）通商破字第00001—6号民事裁定书系生效法律文书。一审法院在该文书中的事实部分查明，A公司的债权人经管理人审查后初步认定债权505笔，债权总额达32亿余元。其中社保债权为8532万余元，债权发生时间为2010年。A公司的债权人人数之多，所负债务数额之大，拖欠社保债务时间之长，能够证明A公司向程某清偿债务时已不能清偿到期债务，也能印证A公司明显缺乏清偿能力的情形在一审法院受理破产重整申请前的较长时间里就已形成。

此外，相关的民事调解书、执行裁定书、债权申报登记证和执行案件信息能够证实，在A公司向程某清偿债务前后，存在未向有关债权人清偿或完全清偿经过诉讼确认的债务，其中所欠C公司、D公司、E公司债务虽经过执行程序，但至破产重整申请受理之日仍未清偿。上述事实进一步印证A公司不能清偿到期债务、明显缺乏清偿能力的情形并非在一审法院受理破产申请前1个月内所能形成。

基于以上分析，虽然A公司管理人主张A公司资不抵债的事实尚无证据证实，但其所举证据能够证明A公司向程某清偿140万元时已不能清偿到期债务且明显缺乏清偿能力。《企业破产法》第二条规定所指的“不能清偿到期债务”并不排除担保债务，故即使E公司的债权系程某所主张的担保债权，也不会影响对破产原因的认定。至于程某主张的A公司向其清偿债务后，采用以贷还贷的方式向某银行偿还过一笔数千万元的贷款的事实，即使属实，也不能据此证明A公司能够完全清偿到期债务而否定破产原因的存在。

2. 就A公司向程某清偿债务是否使A公司获得财产利益的争议。

《企业破产法》第三十二条规定“个别清偿使债务人财产受益的除外”，应理解为该个别清偿行为增加了破产企业可供债权人分配的财产，最起码未因清偿行为造成财产的减少，有利于保护全体债权人的权利。而本案中，A公司清偿了程某借款本金部分的债权，其财产显然未能增加，而是有所减少，不利于对全体债权人权利的保护。至于借款利息部分无论清偿与否，均不能改变对借款本金个别清偿行为的性质。

3. 就程某受偿行为是否系善意而应否撤销的争议。

程某以A公司向其清偿时双方不存在主观恶意为由，提出该行为不可撤销的抗辩主张，没有法律依据。《企业破产法》赋予管理人撤销权，旨在实现《企业破产法》公平清偿的立法价值，防止个别清偿行为减少债务人的财产，损害全体债权人的利益。判断个别清偿行为是否应予撤销，应当将该行为是否背离破产程序公平受偿的价值取向进而损害全体债权人利益作为重要的考量因素。本案中，A公司对程某的个别清偿，显然减少了债务人的可分配财产，损害了其他人的债权利益。恶意清偿固然可以构成破产撤销权的条件，但并非必要条件。偏颇性清偿中的双方不一定具有恶意，也可以成为破产撤销权的构成要件。《企业破产法》对个别清偿行为的规制都是以债的合法存在为前提，对行为人的主观状态（恶意或善意）并无特别要求。

4. 就本案是否适用合同法有关撤销权行使期限规定的争议。

对于程某提出的A公司管理人行使撤销权不符合合同法规定，已超过1年除斥期间的抗辩意见，A公司管理人辩称，2015年10月就向法院提起撤销之诉，因当时程某尚在刑事羁押中，无法审理，只能暂时撤回起诉。后A公司管理人得知程某被取保候审，遂于2016年10月再次向法院起诉，法院以起诉所列原告主体不适格为由驳回起诉。2017年1月A公司管理人又以自己的名义起诉，并没有超过法定期限。况且《企业破产法》明确规定只要符合该法第三十二条规定，管理人就有权行使撤销权。

一审法院认为，请求撤销个别清偿行为纠纷案件不适用合同法关于撤销权行使期间的规定。破产撤销权是以破产原因出现、破产案件为法院所受理为适用条件，是专门针对债务人丧失清偿能力的特殊情况而设置，在可撤销行为的主观构成要件、撤销权行使的主体及行使范围等诸多方面与合同法上规定的撤销权存有区别。破产撤销权在一定程度上要排除合同法上撤销权的适用，而体现出在破产程序中所特有的行为特征。除斥期间，通常是指法律规定的某种权利的存续期间，而不是某种义务的存续期间。管理人不是撤销权的实体权利人或受益人，其基于法律的直接规定在破产程序当中依法接管债务人的财产，并为全体债权人共同利益而进行管理、清算、分配等工作。对于管理人而言，破产撤销权不是一种可以行使也可以放弃的权利，而是必须履行的法定义务。《企业破产法》第三十二条明确规定法院受理破产申请前6个月内的符合法定情形的债务人个别清偿行为可以撤销，但并未限定破产管理人撤销权的行使期间。根据《企业破产法》第一百二十三条第一款第一项的规定，即使在破产程序终结后2年内，债权人发现因债务人可撤销行为应予追回的财产，仍可以请求人民法院追回财产，进行追加分配。故在破产程序中，无论程序持续时间多长，均不存在管理人撤销权的除斥问题。

【二审判决结果】

驳回上诉，维持原判。

【二审判决思路】

法院认为，依照《企业破产法》第三十二条的规定，人民法院受理破产申请前6个月内，债务人有本法第二条第一款规定的情形，仍对个别债权人进行清偿的，管理人有权请求人民法院予以撤销。但是，个别清偿使债务人财产受益的除外。依照上述规定并结合一般民法原则，可撤销的个别清偿应当包括以下要件：

其一，清偿行为发生在人民法院受理破产申请前6个月内。本案中，一审法院受理B公司申请A公司破产重整的时间为2014年12月26日，而A公司对程某的清偿行为发生在2014年11月27日，显然系在人民法院受理破产申请前6个月内。

其二，债务人在清偿债务时已具备破产原因。程某主张，清偿行为发生时A公司的生产经营正常进行，银行还贷正常及时。但结合本案相关证据来看，一审法院（2015）通商破字第0001号民事裁定书载明，A公司不能清偿申请人B公司的到期债务，明显缺乏清偿能力，破产原因已出现，符合《企业破产法》中规定的受理条件，遂于2014年12月26日裁定受理B公司对A公司的破产申请，而此时距A公司对程某的清偿行为不足1个月。另据法院生效裁定，截至2015年3月9日，确认的A公司债务共计505笔，总金额超过32亿元，而其中包括自2008年以来的社保欠款，总金额达8000多万元。金额如此巨大的债务显然不可能在1个月内形成，而是长期积累的结果。综合上述情况，足以认定A公司在对程某进行清偿时，已具备破产原因。

其三，债权人知道或者应当知道债务人具备破产原因的状况。对于债权人受到清偿时的主观状态，《企业破产法》虽然没有做出明文规定，但考虑到保护善意第三人以及维护交易稳定性的原则，如果债权人在受清偿时主观为善意，其对债务人具有破产原因的情况并不知晓，则该清偿不可撤销。本案中，程某自2012年至2013年12月一直担任A公司主管财务的高级管理人员，其对A公司的经营状况、财务状况均应系明知。在庭审中，程某也认可在其离开A公司之前，A公司已经出现了流动资金紧张，拖欠供应商货款，多年欠交五险一金等情况。基于程某的特殊身份，可以认定其在接受清偿时应当知道A公司已经出现了不能清偿到期债务、明显缺乏清偿能力的现象。

其四，该清偿行为不会使债务人财产受益。使债务人财产受益，一般应当包括维护债务人的正常经营能力，维护债务人财产价值，不会使债务人财产减少。程某主张，其一方面放弃了对A公司的利息请求；另一方面，因A公司上述清偿行为而同意为A公司在某农商行的展期贷款提供担保，故使A公司的财产受益。但其对利息请求的放弃并不会使A公司的财产受益，相反，其个别受偿本金的行为显然使A公司的财产减少。关于其为A公司展期贷款提供担保的问题，首先，就程某提供担保与某农商行同意展期借款之间是否存在必然的联系，并无确凿的证据证明；其次，从《借款展期协议》来看，原约定还款期限为2014年9月5日，展期后为2014年12月25日，而在2014年12月26日，一审法院已受理破产申请，显然该《借款展期协议》的签订并未使得A公司的经营得以有效维持。因此，程某主张清偿行为使A公司的财产受益，也不能成立。

【一审、二审法院审理思路对比总结】

类目	一审	二审
裁判结果	1. 撤销A公司于2014年11月27日对程某清偿140万元的行为。 2. 程某于本判决发生法律效力后十日内返还A公司140万元。该款由程某直接给付A公司管理人。	驳回上诉，维持原判。
争议焦点	1. A公司向程某清偿140万元时，是否出现破产原因。 2. A公司向程某清偿债务是否使A公司获得财产利益。 3. 程某的受偿行为是否系善意而应否撤销。 4.《企业破产法》规定的个别清偿行为撤销权的行使是否适用合同法有关撤销权行使期限的规定。	A公司对程某的还款行为是否符合《企业破产法》第三十二条所规定的可撤销情形。
回应	1. 已出现。虽然A公司管理人主张A公司资不抵债的事实尚无证据证实，但其所举证据如民事裁定书、民事调解书、执行裁定书、债权申报登记证和执行案件信息等能够证明A公司向程某清偿140万元时已不能清偿到期债务且明显缺乏清偿能力。 2. 没有使公司获得财产利益。“个别清偿使债务人财产受益的除外”应理解为该个别清偿行为增加了破产企业可供债权人分配的财产，最起码未因清偿行为造成财产的减少，有利于保护全体债权人的权利。而本案中，A公司清偿了程某借款本金部分的债权，其财产显然未能增加，而是有所减少。 3. 不考虑是否善意。恶意清偿固然可以构成破产撤销权的条件，但并非必要条件。偏颇性清偿中的双方不一定具有恶意，也可以成为破产撤销权	不符合。 1. 清偿行为发生在人民法院受理破产申请前6个月内。本案中，一审法院受理B公司申请A公司破产重整的时间为2014年12月26日，而A公司对程某的清偿行为发生在2014年11月27日，显然系在人民法院受理破产申请前6个月内。 2. 债务人在清偿债务时已具备破产原因。一审法院（2015）通商破字第0001号民事裁定书载明，A公司不能清偿申请人B公司的到期债务，明显缺乏清偿能力，破产原因已出现，符合《企业破产法》中规定的受理条件，遂于2014年12月26日裁定受理B公司对A公司的破产申请，而此时距A公司对程某的清偿行为不足1个月。另据法院生效裁定，截至2015年3月9日，A公司存在巨大的债务，这显然不可能在1个月内形成。

续表

类目	一审	二审
	的构成要件。《企业破产法》对个别清偿行为的规制都是以债的合法存在为前提，对行为人的主观状态（恶意或善意）并无特别要求。 4. 不适用。除斥期间，通常是指法律规定的某种权利的存续期间，而不是某种义务的存续期间。对于管理人而言，破产撤销权不是一种可以行使也可以放弃的权利，而是必须履行的法定义务。	3. 债权人知道或者应当知道债务人具备破产原因的状况。基于程某的特殊身份，可以认定其在接受清偿时应当知道A公司已经出现了不能清偿到期债务、明显缺乏清偿能力的现象。 4. 该清偿行为不会使债务人财产受益。其对利息请求的放弃并不会使A公司的财产受益，相反，其个别受偿本金的行为显然使得A公司的财产减少。关于其为A公司展期贷款提供担保的问题，首先，就程某提供担保与某农商行同意展期借款之间是否存在必然的联系，并无确凿的证据证明；其次，从《借款展期协议》来看，原约定还款期限为2014年9月5日，展期后为2014年12月25日，而在2014年12月26日，一审法院已受理破产申请，显然该《借款展期协议》的签订并未使得A公司的经营能力得以有效维持。

（二）实务问题讨论

厘清可撤销的个别清偿行为之构成要件对顺利解决撤销个别清偿行为纠纷案件有着至关重要的意义，因为不论诉讼中的哪方当事人都要针对个别清偿行为撤销构成要件中的其中一项或某一项展开论证，以求法院在审判中支持或者驳回撤销个别清偿行为的诉讼请求。但纵观历年来各地的司法审判案件，笔者发现法院对于个别清偿行为撤销的构成要件存在不同观点，司法实践中差异较大，导致了司法裁判的混乱。如果构成要件不明确、不具体，法官将缺少据以裁量的准绳，无明确标准的判案将会使案件在存在可自由裁量的空间时不应该被撤销的个别清偿行为被撤销，而应该撤销的个别清偿行为未被撤销的情况，这不仅造成了个别债权人的合法利益受损，也使其他债权人的利益受损，还破坏了公平清偿原则。因为无法让市场参与者进行及时、明确的预测，导致市场秩序发生混乱。[1] 笔者通过概括总结，将司法实践中个别清偿行为撤销的构成要件概括为以下几类（可参见图 1－1 个别清偿行为的构成要件）。

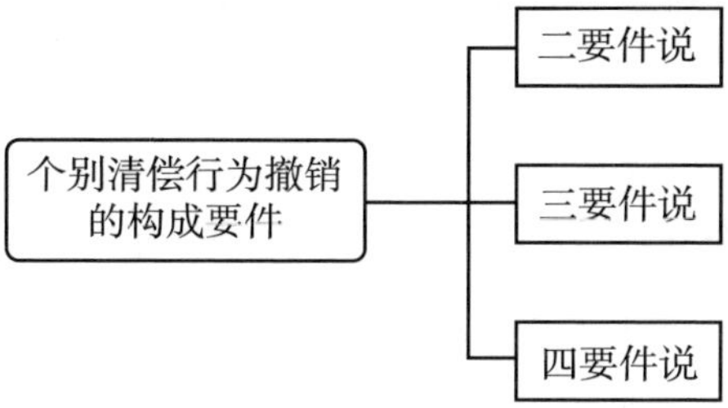

图 1－1　个别清偿行为的构成要件

一是二要件说，即根据《企业破产法》第三十二条的规定，将债务人可撤销的个别清偿行为的要件概括为以下两个：其一，是对债务人的个别清偿行为时间上的要求，即清偿行为发生在人民法院受理破产申请前 6 个月内，如果债务人在人民法院受理破产申请前 6 个月内向债权人清偿债务应该成为本条规定的可撤销的对象；如果该债务的清偿期限尚未届满，并且该行为发生在人民法院受理破产申请前 1 年内，则属于本法第三十一条第四项规定的可撤销的行为。其二，债务人必须具有本法第二条第一款规定的情形，即债务人不能清偿到期债务，并且资产不足以清偿债务或者明显缺乏清偿能力。也就是说，债务人必须处于无力清偿（或者支付不能）的状态。[2] 在（2017）浙 02 民终 1827 号案[3]中，法院认为按照《企业破产法》第三十二条规定的构成个别清偿并应予撤销的须同时满足以下两个要件：（1）形式要件，即债务人向债权人个别清偿的时间为人民法院受理破产申请前 6 个月内；（2）实质要件，即必须存在债务人不能清偿到期债务，并且资产不足以清偿全部债务或者明显缺乏清偿能力时仍对个别债权人进行清偿的行为。（2020）鲁民终 582 号案[4]中，法院认为本案的争议焦点为涉案银行主动划

---

① 参见胡利玲、刘骐宁：《危机期间个别清偿行为撤销构成要件实证研究》，载《湖北社会科学》2019 年第 6 期，第 137－146 页。

② 参见本书编写组编著：《〈中华人民共和国企业破产法〉释义及实用指南》，中国民主法制出版社 2012 年版，第 99－100 页。

③ A 公司管理人等与 B 公司请求撤销个别清偿行为纠纷案，浙江省宁波市中级人民法院（2017）浙 02 民终 1827 号民事判决书。

④ 某银行、A 公司请求撤销个别清偿行为纠纷案，山东省高级人民法院（2020）鲁民终 582 号民事判决书。

扣利息的行为是否属于个别清偿的问题。《企业破产法》第三十二条规定，人民法院受理破产申请前6个月内，债务人有本法第二条第一款规定的情形，仍对个别债权人进行清偿的，管理人有权请求人民法院予以撤销。但是，个别清偿使债务人财产受益的除外。本案中，银行依据合同约定及交易习惯从公司账户自行划扣两笔共计222,627.68元用于清偿到期的借款利息，且清偿行为发生在人民法院受理破产申请前6个月内。法院认为，该公司在人民法院受理破产申请前6个月内向该银行清偿涉案贷款利息的行为应当认定为个别清偿行为，该公司管理人有权请求人民法院予以撤销。除此之外，（2020）辽0124民初878号案①、（2020）辽01民终9120号案②等也是如此。

二是三要件说，但因为三要件说中的三个具体构成要件在司法审判中不尽相同，可以再进行细分。在（2020）粤03民初6798号案③中，法院认为依据《企业破产法》第三十二条的规定，撤销债务人清偿到期债务行为应具备三个条件：该清偿行为发生在人民法院受理破产申请前6个月内；债务人清偿时已经出现不能清偿到期债务，并且资产不足以清偿全部债务或明显缺乏清偿能力的情形；该清偿行为没有使债务人的财产受益。在该案中，银行的扣划行为均发生在法院受理破产申请前6个月内。此时该公司已经不能清偿到期债务，而且扣划该公司银行账户的存款显然对该公司其他债权人是不利的。银行主张其对该公司破产原因并不知情，属于善意债权人。但法院认为《企业破产法》第三十二条规定的破产撤销权并不区分债权人主观是善意还是恶意。该银行的上述扣划行为已经构成了上述法律规定的应当予以撤销的个别清偿行为，依法应当予以撤销。但是在有些案件中，法院认为在满足形式上的时间要件和实质上的企业具备破产原因的要件外，其满足撤销债务人清偿到期债务行为的第三个要件恰恰为债权人受偿时明知债务人已经具备破产原因，该要件明显与上述案件中的第三个要件不同，且与广东省深圳市中级人民法院对主观状态的要求存在出入。如在（2013）浙金商终字

① A公司管理人与林某请求撤销个别清偿行为纠纷案，辽宁省法库县人民法院（2020）辽0124民初878号民事判决书。

② 徐某、A公司管理人请求撤销个别清偿行为纠纷案，辽宁省沈阳市中级人民法院（2020）辽01民终9120号民事判决书。

③ A公司管理人、某银行破产撤销权纠纷、请求撤销个别清偿行为纠纷案，广东省深圳市中级人民法院（2020）粤03民初6798号民事判决书。

第1221号案[①]中，A公司破产管理人提起的是破产撤销权之诉，该撤销权属于破产中的特殊撤销权。该撤销权是否成立，取决于清偿行为是否属于《企业破产法》第三十二条规定的个别清偿。第一，涉案债务清偿时间为2009年1月9日，金华市金东区法院受理A公司破产清算申请一案的时间为2009年5月1日。该债务的清偿时间在破产申请受理前6个月内。第二，该债务清偿时A公司已达到破产界限。根据强制清算程序中形成的审计报告，2008年11月底，A公司已经停产。2008年年底，A公司负债已达9000多万元，资不抵债，明显缺乏清偿能力，实际上已经达到法律规定的破产界限。在此情况下，A公司的财产在法律上已经有了特殊意义，应当随时准备按照破产程序规则分配给全体债权人。若此时发生债务个别清偿，将破坏破产债权平等原则，损害其他债权人利益。第三，贾某之前与A公司存在多次借款及买卖关系，按贾某提供的一审证据及二审上诉状的陈述，本案款项属于其向A公司购买废机件，因废机件回购退回的款项。但贾某未实际向A公司交付其主张的回购的废机件，而是通过财务做账的形式进行清偿。贾某、A公司此种清偿，也难以认定存在善意。2009年1月9日，A公司向贾某支付款项27万元属于因买卖关系产生的退款行为。该债务属于双方因买卖合同关系产生的债务，实质上仍属于一般债权。该清偿行为发生在A公司停产及破产申请前6个月内。综上所述，A公司破产管理人主张破产撤销权符合构成要件，可予支持。

三是还存在四要件说，如（2020）浙06民终3944号案[②]中，法院认为，本案二审的争议焦点为相关债务人合计清偿1,067,227.38元的行为是否应当依法予以撤销。根据《企业破产法》第三十二条的规定，属于偏颇性清偿的个别清偿并不区分债权人是善意还是恶意，构成要件为：（1）清偿行为发生在破产申请受理前6个月内；（2）债务人已经存在不能清偿到期债务，且资产不足以清偿全部债务或明显缺乏清偿能力的客观要件；（3）债务人明知自己存在上述客观条件的前提下，仍然对个别债务进行清偿；（4）该清偿行为并未使债务人的财产收益。本案中，截至2015年12月31日，A公司的账面负债大于资产已达61,862,294.14

---

① A公司破产管理人与贾某破产撤销权纠纷案，浙江省金华市中级人民法院（2013）浙金商终字第1221号民事判决书。

② 某银行、某会计师事务所请求撤销个别清偿行为纠纷案，浙江省绍兴市中级人民法院（2020）浙06民终3944号民事判决书。

元，于2016年6月29日被裁定受理破产清算申请，故可以确认A公司在该期间持续处于资不抵债的状况。从A公司向银行的还款情况来看，也可呈现其清偿能力明显下降，已不能清偿到期债务的情形，故A公司在不能清偿到期债务且资产不足以清偿全部债务的情况下，仍对个别债权人进行清偿，该行为并未使债务人财产收益，管理人有权请求人民法院予以撤销。但在（2014）威商终字第318号案[1]中，法院对因债务人个别清偿行为行使撤销权的四个构成要件与上述观点存在明显区别。山东省威海市中级人民法院经审理认为：根据《企业破产法》第二条、第三十二条的规定破产管理人对债务人个别清偿行为行使撤销权，应当具备以下条件：（1）清偿债务的行为发生在人民法院受理破产申请前6个月内；（2）债务人出现了《企业破产法》第二条第一款规定的破产原因，即债务人不能清偿到期债务，并且资产不足以清偿全部债务或者明显缺乏清偿能力；（3）债务人明知自身存在《企业破产法》第二条规定的情形而仍自动清偿；（4）受偿债权人在主观上应当明知债务人出现了《企业破产法》第二条第一款规定的破产原因。商业银行在借款合同履行后，按照合同约定每月从A公司约定的账户扣划利息，并非A公司主动向债权人支付，而商业银行在扣划银行利息时亦无从知晓A公司具有破产原因，其主观是善意的。且从双方借款合同的签订时间来看，2012年12月A公司因购煤向商业银行借款400万元，2013年9月该公司被裁定破产重整，之间间隔时间很短。而A公司提供的贷款资料显示其正常经营，能够进一步佐证商业银行对A公司存在破产原因根本不知情，其主观上是善意的。A公司管理人亦没有证据证明商业银行知道其存在《企业破产法》第二条第一款规定的情形。商业银行从A公司账户扣划利息的行为，并非A公司的个别清偿行为。《企业破产法》第三十二条的规定赋予获得受偿权的债权人善意抗辩权，即只有当债权人明知债务人出现了《企业破产法》第二条第一款规定的破产原因而仍然个别受偿时，人民法院才能依据管理人的申请对其进行撤销。除此之外，根据前述导引案例分析可知，还有法院将可撤销的个别清偿行为概括为以下要件：其一，清偿行为发生在人民法院受理破产申请前6个月内。其二，债务人在清偿债务时已具备破产原因。其三，债权人知道或者应当知道债务人具备破产

① A公司管理人与某银行破产撤销权纠纷案，山东省威海市中级人民法院（2014）威商终字第318号民事判决书。

原因的状况。其四，该清偿行为不会使债务人财产受益。①

另外，还有观点认为个别优先清偿行为应从以下几个方面进行认定，一是个别清偿行为的范围，仅指个别债权人已经到期的债务；二是个别优先清偿行为要满足《企业破产法》第三十二条规定的时间要件；三是要满足债务人的财产状况；四是个别清偿行为必须损害其他债权人的利益，即造成不公正的结果；五是要考虑个别清偿行为的除外条件，即如果要对个别优先清偿行为进行撤销，必须是该个别清偿行为使债务人的财产减少。②

综上所述，据我们可知，危机期间个别清偿行为的撤销要件在实践中众说纷纭，主要存在二要件说、三要件说、四要件说等，而每一要件说又有细分类别，作为破产管理人若希望对危机期间破产企业的个别清偿行为撤销，则需满足尽可能多的要件以求在案件审理过程中万无一失。

二、典型可撤销的个别清偿行为的认定

（一）导引案例分析

B公司诉A公司管理人、某银行第三人撤销之诉案/最高人民法院/（2020）最高法民申2033号③

【裁判要点】

出票人出现破产情形后，其在法院受理破产申请前6个月内，按照合同约定向承兑人在汇票到期日之前（包括汇票到期日当天）支付约定款项的行为，不属于《企业破产法》第三十二条的个别清偿行为，不应被撤销。

【基本案情】

2014年3月21日，A公司与某银行签订一份《综合授信协议》，约定某银行向A公司提供最高额为520万元的授信额度，有效使用期限为2014年4月1日

---

① A公司管理人与程某请求撤销个别清偿行为纠纷案，江苏省南通市中级人民法院（2017）苏06民终2665号民事判决书。

② 参见本书编写组编著：《〈中华人民共和国企业破产法〉释义及实用指南》，中国民主法制出版社2006年版，第135－137页。

③ 相关案件：B公司诉A公司管理人等请求撤销个别清偿行为纠纷案，浙江省台州市中级人民法院（2018）浙10民撤2号民事判决书；B公司与A公司管理人等请求撤销个别清偿行为纠纷案，浙江省高级人民法院（2019）浙民终330号民事判决书。

至2015年3月31日，保证人为B公司、王某、陈某。同日，某银行与王某、陈某以及B公司分别签订一份《最高额保证合同》，约定王某、陈某以及B公司为A公司上述授信协议下最高本金520万元提供连带责任保证。

2014年4月2日，A公司与某银行另行签订一份《银行承兑协议》，约定A公司提供不低于银行承兑汇票票面金额50%的保证金，然后进行出票，并约定A公司将于本协议项下的银行承兑汇票到期前将票款足额存入其在某银行开立的账户，由某银行于银行承兑汇票到期日将该款项支付给持票人。当日，A公司共出具承兑汇票520万元，承兑汇票到期日为2014年10月2日。2014年10月2日，陈某兰将260万元汇至陈某的银行账户，然后陈某将260万元汇至其在某银行的账户，再由陈某将260万元汇至A公司在某银行的还款账户。2014年10月8日，某银行在A公司的上述账户内扣划2,563,430.83元，并陆续支付持票人承兑汇票票款共37笔，合计520万元。讼争的260万元记载于A公司的财务账册，权利人为翁某。2015年1月4日，玉环市人民法院受理A公司的破产重整申请，并于1月20日指定管理人。因重整不成，玉环市人民法院于2015年5月7日作出（2015）台玉商破字第1号民事裁定书，终结A公司的重整程序并宣告其破产清算。2016年10月13日，A公司管理人提起请求撤销个别清偿行为之诉，经审理，生效判决认为讼争的260万元是A公司偿还，该偿还时间在A公司破产申请前6个月内，其个别清偿行为损害了其他债权人的利益，破产管理人有权行使撤销权，并判决某银行返还A公司管理人2,563,430.83元及利息损失。B公司不服一审判决，以A公司管理人为被告提起上诉。

【一审判决结果】

判决驳回B公司的诉讼请求。

【一审判决思路】

台州市中级人民法院一审认为，根据《企业破产法》的规定，人民法院受理破产申请前6个月内，债务人有本法第二条第一款规定的情形，仍对个别债权人进行清偿的，管理人有权请求人民法院予以撤销。但是，个别清偿使债务人财产受益的除外。

判断讼争款项系A公司偿还抑或陈某兰代偿，应当以民事法律行为发生时当事人的行为表征加以综合考量。B公司主张讼争款项系陈某兰代A公司偿还，但陈某兰作为A公司股东及财务主管，在讼争款项被某银行扣划之后，既未向A

公司主张权利，亦未对A公司在记账凭证中将翁某记载为讼争款项权利人提出异议；在A公司被宣告破产后，既未向管理人申报债权，亦未对他人申报债权的行为提出异议。原案判决结合陈某兰身份、债权申报表记载内容、讼争借款时间及金额与A公司记账凭证中记载的翁某短期借款一致等情况，认定讼争款项系由A公司偿还，符合高度盖然性证明标准；根据《银行承兑协议》，A公司负有在汇票到期日前向某银行足额偿付汇票融资款的义务，故某银行对A公司享有合同债权，具备债权人资格，其扣划讼争款项并支付给持票人，符合合同约定。B公司主张A公司仅是持票人的债务人，否定其与某银行之间存在的债权债务关系，与事实不符；A公司在人民法院受理破产申请前6个月内，仍对个别债权人进行清偿，而且该清偿行为亦未使A公司财产受益，故A公司管理人有权申请撤销，原案判决认定A公司的付款行为构成个别清偿并予撤销，符合法律规定。

【二审判决结果】

1. 撤销台州市中级人民法院（2018）浙10民撤2号民事判决。

2. 撤销台州市中级人民法院（2016）浙10民终360号民事判决和玉环市人民法院（2016）浙1021民初7201号民事判决第一项“限被告某银行于判决生效后1个月内返还原告A公司管理人人民币2,563,430.83元，并从2016年10月13日起按中国人民银行规定的同期同类贷款基准利率赔偿利息损失”。

3. 改判玉环市人民法院（2016）浙1021民初7201号民事判决第二项“驳回原告A公司管理人的其余诉讼请求”为“驳回原告A公司管理人的全部诉讼请求”。

4. 驳回B公司的其他诉讼请求。

【二审判决思路】

根据《票据法》第十九条、第三十八条、第四十四条的规定，银行承兑汇票是指由承兑申请人（出票人）向银行申请，经银行审查同意承兑签发的商业汇票；银行承兑是指银行作为汇票付款人，承诺在汇票到期日支付汇票金额的票据行为。涉案《银行承兑协议》约定，A公司需在2014年10月2日银行承兑汇票到期前将票款足额存入指定账户，由某银行于银行承兑汇票到期日将该款项支付给持票人。如果某银行在银行承兑汇票项下垫付任何款项，该等款项自垫付之日起即转成A公司欠付某银行的逾期贷款。因此，在涉案银行承兑汇票法律关系中，某银行仅在A公司未能按约在到期日前将款项汇入指定账户，导致其基于银行承兑在2014年10月2日汇票到期日对持票人产生垫付责任后，才确定对A公司享有债权；且其债权的金额也取决于A公司实际存入款项与约定需存入款项之间的差额。在此之前，某银行并未产生垫付责任，其仅以银行承兑汇票形式对A公司予以授信，并不对A公司享有债权，更遑论金额特定的债权。而《企业破产法》第三十二条中规定的“对个别债权人进行清偿”，根据文意，是指在清偿行为发生时，债权人已确定享有特定的债权。因此，A公司2014年10月2日向其在某银行指定账户存入260万元的行为并不属于《企业破产法》第三十二条规定的“对个别债权人进行清偿”。根据《票据法》第二十一条的规定，汇票的出票人必须与付款人具有真实的委托付款关系，并且具有支付汇票金额的可靠资金来源，A公司上述行为系根据《银行承兑协议》约定，履行自身合同项下义务的行为，属于双务合同中的正常履约行为。

此外，若将上述行为认定为《企业破产法》第三十二条规定的“对个别债权人进行清偿”，则意味着一旦签订《银行承兑协议》后，出票人的任何支付行为均可能因时间上符合“人民法院受理破产申请前六个月内”的情形而被认定为《企业破产法》规定的“对个别债权人进行清偿”情形进而被撤销，将直接导致银行因超高风险而拒绝以银行承兑汇票形式对企业予以授信、支持企业经营，有违《企业破产法》的立法目的。

【再审判决结果】

驳回A公司管理人的再审申请。

【再审判决思路】

关于B公司是否有权提起第三人撤销之诉的问题。若涉案汇票到期前A公司未能依约将票款足额存入其在某银行的账户，基于票据无因性以及某银行作为银行承兑汇票的第一责任人，某银行须先行向持票人兑付票据金额，然后再向出票人（本案即A公司）追偿，B公司依约亦需承担连带偿付责任。由于涉案汇票到期前，A公司依约将票款足额存入了其在某银行的账户，某银行向持票人兑付了票款，故不存在A公司欠付某银行票款的问题，B公司亦就无须承担连带偿付责任。但是，由于A公司破产管理人针对A公司在汇票到期前向其在某银行账户的汇款行为提起请求撤销个别清偿行为之诉，若A公司破产管理人的诉求得到支持，B公司作为A公司申请某银行开具银行承兑汇票的保证人也要承担连带还款责任，故原案的处理结果与B公司有法律上的利害关系，应当认定B公司属于《民事诉讼法》第五十六条规定的无独立请求权第三人。

【一审、二审、再审法院审理思路对比总结】

类目	一审	二审	再审
裁判结果	驳回B公司的诉讼请求。	1. 撤销台州市中级人民法院（2018）浙10民撤2号民事判决。 2. 撤销台州市中级人民法院（2016）浙10民终360号民事判决和玉环市人民法院（2016）浙1021民初7201号民事判决第一项“限被告某银行于判决生效后1个月内返还原告A公司管理人人民币2,563,430.83元，并从2016年10月13日起按中国人民银行规定的同期同类贷款基准利率赔偿利息损失”。 3. 改判玉环市人民法院（2016）浙1021民初7201号民事判决第二项“驳回原告A公司管理人的其余诉讼请求”为“驳回原告A公司管理人的全部诉讼请求”。 4. 驳回B公司的其他诉讼请求。	驳回A公司管理人的再审申请。
争议焦点	1. 陈某兰于2014年10月2日汇入A公司在某银行开设的还款账户的260万元，是A公司偿还还是陈某兰代偿。 2. 原案判决认定A公司的付款行为构成个别清偿行为并予撤销，是否符合法律规定。	1. B公司是否属于提起第三人撤销之诉适格原告的问题。 2. B公司是否因不能归责于本人的事由未参加原案诉讼的问题。 3. B公司提起本案诉讼是否在知道或者应当知道其民事权益受到损害之日起6个月内的问题。 4. 原案判决是否存在内容错误且损害了B公司民事权益的问题。	B公司是否有权提起第三人撤销之诉。

续表

类目	一审	二审	再审
回应	1. A公司偿还。结合陈某兰身份、债权申报表记载内容、讼争借款时间及金额与A公司记账凭证中记载的翁某短期借款一致等情况，认定讼争款项系由A公司偿还，符合高度盖然性证明标准。 2. 符合法律规定。根据《银行承兑协议》，A公司负有在汇票到期日前向某银行足额偿付汇票融资款的义务，故某银行对A公司享有合同债权，具备债权人资格，其扣划讼争款项并支付给持票人，符合合同约定。A公司在人民法院受理破产申请前6个月内，仍对个别债权人进行清偿，而且该清偿行为亦未使A公司财产受益，故A公司管理人有权申请撤销。	1. 是。B公司系涉案A公司向某银行申请开具的银行承兑汇票的连带责任保证人，其对2014年10月2日汇入A公司在某银行还款账户的260万元是否属于《企业破产法》规定的“对个别债权人进行清偿”，具有法律上的利害关系，属于《民事诉讼法》第五十六条规定的无独立请求权第三人。 2. 是。本案并无证据证明B公司在原案诉讼过程中知晓该案的存在，因此其属于因不可归责于本人的事由未参加原案诉讼。 3. 是。虽然本案登记立案时间为2018年11月30日，但是该时间系台州市中级人民法院在收到A公司起诉材料并经审查认定符合第三人撤销之诉立案标准后确定立案的时间，并非A公司提起本案诉讼的时间。A公司向台州市中级人民法院提交的起诉状明确落款时间为2018年5月10日，且其提交起诉材料时签订的当事人送达地址确认书亦注明落款时间为2018年5月25日，因此在缺乏有效证据推翻上述文书材料落款时间的情况下，本案应认定A公司提起本案诉讼时间最迟为2018年5月25日，符合法律规定的6个月法定期限。 4. 是。在涉案银行承兑汇票法律关系中，某银行仅在A公司未能按约在到期日前将款项汇入指定账户，导致其基于银行承兑在2014年10月2日汇票到期日对持票人产生垫付责任后，才对A公司确定享有债权；且其债权的金额也取决于A公司实际存入款项与约定需存入款项之间的差	有权。在银行承兑汇票的出票人进入破产程序后，对付款银行于法院受理破产申请前6个月内从出票人还款账户划扣票款的行为，破产管理人提起请求撤销个别清偿行为之诉，法院判决予以支持，汇票的保证人与该生效判决具有法律上的利害关系，具有提起第三人撤销之诉的原告主体资格。

续表

类目	一审	二审	再审
		额。在此之前，某银行并未产生垫付责任，其仅以银行承兑汇票形式对A公司予以授信，并不对A公司享有债权，更遑论金额特定的债权。而《企业破产法》第三十二条规定的“对个别债权人进行清偿”，根据文意，是指在清偿行为发生时，债权人已确定享有特定的债权。因此，A公司2014年10月2日向其在某银行指定账户存入260万元的行为并不属于《企业破产法》第三十二条规定的“对个别债权人进行清偿”。根据《票据法》第二十一条“汇票的出票人本身也必须具有支付汇票金额的可靠资金来源”的规定，A公司上述行为系根据《银行承兑协议》约定，履行自身合同项下义务的行为，属于双务合同中的正常履约行为。	

（二）实务问题讨论

破产衍生诉讼中，引起撤销个别清偿行为纠纷的行为主要是破产期间的个别清偿行为，该行为属于偏颇性清偿行为的一种类型，而偏颇性清偿行为又属于破产撤销行为的一种类型。偏颇性清偿行为相对于破产撤销权的另一类行为——破产欺诈行为，并不是直接损害债务人的一般责任财产导致其财产减少，使全体债权人的清偿利益受到损失，而是在危机期间通过对个别债权人的偏颇性清偿，使其获得比违法行为发生前更为有利的受偿地位，从而破坏了债权人之间的公平清偿秩序，因此全体无担保债权人的债权需要等待破产程序后按照法律规定，平等清偿。① 危机期间的个别清偿行为种类繁多，笔者在此处选取几类典型行为进行阐释。

虽然实践中个别清偿行为的类别繁多，但是否属于危机期间的可撤销个别清

① 参见吴潇：《危机期间的个别清偿行为研究》，载《文存阅刊》2020年第50期，第167－169页。

偿行为还要根据对个别清偿行为的认定。比如，（2020）最高法民申2033号案①中，出票人破产是实践中长期被人们所忽略的问题，出票人支付票款的行为是否属于个别清偿行为还要依据《企业破产法》第三十二条的规定来判断。因为《企业破产法》第三十二条所适用的情况是破产企业清偿已到期的债权，所以清偿行为发生的前提是，债权人已经确定享有特定的债权，但根据票据交易中的常态而言，银行只有在企业未能按约在到期日前将款项汇入指定账户，导致其因为汇票到期日对持票人产生垫付责任后，才对企业确定享有债权；且其债权的金额也取决于企业实际存入款项与约定需存入款项之间的差额。据此交易关系可知，企业在银行指定账户存款的行为并不属于《企业破产法》第三十二条规定的“对个别债权人进行清偿”。即便案件因存在“出票人破产”这一案情而显得有些特殊，在判断出票人向银行汇入银行承兑汇票款项的行为是否构成个别清偿行为时，也应当首先基于一般标准进行分析。而通过二审法院的裁判，也可看出法院正是遵循了判断“个别清偿行为”的一般思路，认定某银行尚不对A公司享有合法有效的到期债权，因此，A公司的汇款行为不属于清偿行为。

以债务人与个别债权人自行达成以物抵债的协议为例，其是否属于可撤销的个别清偿行为。可以参考（2019）湘07民再45号案②，本案经历了一审、二审与再审，其中二审对一审判决结果进行了撤销，再审对二审判决结果进行了维持。从始至终，本案的争议焦点均为涉案抵债协议是否构成管理人可请求撤销的个别清偿行为。在一审中，法院认为本案的清偿行为虽发生在人民法院受理破产申请前6个月内，但所清偿的债务已经过上一级法院判决确认，该判决已生效，债权人周某依法启动了执行程序。本案的个别清偿系债务人经诉讼、执行程序对债权人进行的个别清偿，且破产企业管理人并未举证证明前述债务人与债权人恶意串通，或双方存在关联关系或其他利益关系，依照《企业破产法司法解释（二）》第十五条的规定，债务人经诉讼、仲裁、执行程序对债权人进行的个别清偿，管理人不得请求撤销。二审法院认为周某与A公司签订《某公寓房屋产

① A公司管理人诉B公司、某银行第三人撤销之诉案，最高人民法院（2020）最高法民申2033号民事裁定书。

② A公司管理人与周某请求撤销个别清偿行为纠纷案，湖南省常德市中级人民法院（2019）湘07民再45号民事判决书。

权抵债协议》的行为发生在人民法院受理破产申请前6个月内，且双方在签订《某公寓房屋产权抵债协议》时，A公司就已经存在不能清偿到期债务、明显缺乏清偿能力的情形，该抵债行为损害了其他债权人的合法利益。因此，本案符合《企业破产法》第三十二条规定的情形，管理人有权请求人民法院予以撤销。周某答辩称债务人是在其申请执行以后，被动地履行生效法律文书确定的义务，不构成个别清偿，应当根据《企业破产法司法解释（二）》第十五条“债务人经诉讼、仲裁、执行程序对债权人进行的个别清偿，管理人依据企业破产法第三十二条的规定请求撤销的，人民法院不予支持……”的规定，驳回A公司管理人的诉讼请求。根据法院查明的情况，周某与A公司及李某、覃某民间借贷纠纷一案审结后，虽然由法院执行局向A公司发出了执行通知书，但仍不能认定《某公寓房屋产权抵债协议》系法院执行程序对周某进行的清偿行为。理由是：（1）在周某和A公司达成《某公寓房屋产权抵债协议》之前，涉案房产均已被法院查封，根据相关法律规定，当事人申请强制执行生效法律文书后，达成以房抵债执行和解协议，并申请按和解协议请求人民法院裁定过户或以协助执行通知书协助过户的，人民法院应不予协助过户。（2）本案《某公寓房屋产权抵债协议》既未经过法院法定执行程序的确认，法院也没有作出以房抵偿债务的裁定，而是将该案于2016年1月20日裁定由湖南省石门县人民法院执行。湖南省石门县人民法院于2017年5月11日终结了本次执行程序。（3）即使能够认定《某公寓房屋产权抵债协议》系人民法院在执行程序中所为，也因本案涉案房产早已经被人民法院查封而使该协议不能履行。因此，《某公寓房屋产权抵债协议》符合A公司管理人可请求撤销的个别清偿行为，应当适用《企业破产法》第三十二条的规定，予以撤销，周某应当将其占有的住房返还给A公司管理人。一审法院适用《企业破产法司法解释（二）》第十五条规定处理本案属适用法律错误。再审法院认为周某与A公司签订的《某公寓房屋产权抵债协议》虽发生在诉讼及执行阶段，但此前，A公司就已申请自行清算和强制清算，而清算的原因就是A公司不能清偿债务，公司经营困难，该原因为双方明知。A公司在明知自己不能清偿债务的情况下，与周某协议以某公寓部分房屋清偿部分债务，构成个别清偿，并损害了其他债权人利益。因A公司已进入破产清算程序，而破产清算程序属集中执行程序，在破产清算阶段，有关债务人财产的执行程序应当中止，包括不具有物权效力的以物抵债协议的履行。由于周某的债权属金钱债权，抵债房产至今没有进行不动产登记，《某公寓房屋产权抵债协议》不具有物权效力，故周某不能以《某公寓房屋产权抵债协议》对抗其他债权的执行。由于《某公寓房屋产权抵债协议》形成于人民法院受理债权人对A公司破产申请之前的6个月内，A公司管理人可以依照《企业破产法》第三十二条的规定申请人民法院撤销。通过本案可知，在我国现行法下，仅有申请执行人与被执行人在执行程序中达成的以物抵债协议并不能直接产生以物抵债的效力，只有经人民法院审查、裁定确认后才能直接将被执行人财产交申请执行人抵偿债务。根据最高人民法院《关于适用〈中华人民共和国民事诉讼法〉的解释》第四百九十一条①和第四百九十二条②规定可知，在执行程序中，有两种情况可以以物抵债。请执行人与被执行人达成以物抵债协议后，仍要由人民法院作出以物抵债裁定的理解可能更加准确。实务观点认为，如果不作出执行裁定，在抵债财产被查封的情形下，以物抵债协议难以履行。但为了避免当事人恶意串通损害第三人的权利，或者通过执行裁定来规避行政审查，执行法院须对以物抵债协议进行严格审查，只有在协议不损害其他债权人合法权益、社会公共利益的情况下才能裁定确认。③ 因此，实务中，只有符合上述两种情况之一，并且“不损害其他债权人合法权益和社会公共利益”，法院才可以不经拍卖、变卖程序，直接将被执行人的财产作价交申请执行人抵偿债务。对于上述经法院审查、裁定确认后的以物抵债协议，其实质上属于《企业破产法司法解释（二）》第十五条中所规定的“债务人经诉讼、仲裁、执行程序对债权人进行的个别清偿”，原则上管理人不得撤销，除非“债务人与债权人恶意串通损害其他债权人利益”。

除此之外，个别清偿行为为债务人主动清偿在实践中基本上不存在争议，但债务人的被动清偿行为是否属于危机期间的个别清偿行为在实践中存在争议。有

---

① 最高人民法院《关于适用〈中华人民共和国民事诉讼法〉的解释》第四百九十一条（现为第四百八十九条）规定：“经申请执行人和被执行人同意，且不损害其他债权人合法权益和社会公共利益的，人民法院可以不经拍卖、变卖，直接将被执行人的财产作价交申请执行人抵偿债务。对剩余债务，被执行人应当继续清偿。”

② 最高人民法院《关于适用〈中华人民共和国民事诉讼法〉的解释》第四百九十二条（现为第四百九十条）规定：“被执行人的财产无法拍卖或者变卖的，经申请执行人同意，且不损害其他债权人合法权益和社会公共利益的，人民法院可以将该项财产作价后交付申请执行人抵偿债务，或者交付申请执行人管理；申请执行人拒绝接收或者管理的，退回被执行人。”

③ 参见最高人民法院修改方民事诉讼法贯彻实施工作领导小组编著：《最高人民法院民事诉讼法司法解释理解与适用（下）》，人民法院出版社2015年版，第1312页。

的法院认为银行的扣划行为属于个别清偿行为，如（2021）苏05民终482号案[①]中，《企业破产法》第十六条规定，人民法院受理破产申请后，债务人对个别债权人的债务清偿无效。人民法院受理破产申请，标志破产程序的开始，所有债权都必须通过破产程序获得清偿。受理破产申请后债务人无权再对债权人实施个别清偿行为，故2019年11月11日银行扣划破产企业15万元的行为无效，相应财产应予返还。在（2020）鲁0522民初839号案[②]中，法院认为债务人或者第三人将其金钱以特户、封金、保证金等形式特定化后，移交债权人占有作为债权的担保，债务人不履行债务时，债权人可以以该金钱优先受偿。本案中，A公司将保证金250万元存于银行指令的专用保证金账户中，由银行实行专户管理，并移交债权人占有，符合法律规定的金钱特定化，故本案银行与A公司以保证金250万元为质物的质权已依法设立完毕。银行对涉案保证金账户内资金享有质权。依据相关法律规定，债权人有权收取质物所产生的孳息，故银行对保证金账户中资金产生的利息亦享有优先受偿权。对债务人的特定财产享有担保权的权利人，对该特定财产享有优先受偿的权利。银行扣划A公司专用账户中保证金产生的利息38,020.83元，是依法行使质权的行为，不属于我国《企业破产法》第三十二条规定的偏颇性清偿，不应撤销。有的法院则认为银行的扣划行为不属于个别清偿行为，如（2019）浙06民终827号案[③]中，法院认为根据《企业破产法》第三十二条的规定，对偏颇性清偿行为的撤销必须满足以下几个实体要件：一是债务人已经具备破产原因；二是在人民法院受理破产申请前6个月内清偿债务；三是非个别清偿不得撤销；四是收益性清偿不得撤销。依据相关解释，管理人只能撤销债务人的个别清偿行为，非债务人个别主动清偿行为不得撤销，但本案中银行扣划利息系债权人主动履约行为，并非债务人偏颇性清偿范畴。

---

① 某银行与某律师事务所请求撤销个别清偿行为纠纷案，江苏省苏州市中级人民法院（2021）苏05民终482号民事判决书。

② A公司管理人与某银行请求撤销个别清偿行为纠纷案，山东省利津县人民法院（2020）鲁0522民初839号民事判决书。

③ A公司管理人、某银行请求撤销个别清偿行为纠纷案，浙江省绍兴市中级人民法院（2019）浙06民终827号民事判决书。

三、撤销个别清偿行为的例外

（一）导引案例分析

A公司管理人、B公司请求撤销个别清偿行为纠纷二审民事判决书/浙江省宁波市中级人民法院/（2020）浙02民终4939号①

【裁判要点】

在人民法院受理破产申请前6个月内，尽管债务人有《企业破产法》第二条第一款规定的情形，仍对个别债权人进行清偿，损害其他债权人利益，但是，个别清偿使债务人财产受益的，不得撤销。在某些情况下，债务人针对个别债权人的清偿尽管从表面上看损害了其他债权人的利益，但是，个别清偿对于整个债务人财产来说是有利的，从实质来说最终也有利于全体债权人债权的实现。在这种情况下，个别清偿不应该被撤销。

【基本案情】

A公司曾因C公司指定累计向B公司购买布料281,820.40元，该布料交付A公司后，由A公司加工成衣并交付C公司。2018年4月23日、5月15日，A公司因C公司指示通过某银行的汇票形式向B公司分别支付50,000元、100,000元，该汇票是C公司开具给A公司，A公司再背书给B公司的。2018年8月14日，经债权人赖某申请，一审法院作出（2018）浙0225破申3号裁定书，裁定受理对A公司的破产清算申请，并指定管理人。2019年9月12日，管理人委托会计师事务所对A公司从2018年2月28日至8月14日的资产、负债及所有者权益进行了专项审计［宁安会专审（2019）280号］，该报告显示：2018年3月31日、2018年4月30日、2018年5月31日A公司的所有者权益分别为－403,789.82元、－717,450.83元、－7,452,121.70元；A公司尚欠案外人赖某等91人从2016年3月至2018年5月的劳动报酬636,576元；A公司尚欠案外人周某等10人从2016年3月至2018年5月的劳动报酬350,500元；A公司拖欠职工工资801,486.09元。

① 相关案件：A公司管理人与B公司请求撤销个别清偿行为纠纷案，浙江省象山县人民法院（2020）浙0225民初4213号民事判决书。

【一审判决结果】

驳回A公司管理人的诉讼请求。

【一审判决思路】

关于争议焦点一，A公司对B公司个别清偿时是否达到了破产的界限或称破产原因。A公司向B公司个别清偿150,000元的时间分别为2018年4月23日、5月15日。根据A公司管理人委托会计师事务所所作的《专项审计报告》载明2018年3月31日、4月30日、5月31日A公司的所有者权益分别为-403,789.82元、-717,450.83元、-7,452,121.70元，故2018年4月23日、5月15日A公司在清偿本案款项时已资不抵债。另外，在该期间，A公司另有巨额应付款挂账未还及拖欠职工工资，存在不能清偿到期债务的情形，应认定已经具备破产原因。B公司以清偿时不具备破产原因作为抗辩理由，依据不足，一审法院不予采信。

关于争议焦点二，A公司分别于2018年4月23日、5月15日清偿B公司50,000元、100,000元的行为是否应予撤销。B公司主张其接受涉案款项的行为是善意的，即便该行为属于个别清偿行为，也不应当予以撤销。一审法院审查认为，《企业破产法》第二条第一款规定的情形、第三十二条规定的情形，以及《企业破产法司法解释（二）》第十六条规定的情形，从文义上理解，均为客观要件，而不考虑当事人的主观因素，债务人及债权人主观是否存在恶意，债权人、债务人是否知道或应当知道债务人为个别清偿时存在破产原因等主观因素，并不是人民法院撤销个别清偿行为应予审查的要素，故对B公司的该抗辩意见不予采信。至于B公司辩称个别清偿使债务人财产受益的问题，《企业破产法》第三十二条规定："人民法院受理破产申请前六个月内，债务人有本法第二条第一款规定的情形，仍对个别债权人进行清偿的，管理人有权请求人民法院予以撤销。但是，个别清偿使债务人财产受益的除外。"《企业破产法司法解释（二）》第十六条规定："债务人对债权人进行的以下个别清偿，管理人依据企业破产法第三十二条的规定请求撤销的，人民法院不予支持：（一）债务人为维系基本生产需要而支付水费、电费等的；（二）债务人支付劳动报酬、人身损害赔偿金的；（三）使债务人财产受益的其他个别清偿。"A公司与B公司之间的业务往来系C公司指定，付款也系C公司要求。基于C公司的供货要求，A公司的供货请求，B公司的供货行为，满足了A公司的生产需要，保证了A公司的正常生产经营，因此，A公司偿付部分货款的行为并非不当处理公司财产，而是履行应尽的合同义务，也使A公司受益，对全体债权人亦是有利的，依照上述法律规定，该个别清偿行为不应予以撤销。综上所述，虽然管理人提出的A公司具备破产原因的理由成立，但其请求撤销A公司对B公司的个别清偿行为，不符合法律规定，一审法院不予支持。

【二审判决结果】

驳回上诉，维持原判。

【二审判决思路】

二审的争议焦点系A公司个别清偿行为应否予以撤销。根据已查明事实，C公司作为A公司的上游客户，其要求A公司加工成衣，同时指定B公司作为面料供应商，并指示A公司向B公司采购面料。A公司管理人在二审中亦自认C公司系A公司的唯一客户。讼争的50,000元和100,000元两笔款项，从来源看，系C公司支付给A公司的加工款；从用途看，系C公司指示A公司向B公司支付的面料款，故该款项应视为一笔专用款，如若A公司未按C公司指示进行专款专用，则可能导致C公司对A公司产生商业信任危机，从而影响A公司的生产经营，故A公司向B公司支付150,000元面料款系出于维系客户和生产经营需要，虽在表象上A公司当时损失了部分财产利益，但实质上维护了A公司的商誉，增加了A公司与C公司继续交易的可能性，从而使A公司有机会获取新的财产利益，对于A公司而言，应系获益行为。故此，一审法院未予支持A公司管理人的诉请，并无不当。

【一审、二审法院审理思路对比总结】

类目	一审	二审
裁判结果	驳回A公司管理人的诉讼请求。	驳回上诉，维持原判。
争议焦点	1. A公司对B公司个别清偿时是否达到了破产的界限或称破产原因。 2. A公司分别于2018年4月23日、5月15日清偿B公司50,000元、100,000元的行为是否应予撤销。	A公司个别清偿行为应否予以撤销。

续表

类目	一审	二审
回应	1. 是。根据A公司管理人委托会计师事务所所作的《专项审计报告》，2018年4月23日、5月15日A公司在清偿本案款项时已资不抵债。另外，在该期间，A公司另有巨额应付款挂账未还及拖欠职工工资，存在不能清偿到期债务的情形，应认定已经具备破产原因。 2. 否。（1）有关危机期间撤销个别清偿行为的法律规定均为客观要件，而不考虑当事人的主观因素，债务人及债权人主观是否存在恶意，债权人、债务人是否知道或应当知道债务人为个别清偿时存在破产原因等主观因素，并不是人民法院撤销个别清偿行为应予审查的要素。（2）该行为使债务人财产受益。A公司与B公司之间的业务往来系C公司指定，付款也系C公司要求。基于C公司的供货要求，A公司的供货请求，B公司的供货行为，满足了A公司的生产需要，保证了A公司的正常生产经营，因此，A公司偿付部分货款的行为并非不当处理公司财产，而是履行应尽的合同义务，也使A公司受益，对全体债权人亦是有利的，依照法律规定，该个别清偿行为不应予以撤销。	否。C公司作为A公司的上游客户，其要求A公司加工成衣，同时指定B公司作为面料供应商，并指示A公司向B公司采购面料。A公司管理人在二审中亦自认C公司系A公司的唯一客户。讼争的50,000元和100,000元两笔款项，从来源看，系C公司支付给A公司的加工款；从用途看，系C公司指示A公司向B公司支付的面料款，故该款项应视为一笔专用款，如若A公司未按C公司指示进行专款专用，则可能导致C公司对A公司产生商业信任危机，从而影响A公司的生产经营，故A公司向B公司支付150,000元面料款系出于维系客户和生产经营需要，虽在表象上A公司当时损失了部分财产利益，但实质上维护了A公司的商誉，增加了A公司与C公司继续交易的可能性，从而使A公司有机会获取新的财产利益，对于A公司而言，应系获益行为。

（二）实务问题讨论

司法实践中确实存在债务人在进行破产程序前恶意优先清偿关联企业或亲朋好友的到期债务的行为，该行为导致其他债权人的利益在破产程序中受到损害，赋予管理人撤销破产临界期内的个别清偿行为的权利有利于全体债权人公平清偿。但如果对所有的清偿行为均予以撤销，将面临损害善意第三人利益，影响交易安全和经济秩序的稳定。为避免这种不利影响的发生，平衡全体债权人和个别债权人之间的利益冲突，《企业破产法》及其司法解释对破产临界期内的个别清偿行为撤销的例外情形作了列举。[①] 撤销个别清偿行为的例外情形可谓是实现个别清偿的保护屏障，只有在例外情况下，破产企业和个别债权人才可以使危机期间的个别清偿行为有效，所以例外情形通常也是双方当事人的“必争之地”。撤销个别清偿行为的例外情形在法律中的体现主要为《企业破产法》第三十二条以及《企业破产法司法解释（二）》第十四条[②]、第十五条[③]和第十六条[④]。根据法律规定及实务总结，其中包括法官在实践中参考域外立法自行创设的例外情况，我们将撤销个别清偿行为的例外归纳为以下几类情况（可参见图 1－2 撤销个别清偿行为的例外）。

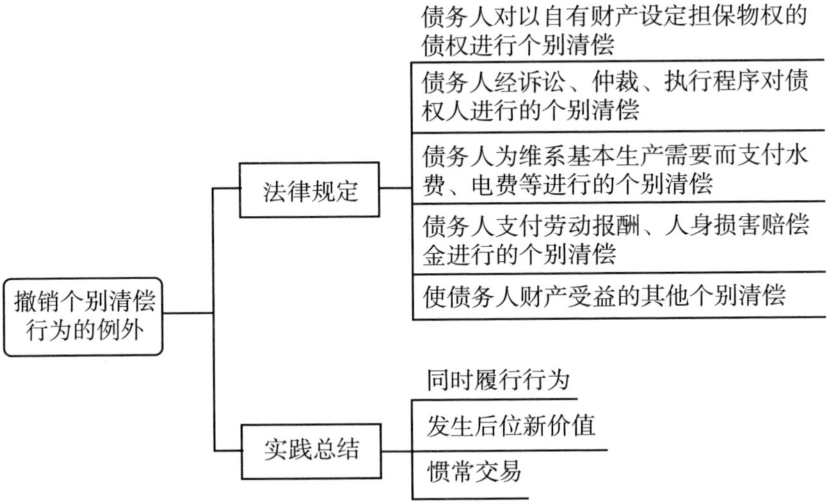

图 1－2　撤销个别清偿行为的例外

① A 公司管理人、B 公司破产撤销权纠纷案，山东省东营市中级人民法院（2021）鲁 05 民初 143 号民事判决书。

② 《企业破产法司法解释（二）》第十四条规定：“债务人对以自有财产设定担保物权的债权进行的个别清偿，管理人依据企业破产法第三十二条的规定请求撤销的，人民法院不予支持。但是，债务清偿时担保财产的价值低于债权额的除外。”

③ 《企业破产法司法解释（二）》第十五条规定：“债务人经诉讼、仲裁、执行程序对债权人进行的个别清偿，管理人依据企业破产法第三十二条的规定请求撤销的，人民法院不予支持。但是，债务人与债权人恶意串通损害其他债权人利益的除外。”

④ 《企业破产法司法解释（二）》第十六条规定：“债务人对债权人进行的以下个别清偿，管理人依据企业破产法第三十二条的规定请求撤销的，人民法院不予支持：（一）债务人为维系基本生产需要而支付水费、电费等的；（二）债务人支付劳动报酬、人身损害赔偿金的；（三）使债务人财产受益的其他个别清偿。”

1. 债务人对以自有财产设定担保物权的债权进行个别清偿

《企业破产法司法解释（二）》第十四条对此类例外情况进行了规定。该规定的设立原因是，对债务人以自有财产设定物权担保的到期债权，在危机期内清偿，并不存在对其他债权人利益的损害。因为即使债务人未在危机期内清偿，该债权人在破产程序启动后仍然对债务人设定担保的财产享有优先受偿的权利。①

如在（2020）辽08民初288号②案中，法院根据《企业破产法》第一百零九条、《企业破产法司法解释（二）》第十四条规定之精神认为，并非所有的破产程序中的个别清偿行为均属于《企业破产法》第十六条规定的无效行为。认定个别清偿行为无效的关键要件之一是该清偿行为损害了其他破产债权人的合法权益。本案中，A公司与被告某银行签订的《商品房销售合作协议书》《补充协议》明确约定该保证金账户内资金为质押担保，依法有效。债务人不履行债务时，债权人可以以该账户内资金优先受偿，即被告某银行对该保证金账户内资金享有优先受偿权。按揭保证金为金钱质权，并且其取回规则为对债权人进行清偿或者提供为债权人接受的担保，鉴于此，被告某银行行使优先受偿权并不损害其他债权人或债务人的利益，不违反《企业破产法》公平清理债权债务的精神。另外，被告某银行因案外人李某违约扣划保证金时，同时A公司取得对李某的追偿权，该追偿权属于破产财产，可用于清偿债务，故被告扣划按揭保证金不属于无效的个别清偿行为或可撤销的偏颇性清偿行为，故对原告要求被告返还财产的诉讼请求，法院不予支持。除此之外，（2021）苏12民终2296号案③、（2020）粤03民初6808号案④等都对《企业破产法司法解释（二）》第十四条进行了灵活运用。

2. 债务人经诉讼、仲裁、执行程序对债权人进行的个别清偿

《企业破产法司法解释（二）》第十五条对此类例外情况进行了规定。本条

---

① A管理人、B公司破产撤销权纠纷案，山东省东营市中级人民法院（2021）鲁05民初143号民事判决书。

② A公司管理人与某银行请求确认个别清偿行为无效纠纷案，辽宁省营口市中级人民法院（2020）辽08民初288号民事判决书。

③ 王某、A公司清算组等请求撤销个别清偿权纠纷案，江苏省泰州市中级人民法院（2021）苏12民终2296号民事判决书。

④ A公司管理人、某银行破产撤销权纠纷案，广东省深圳市中级人民法院（2020）粤03民初6808号民事判决书。

司法解释涵盖的清偿实际上应该包括以下两个方面：一是在法院的民事判决书、民事调解书或仲裁裁决书生效之后尚未启动执行程序之前，债务人主动履行生效裁判文书中的债务清偿义务所形成的个别清偿；二是在上述裁判文书生效之后，债权人依法启动了执行程序，债务人被动履行债务清偿义务形成的个别清偿。①

在（2021）鲁17执复121号案②中，法院就复议申请人主张（2020）鲁1725执恢264号之三执行裁定将涉案标的物所有权归买受人所有，应为无效，应当予以撤销的问题认为，根据《企业破产法》第三十二条及《企业破产法司法解释（二）》第十五条的规定可知，本案中，涉案房产经评估、拍卖程序而由申请执行人刘某、黄某、王某共同竞得，系经执行程序对债权人刘某、黄某、王某进行的个别清偿，复议申请人未提交债务人与债权人恶意串通损害其他债权人利益的证据材料，法院在执行程序中亦未发现该公司与申请执行人之间存在恶意串通损害其他债权人利益的情形，对该复议理由，法院不予支持。除此之外，（2021）豫02民终4716号③、（2021）鲁13民终7674号④等案都与本案存在相似之处。

3. 债务人为维系基本生产需要而支付水费、电费等进行的个别清偿

《企业破产法司法解释（二）》第十六条第一项对此类例外情况进行了规定。从破产实践来看，保障正常的生产经营秩序是债务人的基本生存利益，即便出现破产原因，只要债务人未进入破产程序，该生存利益仍应放在显要位置。⑤

在（2020）浙06民终3865号案⑥中，A公司、B公司、C公司、D公司在已严重资不抵债的情况下，仍然各归还向银行借款的利息138,491.99、6479.67

---

① 参见最高人民法院民事审判第二庭编著：《最高人民法院关于企业破产法司法解释理解与适用》，人民法院出版社2013年版，第233页。

② A公司管理人、黄某等借款合同纠纷案，山东省菏泽市中级人民法院（2021）鲁17执复121号执行裁定书。

③ A公司、李某等物权保护纠纷案，河南省开封市中级人民法院（2021）豫02民终4716号民事判决书。

④ A公司、王某破产债权确认纠纷案，山东省临沂市中级人民法院（2021）鲁13民终7674号民事判决书。

⑤ 参见最高人民法院民事审判第二庭编著：《最高人民法院关于企业破产法司法解释理解与适用》，人民法院出版社2013年版，第243页。

⑥ 某银行、某会计师事务所请求撤销个别清偿行为纠纷案，浙江省绍兴市中级人民法院（2020）浙06民终3865号民事判决书。

元、6135.79 元、42,981.11 元。二审上诉人诉称本案中，一则利息支出在财务上被列为财务费用支出，类似水费、电费；二则正常利息的支付，使债务人免于承担逾期罚息，是使债务人财产受益的“其他个别清偿”。但此种解释并未得到法院的支持，法院认为根据法律规定的债务人在特定情况下的个别清偿行为（偏颇性清偿行为）应予以依法撤销，本案情形当属规定的撤销范围。

4. 债务人支付劳动报酬、人身损害赔偿金进行的个别清偿

《企业破产法司法解释（二）》第十六条第二项对此类例外情况进行了规定。“支付劳动报酬、人身损害赔偿金”从严格意义来讲，这不属于“使债务人财产受益”的情形，但从生存权特别保护的角度出发，有必要将这种情形纳入不可撤销的范畴。①

在（2021）桂民终 838 号案②中，法院根据《企业破产法》第二条第一款、第三十二条及《企业破产法司法解释（二）》第十六条第二项规定结合本案查明的事实进行如下认定。A 公司于 2019 年 5 月 22 日将案涉补偿款 114,456 元转账给 B 公司，是在法院受理破产申请前 6 个月内，当时 A 公司已出现不能清偿到期债务且资产不足以清偿全部债务或者明显缺乏清偿能力的情形。A 公司该转账行为是否构成了个别清偿，应否被撤销，应看该行为是否符合前述司法解释规定的除外情形。根据《协议书》的约定，A 公司需要向 B 公司支付的款项由三部分组成，其中两项分别为补偿 B 公司 2011 年 1 月 1 日至 2018 年 10 月 31 日基本费用共计人民币 8,301,527 元和 2011 年至 2018 年的自然人股东，每年的补偿额度按 B 公司自然人股东的股本 236.4 万元的 5.81% 计算确定，即每年 137,348.4 元。2019 年 1 月 4 日，B 公司给 A 公司作出《关于请补足我公司补偿款的报告》，在报告中明确写明 A 公司应对 B 公司经营权补偿 8,301,527 元，自然人股东股权补偿 1,075,895.8 元，两项合计 9,377,422.8 元。到 2018 年 10 月 31 日，A 公司实际拨付 9,262,966.8 元，尚差额 114,456 元。换言之，A 公司据此报告于 2019 年 5 月 22 日将涉案补偿款 114,456 元转账给 B 公司，现 B 公司无证据证

① 参见最高人民法院民事审判第二庭编著：《最高人民法院关于企业破产法司法解释理解与适用》，人民法院出版社 2013 年版，第 244 页。

② A 公司管理人、B 公司破产撤销权纠纷案，广西壮族自治区高级人民法院（2021）桂民终 838 号民事判决书。

实该款项实际对应的差额欠付类别，即不能证明该 114,456 元为只针对《协议书》中约定的该公司在职职工工资、养老保险费等基本费用的差额部分，且该部分属于前述司法解释规定的债务人支付劳动报酬的情形。因此，本案实为个别清偿。

5. 使债务人财产受益的其他个别清偿

《企业破产法》第三十二条和《企业破产法司法解释（二）》第十六条第三项对此类例外情况进行了规定，《企业破产法司法解释（二）》第十六条第三项作为兜底条款，使《企业破产法》第三十二条的但书条款存在解释空间，但如何理解“使债务人财产受益”在理论上和实践中都存在争议，笔者主要列举了以下两种在实践中较为常见的解释。

其一，有的法院认为“使债务人财产受益的个别清偿”即使债务人财产积极增加，直接获得利益。如在（2020）浙 0110 民初 4731 号案①中，被告主张涉案清偿使债务人 A 公司受益，理由是根据《协议书》的约定，A 公司本应再向被告开具债务等额发票或支付 17% 的税金，实际其并未支付，且被告实际只收到提花套衫 5189 件，即使按照回函自认数量，提花套衫及原料的数量也少于双方约定数量，并且被告已经撤回债权申报放弃其剩余债务主张，使 A 公司实际受益。法院认为，首先，被告自认实际收取提花套衫 5189 件、原料 5352kg 和 11 万元，但其并未举证证明实际收取的提花套衫和原料在当时的市场价值，无法确认其实际提取的货品和款项总额是高于 A 公司所欠债务还是少于 A 公司所欠债务；其次，《企业破产法》第三十二条规定的“但书”情形是“个别清偿使债务人财产受益的除外”，该条文所指的受益是“财产”受益，主要指债务人的财产增加或者增值，而非单纯清偿债务金额的减少；最后，根据法院查明的事实，截至本案辩论终结前，A 公司破产清算的职工工资清偿率为 29.67%，普通债权清偿率为 0，故涉案清偿行为实质上也未使 A 公司清偿的债务金额减少。综上所述，涉案个别清偿不符合“但书”规定的除外情形，原告有权撤销涉案个别清偿行为，并主张被告返还清偿的款项及物品，如不能返还物品，则应折价赔偿。关于折价赔偿金额，鉴于原被告双方对于被告实际领取的提花套衫及原料价值当初未具体约

① A 公司管理人与 B 公司请求撤销个别清偿行为纠纷案，浙江省杭州市余杭区人民法院（2020）浙 0110 民初 4731 号民事判决书。

定且目前也无法确定，故法院只能根据双方签订的《协议书》约定以税金、提花衣服、原料及货款10万元抵偿679,400元债务，再参考A公司库存商品及原材料在公开拍卖时的评估价值酌情认定涉案个别清偿的提花套衫、原料毛纱的折价赔偿金额分别为46元/件和34元/kg。鉴于被告在审理过程中自称其处目前剩余提花套衫5012件，毛纱5352kg，故对于被告明确已经没有的商品，法院直接按照上述酌定折价金额判决赔偿折价款项。

其二，还有的法院认为，“使债务人财产受益”的判断标准应当为“净资产增加”或“确定性地避免净资产减少”，[①] 即我们所说的除使债务人财产积极增加外，使债务人财产消极增加也属于使债务人财产受益的范畴。在（2015）皖民二终字第00042号案[②]中，依照B公司、某银行、A公司之间的《厂商银合作协议》，A公司应当在其未发货物对应的货款范围内向某银行承担差额退款责任，并约定了相应的违约赔偿责任。因此，A公司退还某银行19,972,588.47元系履行合同义务，不仅避免了将来的违约赔偿，也未增加A公司其他经营成本，客观上使A公司财产受益。《企业破产法》第三十二条的立法本意是避免债务人选择性清偿，造成后续破产清偿不公。而A公司未能对某银行之外的其他债权人按约清偿，主要是因为A公司的上游企业在收取货款后不向A公司发货，A公司主观上并没有违约的故意；没有证据证明某银行知晓A公司当时的经营及财务状况；也没有证据证明某银行与A公司之间存在恶意串通行为。故涉案A公司向某银行的清偿行为不宜认定属于《企业破产法》第三十二条规定的可撤销行为。

6. 同时履行行为

同时履行行为，又称即时交易，指双务合同当事人同时履行其所负担的合同义务。[③]《美国破产法》第547（c）（1）条规定了同时履行行为的成立要件，《美国破产法》第547（c）（1）条规定，满足以下两要件的偏颇清偿行为不被撤销：其一，债务人和债权人进行转让的目的系给债务人同时交换新价值；其二，

---

① 某银行与某律师事务所请求撤销个别清偿行为纠纷案，江苏省苏州市中级人民法院（2021）苏05民终482号民事判决书。

② A公司管理人与某银行破产撤销权纠纷案，安徽省高级人民法院（2015）皖民二终字第00042号民事判决书。

③ 参见李鸣捷：《论破产危机期间个别清偿撤销的“受益除外”规定》，载《民商法论丛》2019年第2期，第219－237页。

事实上这种交换几乎同时发生。此处，“交换新价值”为价值要素，“同时发生”为时间要素，“为了给债务人同时交换新价值”为目的要素，三者缺一不可。[①]

在（2020）浙01民终3899号案[②]中，法院认为《企业破产法》第三十二条所规定的个别清偿，系对已形成债权的偏颇清偿，通常不包括能使破产企业同时受益的同时履行行为，如即时清结的买卖。本案中，商行与A公司的交易标的较小，仅为20,000元，双方亦陈述此前并不熟悉且不存在其他交易，故商行陈述的涉案交易系即时付款交货，并非赊账交易，更符合交易常理，法院予以采信。A公司管理人质疑交易是否真实存在，但并未就为何付款且自行标注支付的货款作出合理解释，亦未能提供有效证据证明该付款系对此前拖欠债务的清偿，故A公司管理人主张本案构成《企业破产法》规定的个别清偿缺乏事实和法律依据，法院不予支持。在（2016）苏02民终3798号案[③]中，法院认为法律规定的临界期内的个别清偿行为系指对已形成债权的清偿，区别于即时清结等同时履行行为，本案中A公司所获受偿系已形成债权的清偿，并非与电线厂发生的同时履行行为，且电线厂在同时期内向其他债权人个别清偿的，并不能改变A公司系个别清偿的行为性质。综上所述，A公司关于非个别清偿行为的抗辩意见，无法律依据，法院不予采纳。

7. 发生后位新价值

在获得“后位新价值”情形下，虽然先前的清偿减少了破产财产，但是通过债权人基于新的信用提供的商品或贷款其破产财产又得到增加，清偿和新价值相互抵销，此时债务人的责任财产并没有减少，原债权人则成为新价值的债权人，其受偿地位也没有变得更为有利。因此，对债务人为了获取“后位新价值”，而对先前债务所作的个别清偿，在新价值范围内没有出现偏颇性清偿的后果。[④]

---

① 参见［美］大卫·G. 爱波斯坦（David G. Epstein）等：《美国破产法》，韩长印等译，中国政法大学出版社2003年版，第318页。

② 某商行、A公司管理人请求撤销个别清偿行为纠纷案，浙江省杭州市中级人民法院（2020）浙01民终3899号民事判决书。

③ A公司与某电线厂有限公司管理人请求撤销个别清偿行为纠纷案，江苏省无锡市中级人民法院（2016）苏02民终3798号民事判决书。

④ A公司重整管理人与宁某、B公司破产撤销权纠纷案，宁夏回族自治区高级人民法院（2021）宁民终11号民事判决书。

在（2016）浙03民终2847号案[①]中，法院认为破产撤销权设置的目的，旨在纠正债务人在破产程序开始前法定期间内的不当财产处分行为，恢复其责任财产，确保债务人财产得以在全体债权人之间进行公平分配。撤销权构成的前提是存在或可以推定存在因债务人的可撤销行为使债权人受偿利益受到损害的客观事实。债务人行为对债权人利益的损害可以从两个方面评价。一是财产标准，即该违法行为使债权人作为履行债务担保的一般责任财产减少，导致债务人丧失清偿能力而破产，或者使债权人在此后开始的破产程序中可以得到的清偿减少。二是债权人地位标准，即该违法行为使个别债权人得到偏颇性清偿，使其获得比行为发生前更为有利的受偿地位，破坏对全体债权人的公平清偿。具体到本案中，对于A公司管理人诉称的A公司于2015年5月8日偿还的本金部分1300万元，其来源系政府应急转贷资金，且某银行在受偿当日立即向A公司续贷1300万元，用于归还政府应急转贷资金。虽然A公司清偿了先前的债务，减少了破产财产，但相应地，某银行随即根据新的信用提供了贷款，破产财产又得到了增加，获得了新价值（“后位新价值”），此时清偿和新价值相互抵销，破产财产并没有减少，在新价值的额度范围内没有出现偏颇性清偿的后果，不应被撤销。反之，若管理人有权对此行使撤销权，将导致债权人不愿意和财务陷入危机的债务人继续从事商事交易，甚至在某种程度上会加速债务人的破产进程。除此之外，（2015）温瑞商初字第5082号案[②]、（2015）温瑞商初字第5091号案[③]、（2017）鲁1103民初995号案[④]、（2017）浙0225民初2661号案[⑤]均是如此。

上述案件涉及对债务人的“借新还旧”行为是否属于个别清偿行为的认定。

① 某律师事务所与某银行请求撤销个别清偿行为纠纷案，浙江省温州市中级人民法院（2016）浙03民终2847号民事判决书。

② 某律师事务所与某银行请求撤销个别清偿行为纠纷案，浙江省瑞安市人民法院（2015）温瑞商初字第5082号民事判决书。

③ 某律师事务所与某银行请求撤销个别清偿行为纠纷案，浙江省瑞安市人民法院（2015）温瑞商初字第5091号民事判决书。

④ 某律师事务所诉某银行请求撤销个别清偿行为纠纷案，山东省日照市岚山区人民法院（2017）鲁1103民初995号民事判决书。

⑤ A公司管理人诉B公司请求撤销个别清偿行为纠纷案，浙江省象山县人民法院（2017）浙0225民初2661号民事判决书。

对于该行为，如果债权人基于债务人的清偿行为而向债务人提供了“新价值”，例如，基于对旧贷款的清偿提供了新贷款、基于对先前货款的清偿供应了新一批货物，由于债务人财产在“新价值”与债务人清偿相抵的范围内无损失，在新旧债权等额的范围内，债权人的受偿地位并未发生改变，因此对于先前的清偿行为不应撤销。① 如此解释的目的在于鼓励债权人继续与陷入财务困境的债务人进行商业活动，我国学界对“发生后位新价值”已有关注，即便我国《企业破产法》并未明确作出相似的规定，但在实务中法官也已将该逻辑运用于判断对债务人的个别清偿行为是否应予撤销。

8. 惯常交易

《英国破产法》在第二百四十三条第二款第一项规定：“正常贸易或业务中的交易不适用于偏颇清偿之撤销。”在《美国破产法》中，那些符合“商业经营与财务事项的常规业务”、恪守“常规商业条款”的交易作为一项重要事由也列示于偏颇清偿撤销的例外性规则中，此与英国法一脉相承。②

在（2021）苏02民终844号案③中，法院认为《企业破产法》及司法解释确立了破产临界期内的个别清偿行为予以撤销的一般规则，同时规定了使债务人财产受益的不予撤销的例外情形，对撤销个别清偿行为加以限制，以求得全体债权人与个别债权人之间的利益平衡，实现《企业破产法》目标和交易安全之间的平衡。《企业破产法司法解释（二）》第十六条明确了债务人为维系基本生产需要而支付的水电费等、债务人支付劳动报酬和人身损害赔偿金，作为使债务人财产受益的典型个别清偿，并以使债务人财产受益的其他个别清偿作为兜底条款。本案中判断A公司前述支付利息的行为是否属于使债务人财产受益的撤销例外情形，主要从以下两个方面考虑：一是该付息行为是否属于债务人企业为正常生产经营所作的必要清偿。对于企业而言，即便出现破产原因，只要未进入破产程序，生存利益摆在显要位置。比如，此种情形下支付水、电、煤等公共开支的行为，已被司法解释明确为不应撤销的必要清偿行为。本案中，根据借款合同载明

① 参见胡利玲：《如何理解破产临界期内个别清偿使债务人财产受益——对我国偏颇清偿例外的重释与情形补足》，载《人民司法》2019年第22期，第76–80页。

② 参见《英国破产法》，丁昌业译，法律出版社2003年版，第182页。

③ 某银行与某律师事务所、某会计师事务所联合体请求撤销个别清偿行为纠纷案，江苏省无锡市中级人民法院（2021）苏02民终844号民事判决书。

的借款用途，结合某银行补充提供的涉案贷款申请资料，可以认定涉案贷款系用于A公司正常生产经营，借款合同约定借期1年，按月支付利息，如不及时支付利息，银行有权宣布提前到期，故利息的按月清偿构成一种惯常交易，是企业能够持续使用借款进而得以继续经营的前提，企业不按期支付利息会造成银行抽贷的后果，极有可能导致企业无法生产或生产经营秩序混乱，因此支付利息的必要性和重要性对企业存续而言不亚于水电费的支付，且履行此种惯常交易一般也不存在个别债权人谋求优先受偿的故意，故应当认定涉案付息行为属于A公司为正常生产经营所作必要清偿。二是该付息行为从利益衡量考虑，是否会造成过分削减破产财产的后果。法院认为，企业支付利息相对于继续使用本金而言，支出金额较小，现金流出亦有限，但能够在不过分削减企业财产的同时保障企业得以持续经营，此类清偿虽导致少量的经济利益流出企业，却能换来“延续债务人继续经营”之“收益”，故对其他债权人不会造成太大损害。但必须明确，不予撤销的范围只能限于利息而不能及于本金，否则可能造成利益失衡，也容易诱发道德风险。基于前述理由，法院认为，马某、郑某经手向某银行支付两笔利息的行为不应予以撤销。另外在（2016）辽民终840号案①、（2016）辽民终830号案②和（2016）辽民终827号案③中，法院认为某销售中心、某纸箱厂和B公司分别自2013年、2010年和2006年开始业务以来就与A公司存在长期的购销关系。在双方长期的购销关系中，形成了延后给付货款的惯常交易状态。基于A公司的供货请求，某销售中心、某纸箱厂和B公司分别在人民法院受理破产申请前6个月内向A公司存在持续供货行为，满足了A公司的生产需要，保证了A公司的正常生产经营，因此，A公司偿付部分货款既是以惯常交易方式履行应尽的合同义务，也使得A公司受益，对全体债权人也是有利的，依照法律规定，个别清偿行为不应予以撤销。

---

① A公司破产管理人与某销售中心请求撤销个别清偿行为纠纷案，辽宁省高级人民法院（2016）辽民终840号民事判决书。

② A公司破产管理人与某纸箱厂请求撤销个别清偿行为纠纷案，辽宁省高级人民法院（2016）辽民终830号民事判决书。

③ A公司破产管理人与B公司请求撤销个别清偿行为纠纷案，辽宁省高级人民法院（2016）辽民终827号民事判决书。

四、可撤销的个别清偿行为中行为人主观状态的认定

（一）导引案例分析

某银行等诉A公司管理人请求撤销个别清偿行为纠纷案/浙江省高级人民法院/（2016）浙民终523号①

【裁判要点】

根据《企业破产法》和《企业破产法司法解释（二）》的相关规定，对于个别清偿行为的规制，都是以债的合法存在为前提，而对于行为人的主观状态（恶意或善意），则无特别的要求。

【基本案情】

浙江省绍兴市中级人民法院于2014年9月26日作出（2014）浙绍破（预）字第2号民事裁定，依法受理A公司的破产清算申请，并指定律师事务所、会计师事务所担任管理人。管理人在接管破产财产和债权审查过程中发现，A公司在已经具备破产条件的情况下，于破产受理前6个月内向被告作出了个别清偿的民事行为，具体经过如下：2013年3月1日某银行与A公司签订《人民币流动资金贷款合同》一份，合同约定：A公司因经营周转之需向某银行借款人民币1300万元，借款期限从2013年3月1日起至2014年2月28日止。《人民币流动资金贷款合同》第十一条第八款约定，对于A公司在合同项下的全部应付款项，某银行有权从A公司在某银行系统开立的账户中划收人民币或其他币种的相应款项，且无需提前通知A公司。借款合同签订后，某银行依约向A公司发放贷款1300万元。

借款到期后，A公司无力清偿借款。某银行因此向人民法院提起诉讼。2014年4月21日，在案件尚未开庭审理的情况下，A公司向某银行付款587,441.02元，用于归还贷款本金。按照人民法院据以受理破产申请的绍平准会专审（2014）第27号审计报告，截至2013年12月31日，A公司资产总计230,151,000.21元，负债合计252,586,193.16元，已符合《企业破产法》第二条第一款规定的破产条件。2015年8月4日法院裁定宣告A公司破产。原告认

---

① 相关案件：A公司管理人与某银行请求撤销个别清偿行为纠纷案，浙江省绍兴市中级人民法院（2016）浙06民初230号民事判决书。

为，债务人A公司在已经具备破产条件的情况下，于人民法院受理破产申请前6个月内，对个别债权人进行清偿，依照《企业破产法》第三十二条的规定，管理人有权请求人民法院予以撤销。故起诉要求撤销A公司于2014年4月21日作出的向被告清偿587,441.02元贷款的行为。

【一审判决结果】

撤销A公司于2014年4月21日向被告某银行清偿587,441.02元贷款的行为。

【一审判决思路】

首先，法院于2014年9月26日裁定受理A公司破产清算申请，A公司于2014年4月21日向被告某银行进行清偿，符合“人民法院受理破产申请前六个月内”的时间条件。

其次，本案所涉1300万元贷款的到期日为2014年2月28日，A公司逾期未归还该笔贷款，故A公司于2014年4月21日具有不能清偿到期债务的情形；根据法院（2014）浙绍破（预）字第2号民事裁定查明之事实，A公司于2013年12月31日账面负债大于资产已达22,435,192.95元，鉴于A公司于2014年9月26日被裁定受理破产清算申请、2015年8月4日又被裁定宣告破产，A公司于2013年12月31日起持续存在资不抵债情形具有高度盖然性，故可认定A公司于2014年4月21日其资产已不足以清偿全部债务。故A公司于2014年4月21日已不能清偿到期债务且资产不足以清偿全部债务，可认定其具备破产原因。

最后，某银行未能举证证明A公司向其还款587,441.02元的行为使A公司的财产受益。因此，A公司向某银行还款的行为符合《企业破产法》第三十二条规定之情形，应当予以撤销。

【二审判决结果】

驳回上诉，维持原判。

【二审判决思路】

本案一审系A公司管理人提起的破产撤销权诉讼。综观某银行上诉理由，主要也是从其划收（扣款）行为“不属于A公司的个别清偿行为”、“符合法定抵销和约定抵销的特征”、“行为发生时A公司还不具备破产原因”和“对《企业破产法》第三十二条规定的个别清偿行为是否应该撤销应考虑到行为人的主观恶意”等方面，论证A公司管理人的诉讼请求，不符合《企业破产法》第三十二条有关撤销权的构成要件。经审理，某银行的相关上诉理由不能成立。其中关于行为人的主观状态判断，法院认为，《企业破产法》和《企业破产法司法解释（二）》的相关规定，对于偏颇性清偿行为的规定，都是以债的合法存在为前提，而对于行为人的主观状态（恶意或善意），则无特别的要求。某银行以其和A公司在行为时不存在主观恶意作为上诉理由，没有法律、司法解释的依据。

【一审、二审法院审理思路对比总结】

类目	一审	二审
裁判结果	撤销A公司于2014年4月21日向被告某银行清偿587,441.02元贷款的行为。	驳回上诉，维持原判。
争议焦点	是否应当撤销A公司于2014年4月21日向被告某银行清偿587,441.02元贷款的行为。	同一审。
回应	1. 符合“人民法院受理破产申请前六个月内”的时间条件。 2. 具备破产原因。 3. 清偿行为未使A公司的财产获得收益。	1. 从破产撤销权制度设立的目的来看，该制度在于维护债权人的整体利益，实现公平清偿的价值。 2. 《企业破产法》和《企业破产法司法解释（二）》的相关规定，对于偏颇性清偿行为的规定，都是以债的合法存在为前提，而对于行为人的主观状态（恶意或善意），则无特别的要求。 3. 本案《人民币流动资金贷款合同》的内容不构成准予某银行行使相应抵销权的明确合意，而最高人民法院《关于审理民事案件适用诉讼时效制度若干问题的规定》本身并未对金融机构扣款行为是否属于《企业破产法》规定的抵销行为作出规定，结合《企业破产法司法解释（二）》第四十四条对《企业破产法》第四十条有关抵销权行使的限缩解释的立法宗旨，某银行在本案中的扣收款项行为不产生对抗A公司管理人破产撤销权主张的效力。

续表

类目	一审	二审
		4. 某银行在本案中的扣收款项行为在本案《人民币流动资金贷款合同》中有相应的约定，得到进入破产清算程序前的A公司的认可，A公司对某银行扣收款项行为亦有相应的预期，与A公司主动实施的个别清偿行为对债权人整体的公平清偿利益的损害有相同的效果，应认为符合《企业破产法》第三十二条规定的偏颇性清偿行为的构成要件，一审法院相应的认定理由应予维持。

（二）实务问题讨论

我国《企业破产法》规定的破产撤销权并不以行为人的主观意思为构成要件，这一点已得到学界的普遍认同，[①] 但在司法实践中，仍然存在法官对于主观要件认识上的分歧，这其实反应的是法官更侧重于保护善意第三人还是更侧重于保护全体债权人的清偿利益。

在一类案件中，法院认为对《企业破产法》第三十二条的具体适用，应注意平衡各方当事人的利益，既要防止债务人偏颇性清偿债务损害全体或多数债权人的利益，亦应注意对善意第三人权益的保护、交易的安全和经济秩序稳定的维护，才能体现《企业破产法》诚实信用、公平清偿的立法本意，[②] 所以法院应当在全体债权人的利益和善意第三人之间作出一个平衡，即当事人为善意时则破产企业在危机期间的个别清偿行为不应该被撤销。但是在具体的实践中，又存在仅在债务人善意的情况下[③]，还是仅在债权人善意的情况下[④]，还是需要债务人和债权人双方均善意的情况下[⑤]才可以免于个别清偿行为的被撤销这三种不同的观点。

① 参见崔艳峰、房绍坤：《论主观意思在破产撤销权中的地位》，载《贵州社会科学》2015年第4期，第98－103页。

② A公司管理人与某银行破产撤销权纠纷案，安徽省高级人民法院（2015）皖民二终字第00042号民事判决书。

③ 某银行、某会计师事务所请求撤销个别清偿行为纠纷案，浙江省绍兴市中级人民法院（2020）浙06民终3944号民事判决书。

④ 程某与A公司管理人请求撤销个别清偿行为纠纷案，江苏省南通市中级人民法院（2017）苏06民终2665号民事判决书。

⑤ 某银行与A公司管理人破产撤销权纠纷案，山东省威海市中级人民法院（2014）威商终字第318号民事判决书。

在实践中，存在大量的债务人出现破产情形后，企业仍然向商业银行归还贷款的情况，通常情况下归还的方式有以下三种：第一种，债务人按合同约定正常还贷（金融机构扣划/债务人自行支付）；第二种，金融机构获悉债务人出现破产原因，宣布贷款提前到期，要求债务人还贷，债务人按合同还贷；第三种，金融机构获悉债务人出现破产原因，宣布贷款提前到期，主动扣划债务人资金。上述三种情况不论按照《企业破产法》第三十二条的规定还是按照司法解释中有关撤销权行使的例外规定，都存在被判定企业存在个别清偿行为的风险，进而导致还款被撤销，因此商业银行在依法维护金融债权过程中，应制定合理合规的风险控制和资产保全措施，充分评估《企业破产法》有关破产撤销权规定对其相关风险控制和资产保全措施的影响，避免相关措施因违反《企业破产法》的规定而在债务人进入破产程序后被人民法院依法撤销情形的发生。① 正因如此，在实务中，债权人往往提出“自身不具有恶意”的抗辩，以期能够在现有法律规定之外，得到法院的支持。在个别省份的司法文件中，债权人是否具有主观恶意被纳入撤销个别清偿行为的考虑因素。如北京市高级人民法院在《企业破产案件审理规程》中指明：“（银行自行抵扣到期债权的撤销）人民法院受理破产申请前六个月内，债权银行明知债务人已出现破产原因，仍然自行划扣债务人的银行存款清偿债务人对其负有的到期债务的，属于企业破产法第三十二条规定的应撤销的行为”。在该份文件中，“债权银行明知债务人已出现破产原因”系法院撤销个别清偿行为的依据之一。

在另一类案件中，法院认为危机期间对个别清偿行为的撤销，不以行为人的主观状态（恶意）为撤销该个别清偿行为的构成要件。如（2020）苏 13 民终 1513 号案②、（2019）沪 0117 民初 19650 号案③、（2017）浙 0802 民初 1569 号案④等案中，法院均认为《企业破产法》及其司法解释的相关规定，对于偏颇性

① 某银行诉 A 公司管理人请求撤销个别清偿行为纠纷案，浙江省高级人民法院（2016）浙民终 523 号民事判决书。

② A 公司与丁某请求撤销个别清偿行为纠纷案，江苏省宿迁市中级人民法院（2020）苏 13 民终 1513 号民事判决书。

③ A 公司管理人与 B 公司请求撤销个别清偿行为纠纷案，上海市松江区人民法院（2019）沪 0117 民初 19650 号民事判决书。

④ A 公司管理人诉 B 公司等请求撤销个别清偿行为纠纷案，浙江省衢州市柯城区人民法院（2017）浙 0802 民初 1569 号民事判决书。

清偿行为的规定，都是以债的合法性为前提，而对行为人的主观状态（恶意或善意）无特别要求。[①] 并且随着最高人民法院作出（2021）最高法民申 7688 号[②]的判决，基本上为该问题的回答给予了一个相对确定的答案。在（2016）苏 02 民终 3798 号案[③]中，法院也认为《企业破产法》第三十二条采用的是客观性标准，主观恶意不是其构成要件之一，恶意串通情形仅在《企业破产法司法解释（二）》第十五条这一特殊情形的适用中作为考量因素。因本案所涉清偿行为系电线厂与 A 公司之间的自行给付，并未经过诉讼、仲裁、执行程序，故本案所涉的清偿行为发生时电线厂与 A 公司是否存在恶意串通、A 公司是否系善意受偿等均与《企业破产法》第三十二条的法律适用无关。

笔者认为，相较于"纯主观主义"或者"纯客观主义"而言，"缓和主观主义"是一个比较合适的进路。缓和主观主义既非纯主观主义，其不需要挖掘行为人本身的内心意思，也无须破产管理人对此承担证明责任；其也非纯客观主义，并非完全不考虑行为人的主观意思。[④] 缓和主观主义在客观事实的基础上对主观意思进行推定，既摒弃了纯客观主义在一定程度上损害交易安全，不利于市场经济健康发展的弊端，也在一定程度上保护了全体债权人的清偿利益，行为人如果将其无主观恶意作为抗辩理由，那么则需承担抗辩责任，这既降低了破产管理人在面对不稳定状态中的破产企业搜集取证时的证明难度，也可以在行为是善意时保护交易安全，是一种主观主义与客观主义相结合的模式。

本专题小结

《企业破产法》第三十一条规定，"人民法院受理破产申请前一年内，涉及

---

① 某银行、A 公司管理人请求撤销个别清偿行为纠纷案，浙江省衢州市中级人民法院（2018）浙 08 民终 53 号民事判决书。

② A 公司、B 公司管理人请求撤销个别清偿行为纠纷案，最高人民法院（2021）最高法民申 7688 号民事裁定书。

③ A 公司与某电线厂有限公司管理人请求撤销个别清偿行为纠纷案，江苏省无锡市中级人民法院（2016）苏 02 民终 3798 号民事判决书。

④ 参见崔艳峰、房绍坤：《论主观意思在破产撤销权中的地位》，载《贵州社会科学》2015 年第 4 期，第 98－103 页。

债务人财产的下列行为，管理人有权请求人民法院予以撤销：（一）无偿转让财产的；（二）以明显不合理的价格进行交易的；（三）对没有财产担保的债务提供财产担保的；（四）对未到期的债务提前清偿的；（五）放弃债权的”。破产衍生诉讼中，管理人依据此条规定提起的诉讼即为破产撤销权纠纷之诉。广义上的破产撤销权纠纷包括请求撤销个别清偿行为纠纷，二者都涉及清偿行为的撤销，二者的设置目的都是维护债权人整体利益、保护公平清偿。那么这二者之间存在何种区别，在实践中，又该如何具体选择适用的案由呢？《企业破产法》第三十一条和第三十二条之间主要存在以下区别：首先，二者所适用的期间不同。《企业破产法》第三十一条约束的清偿行为发生在人民法院受理破产申请前1年内，而《企业破产法》第三十二条约束的个别清偿行为则发生在人民法院受理破产申请前6个月内。其次，二者所撤销清偿的债权性质不同。《企业破产法》第三十一条约束的是清偿未到期债权，而《企业破产法》第三十二条约束的主要则为已到期债权。再次，二者的适用前提即破产企业在进行个别清偿时的企业状态不同。《企业破产法》第三十二条适用的企业状态是清偿行为发生时债务人已具备破产原因，即要符合《企业破产法》第二条的规定，但《企业破产法》第三十一条则不考虑这一前提因素。最后，《企业破产法》第三十二条存在撤销的例外情况，而《企业破产法》第三十一条则不存在。根据破产撤销权纠纷和请求撤销个别清偿纠纷两者之间的区别，管理人可以根据案件事实情况，合理做出选择。

附：本专题纠纷所涉高频法条索引

1.《企业破产法》

第二条：

企业法人不能清偿到期债务，并且资产不足以清偿全部债务或者明显缺乏清偿能力的，依照本法规定清理债务。

企业法人有前款规定情形，或者有明显丧失清偿能力可能的，可以依照本法规定进行重整。

第三十二条：

人民法院受理破产申请前六个月内，债务人有本法第二条第一款规定的情形，仍对个别债权人进行清偿的，管理人有权请求人民法院予以撤销。但是，个别清偿使债务人财产受益的除外。

2.《企业破产法司法解释（二）》

第十四条：

债务人对以自有财产设定担保物权的债权进行的个别清偿，管理人依据企业破产法第三十二条的规定请求撤销的，人民法院不予支持。但是，债务清偿时担保财产的价值低于债权额的除外。

第十五条：

债务人经诉讼、仲裁、执行程序对债权人进行的个别清偿，管理人依据企业破产法第三十二条的规定请求撤销的，人民法院不予支持。但是，债务人与债权人恶意串通损害其他债权人利益的除外。

第十六条：

债务人对债权人进行的以下个别清偿，管理人依据企业破产法第三十二条的规定请求撤销的，人民法院不予支持：

（一）债务人为维系基本生产需要而支付水费、电费等的；

（二）债务人支付劳动报酬、人身损害赔偿金的；

（三）使债务人财产受益的其他个别清偿。

专题二 请求确认债务人行为无效纠纷

对我国《企业破产法》进行检索，可以发现与“无效”有关的关键词出现了三次。分别是《企业破产法》第十六条①、第三十三条②和第一百零三条③。除此之外，《企业破产法》第七十五条规定：“在重整期间，对债务人的特定财产享有的担保权暂停行使。但是，担保物有损坏或者价值明显减少的可能，足以危害担保权人权利的，担保权人可以向人民法院请求恢复行使担保权。”也可以理解为“重整期间，债权人对债务人的特定财产享有的担保权暂停行使，故重整期间债权人对债务人特定财产行使担保权的行为无效”④。上述规定共同构成了我国破产无效制度。破产无效制度是中国破产法律体系之特色，外国立法中很多仅见破产撤销制度而无破产无效制度。⑤ 在我国破产理论研究中，相较于破产撤销制度而言，破产无效制度乏人问津，但这并不意味着破产无效制度不存在问题，关于《企业破产法》中有关破产无效的理解与适用，现

---

① 《企业破产法》第十六条规定：“人民法院受理破产申请后，债务人对个别债权人的债务清偿无效。”

② 《企业破产法》第三十三条规定：“涉及债务人财产的下列行为无效：（一）为逃避债务而隐匿、转移财产的；（二）虚构债务或者承认不真实的债务的。”

③ 《企业破产法》第一百零三条规定：“因债务人的欺诈或者其他违法行为而成立的和解协议，人民法院应当裁定无效，并宣告债务人破产。有前款规定情形的，和解债权人因执行和解协议所受的清偿，在其他债权人所受清偿同等比例的范围内，不予返还。”

④ A公司与B公司破产重整管理人请求确认债务人行为无效纠纷案，宁夏回族自治区高级人民法院（2020）宁民终136号民事判决书。

⑤ 参见齐砺杰：《破产无效制度在个人破产背景下的迭代研究——以〈深圳经济特区个人破产条例〉为例》，载《中国应用法学》2021年第5期，第37－50页。

有的理论研究与司法实践之间尚存脱节与模糊不清的状况，需要我们进一步研究。①

本专题，笔者将聚焦破产中债务人的无效行为。破产中的债务人无效行为是指债务人在破产状态下实施的使破产财产不当减少或违反公平清偿原则，从而使债权人的一般清偿权益受到损害，依法应被确认无效的债务人财产处分行为。②债务人无效行为的法律规定基准体现在《企业破产法》第十六条及第三十三条中。笔者通过债务人无效行为的类型分析，将无效行为划分为为逃避债务而隐匿、转移财产的行为（《企业破产法》第三十三条第一项所述行为）、虚构债务或者不承认真实债务的行为（《企业破产法》第三十三条第二项所述行为）与破产申请受理后的个别清偿行为（《企业破产法》第十六条所述行为），笔者分别对此三类行为的各自概念、特点、在具体司法实践中的表现以及常见的争议焦点进行总结，以期在破产衍生诉讼中，为办理请求确认债务人行为无效纠纷类型的案件提供一定的参考。

一、为逃避债务而隐匿、转移财产的行为

（一）导引案例分析

A 公司与 B 公司管理人请求确认债务人行为无效纠纷上诉案/江苏省高级人民法院/（2018）苏民终 1393 号③

【裁判要点】

债务人明知存在破产情形，为逃避债务而转让股权的行为构成《企业破产法》第三十三条“为逃避债务而转移财产”，应为无效。

【基本案情】

C 公司系 2004 年 12 月 3 日设立的有限责任公司，注册资本为 1000 万元，工商登记股东为 D 公司、朱某。

---

① 参见郭东阳：《论欺诈破产行为的无效——解释论的视角》，载《上海法学研究》集刊 2021 年第 9 卷，第 162－172 页。

② 参见金瑛：《浅析破产无效行为的认定及其处理》，载《延边党校学报》2006 年第 1 期，第 40－43 页。

③ 相关案件：B 公司管理人与 A 公司、D 公司、第三人 C 公司请求确认债务人行为无效纠纷案，江苏省南京市中级人民法院（2017）苏 01 民初 1299 号民事判决书。

2014 年 9 月 30 日，B 公司（转让人）与 A 公司（受让人）签订《股权转让协议》，约定 B 公司将所持 C 公司 980 万元股权转让予 A 公司，转让价款 980 万元应于协议生效后 3 日内支付完毕。

同年 12 月 18 日，A 公司与 D 公司签订《代持股协议书》及《股权转让协议》，其中约定鉴于 A 公司的母公司 B 公司因市场大环境以及管理不善等原因导致整个集团资金链断裂，A 公司拟委托 D 公司代持上述股权，A 公司将 980 万元股权转让予 D 公司，对价为 0 元，实际股东权益由 A 公司享有。

2015 年 4 月 7 日，案外人李某以 B 公司未归还其到期债权借款本息 2773 万元，且对外债务已超过 12 亿元，无力清偿到期债务为由向一审法院申请对 B 公司进行破产清算。2015 年 7 月 1 日，一审法院作出（2015）宁商破字第 13－1 号民事裁定，受理李某对 B 公司的破产清算申请。2017 年 5 月 22 日，某会计师事务所江苏分所出具审计说明，确认 B 公司账面无案涉股权转让款收款记录。C 公司管理人提请确认案涉的两次股权转让行为无效。

【一审判决结果】

确认 2014 年 10 月 9 日 B 公司将其名下 C 公司 98% 股权转让给 A 公司及 2014 年 12 月 18 日 A 公司将该股权转让给 D 公司的行为无效。

【一审判决思路】

根据《企业破产法》第三十三条的规定，涉及债务人财产的下列行为无效：（1）为逃避债务而隐匿、转移财产的；（2）虚构债务或者承认不真实的债务的。本案所涉 B 公司与 A 公司以及 A 公司与 D 公司间两次股权转让行为。

首先，根据《代持股协议书》所载内容及相关破产清算案件申请时间节点，足以认定 B 公司在与 A 公司签订《股权转让协议》时，已明知 B 公司存在大量债务，并已无力清偿到期债务。

其次，B 公司与 A 公司签订的《股权转让协议》中约定，A 公司须于协议生效后 3 日内，即截至 2014 年 10 月 3 日将股权转让款 980 万元一次性支付给 B 公司，但 B 公司却在 A 公司未支付约定股权转让款的情况下，于 2014 年 10 月 9 日同意将讼争股权变更登记至 A 公司名下，且在一审法院受理 B 公司破产清算一案前从未向 A 公司主张过权利，明显有悖商业常理。

再次，A 公司与 D 公司虽在 2014 年 12 月 8 日《股权转让协议》中约定，A 公司将讼争股权以 980 万元对价转让给 D 公司，但双方在其后签订的《代持股协议书》中确认，该股权转让实际是由D公司以0元形式代A公司持有C公司股权，A公司仍是讼争股权的实际权利人，即双方并非股权转让关系而是股权代持关系，故2014年12月8日《股权转让协议》并非双方真实意思表示，依法应为无效。

最后，《代持股协议书》中确认代持目的是使A公司控股的C公司的运营免受各种因素的影响，结合前述协议履行情况，足以认定B公司在临近破产清算前将讼争股权转至A公司名下，后由D公司代持，目的是逃避债务。

综上所述，讼争股权两次转让行为均是B公司为逃避债务而转移财产，依法应确认为无效。

【二审判决结果】

驳回上诉，维持原判。

【二审判决思路】

本案中，B公司将持有的C公司98%股权转让给A公司，虽然《股权转让协议》约定了3日内全额支付980万元对价，但在A公司未支付对价的情况下仍然办理了股权过户登记，B公司亦无催收对价的证据；此后A公司将标的股权再次转让给D公司并签订代持协议书，明确“鉴于甲方母公司B公司因市场大环境以及管理不善等原因导致整个集团资金链断裂，为了使甲方所控制的C公司的运营免受各种因素的影响”等，2015年7月1日一审法院受理B公司破产申请。故综合上述因素应当认定B公司转让股权的目的在于逃避债务，受让人A公司与D公司后续又签订《股权转让协议》只是实现该不法目的的手段，真实意思是由D公司代持股权，两次缔结《股权转让协议》均属于恶意串通、损害B公司债权人利益，虽然形式上两次股权转让均办理了过户登记，但是依据《企业破产法》第三十三条规定两次转让行为均应认定无效。

【一审、二审法院审理思路对比总结】

类目	一审	二审
裁判结果	确认2014年10月9日B公司将其名下C公司98%股权转让给A公司及2014年12月18日A公司将该股权转让给D公司的行为无效。	驳回上诉，维持原判。

续表

类目	一审	二审
争议焦点	讼争两次股权转让行为是否属于B公司逃避债务的行为。	同一审。
回应	是。B公司在与A公司签订《股权转让协议》时，已明知B公司存在大量债务，并已无力清偿到期债务；且B公司在A公司未支付约定股权转让款的情况下，同意将讼争股权变更登记至A公司名下，在一审法院受理B公司破产清算一案前也从未向A公司主张过权利，明显有悖商业常理；A公司与D公司签订的《股权转让协议》并非真实意思表示，双方实为股权代持关系，目的是逃避债务。	B公司转让股权的目的在于逃避债务，受让人A公司与D公司后续又签订《股权转让协议》只是实现该不法目的的手段，真实意思是由D公司代持股权，两次缔结《股权转让协议》均属于恶意串通、损害B公司债权人利益，所以两次转让行为应为无效行为。

（二）实务问题讨论

《企业破产法》第三十三条第一项规定，为逃避债务而隐匿、转移财产的行为属于无效行为。隐匿、转移财产是指债务人通过隐瞒债务人财产的信息，将财产置于隐蔽场所或者改变财产位置的方式，从而使管理人不能有效控制、接管债务人财产的行为。[①] 根据该条款的规定，可以将《企业破产法》第三十三条第一项规定的无效行为细拆为为逃避债务而隐匿财产的行为与为逃避债务而转移财产的行为。

1. 为逃避债务而隐匿财产

隐匿在民法中无具体的定义，隐匿财产可以比照秘密占有来理解，即与公然占有对称。[②] 隐匿是指将债务人财产秘密藏匿或转移至他人无法找到或自认为他人无法找到的处所，或者隐瞒不报债务人财产，使之不能依破产程序被管理人接管和处分。隐匿行为的标的为财产，该等财产应作广义理解，其不仅包括财产还

① 参见郭海宁：《破产无效行为研究》，载《社科纵横（新理论版）》2011年第2期，第140－141页。

② 参见王琪玥：《论我国破产无效行为制度——对〈中华人民共和国企业破产法〉第三十三条的分析》，载《河南社会科学》2007年第4期，第102－103页。

包括财产性的权利，如对债权的隐匿不报等。隐匿财产的行为是多种多样的，既包括积极藏匿财产的行为，也包括消极隐瞒的行为，如对财产不在财务报表上作相应记载或者作不真实的记载，对财产去向隐匿不报，在接受有关财产情况的询问时不如实回答等。隐匿并不以转移财产所在地为要件，只要是秘密藏匿，意欲不为管理人、债权人和司法机关知晓，无论财产留在原处还是转藏他处，均构成隐匿行为。[①] 如在（2015）温瑞商初字第 1399 号案[②]中，债务人 A 集团受让第三人 B 公司股权后又转让给被告 C 公司、D 公司，其间未将所涉股权列入财产清单。债务人 A 集团因不能清偿到期债务，于 2012 年 10 月 26 日被瑞安市人民法院以（2012）温瑞破（预）字第 4 号民事裁定书裁定受理破产申请。管理人在调查债务人财务状况时未发现被告 C 公司、D 公司交付转让款，两被告也未提供证据证实其受让债务人股权的合法性。故法院认为，债务人 A 集团在经营过程中发生巨额债务，为逃避债务而隐匿、转移财产损害债权人权益，管理人请求确认债务人转让行为无效，法院予以支持。人民法院受理时，债务人应当向人民法院提供财产状况说明等证据材料，凡债务人未将企业财产列入财产清单的，在没有相反证据的情况下，均属于隐匿财产的行为。

2. 为逃避债务而转移财产

转移财产是指将债务人企业的财产转移至原所在地之外或债务人企业的控制之外，使管理人无法接管和处分。若从广义上讲，隐匿财产可以涵盖转移财产行为，只不过“转移财产”不强调其行为的秘密性。通常，被隐匿、转移的财产仍处于债务人或债务人的控制人如法定代表人、高管人员的直接或间接控制之下，完全摆脱债务人控制的，上述隐匿、转移也有可能构成财产的非法赠与、转让行为。[③] 通过破产退出市场的主体中，部分企业违背诚实信用原则，利用监管审查的便利，罔顾债权人利益和社会公共利益，通过转移财产等欺骗手段实施无效行为，严重损害债权人利益，违背政府方便市场主体退出的初衷，扰乱了市场经济

---

① 参见最高人民法院民事审判第二庭编著：《最高人民法院关于企业破产法司法解释理解与适用》，人民法院出版社 2013 年版，第 247 页。

② 某会计师事务所诉 A 公司等请求确认债务人行为无效纠纷案，浙江省瑞安市人民法院（2015）温瑞商初字第 1399 号民事判决书。

③ 参见最高人民法院民事审判第二庭编著：《最高人民法院关于企业破产法司法解释理解与适用》，人民法院出版社 2013 年版，第 247 页。

运行秩序。[①]

随着社会生活的不断丰富，经济交易日渐复杂，转移财产的手段也在实践中不断变化发展，这也为司法认定带来重重困难。如在（2017）浙0282民初8159号案[②]中，法院认定符合破产条件时的违规减资对减资前债权人无效，以减资形式逃避债务属于《企业破产法》第三十三条第一项规定的情形。被告A公司于2016年10月17日作出的将B公司的注册资本从24,878万元减至1000万元的股东决定无效。理由如下：第一，被告A公司是以减资的形式逃避债务。B公司对被告A公司享有债权，被告A公司作出减资决定是为了获得对B公司的减资债权，从而进行账面抵销，以达到转移财产的目的，该行为严重侵害了减资前债权人利益。从法院查明的事实看，被告A公司作出减资决定时，B公司负有大量债务且严重资不抵债，已经符合申请破产的条件，但被告A公司作为B公司唯一股东，在明知B公司已明显缺乏偿债能力的情况下，仍作出重大且不合常理的减资决定，应当认定其存在逃避债务、转移财产的目的。第二，依照《公司法》有关规定，公司减资应当依法通知债权人并根据债权人要求清偿债务或提供担保。但从法院裁定确认的B公司的负债情况看，其并未履行此等程序，而B公司对债权人的联系方式是知情的，由此也能说明被告A公司减资系为逃避债务。第三，B公司已进入破产清算程序，此时，减资前债权人不能就违法减资行为向被告A公司提起个别清偿诉讼，而应由管理人向被告A公司追收其减资所得并归入债务人财产，再依法分配。而追收减资所得的前提是否定减资决定的效力。本案转移财产的形式与过程较为特殊，被告A公司并非直接通过减资程序获得案涉款项，而是借减资程序获得减资债权进而抵销其对B公司的负债，以此转移财产。B公司实际向被告A公司转账的时间是2015年6月和7月，转账性质不明，从三份记账凭证的内容看属借款。此时尚难认定转账系逃避债务。然而，2016年10月17日，B公司已严重资不抵债，符合申请破产清算的条件。被告A公司为避免日后被要求返还转账款项，欲通过减资方式抵销债务。可见，被告A公司减少B公司注册资本的实质是转移财产逃避债务。该情形符合《企业破产法》第

① 参见付中华：《虚假破产罪的补辑路径——以“虚假破产行为”认定为中心》，载《中国政法大学学报》2020年第4期，第81－93页。

② A公司破产管理人诉B公司与破产有关的纠纷案，浙江省慈溪市人民法院（2017）浙0282民初8159号民事判决书。

三十三条第一项的规定，故应认定被告A公司于2016年10月17日作出的将B公司的注册资本从24,878万元减至1000万元的股东决定无效。

3. 无论是隐匿还是转移财产，都强调“为逃避债务”的主观心理状态

通过《企业破产法》第三十三条第一项规定可知，“为逃避债务”属于“隐匿、转移财产”此无效行为的主观心理状态。逃避债务主要是指债务人已知处于资不抵债或濒临无清偿能力或已经无清偿能力的状态下，仍不当减少公司、企业财产，从而导致债务人财产或破产财产的不当减少，债权人或其他人的利益实现程度及可能性降低。[①] 对此学理上存在不同的看法，有学者认为即使债务人出于其他动机，只要存在损害债权人利益的隐匿、转移财产行为的，都应该认定为无效，[②] 立法规定的“为逃避债务”之动机，对无效行为的构成不具有否定意义，不过是宣示性强调内容，若从立法严谨的角度说，则属画蛇添足。[③] 若不要求主观上必须“为逃避债务”的动机，公司、企业财产的不当减少也必须与破产财产的不当减少是直接的因果关系，即破产财产的不当减少必须是因为债务人不当管理公司、企业财产的行为直接引起。

在实践中，若证明行为人存在“为逃避债务”之动机，法院需要对此进行充分的论述。如在（2017）苏08民终186号案[④]中，法院若要证明债务人为逃避债务，在破产程序启动前，利用管理企业的优势为关联公司或利害关系人提供担保等行为套取资金，并将其隐匿、转移至关联公司或利害关系人，损害债权人整体权益的，属于《企业破产法》第三十三条第一项“为逃避债务而隐匿、转移财产”的行为需要从以下几个方面进行论证。首先，通过抵押合同订立的时间证明，2014年1月3日抵押合同订立时A公司已不具有良好的财务状况。2014年1月3日，A公司与某分行签订《最高额抵押合同》《借款抵押合同》，为B公司、周某某向某分行的借款，以土地使用权设立抵押担保。2014年6月28日，A公司即以不能清偿到期债务、无法继续经营为由向法院申请破产清算。抵押合同签

① 参见付中华：《虚假破产罪的补辑路径——以“虚假破产行为”认定为中心》，载《中国政法大学学报》2020年第4期，第81-93。

② 参见郭海宁：《破产无效行为研究》，载《社科纵横（新理论版）》2011年第2期，第140-141页。

③ 参见王欣新：《破产法》（第3版），中国人民大学出版社2011年版，第130页。

④ A公司与B公司抵押合同纠纷案，江苏省淮安市中级人民法院（2017）苏08民终186号民事判决书。

订与破产申请之间相差不到半年，由此可知2014年1月3日抵押合同订立时A公司已不具有良好的财务状况。其次，通过A公司与B公司、周某某的关系来证明，B公司属于恶意转移A公司财产。A公司股权结构为：B公司占股90%，郭某甲占股10%。同时，B公司为周某某一人有限责任公司，周某某与郭某甲系夫妻关系。由此，B公司与A公司系关联公司，其实际控制人为郭某甲、周某某夫妇，而A公司向人民法院申请破产，B公司作为A公司的控股股东应当知道该申请破产的事实，仍然向上诉人申请贷款，将A公司已提供抵押的财产增加抵押担保贷款金额，变相减少A公司的破产财产，因此，B公司属于恶意转移A公司财产。最后，通过贷款申请材料、某分行发放贷款的时间，以及A公司为B公司提供抵押的客观效果来看，B公司与A公司的实际控制人均为郭某甲、周某某夫妇，通过这一操作，郭某甲、周某某将A公司的财产转移至B公司，进而可通过其对B公司的控制，将该财产归其个人所有，属于《企业破产法》第三十三条第一项规定的转移财产。

笔者通过对检索的案例进行总结，发现若要证明行为人是基于“为逃避债务”的动机而实施的行为最常见的论证方式为证明行为发生时企业已不具备良好的经营状况或者是企业已经进入破产程序，有时还会伴随违背一般商业常理的低价或无对价转让行为。如在（2021）辽11民终1492号案①中，A公司在明知其存在经营危机、负债高于资产、不足以清偿全部债务的情况下，将2632万元的股权以1元的价格转让给虞某的行为，在主观上应当认定为故意，其并非为了A公司正常的生产经营活动的需要，而是为逃避债务而转移财产的行为，因为A公司在转让股权时，其持有的B公司的股权份额均已实缴到位，B公司作为有限责任公司，A公司继续持有该股权并不会对A公司的经营带来任何风险。同时，A公司与虞某之间不存在其他的债权债务关系，A公司以1元转让股权亦不会为其带来任何收益。在（2021）京02民终10706号案②中，2014年12月3日，一审法院裁定受理A公司破产清算一案后，A公司即处于破产清算状态。2015年1月21日，一审法院指定某律师事务所为破产管理人后，A公司的相关事务即由

① 虞某、A公司管理人等请求确认债务人行为无效纠纷案，辽宁省盘锦市中级人民法院（2021）辽11民终1492号民事判决书。

② A公司等请求确认债务人行为无效纠纷案，北京市第二中级人民法院（2021）京02民终10706号民事判决书。

破产管理人接管。此时，A公司理应知晓其已处于破产清算状态，A公司在知晓其已处于破产清算状态后，依然作为一方当事人签署《转让协议》，转让开发经营权的行为符合《企业破产法》规定的无效情形。基于此，一审法院认定《转让协议》无效。司法逻辑显示，因债务人进入了破产程序，当事人之间的处分财产行为才会存在问题，进而认定债务人具有逃债的主观意图。换言之，如果债务人未进入破产程序，上述行为有效。①

二、虚构债务或者不承认真实债务的行为

（一）导引案例分析

肖某良、A公司管理人等请求确认债务人行为无效纠纷民事二审民事判决书/湖南省湘潭市中级人民法院/（2021）湘03民终1938号②

【裁判要点】

虚构债务的行为属于《企业破产法》第三十三条所规定的情形，此行为应属无效行为。根据《企业破产法》第一百二十八条的规定，当债务人存在虚构债务的行为，损害债权人利益时，债务人的法定代表人和其他直接责任人员依法承担赔偿责任。

【基本案情】

2014年9月5日，肖某向刘某出具了授权委托书，载明："委托单位A公司，法定代表人肖某，法人授权责任人刘某，A公司委托刘某作为法定代表人在A公司日常管理上的全权代表，代表法人签署相关文件，处理相关资金往来，行使A公司的权利与义务；本授权自2013年6月30日至2015年12月31日。"A公司及其法定代表人肖某在该授权书上盖章、签字，刘某在法人授权责任人一栏签字。2015年7月8日，刘某通过其个人账号向肖某良账号转款48,000元。A公司与肖某良之间没有签订需要向肖某良支付款项的合同或协议，此前也没有其他经济往来。刘某通过其个人账号向肖某良支付的48,000元属于A公司的资金。

① 参见郭东阳：《论欺诈破产行为的无效——解释论的视角》，载《上海法学研究》集刊2021年第9卷，第162-172页。

② 相关案件：A公司管理人与肖某良、刘某请求确认债务人行为无效纠纷案，湖南省湘潭县人民法院（2021）湘0321民初789号民事判决书。

另查明，2018 年 9 月 17 日，湘潭县人民法院以（2018）湘 0321 破申 2 号民事裁定书受理 A 公司破产清算申请。2018 年 9 月 26 日，湘潭县人民法院以（2018）湘 0321 破申 2－1 号民事决定书指定某律师事务所担任 A 公司的破产清算管理人。2018 年 10 月 18 日，湘潭县人民法院以（2018）湘 0321 破申 2 号之一民事裁定书宣告 A 公司破产。A 公司的相关人员至今未将账簿、记账原始凭证等相关资料交由 A 公司管理人接管。

【一审判决结果】

1. 确认 A 公司于 2015 年 7 月 8 日向肖某良支付 48,000 元的行为无效。

2. 肖某良于本判决生效后 10 日内返还 A 公司管理人 48,000 元及利息。

3. 肖某、刘某对肖某良应当返还的 48,000 元及利息不能返还的部分承担补充赔偿责任。

【一审判决思路】

1. 本案案由的问题。本案立案的案由为请求撤销个别清偿行为纠纷，该案由依据的是《企业破产法》第三十一条、第三十二条的规定，与本案事实并不相符。本案中，A 公司管理人所主张的是肖某良、刘某、肖某虚构债务，该行为属于《企业破产法》第三十三条所规定的情形，请求确认 A 公司向肖某良支付行为无效并请求返还款项，故本案案由应为请求确认债务人行为无效纠纷。

2. 本案争议的焦点是 A 公司与肖某良之间是否存在真实的债权债务关系，向肖某良支付 48,000 元是正常、合法的支付行为还是无效的支付行为。根据《企业破产法》第三十三条的规定，涉及债务人财产的下列行为无效：（1）为逃避债务而隐匿、转移财产的；（2）虚构债务或者承认不真实的债务的。本案中，A 公司与肖某良之间没有签订需要向肖某良支付款项的合同或协议，此前 A 公司与肖某良之间也没有其他经济往来，且肖某良也没有提交其收取 A 公司 48,000 元的合法依据的证据，故刘某代表 A 公司向肖某良支付 48,000 元没有事实和法律依据。刘某代表 A 公司向肖某良支付款项的行为符合《企业破产法》第三十三条规定的情形，其行为损害了 A 公司债权人的合法权益，依法应确认无效，因无效行为取得的财产肖某良应依法予以返还。现 A 公司管理人依据《企业破产法》的相关规定追回 A 公司 48,000 元及利息，于法有据，一审法院予以支持。

3. A 公司管理人请求肖某、刘某对肖某良的债务承担赔偿责任的问题。根据《企业破产法》第一百二十八条的规定，债务人有本法第三十一条、第三十二条、第三十三条规定的行为，损害债权人利益的，债务人的法定代表人和其他直接责任人员依法承担赔偿责任。本案中，刘某受 A 公司法定代表人肖某的委托管理 A 公司日常事务和处理资金往来，明知肖某良与 A 公司不存在真实的债权债务关系，不应当履行支付行为，其行为存在重大过失，造成 A 公司财产减少，损害了 A 公司债权人的利益，A 公司的法定代表人肖某、直接责任人刘某均应当承担肖某良不能履行返还义务的补充赔偿责任，故对 A 公司管理人的该项请求一审法院予以支持。

【二审判决结果】

1. 撤销湖南省湘潭县人民法院（2021）湘 0321 民初 789 号民事判决。

2. 驳回 A 公司管理人的诉讼请求。

【二审判决思路】

本案二审争议焦点为：刘某转账给肖某良的 48,000 元是否属于 A 公司资金，肖某良是否应当返还案涉资金。

本案中，A 公司、肖某与刘某签订《企业法人授权委托书》，授权刘某作为 A 公司的全权代表人，代表法人签署相关文件，处理相关资金往来，行使 A 公司的权利与义务。2015 年 7 月 8 日，刘某在行使职权过程中将自己账户中的 48,000 元转账至肖某良的账户。一审中，刘某认可该 48,000 元实际属于 A 公司的资金，因肖某良未提供证据证明 A 公司、刘某、肖某良之间有其他债权债务关系，故应当认定上述 48,000 元属于 A 公司的资金。

从肖某良案涉银行账户个人活期明细信息及（2021）湘 03 民终 1436 号生效判决可以看出，48,000 元到达肖某良账户后，26,000 元用于支付给 A 公司相关工作人员，A 公司管理人在二审中予以认可。法院认为从上述个人活期明细信息可知，肖某良的账户实际由 A 公司使用。本案中，A 公司管理人未提供有力证据证明本案相关人员存在虚构债务或承认不真实债务的恶意行为，应承担举证不能的后果。因此，A 公司管理人请求确认 A 公司向肖某良支付 48,000 元款项的行为无效，肖某良应当返还，没有事实和法律依据。

【一审、二审法院审理思路对比总结】

类目	一审	二审
裁判结果	1. 确认A公司于2015年7月8日向肖某良支付48,000元的行为无效。 2. 肖某良于本判决生效后十日内返还A公司管理人48,000元及利息。 3. 肖某、刘某对肖某良应当返还的48,000元及利息不能返还的部分承担补充赔偿责任。	1. 撤销湖南省湘潭县人民法院（2021）湘0321民初789号民事判决。 2. 驳回A公司管理人的诉讼请求。
争议焦点	1. 本案案由的问题。 2. A公司与肖某良之间是否存在真实的债权债务关系，向肖某良支付48,000元是正常、合法的支付行为还是无效的支付行为。 3. A公司管理人请求肖某、刘某对肖某良的债务承担赔偿责任的问题。	刘某转账给肖某良的48,000元是否属于A公司资金，肖某良是否应当返还案涉资金。
回应	1. A公司管理人所主张的是肖某良、刘某、肖某虚构债务，该行为属于《企业破产法》第三十三条所规定的情形，故本案案由应为请求确认债务人行为无效纠纷。 2. 无真实债权债务关系，属于无效的支付行为。A公司与肖某良之间没有签订需要向肖某良支付款项的合同或协议，此前A公司与肖某良之间也没有其他经济往来，且肖某良也没有提交其收取A公司48,000元的合法依据的证据，故刘某代表A公司向肖某良支付48,000元没有事实和法律依据。 3. 根据《企业破产法》第一百二十八条的规定，债务人的法定代表人和其他直接责任人员依法承担赔偿责任。本案中，刘某受A公司法定代表人肖某的委托管理A公司日常事务	属于A公司资金，不应返还。从肖某良案涉银行账户个人活期明细信息及（2021）湘03民终1436号生效判决可以看出，48,000元到达肖某良账户后，26,000元用于支付给A公司相关工作人员，A公司管理人在二审中予以认可。法院认为从上述个人活期明细信息可知，肖某良的账户实际由A公司使用。本案中，A公司管理人未提供有力证据证明本案相关人员存在虚构债务或承认不真实债务的恶意行为，应承担举证不能的后果。因此，A公司管理人请求确认A公司向肖某良支付48,000元款项的行为无效，肖某良应当返还，没有事实和法律依据。

续表

类目	一审	二审
	和处理资金往来，明知肖某良与A公司不存在真实的债权债务关系，不应当履行支付行为，其行为存在重大过失，造成A公司财产减少，损害了A公司债权人的利益，A公司的法定代表人肖某、直接责任人刘某均应当承担肖某良不能履行返还义务的补充赔偿责任。	

（二）实务问题讨论

根据《企业破产法》第三十三条第二项的规定，虚构债务或者承认不真实的债务的行为无效。虚构债务是指债务人在申报债务时，将未发生的债务进行申报，意图弥补转移或侵吞债务人财产的亏空等情形的行为。承认不真实的债务，是指债务人对于债权人虚构申报的债务予以承认并给其他人以误认，以实现个别债权人获得更多清偿利益，或者掩盖企业真实财务状况的行为。① 也有观点认为虚构债务其实是承认不真实的债务的一种，都属于法律行为，② 法律之所以对这种行为规定为无效行为，是由于债务人在破产的时候已经无力偿还债务，这时虚构债务或者承认不真实的债务对债务人的利益已经没有实质性的影响，影响的是债权人的利益。③ 所以当债务人存在积极的主观欺诈之念时，其会通过虚构债务或者承认不真实债务等手段同他人恶意串通，损害企业、债权人、社会公众等的利益，债务人违反法律向他人转移利益、抽逃财产、逃避债务的行为需要被严厉打击。

在（2018）浙01民终10002号案④中，法院对何为虚构债务或者承认不真实

① 参见《中华人民共和国企业破产法》起草组编：《〈中华人民共和国企业破产法〉释义》，人民出版社2006年版，第138－139页。

② 参见王琪玥：《论我国破产无效行为制度——对〈中华人民共和国企业破产法〉第三十三条的分析》，载《河南社会科学》2007年第4期，第102－103页。

③ 参见郭海宁：《破产无效行为研究》，载《社科纵横（新理论版）》2011年第2期，第140－141页。

④ A公司管理人、B公司请求确认债务人行为无效纠纷案，浙江省杭州市中级人民法院（2018）浙01民终10002号民事判决书。

的债务作了简单解释。其认为在民事活动中，债的发生必须要有依据，与债的发生依据相对应的，是双方之间的权利义务关系。一般来说，民事活动中各方之间的权利义务具有对等性和一致性，这是维护交易公平的基本保障和重要体现。由于债务人在破产之时其全部财产已不足以清偿债务，此时债务的虚假增加对其已经没有实际利益影响，损害的只是其他债权人的利益。对此种欺诈行为不但妨碍管理人依法履行职责，影响破产程序的正常进行，而且严重损害债权人的合法权益，《企业破产法》规定债务人的上述行为无效。虚构债务，是指债务人主观上凭空捏造本不存在的债务，虚假增加债务人的人数，并使该“虚构的债务人”参加到债务人财产的分配中来，以减少真正债权人清偿份额的行为。承认不真实的债务，是指债务人在他人提出虚假债务请求时予以承认的行为，包括两种情况：一是承认根本不存在的债务；二是承认较低数额的债务为较高数额的债务。主要是指债务人的董事、经理或者其他负责人，故意对事实上不准确的债务予以确认，从而隐瞒债务人财产的真实情况。

“虚构债务或者承认不真实的债务”不仅为《企业破产法》所不允许，在《民事诉讼法》上，也将被视为虚假诉讼来处理。2008 年浙江省高级人民法院发布的《关于在民事审判中防范和查处虚假诉讼案件的若干意见》，将虚假诉讼界定为“民事诉讼各方当事人恶意串通、采取虚构法律关系、捏造案件事实方式提起民事诉讼，或者利用虚假仲裁裁决、公证文书申请执行，使法院作出错误裁判或执行，以获取非法利益的行为”，并特别强调法院在审判中应特别关注“已经资不抵债的企业、其他组织、自然人为被告的财产纠纷案件”中的虚假诉讼行为。《民事诉讼法》第一百一十五条规定：“当事人之间恶意串通，企图通过诉讼、调解等方式侵害他人合法权益的，人民法院应当驳回其请求，并根据情节轻重予以罚款、拘留；构成犯罪的，依法追究刑事责任。”第一百一十六条规定：“被执行人与他人恶意串通，通过诉讼、仲裁、调解等方式逃避履行法律文书确定的义务的，人民法院应当根据情节轻重予以罚款、拘留；构成犯罪的，依法追究刑事责任。”①

破产衍生诉讼中，因虚构债务或者承认不真实的债务而引发的请求确认债务

① 参见最高人民法院民事审判第二庭编著：《最高人民法院关于企业破产法司法解释理解与适用》，人民法院出版社 2013 年版，第 248 页。

人行为无效纠纷中，案件的争议焦点主要集中在纷繁复杂的交易中，对债的发生依据的判断，基础法律关系是否合法有效存在、当事人所为行为是否属于无效行为等问题上。

（2020）川08民初161号案①属于虚构债务而引起的请求确认债务人行为无效纠纷。法院在该案中，对案涉双方的法律关系以及案涉债务是否真实进行了详细分析。本案中，A公司依据《企业破产法》第三十三条诉称1200万元利息转款是虚构债务或者承认不真实债务，梁某答辩称收到A公司转款1200万元，系受委托代收代付。梁某应对其主张承担举证责任，仅称帮朋友陈某的忙，既没有授权委托书，也没有明确指明受谁委托付给A公司股东B公司。梁某所举自己银行账号资金流水只能证明A公司分8次以利息名义转账1200万元以及对外有大量经济往来，所称按陈某指定转款方某和陈某，既没有陈某等人出庭作证，也没有所称香港B公司收款证明。梁某所举香港银行账单复印件模糊不清，不能辨识，且不是梁某与B公司的交易账单，法院不予采信。梁某所举与案外人之间的微信、录音，属于证人证言，案外人身份不明，且没到庭作证，法院不予采信。故梁某所举证据不能达到证明系委托代付目的。从以上分析可知，A公司与梁某在没有有效证据证明有任何债权债务关系和代收代付关系情形下，A公司将1200万元以利息名义转账到梁某账户，严重损害了A公司债权人的合法权益，属于虚构债务或者承认不真实的债务行为。

（2018）浙07民终5459号案②也是如此，一审法院认为，从形式上看，债务人A公司分别于2013年2月20日和2014年3月25日与被告徐某签订《房屋租赁协议书》而成立涉案房屋的租赁合同关系，但该院认为该行为系债务人虚构租赁而向被告转移利益，变相抽逃财产的行为，应认定无效。理由如下：（1）上述协议中的房屋并未实际交由被告徐某占有使用，虽然被告抗辩承租后委托A公司对外出租，但亦缺乏A公司曾向被告支付代收租金的依据。（2）两份协议中均约定20年的房屋租金由被告徐某一次性支付给A公司，但A公司的财务账目中

① A公司破产管理人与梁某请求确认债务人行为无效纠纷案，四川省广元市中级人民法院（2020）川08民初161号民事判决书。

② A公司管理人、徐某请求确认债务人行为无效纠纷案，浙江省金华市中级人民法院（2018）浙07民终5459号民事判决书。

并没有体现被告支付的租金9,750,000元和170,825元。虽然被告抗辩其和其母亲黎某分数次向武某的账户共计转入9,920,000元用于支付租金，但被告未提供充分证据证明上述款项由其支付，亦无法认定向武某转入的款项为支付A公司的租金，且被告自认通过武某的账户与A公司之间有大额的贷款转款以及拆借的资金往来，故认定该几笔款项系被告支付本案租金的依据不足。（3）签订2013年2月20日的《房屋租赁协议书》时房屋尚未开工建设，签订2014年3月25日的《房屋租赁协议书》时案涉房屋并未竣工验收，故协议中约定的租赁房屋的具体位置、房号等已经确定不太符合常理。（4）被告认可上述两份《房屋租赁协议书》的签订时间即为落款时间，但上述两份协议却一起骑缝加盖了一枚A公司的公章，显然不符合通常签订合同的习惯，相反该两份《房屋租赁协议书》同时形成的可能性较大。综上所述，基于A公司的法定代表人与被告之间的亲属身份关系，A公司与被告之间的房屋租赁合同关系应非真实存在，双方虚构租赁合同关系而转移A公司财产利益的行为，损害了其他债权人的利益，应当认定无效。二审法院认为综合以上事实，原审判决认定涉案二份《房屋租赁协议书》并非当事人真实意思表示并无不当。徐某、A公司虚构债务的行为违反了《企业破产法》第三十三条第二项的规定，应属无效。

（2015）池民二终字第00065号案①属于承认较低数额的债务为较高数额的债务而引起的请求确认债务人行为无效纠纷。本案争议焦点在于A公司在情况说明中自认补偿B公司10万元的行为是否无效。就本案而言，虽然法律不禁止当事人进行和解，还鼓励当事人就纠纷积极协商解决，但本案的特殊性在于A公司受托人王某出具情况说明后不足2个月，A公司即被法院裁定受理破产申请，此时，A公司涉及该公司财产的行为将受到特别法，即《企业破产法》的强制约束，人民法院也有权依申请审查债务人A公司涉及该公司处置财产行为的效力。A公司与B公司买卖合同纠纷一案，已经原审法院生效的民事判决所确认，该判决对双方买卖合同项下所涉货款金额、质量异议和违约责任等事项进行了裁判，在此基础上，A公司受托人王某在没有任何事实依据的情况下出具情况说明，自认承担判决以外债务的行为会损害其他不特定债权人的权益，该

① B公司与A公司等确认债务人行为无效纠纷案，安徽省池州市中级人民法院（2015）池民二终字第00065号民事判决书。

行为符合《企业破产法》规定的虚构债务或者承认不真实的债务的情形，原审认定A公司在2013年8月26日的情况说明中自认补偿B公司10万元的条款无效，并无不当。

除此之外，(2020)鲁11民终294号案①、(2019)冀民再138号案②、(2018)浙07民终5458号案③、(2014)温瑞商初字第4020号案④等均对案涉法律关系进行了深入剖析，分析交易行为是否存在合理的法律基础、协议当事人之间是否存在恶意串通的可能性等。

综上所述，虚构债务或者承认不真实的债务通常是为了增加负债，负债是企业法人的消极财产，消极财产增加则积极财产减少，这样虚构债务同样达到减少债务人财产的目的，也损害了债权人利益。这部分不真实债务掩盖下的财产通常会被行为人私自侵吞，或者与他人串通私分。⑤ 根据《企业破产法》第三十三条第二项的规定，可以将第二项中的无效行为拆分为虚构债务的行为与承认不真实债务的行为。承认不真实的债务的行为具体又包括承认不存在的债务和承认较低数额的债务为较高数额的债务两种情况。而承认较低数额的债务为较高数额的债务与虚构债务的行为和承认不存在的债务的行为又存在细微差别，即在虚构债务的行为和承认不存在的债务的行为的案例中，通常不存在合法的基础法律关系或者基础法律关系仅为合法形式却没有实际履行，而以较低数额的债务冒充较高数额债务的行为通常存在基础的法律关系，且此意思表示为双方真实的意思表示，但因为双方恶意串通，所以此行为也属于无效的行为。

---

① A公司管理人、B公司等请求确认债务人行为无效纠纷案，山东省日照市中级人民法院(2020)鲁11民终294号民事判决书。

② A公司破产管理人、某律师事务所请求确认债务人行为无效纠纷案，河北省高级人民法院(2019)冀民再138号民事判决书。

③ A公司管理人、陆某、徐某请求确认债务人行为无效纠纷案，浙江省金华市中级人民法院(2018)浙07民终5458号民事判决书。

④ A公司管理人层诉黄某等请求确认债务人行为无效纠纷案，浙江省瑞安市人民法院(2014)温瑞商初字第4020号民事判决书。

⑤ 参见郭东阳：《论欺诈破产行为的无效——解释论的视角》，载《上海法学研究》集刊2021年第9卷，第162－172页。

三、破产衍生诉讼中的其他破产无效行为

（一）导引案例分析

唐某诉A公司请求确认债务人行为无效纠纷一案二审民事判决书/上海市第一中级人民法院/（2018）沪01民终10525号[①]

【裁判要点】

公司的财务账册原件内容完整，显示每笔付款的资金均源于债务人，在账册中均记载为债务人向债权人的还款，且每笔记账都附有债权人签收的收条，故证据已达到关联度，可以证明系争款项系用于归还债务人的公司债务。此种行为构成《企业破产法》第十六条的个别清偿行为，应属无效。

【基本案情】

2010年8月2日，一审法院受理了案外人蔡某申请A公司破产清算一案。唐某系A公司债权人，在上述破产清算案件中申报债权4,516,075元。

A公司破产管理人对A公司账目审核后，发现A公司于2011年3月17日至2012年5月3日，通过现金形式向唐某支付了14笔款项，共计142,000元。上述款项均记载于A公司现金账目之中，该现金账目中，每笔付款凭证之后，均以唐某亲笔书写的相应金额的收条或借条入账。其中，2011年3月17日付款凭证后附唐某以A公司抬头纸书写的日期为2010年3月17日的20,000元收条。2011年7月6日、7月25日、8月17日付款凭证后附三张日期为2011年6月24日、7月12日、8月15日的收条，唐某注明收到A公司还款共计45,000元。2011年9月25日、10月20日付款凭证后附的2011年9月14日、10月20日收条，唐某注明收到陆某琴还款共计20,000元，其中2011年10月20日收条系以A公司抬头纸书写。2011年5月11日至2012年5月3日借条共9张，唐某注明借到管某款项，共计37,000元，由A公司/陆某归还/处理。2012年9月25日付款凭证后附2012年1月16日收条，唐某注明收到陆某20,000元。借条中的陆某、陆某琴、管某均为A公司工作人员。

陆某琴曾于2003年5月21日、7月5日、10月15日分别向唐某出具借条，

① 相关案件：A公司与唐某请求确认债务人行为无效纠纷案，上海市徐汇区人民法院（2018）沪0104民初906号民事判决书。

内容分别为："唐某伍万元，到2003年年底归还，利息照旧""今向唐某同志处借人民币伍万元正，到2003年年底归还。此据（利息照旧）""唐某处人民币肆万元正，月底前归还"。

【一审判决结果】

1. 确认A公司于2011年3月17日至2012年5月3日向唐某清偿142,000元的行为无效。

2. 唐某返还因无效清偿所获款项142,000元。

【一审判决思路】

根据相关法律规定，人民法院受理债务人破产申请后，债务人对个别债权人的债务清偿无效。首先，对于本案系争款项是否由A公司支付唐某，一审法院认为，A公司对上述事实提交的现金账册以及所附唐某签收款项的原件凭证，已经证明其确实向唐某支付过系争款项，而唐某也已经确认系争款项系从A公司工作人员处获取，因此，一审法院认为，系争款项系由A公司支付唐某。关于唐某辩称系争款项系陆某琴还款，一审法院认为，本案系争款项发生于2010年至2012年，而唐某提交的借条落款为2003年，且写明还款时间为当月月底或当年年底，二者相隔数年，一审法院难以认定二者之间存在关联，而且，唐某对于A公司工作人员代陆某琴还款的主张亦未提交任何证据，一审法院对唐某主张本案系争款项系陆某琴还款的主张，难以采信。其次，对于款项支付时间，唐某辩称第一笔款项实际收款时间为一审法院受理破产清算申请之前，一审法院认为，A公司账册已经明确记载付款时间为2011年3月17日，唐某关于实际系于2010年收款仅提交收条一张，但该收条系其自行书写，一审法院对该辩称难以采信。最后，关于借条对应的款项性质，本案中，虽然唐某以出具借条的形式借款37,000元，但是该9张借条均无还款时间，仅显示借款后由陆某或A公司归还或处理，最终款项系由A公司支付并计入公司现金账，因此实质上唐某系以借款为形式，从A公司获取款项，A公司构成变相清偿。

人民法院受理破产申请后，破产财产应通过法定程序对全体债权人进行清偿，个别清偿行为不利于公平清偿债务人的债权债务，有损于其他债权人的合法权益，应确认无效。一审法院受理A公司破产清算一案后，A公司向唐某清偿款项合计为142,000元，该行为已经构成了对唐某的个别清偿，应属无效。民事行为被确认无效后，当事人应当返还因该行为取得的财产，A公司要求唐某返还财

产，符合法律规定，一审法院予以支持

【二审判决结果】

驳回上诉，维持原判。

【二审判决思路】

被上诉人在一审期间提供了公司的财务账册原件，内容完整，显示每笔付款的资金均源于被上诉人，在账册中均记载为被上诉人向上诉人的还款，且每笔记账都附有上诉人签收的收条，故被上诉人的举证已经达到高度盖然的程度，可以证明系争款项用于归还被上诉人的公司债务。上诉人虽然对被上诉人提供的财务账册提出异议，认为系伪造，但并未举证证明伪造的事实存在，不能推翻被上诉人举证的效力。上诉人称其收到的款项系陆某琴归还的个人借款，但该主张无有效证据证明，也未得到陆某琴或其子陆某的确认，故上诉人的该主张不成立，法院不予支持。

【一审、二审法院审理思路对比总结】

类目	一审	二审
裁判结果	1. 确认A公司于2011年3月17日至2012年5月3日向唐某清偿142,000元的行为无效。 2. 唐某返还因无效清偿所获款项142,000元。	驳回上诉，维持原判。
争议焦点	A公司于2011年3月17日至2012年5月3日向唐某清偿142,000元的行为是否无效。	上诉人于2011年3月17日至2012年5月3日收到的142,000元是被上诉人归还的公司债务，还是陆某琴归还的个人债务，该清偿行为是否无效。
回应	是。 1. 系争款项由A公司支付唐某。A公司提交的现金账册以及所附唐某签收款项的原件凭证，已经证明。 2. 无证据证明系争款项系陆某琴还款。本案系争款项发生于2010年至2012年，而唐某提交的借条落款为2003年，且写明还款时间为当月月	一审期间提供了公司的财务账册原件，内容完整，显示每笔付款的资金均源于被上诉人，在账册中均记载为被上诉人向上诉人的还款，且每笔记账都附有上诉人签收的收条，故被上诉人的举证已经达到高度盖然的程度，可以证明系争款项用于归还被上诉人的公司债务。

续表

类目	一审	二审
	底或当年年底，二者相隔数年，难以认定二者之间存在关联。 3. 无证据证明第一笔款项实际收款时间为一审法院受理破产清算申请之前。A 公司账册已经明确记载付款时间为 2011 年 3 月 17 日，唐某关于实际系于 2010 年收款仅提交收条一张，但该收条系其自行书写，难以采信。 4. 关于借条对应的款项性质，本案中，虽然唐某以出具借条的形式借款 37,000 元，但是该 9 张借条均无还款时间，仅显示借款后由陆某或 A 公司归还或处理，最终款项系由 A 公司支付并计入公司现金账，因此实质上唐某系以借款为形式，从 A 公司获取款项，A 公司构成变相清偿。 5. 人民法院受理破产申请后，破产财产应通过法定程序对全体债权人进行清偿，个别清偿行为不利于公平清偿债务人的债权债务，有损于其他债权人的合法权益，应确认无效。	

（二）实务问题讨论

1. 行为特征分析

人民法院受理破产申请后债务人对个别债权人的个别清偿行为，可以分为以下两大类：第一类为债务人主动于破产申请受理后归还的个别清偿，其细分为破产企业直接向个别债权人清偿和破产企业间接向个别债权人清偿（如通过第三方账户清偿）两种类型；第二类为银行自行从债务人账户中扣划的个别清偿。无论其以何种形式企图使个别清偿行为有效化，因其均发生在破产申请后，所以个别清偿行为都是无效的。实务中判断是否构成无效的个别清偿时，主要是以破产申请受理后，债务人对个别债权人的清偿是否导致债务人财产的减少，从而损害了其他债权人的利益为依据。

笔者就上述两类别的个别清偿行为分析如下：

（1）债务人主动清偿

前文所述（2018）沪01民终10525号①案为典型主动、直接个别清偿案例，案涉债权债务关系明确，还款时间确实在破产申请受理后，支付路径为破产债务人账户直接划付至债权人账户，行为系债务人主动操作，因此构成破产债务人主动、直接的个别清偿行为，当属无效。

（2）银行主动扣划

法院通常认为银行作为债权人于法院受理破产申请后自行从债务人未到期贷款中扣划款项，构成《企业破产法》第十六条规定的个别清偿行为，应属无效。如在（2017）新43民终500号案②中，法院认为人民法院受理破产申请，标志着破产程序的开始，所有债权都必须通过破产程序获得清偿。《企业破产法》第三十条规定“破产申请受理时属于债务人的全部财产，以及破产申请受理后至破产程序终结前债务人取得的财产，为债务人财产”。信用社发放给A公司的2180万元贷款在人民法院受理A公司破产申请时尚未到期，因此贷款2180万元尚未使用完毕的剩余款项在人民法院受理破产申请时属于A公司的财产。信用社于2016年9月22日扣划的A公司账户上的在该社的贷款2180万元中的471,613.35元用于清偿A公司在该社的贷款，该行为发生在人民法院受理A公司破产申请之后，因此债务人A公司对个别债权人信用社的债务471,613.35元的清偿因未通过破产程序清偿而归于无效。信用社于2016年11月8日扣划的李某账户中的1,215,093.85元用于清偿A公司在该社的贷款，虽该1,215,093.85元从表面看在李某的账户中，但庭审过程中双方均认可李某账户中的该1,215,093.85元，首先于2016年10月10日从信用社发放给A公司的贷款2180万元中将1,215,903.85元转入蓝某的账户，再由蓝某的账户转入李某的账户，应视为信用社在人民法院受理A公司破产申请后经过两次过渡将该1,215,093.85元转至己处，用于清偿A公司在该信用社的旧贷款。综上所述，该1,215,093.85元系A公司未通过破产程序对个别债权人信用社的清偿，该行为发生在人民法院受理A

---

① 唐某诉A公司请求确认债务人行为无效纠纷案，上海市第一中级人民法院（2018）沪01民终10525号民事判决书。

② 信用社与A公司破产管理人请求确认债务人行为无效纠纷案，新疆维吾尔自治区阿勒泰地区中级人民法院（2017）新43民终500号民事判决书。

公司破产申请之后，应当依法认定为无效。

2. 需重点关注的若干重点问题

（1）破产申请受理后的个别清偿有别于破产申请受理前的个别清偿

债务人对债权人的个别清偿时间点如何起算问题需要重点关注，债务人对债权人的个别清偿如属于人民法院受理破产申请后行为，则构成本专题所述无效的个别清偿行为；如果个别清偿的时间不是在人民法院受理破产申请后，而是在人民法院受理破产申请前6个月内，则如专题一所述，应依照《企业破产法》第三十二条规定认定为可撤销的个别清偿行为。

在司法实践中，如何区分个别清偿行为发生在破产申请受理前还是受理后至关重要。在（2017）鲁民终345号案①中，A公司在破产清算前将部分款项转移到B公司账户，在一审法院受理C公司申请对其破产清算后，由B公司代其向会计师事务所清偿债务20,000元，其清偿行为依法应属无效。虽然该清偿行为系破产申请受理前作出的支付指令，但实际清偿发生于破产申请受理后，认定清偿行为发生在破产申请受理前还是破产申请受理后，应以实际发生清偿的时间为依据，故仍属于受理破产申请后的个别清偿。

（2）破产申请受理后的个别清偿行为有别于管理人组织下的合同继续履行行为

根据《企业破产法》第十八条的规定，人民法院受理破产申请后，管理人对破产申请受理前成立而债务人和对方当事人均未履行完毕的合同有权决定解除或者继续履行，并通知对方当事人。据此，管理人有权在下列条件同时满足时决定是否继续履行合同：（a）合同关系在破产申请受理前成立；（b）合同双方均有未履行完毕义务。如果管理人选择在破产申请受理后继续履行该等合同且发生向对方偿还债务的行为，则该等履行有效，不应视为破产申请受理后的债务人个别清偿行为。

在（2017）渝05民终5862号案②中，案件的争议焦点为机械厂支付51,000元的行为能否视为管理人继续履行合同。本案中，双方均认可机械厂在破产受理

---

① 某会计师事务所与A公司破产管理人请求确认债务人行为无效纠纷案，山东省高级人民法院（2017）鲁民终345号民事判决书。

② A公司诉机械厂破产管理人请求确认债务人行为无效纠纷案，重庆市第五中级人民法院（2017）渝05民终5862号民事判决书。

后提出向A公司购买砂轮，但前提是先支付破产受理前债务人欠付的51,000元。因此无论双方之后的买卖合同是否成立、生效，A机械厂向A公司支付51,000元的行为，都应视为对A机械厂的个别清偿行为，即法院认为债务人在法院受理破产申请后对个别债权人支付破产申请受理前的债务，系个别清偿行为，应属无效。

在（2021）川0105民初14531号案①中，法院2020年5月11日裁定受理A公司对B公司的破产清算申请，但B公司在法院依法裁定受理破产申请后，仍然与被告签订《委托经营管理合同补充协议》并向被告清偿债务共计2,268,500元，《企业破产法》第十六条规定“人民法院受理破产申请后，债务人对个别债权人的债务清偿无效”。故原告要求依法确认B公司对被告的个别清偿行为无效并返还相应款项，其主张合法有效，法院予以支持。

在（2017）最高法民申3088号最高人民法院驳回再审申请的商品房预售合同纠纷案中②，法院认为A公司继续履行案涉合同以及支付违约金的主张，实质上是要求B公司对其原有债权在破产程序之外给予全额、个别清偿。对于破产企业而言，其在进入破产程序后债权人参与分配破产财产前，破产财产这一集合财产不得被随意处分，以保证债权人能够公平受偿。案涉合同如果继续履行，将构成个别清偿，并对B公司其他债权人的利益造成损害，有违《企业破产法》第十六条有关人民法院受理破产申请后，债务人对个别债权人的债务清偿无效之规定。尽管从合同双方的答辩情况来看，双方对合同义务的履行程度仍存在较大争议，但最高人民法院并未对双方是否履行了合同的主要义务进行甄别，而仅阐释了原告对合同的继续履行将构成对该债权人的个别清偿、全额清偿。这种分析方法不再考察合同本身的履行程度而仅需预判破产企业承担或者解除合同的法律效果，所以被称为“功能主义的分析法”。③

（3）其他债务人无效行为情形

除上述所列破产衍生诉讼中的其他破产无效行为外，还有观点认为可以根据

---

① B公司管理人、某资产管理公司请求确认债务人行为无效纠纷案，四川省成都市青羊区人民法院（2021）川0105民初14531号民事判决书。

② A公司、B公司商品房预售合同纠纷案，最高人民法院民事判决书（2017）最高法民申3088号民事裁定书。

③ 参见余延满、年亚：《破产法上待履行合同的选择规则》，载《广东社会科学》2021年第6期，第229－242页；刘颖：《反思〈破产法〉对合同的处理》，载《现代法学》2016年第3期，第52页。

传统民法的原理，宣告无效行为，还包括意思表示有缺陷的情况，即一方以欺诈、胁迫的手段或者乘人之危，使对方在违背真实意思的情况下做出意思表示，企业在破产前的这些行为也应当被认定为破产无效行为。① 在欠缺生效的根本要件而当然的不发生行为人预期的意思效力时，如无民事行为能力人的行为，虚假的意思表示，恶意串通，违背公序良俗，违反法律法规行为等，借助民法中的无效行为理论，扩大破产中恶劣破产欺诈行为的范围及确认其溯及力，从而更好地打击破产逃废债行为。②

本专题小结

破产无效制度中涉及债务人行为导致无效，可适用本专题所述案由提起诉讼的行为，包括《企业破产法》第三十三条所述隐匿及转移财产行为、虚构债务或承认不真实债务行为以及《企业破产法》第十六条所述人民法院受理破产清算后的个别清偿行为。本专题通过对三种行为模式的分析，展示三种行为的特征及在司法实践中可能产生的争议，希望对读者有一定的启示和参考作用。

从功能上来讲，破产无效制度和破产撤销制度起到的作用非常类似，有学者认为破产无效制度和撤销制度，是虚假破产罪之外，规制破产欺诈、保护债权人利益最为有效的手段，如果破产无效制度和撤销制度设置不当，又会加大交易不确定性，增加合同相对方、受让方的风险。③ 所以导致人们经常会把破产无效制度和破产撤销制度混为一谈，从我国 1986 年发布 1988 年实施《企业破产法》（试行）第三十五条对五种破产企业无效行为的规定便可以看出，立法者也将民法上的无效行为与破产法上的可撤销行为混杂在了一起，对债务人违法行为的法律性质表述混乱。其实破产无效行为与破产撤销行为虽然具备相同的功能，但因

① 参见王琪玥：《论我国破产无效行为制度——对〈中华人民共和国企业破产法〉第三十三条的分析》，载《河南社会科学》2007 年第 4 期，第 102 – 103 页。

② 参见李曙光：《〈民法总则〉对破产法修改有推动作用》，载《经济参考报》2017 年 5 月 9 日，第 A08 版。

③ 参见齐砺杰：《破产无效制度在个人破产背景下的迭代研究——以〈深圳经济特区个人破产条例〉为例》，载《中国应用法学》2021 年第 5 期，第 37 – 50 页。

为其所属不同的法律属性，所以在其产生的法学理论基础、权利人对行为性质的影响、权利行使的主体、涉及的行为范围、权利除斥期间和时效期间等方面都存在较大差异。①

附：本专题纠纷所涉高频法条索引

1.《企业破产法》

第十六条：

人民法院受理破产申请后，债务人对个别债权人的债务清偿无效。

第三十三条：

涉及债务人财产的下列行为无效：

（一）为逃避债务而隐匿、转移财产的；

（二）虚构债务或者承认不真实的债务的。

第三十四条：

因本法第三十一条、第三十二条或者第三十三条规定的行为而取得的债务人的财产，管理人有权追回。

第三十七条：

人民法院受理破产申请后，管理人可以通过清偿债务或者提供为债权人接受的担保，取回质物、留置物。

前款规定的债务清偿或者替代担保，在质物或者留置物的价值低于被担保的债权额时，以该质物或者留置物当时的市场价值为限。

第一百二十八条：

债务人有本法第三十一条、第三十二条、第三十三条规定的行为，损害债权人利益的，债务人的法定代表人和其他直接责任人员依法承担赔偿责任。

2.《企业破产法司法解释（二）》

第十七条：

管理人依据企业破产法第三十三条的规定提起诉讼，主张被隐匿、转移财产的实际占有人返还债务人财产，或者主张债务人虚构债务或者承认不真实债务的

---

① 参见王欣新：《破产法》（第4版），中国人民大学出版社2019年版，第133－134页。

行为无效并返还债务人财产的，人民法院应予支持。

第十八条：

管理人代表债务人依据企业破产法第一百二十八条的规定，以债务人的法定代表人和其他直接责任人员对所涉债务人财产的相关行为存在故意或者重大过失，造成债务人财产损失为由提起诉讼，主张上述责任人员承担相应赔偿责任的，人民法院应予支持。

专题三

对外追收债权纠纷

就债的概念而言，至少可以追溯到罗马法时期。罗马法上的债是“拘束我们根据国家的法律而为一定给付的法锁”。① 就债权的法律特征而言，可以总结为以下七点：其一，债权是相对权；其二，债权的性质是请求权；其三，债权具有期限性；其四，债权具有相容性；其五，债权具有平等性；其六，债权的客体具有多样性；其七，债权具有任意性。② 我国《民法典》第一百一十八条规定：“民事主体依法享有债权。债权是因合同、侵权行为、无因管理、不当得利以及法律的其他规定，权利人请求特定义务人为或者不为一定行为的权利。”根据本条规定可知，债权主要表现为合同之债、侵权之债、无因管理之债和不当得利之债。它们法律效果的相同性，才是债的内在统一性，即上述法律事实在形式上均产生相同的法律效果：一方当事人得向他方当事人请求特定行为（给付）。③ 因此债的关系就是特定当事人之间请求特定行为的法律关系。④ 笔者在本专题中运用类型化的研究方法，具体分析在破产衍生诉讼中，按照债发生的不同原因，管理人对外追收不同类型的债权时所遇到的不同类型的纠纷。

---

① 参见江平、米健：《罗马法基础》，中国政法大学出版社1987年版，第198页。

② 参见杨立新主编：《中华人民共和国民法典释义与案例评注（总则编）》，中国法制出版社2020年版，第439页。

③ 参见王泽鉴：《债法原理》，北京大学出版社2013年版，第55页。

④ 参见段琼：《债的发生原因比较研究——兼论民法典第118条的完善》，载《上海法学研究》集刊2020年第18卷，第127－133页。

一、对外追收合同之债纠纷

（一）导引案例分析

A公司、B公司对外追收债权纠纷二审民事案/河北省保定市中级人民法院/（2019）冀06民终3263号①

【裁判要点】

质保金是质量担保的一种方式，与一般的应收账款有所区别。对于破产清算程序中如何保护因提前收回质保金造成相关当事人损失的问题，法律对此并无明确规定，只能按照个案具体情况，根据相关当事人诉求进行处理。

【基本案情】

2013年6月5日B公司与A公司签订《1.5MW叶片供货合同》。合同约定A公司购买B公司1.5MW—HT34C叶片，设备合同清单记载数量为33套，单价83.5万元，总价2755.5万元。付款方式约定为：合同生效后30天内，买方对卖方提供的设备总价10%收据审核无误后，支付给卖方合同设备总价的10%作为预付款，每延迟一周按延迟付款总额的3‰支付违约金；合同设备到货3个月内，买方对卖方提供的设备总价30%收据审核无误后，支付给卖方设备总价的30%作为到货款，每延迟一周按延迟付款总额的3‰支付违约金；合同设备在买方风电场通过240小时验收后或合同设备交货后5个月内（以先到时间为准），且卖方再提交金额为合同设备总价款100%的全额发票，经审查无误后，买方在1个月内，支付合同设备总价的50%作为交货款，每延迟一周按延迟付款总额的3‰支付卖方违约金；剩余合同设备总价的10%作为质量保证金，设备稳定运行2年后（不超过合同设备交付后29个月）卖方提供3年期合同设备总价10%的银行保函，买方支付给卖方合同设备总价的10%，每延迟一周按延迟付款总额的3‰支付卖方违约金。买方实际付款日期为买方承付日期。合同还对供货范围、交货与运输、包装与标记、设备标准、监造与检验、安装、调试、试运、验收等内容进行了约定。合同签订后，B公司向A公司履行了交货义务。2016年1月25日

① 相关案件：B公司诉A公司对外追收债权纠纷案，河北省保定高新技术产业开发区人民法院（2018）冀0691民初250号民事裁定书。

A公司向B公司发出询证函，记载A公司截至2015年12月31日拖欠B公司货款11,355,000元，B公司对此没有异议。2016年4月28日B公司与C公司签订债权转让协议，约定将B公司对A公司债权5,498,595.1元转让给C公司，B公司将上述债权转让情况通知了A公司，A公司尚欠B公司货款5,856,404.9元。一审法院于2018年10月10日受理B公司破产清算案件，经会计师事务所审计B公司账目，初步审计意见为：A公司尚欠B公司货款5,856,404.9元，与上述事实证据相互印证。

【一审判决结果】

判决A公司偿还B公司货款5,856,404.9元及逾期付款利息。

【一审判决思路】

B公司与A公司叶片供货合同有效，双方均应履行合同义务。经A公司向B公司询证，对A公司拖欠B公司货款11,355,000元，B公司对此没有异议，A公司主张B公司未全部交付货物，拖欠货款数额不明，与上述双方认可的询证函相悖，其主张不能支持。经B公司与C公司协商，B公司将对A公司债权5,498,595.1元转让给C公司，B公司将上述债权转让情况通知了A公司，A公司尚欠B公司货款5,856,404.9元，与会计师事务所审计B公司账目的初步审计意见一致，欠款数额的证据之间相互印证，能够认定。双方约定合同总价的10%作为设备质量保证金，根据《企业破产法》第四十六条的规定“未到期的债权”因企业破产均视为到期。在本案诉讼中，B公司已进入破产清算程序，B公司的债权包括质保金即使未到期，也视为到期债权，应当收回。A公司虽提出质保金相关问题，但并未明确其主张的质量损失具体数额及相关请求，亦未提交相关损失的依据，故在本案中不能予以处理。其可在具有相关证据后，在破产清算程序终结前，另行向B公司管理人申报债权，依照法定程序解决。如果破产清算程序终结后，质保期仍未届满，A公司还不能提交相关证据，将来发生的损失只能自负。故A公司应当在本案中偿还包括质保金在内的全部所欠货款。至于将来A公司发生质保情形，再视情况依法处理。A公司未及时支付货款5,856,404.9元，系违约行为，扣除质保金2,755,500元后，其余货款3,100,904.9元，A公司应根据银行同期贷款利率计算利息，自2016年1月25日双方询证之日起至付清之日止，支付给B公司，作为赔偿B公司的损失。综上所述，双方签订的买卖合同合法有效，双方均应履行合同义务，A公司拖欠B公司货款5,856,404.9元能够认定，鉴于B公司已进入破产清算程序，所有债权视为到期，质保金应由A公司偿付。

【二审判决结果】

驳回上诉，维持原判。

【二审判决思路】

本案所涉纠纷为破产企业对外债权，一审法院在本案中适用《企业破产法》第四十六条不当，应予以纠正。B公司与A公司叶片供货合同合法有效，双方均应按合同约定履行各自义务。B公司交付设备后，A公司应按照合同约定支付货款。现双方争议焦点是质保金的给付条件是否成就。双方所签《1.5MW叶片供货合同》第5.3.4条约定"剩余合同设备总价的10%作为设备质量保证金。设备稳定运行2年后（不超过合同设备交货后29个月）卖方提供3年期合同设备总价10%的银行保函，买方支付给卖方合同设备总价的10%"。第11.1条约定"质量保证期为合同设备通过风场240小时验收之日起60个月，或货到后65个月，二者以先到为准"。双方当事人在二审庭审中均认可B公司于2013年12月将最后一批设备交付A公司。故涉案设备至今已满65个月的质保期。合同约定B公司为A公司出具3年期银行保函的目的是防止在交货后最多65个月内设备出现质量问题给A公司造成损失。截至目前，涉案设备交付已超过65个月，A公司并未提交证据证实涉案设备存在质量问题，即便B公司未出具保函，A公司的权益亦未受到损害。故合同约定的A公司支付质保金的条件应视为已经成熟，其应向B公司支付质保金。

综上所述，一审判决认定事实正确，适用法律略有瑕疵，但裁判结果正确，故对A公司的上诉请求不予支持。

【一审、二审法院审理思路对比总结】

类目	一审	二审
裁判结果	判决A公司偿还B公司货款5,856,404.9元及逾期付款利息。	驳回上诉，维持原判。

续表

类目	一审	二审
争议焦点	1. A公司是否拖欠B公司货款11,355,000元。 2. A公司是否应当在本案中偿还质保金。	1. 一审法律是否适用正确。 2. 质保金给付条件是否成就。
回应	1. 是。经A公司向B公司询证，对A公司拖欠B公司货款11,355,000元，B公司对此没有异议，并且A公司尚欠B公司货款5,856,404.9元，与会计师事务所审计B公司账目的初步审计意见一致，欠款数额的证据之间相互印证，能够认定。 2. 是。（1）根据《企业破产法》第四十六条的规定，B公司已进入破产清算程序，B公司的债权包括质保金即使未到期，也视为到期债权，应当收回；（2）A公司并未明确其主张的质量损失具体数额及相关请求，亦未提交相关损失的依据，故在本案中不能予以处理。	1. 存在瑕疵。本案所涉纠纷为破产企业对外债权，一审法院在本案中适用《企业破产法》第四十六条不当，应予以纠正。 2. 是。双方当事人在二审庭审中均认可B公司于2013年12月将最后一批设备交付A公司。故涉案设备至今已满65个月的质保期。合同约定B公司为A公司出具3年期银行保函的目的是防止在交货后最多65个月内设备出现质量问题给A公司造成损失。截至目前，涉案设备交付已超过65个月，A公司并未提交证据证实涉案设备存在质量问题，即便B公司未出具保函，A公司的权益亦未受到损害。故合同约定的A公司支付质保金的条件应视为已经成熟，其应向B公司支付质保金。

（二）实务问题讨论

在各类债权中，合同是债权发生的重要原因，其是基于当事人的意思而产生的债权，属于意定之债的范畴。《民法典》第一百一十九条①对合同的约束力作出了规定，从此规定可以看出法律对当事人之间合意的评价。只要合同具备了法定的生效要件或称有效要件，该合同就会产生法律约束力，即合同当事人应当依据合同约定行使权利、履行义务，当存在违约行为时，违约方要对此承担相应的

① 《民法典》第一百一十九条规定："依法成立的合同，对当事人具有法律约束力。"

法律责任。市场经济的有序运行要求建立保护产权、严守契约、统一市场、平等交换、公平竞争、有效监管的法律制度，以充分发挥市场在资源配置中的基础性作用。而《民法典》第一百一十九条对于督促当事人严守合同、维护交易安全和交易秩序具有重要意义。①

1. 管理人有权追收合同债权的两种情形

根据《企业破产法》中第十七条②、第十八条③的规定可以总结出管理人有权向其债务人追收合同债权的两种情形：（1）根据第十七条的规定，人民法院受理破产申请时已到期债权，管理人有权追偿；（2）根据第十八条的规定，如果人民法院受理破产申请前成立的合同，且合同双方均有未履行完毕的义务，管理人有权决定该等合同继续履行或解除，如管理人决定解除，或管理人自破产申请受理之日起2个月内未通知对方当事人，或者自收到对方当事人催告之日起30日内未答复的，合同解除，管理人有权在合同解除后向对方追收债权。

2. 管理人追收合同债权的关键是证明合同关系真实存在

管理人要充分尊重基础合同关系是否存在，如是否存在买卖合同关系④、借款合同关系⑤、租赁合同关系⑥等，当合同关系存在时，进一步依据合同约定判断是否存在可追收的债权。如在（2020）吉民终498号案⑦中，争议焦点为合同双方是否存在借贷关系。《民间借贷法律规定》第二条第一款规定："出借人向人民法院提起民间借贷诉讼时，应当提供借据、收据、欠条等债权凭证以及其他能够证明借贷法律关系存在的证据。"A公司主张双方形成借贷关系，应由A公

① 参见王利明主编：《中国民法典释评（总则编）》，中国人民大学出版社2020年版，第435－438页。

② 《企业破产法》第十七条规定："人民法院受理破产申请后，债务人的债务人或者财产持有人应当向管理人清偿债务或者交付财产。债务人的债务人或者财产持有人故意违反前款规定向债务人清偿债务或者交付财产，使债权人受到损失的，不免除其清偿债务或者交付财产的义务。"

③ 《企业破产法》第十八条规定："人民法院受理破产申请后，管理人对破产申请受理前成立而债务人和对方当事人均未履行完毕的合同有权决定解除或者继续履行，并通知对方当事人。管理人自破产申请受理之日起二个月内未通知对方当事人，或者自收到对方当事人催告之日起三十日内未答复的，视为解除合同。管理人决定继续履行合同的，对方当事人应当履行；但是，对方当事人有权要求管理人提供担保。管理人不提供担保的，视为解除合同。"

④ A公司、B公司对外追收债权纠纷案，广东省高级人民法院（2019）粤民终464号民事判决书。

⑤ 钟某、高某对外追收债权纠纷案，浙江省高级人民法院（2019）浙民终366号民事判决书。

⑥ A公司与安某、B公司对外追收债权纠纷案，广东省东莞市中级人民法院（2021）粤19民终2661号民事判决书。

⑦ A公司与B公司等对外追收债权纠纷案，吉林省高级人民法院（2020）吉民终498号民事判决书。

司对借款事实的存在承担举证责任。对此，A公司提供了《A公司与B公司往来款项情况表》以及记账凭证、转账凭证、银行转款凭证等作为证据。其中，银行转款凭证明确标注“借款”字样，该凭证可作为证明借贷关系的债权凭证。虽然B公司对借贷关系予以否认，但并未提供相反证据推翻借款交付的事实，故认定双方已形成借贷关系。鉴于A公司与B公司之间并未签订书面借款合同，而是通过双方实际履行行为形成的借款关系，且对于借款事实，双方各执一词，故本案应以出借人交付的借款数额，确定债权数额。

3. 关于破产企业未到期债权是否在破产申请受理时提前到期

《企业破产法》第四十六条规定，“未到期的债权，在破产申请受理时视为到期”。此处是指破产企业享有的对外债权，还是指第三方对破产企业享有的债权，较易引起疑义。

如导引部分所述案例，一审法院判决中认定破产企业对外债权在破产申请受理后提前到期，但二审法院推翻了一审法院的该等认定，明确阐述破产企业对外债权不适用《企业破产法》第四十六条规定。据此，破产企业对外债权并不会因破产申请受理而提前到期，而应按照《企业破产法》第十八条规定由管理人决定或法定期限届满后解除合同，并在合同解除后由管理人追收债权。

4. 关于管理人追收对外债权时相应债务人可否行使抵销权的问题

《企业破产法》第四十条①规定：“债权人在破产申请受理前对债务人负有债务的，可以向管理人主张抵销。但是，有下列情形之一的，不得抵销：……”此条确定了某一第三方如对破产企业同时享有债权、负有债务，则其有权主张债权与债务抵销，但第四十条规定的特殊情形除外。由此引发一个问题，即管理人在追收对外债权时，相应的债务人如同时享有对破产企业的债权，是否有权主张抵销，答案是存疑的，法院在实践中对此存在如下三种不同判法：

---

① 《企业破产法》第四十条规定：“债权人在破产申请受理前对债务人负有债务的，可以向管理人主张抵销。但是，有下列情形之一的，不得抵销：（一）债务人的债务人在破产申请受理后取得他人对债务人的债权的。（二）债权人已知债务人有不能清偿到期债务或者破产申请的事实，对债务人负担债务的；但是，债权人因为法律规定或者有破产申请一年前所发生的原因而负担债务的除外。（三）债务人的债务人已知债务人有不能清偿到期债务或者破产申请的事实，对债务人取得债权的；但是，债务人的债务人因为法律规定或者有破产申请一年前所发生的原因而取得债权的除外。”

（1）完全支持抵销：如在（2020）鲁民终370号案[1]中，法院认为依据《企业破产法》以及《企业破产法司法解释（二）》的规定，高某作为债权人有权向A公司管理人提出抵销主张，而本案是A公司管理人对高某提起对外追收债权之诉，高某在答辩时提出了抵销主张，虽然高某在本案中主张抵销不符合法律规定的程序，但不损害当事人的合法权益，与法律规定的抵销法定程序无本质上的区别，也有利于减少当事人的讼累，故一审法院对高某的抵销权主张在本案中一并处理。

（2）有条件地支持抵销：如在（2020）吉02民初350号案[2]中，法院认为债权申报是债权人参加破产程序的必要条件，破产债权人只有在申报债权以后，才取得受《企业破产法》保护的地位，才有权对破产财产提出相关权利请求。债权人行使破产抵销权的债权以依法申报、确认为前提。

（3）不支持抵销：如在（2021）最高法民申3284号案[3]中，最高人民法院认为，《企业破产法》及有关司法解释明确规定了企业进入破产程序后债权人如何行使权利以及如何行使抵销权等问题。B公司已于2018年8月进入破产重整程序，A公司提起反诉的时间为2020年8月10日。A公司于本案中直接提起反诉要求B公司清偿，其反诉不符合起诉条件，原审法院裁定驳回其反诉并无不当。A公司应当按照《企业破产法》及有关司法解释规定的法定程序行使权利。

二、对外追收侵权之债、无因管理之债、不当得利之债纠纷

（一）导引案例分析

A公司与B公司对外追收债权纠纷二审民事案/江苏省苏州市中级人民法院/（2018）苏05民终5861号[4]

【裁判要点】

民事主体依法享有债权。债权是因合同、侵权行为、无因管理、不当得利以

---

① 高某、A公司对外追收债权纠纷案，山东省高级人民法院（2020）鲁民终370号民事判决书。

② A公司与B公司对外追收债权纠纷案，吉林省吉林市中级法院（2020）吉02民初350号民事判决书。

③ A公司与B公司对外追收债权纠纷案，最高人民法院（2021）最高法民申3284号民事裁定书。

④ 相关案件：A公司与B公司对外追收债权纠纷案，江苏省苏州工业园区人民法院（2018）苏0591民初1441号民事判决书。

及法律的其他规定，权利人请求特定义务人为或者不为一定行为的权利。而当事人对自己提出的主张，有责任提供证据。

【基本案情】

2011 年 12 月 27 日，A 公司向 B 公司汇款 4, 436, 000 元，附言中写明为往来款。2015 年 9 月 25 日，苏州工业园区人民法院作出（2015）园商破字第 00003 –1 号民事裁定书，依法受理申请人某银行对被申请人 A 公司破产清算的申请，并于 2015 年 10 月 8 日作出（2015）园商破字第 00003 –1 号决定书，指定某事务所担任管理人。A 公司认为 B 公司应返还 4, 436, 000 元，故诉至法院。

【一审判决结果】

B 公司于判决生效之日起 10 日内返还 A 公司款项 4, 436, 000 元。

【一审判决思路】

首先，对于 B 公司提出的诉讼时效的问题。向人民法院请求保护民事权利的诉讼时效期间为 3 年。诉讼时效期间自权利人知道或者应当知道权利受到损害以及义务人之日起计算。本案中，A 公司提交证据证明 A 公司在 2014 年 11 月发现该款项存在异议后，即于 2015 年 11 月向 B 公司发送催收函，故 B 公司称已过诉讼时效的意见，不应采纳。

其次，民事主体依法享有债权。债权是因合同、侵权行为、无因管理、不当得利以及法律的其他规定，权利人请求特定义务人为或者不为一定行为的权利。而当事人对自己提出的主张，有责任提供证据。

本案中，A 公司已提交证据证明 A 公司曾于 2011 年 12 月 27 日向 B 公司汇款 4, 436, 000 元，但对于汇款原因，A 公司提交的记账凭证中的记载存在矛盾，A 公司现也表示，未能找到汇款的相应书面证据。而 B 公司提交的汇款凭证的相对方、时间、金额与案涉款项不符。B 公司对此解释称，该款项系多个关联公司之间的倒账，但也无法说明为何倒账，是如何进行的，金额是多少，并提交相应证据。故 A 公司主张 B 公司立即返还 A 公司款项 4, 436, 000 元，应予采纳。

【二审判决结果】

1. 撤销苏州工业园区人民法院（2018）苏 0591 民初 1441 号民事判决。

2. 驳回苏州 A 科技投资发展有限公司的诉讼请求。

【二审判决思路】

法院认为，A公司主张B公司收到案涉款项构成不当得利，应对A公司汇款原因或目的、B公司收取案涉款项没有法律根据的具体情形承担举证责任。A公司于2011年12月27日向B公司汇款并在公司记账凭证上记载了汇款金额及汇款用途，可见A公司汇款原因及目的明确，其记账凭证中也显示借贷平衡。A公司在之后修改记账凭证，却未能就修改记账凭证的依据，也就是B公司丧失接受款项的法律依据的事实进行举证。因此，A公司现有证据并不足以证明B公司没有法律根据取得不当利益的事实，其以不当得利为由，要求B公司返还4,436,000元，依据不足。

【一审、二审法院审理思路对比总结】

类目	一审	二审
裁判结果	B公司于判决生效之日起10日内返还A公司款项4,436,000元。	1. 撤销苏州工业园区人民法院（2018）苏0591民初1441号民事判决。 2. 驳回A公司的诉讼请求。
争议焦点	1. 是否超过诉讼时效。 2. B公司是否应返还A公司款项4,436,000元。	B公司收到涉案款项是否构成不当得利。
回应	1. 否。A公司提交证据证明A公司在2014年11月发现该款项存在异议后，即于2015年11月向B公司发送催收函，没有超过向人民法院请求保护民事权利的诉讼时效期间为3年的规定。 2. 是。A公司表示未能找到汇款的相应书面证据，而B公司提交的汇款凭证的相对方、时间、金额与涉案款项不符。B公司对此解释称，该款项系多个关联公司之间的倒账，但也无法说明为何倒账，是如何进行的，金额是多少，并提交相应证据，构成不当得利，应予返还。	否。A公司现有证据并不足以证明B公司没有法律根据取得不当利益的事实。

（二）实务问题讨论

1. 管理人追收侵权之债

“侵权行为”是指侵害他人人身或财产的不法行为，因侵权行为发生的债又称为致人损害之债或者是损害赔偿之债。①《民法典》第一百二十条规定：“民事权益受到侵害的，被侵权人有权请求侵权人承担侵权责任。”依据该规定，侵权行为是责任承担的前提和依据，凡是实施了侵权行为的行为人都要承担相应的后果。所谓侵权责任，是指侵权人因实施侵害或损害他人民事权益的行为而依据《侵权责任法》所应当承担的法律后果。它是民事责任的一种类型。因为侵权行为的发生，在当事人之间产生债的关系。因此，侵权行为不仅导致民事责任的产生，而且导致债的产生。②

在破产衍生诉讼，管理人对外追收侵权之债的纠纷中，侵权行为的表现多种多样，如管理人可以基于侵权行为人侵害破产企业商标权的行为，要求侵权行为人赔偿产生的侵权之债。根据我国《商标法》的相关规定，未经商标注册人的许可，在同一种商品上使用与其注册商标相同的商标；在类似商品上使用与其注册商标相同的商标，容易导致混淆，均属于侵犯注册商标专用权的行为。在（2017）浙0382民初8809号案③中，虽原告于2014年12月29日与被告签订协议许可被告使用其涉案注册商标，但法院于2016年8月裁定受理案外人对原告的破产清算申请，并指定管理人后，管理人并未通知被告解除商标使用许可合同，也未向被告表示继续履行商标使用许可合同，《企业破产法》第十八条第一款规定：“人民法院受理破产申请后，管理人对破产申请受理前成立而债务人和对方当事人均未履行完毕的合同有权决定解除或继续履行，并通知对方当事人。管理人自破产申请受理之日起二个月内未通知对方当事人，或者自收到对方当事人催告之日起三十日内未答复的，视为解除合同。”据此，原告、被告之间的涉案注册商标许可使用合同至迟应于2016年10月底解除。然而被告在其对外展示的产品铭牌上仍有“J”标识，经比对，该些标识与原告的涉案“J”注册商标，

---

① 参见郭明瑞、房绍坤主编：《民法》（第4版），高等教育出版社2017年版，第275页。

② 参见王利明主编：《中国民法典释评（总则编）》，中国人民大学出版社2020年版，第435－438页。

③ A公司诉B公司侵害商标权纠纷案，浙江省乐清市人民法院（2017）浙0382民初8809号民事判决书。

完全相同。被告在涉案产品上使用该“J”标识，具有识别产品来源的功能，属于商标法意义上的商标使用行为。涉案使用“J”标识的产品，与原告的涉案注册“J”核定使用的商品或相同，或类似。在原告、被告之间商标使用许可合同已经解除的情形下，被告在其于2016年11月制造的涉案产品上仍然使用“J”标识；抑或根据产品铭牌显示虽部分涉案产品制造时间或为2016年3月，或为2016年4月，但在商标许可使用合同已解除的情形下，被告在对外展示该些产品时，并未将产品上的“J”标识予以除去，易使相关公众误认涉案产品来源与原告，或与原告有某种关联。综上所述，被告在商标使用许可合同解除后，未经原告许可，在其生产的产品上使用“J”标识，侵犯原告涉案注册商标专用权。故原告要求被告停止使用“J”注册商标、赔偿损失的诉讼请求，于法有据，法院予以支持。关于赔偿损失的数额，被告因侵权获得的利益以及原告因被告侵权受到的损失均难以确定，且原告主张法定赔偿，故法院综合考虑原告系已进入破产清算的破产企业、涉案商标的知名度、被告侵权行为的性质等因素，酌情确定赔偿金额为10,000元。

关于相关当事人是否需要承担连带责任的问题，也应当适用《民法典》中有关侵权责任的规定。如在（2019）浙10民终2263号案①中，本案主要争议焦点是上诉人李某钢是否需要对涉案债务承担连带清偿责任。原审法院认定李某钢承担连带还款责任理由是李某钢帮助李某蓉实施了侵权行为，故需要承担连带清偿责任。对此，二审法院认为，侵权法上帮助行为同样视为共同侵权行为，如要成立帮助行为需要符合共同侵权行为的构成要件，即存在共同的故意，在本案中应指共同占有涉案款项的故意。

2. 管理人追收无因管理之债

无因管理，是指没有法定或约定的义务，为避免他人利益受损失而为他人管理事务或者服务的法律事实。② 所谓“无因”，即是指无法律上的义务。依据《民法典》第一百二十一条③的规定，可以判断出无因管理的成立必须符合如下

① 李某钢、A公司对外追收债权纠纷案，浙江省台州市中级法院（2019）浙10民终2263号民事判决书。

② 参见郭明瑞、房绍坤主编：《民法》（第4版），高等教育出版社2017年版，第274页。

③ 《民法典》第一百二十一条规定：“没有法定的或者约定的义务，为避免他人利益受损失而进行管理的人，有权请求受益人偿还由此支出的必要费用。”

条件：一是没有法定或者约定的义务，实施了管理行为；二是行为人实施了管理他人事务的行为；三是管理人具有为他人的利益进行管理的意思；四是管理人不应违背本人明示或可得推知的意思进行管理。[①] 由于法律对无因管理进行了规定，所以当管理人在管理本人事务时，即使没有得到本人的允许，也不会因为擅自管理而构成侵权，所以可以将无因管理理解为一种违法阻却事由。并且当管理人为进行管理而进行必要的费用支出后，管理人有权要求本人对此部分支出的必要费用进行偿还。无因管理之债不是基于当事人约定而产生的，而是由法律直接规定的，此规定将有利于弘扬自愿为他人服务的精神。

在破产衍生诉讼中，如破产企业因无因管理行为产生债权，则管理人有权进行追收。如在（2020）渝0108民初17236号案[②]中，法院认为，本案源自管理人在破产清算中依法处分某橡胶厂破产财产，系管理人基于自由意志，将特定物品转给最高应价者的行为，并非司法强制拍卖。涉及的竞拍公告经淘宝网通过网络拍卖平台公开，系所有潜在竞买者事先知悉的竞买条件，公告第六条明确载明过户过程所涉及的一切税费由买受人承担，该条文字意思指向清晰，不特定潜在竞买者一般均会理解为出卖人不承担一切税费的“净值拍卖”。被告邱某参加网络竞拍时，对于《拍卖公告》及《竞买须知》的内容是知悉的。被告参与竞买，《竞买公告》和《竞价须知》对其应具有约束力。我国税收管理法律法规对于各种税收明确规定了纳税义务人，但并未禁止纳税义务人与合同相对人约定税款缴纳。税法对于税种、税率、税额的规定是强制的，而对于实际由谁缴纳税款没有做出强制性或禁止性规定。故案涉房屋的税费应由被告邱某承担。原告某橡胶厂基于无因管理，为被告邱某缴纳了税费，其有权要求被告偿付该费用。同上述案一致，（2020）渝0108民初17235号案[③]和（2020）渝0108民初17237号案[④]也作出了类似判决。

---

① 参见王利明主编：《中国民法典释评（总则编）》，中国人民大学出版社2020年版，第435－438页。

② 某橡胶厂与邱某对外追收债权纠纷案，重庆市南岸区人民法院（2020）渝0108民初17236号民事判决书。

③ 某橡胶厂与罗某对外追收债权纠纷案，重庆市南岸区人民法院（2020）渝0108民初17235号民事判决书。

④ 某橡胶厂与李某对外追收债权纠纷案，重庆市南岸区人民法院（2020）渝0108民初17237号民事判决书。

3. 管理人追收不当得利之债

《民法典》第一百二十二条规定："因他人没有法律根据，取得不当利益，受损失的人有权请求其返还不当利益。"所谓不当得利，是指一方没有合法根据地获得利益而使另一方利益受到损害的法律事实。[①] 依据《民法典》第一百二十二条的规定，不当得利的成立要满足四项构成要件，即一方取得利益，他方受到损失，取得利益与受到损失之间存在因果关系以及获利没有法律根据。[②] 只有满足上述构成要件时，才意味着法律需要对此种利益状态进行调整，此时不当得利返还请求权也才具有正当性。[③]

法院在审理具体案件时，需要根据构成要件判断当事人主张返还不当得利是否具有法律基础。在（2020）川民终226号案[④]中，争议焦点为王某与A公司是否形成了劳动关系，若没有形成劳动关系则可以证明王某获利没有法律根据，即满足不当得利的构成要件。第一，王某在"六家公司"合并破产重整之前在B公司工作，从B公司领取工资，系该公司员工，王某与B公司具有劳动关系。第二，《企业破产法》第二十五条第一款第三项、第四项规定："管理人履行下列职责：……（三）决定债务人的内部管理事务；（四）决定债务人的日常开支和其他必要开支。"A公司进入破产重整之后，一审法院虽批复A公司持续经营，但A公司的经营应在管理人的监督下进行，A公司的管理人未同意王某到A公司工作，也未授权A公司向王某发放工资。第三，王某未提交证据证明其在2016年1月至2017年4月在A公司具体岗位、具体工作内容、工作时间提供劳动的相关事实。综上所述，王某与A公司没有劳动关系，不应从A公司领取工资，其从公司领取的2016年1月至2017年4月的工资56,000元属于不当得利应予以退还。

关于侵权之债、无因管理、不当得利的行为界定、区分仍有很多细节需要辨识，但其属于对《民法典》相关条款的理解和适用问题，在本文中不再详述。本专题重点在于破产管理人的对外追收债权行为分析，意在强调破产管理人有权追

---

① 参见郭明瑞、房绍坤主编：《民法》（第4版），高等教育出版社2017年版，第274页。

② 参见陈甦主编：《民法总则评注》（下册），法律出版社2017年版，第849页；马俊驹、余延满：《民法原论》，法律出版社2010年版，第770－772页。

③ 参见王利明主编：《中国民法典释评（总则编）》，中国人民大学出版社2020年版，第435－438页。

④ 王某、A公司对外追收债权纠纷案，四川省高级人民法院（2020）川民终226号民事判决书。

收的债权种类除常见的合同之债外，还包括侵权之债、无因管理之债和不当得利之债，以期提示管理人扩大追偿思路，尽最大可能保护债权人利益。

本专题小结

破产衍生诉讼中，管理人对外追收债权的主要法律依据为《企业破产法》第十七条："人民法院受理破产申请后，债务人的债务人或者财产持有人应当向管理人清偿债务或者交付财产。债务人的债务人或者财产持有人故意违反前款规定向债务人清偿债务或者交付财产，使债权人受到损失的，不免除其清偿债务或者交付财产的义务。"对外追收的债务可以根据债权产生的原因，划分为合同之债、侵权之债、无因管理之债和不当得利之债。具体来看这四类债的指导原则、社会功能以及构成要件各不相同。合同因当事人意思表示一致而成立，旨在实现意思自治；侵权因加害人故意或过失损害他人权益而产生，旨在填补损害，平衡加害人的行为自由与被害人的保护；无因管理是无法律上义务为避免他人利益受损而管理他人事务，旨在适当界限"禁止干预他人事务"和"奖励互助义行"两项原则；不当得利是没有法律根据的取得不当利益并且使他人遭受损失，旨在矫正受益人不当得利的不合理、不正常现象。除此之外，根据《民法典》第一百一十八条的规定，除上述四种债权外，还可以依据法律的规定产生其他债权，而法律的规定，是除合同、侵权行为、无因管理、不当得利等债的发生的主要原因之外法律的规定，如婚姻法规定的不履行抚养和赡养义务而产生的请求支付抚养费、赡养费的债权，[①] 由于此类债权在破产衍生诉讼中占比较少，故本专题不再分析。

附：本专题纠纷所涉高频法条索引

《企业破产法》

第十七条：

人民法院受理破产申请后，债务人的债务人或者财产持有人应当向管理人清

① 参见段琼：《债的发生原因比较研究——兼论民法典第118条的完善》，载《上海法学研究》集刊2020年第18卷，第127－133页。

偿债务或者交付财产。

债务人的债务人或者财产持有人故意违反前款规定向债务人清偿债务或者交付财产，使债权人受到损失的，不免除其清偿债务或者交付财产的义务。

第十八条：

人民法院受理破产申请后，管理人对破产申请受理前成立而债务人和对方当事人均未履行完毕的合同有权决定解除或者继续履行，并通知对方当事人。管理人自破产申请受理之日起二个月内未通知对方当事人，或者自收到对方当事人催告之日起三十日内未答复的，视为解除合同。

管理人决定继续履行合同的，对方当事人应当履行；但是，对方当事人有权要求管理人提供担保。管理人不提供担保的，视为解除合同。

第四十条：

债权人在破产申请受理前对债务人负有债务的，可以向管理人主张抵销。但是，有下列情形之一的，不得抵销：

（一）债务人的债务人在破产申请受理后取得他人对债务人的债权的；

（二）债权人已知债务人有不能清偿到期债务或者破产申请的事实，对债务人负担债务的；但是，债权人因为法律规定或者有破产申请一年前所发生的原因而负担债务的除外；

（三）债务人的债务人已知债务人有不能清偿到期债务或者破产申请的事实，对债务人取得债权的；但是，债务人的债务人因为法律规定或者有破产申请一年前所发生的原因而取得债权的除外。

第四十六条：

未到期的债权，在破产申请受理时视为到期。

附利息的债权自破产申请受理时起停止计息。

专题四 追收未缴出资纠纷

破产管理人追收股东出资诉讼程序发生于破产案件审理的前端，属于管理人依法清查债务人财产的一项履职行为。其虽为破产主程序之外的破产衍生诉讼程序，但仍能对破产效率产生较大影响。[①] 追收未缴出资是管理人提高清偿率的重要途径，也是债权人实现债权的重要方式。追收未缴出资是指破产管理人在债务人进入破产程序后，对破产企业的出资人所拖欠的出资款予以追回的行为。追收未缴出资纠纷是指破产企业的出资人因为完全未履行、未完全履行或者未适当履行出资义务，管理人在破产程序中进行追收所引发的纠纷。本专题首先将对未届出资期限的股东转让股权后，转让人以及受让人的出资责任进行详细分析；其次厘清破产衍生诉讼中，债权可否抵顶实缴注册资本；最后对工商登记持股情况与实际情况不一致的情况下管理人如何追收未缴出资进行分类阐述，分别就代持股权、股权让与担保、冒名登记等情况进行详细讨论。

一、未届出资期限的股东转让股权后的出资责任

（一）导引案例分析

A 公司与 B 公司、C 公司股东出资纠纷申诉、申请民事案/江苏省高级人民法院/（2019）苏民申 708 号[②]

【裁判要点】

人民法院受理破产申请后，债务人的出资人尚未完全履行出资义务的，管理

① 参见赵吟：《破产管理人追收股东出资的规范进路》，载《商业经济与管理》2021 年第 9 期，第 80－89 页。

② 相关案件：A 公司与 B 公司、C 公司股东出资纠纷案，江苏省无锡市中级人民法院（2018）苏 02 民终 1516 号民事判决书。

人应当要求该出资人缴纳所认缴的出资而不受出资期限的限制。有限责任公司的股东未履行或者未全面履行出资义务即转让股权，受让人对此知道或者应当知道，公司请求该股东履行出资义务、受让人对此承担连带责任的，人民法院应予支持。

【基本案情】

2014 年 8 月 12 日，B 公司设立，股东为 A 公司，设立时注册资本为 2 亿元，实缴资本为零，认缴期限为 2044 年 5 月 28 日之前。2017 年 2 月 23 日，A 公司将其在 B 公司中的 100% 股权（计 2 亿元）零对价转让给 C 公司，并进行股权变更。A 公司与 C 公司均未向 B 公司缴纳注册资本。

另查明，在案涉股权转让之前，B 公司另涉三个票据请求权纠纷案件，法院分别判决 B 公司应向 D 公司、E 公司支付票据款 50 万元及利息，判决 B 公司应向某经营部支付票据款 100 万元及利息。

判决生效后，B 公司未能按判决履行付款义务。进入执行后，该三起执行案件皆因未发现 B 公司有可供执行的财产、B 公司不能清偿到期债务且明显无清偿能力而由申请执行人申请终结本次执行。其中，E 公司向一审法院申请 B 公司破产，一审法院经审查后于 2017 年 9 月 5 日作出受理裁定。上述债务截至破产受理时合计 2, 160, 164. 5 元。

B 公司向法院起诉，请求判令 A 公司立即补缴注册资本 2, 160, 164. 5 元，判令 C 公司对 A 公司的上述债务承担连带责任，判令 A 公司、C 公司承担本案诉讼费用。

【一审判决结果】

1. A 公司应于判决发生法律效力之日起 10 日内向 B 公司缴纳出资款。
2. C 公司对 A 公司的上述债务承担连带清偿责任。

【一审判决思路】

根据法律规定，人民法院受理破产申请后，债务人的出资人尚未完全履行出资义务的，管理人应当要求该出资人缴纳所认缴的出资而不受出资期限的限制；有限责任公司的股东未履行或者未全面履行出资义务即转让股权，受让人对此知道或者应当知道，公司请求该股东履行出资义务、受让人对此承担连带责任的，人民法院应予支持。本案中，B 公司的原股东 A 公司在未履行出资义务的情况下即向 C 公司转让股权，且 C 公司未就股权转让事宜向 A 公司支付对价，C 公司对A公司未向B公司履行出资义务的情况也属明知，又因一审法院现已裁定受理了E公司对B公司的破产清算申请，故B公司有权要求A公司履行出资义务，C公司对此应当承担连带责任。因此，B公司要求A公司立即补缴注册资本2,160,164.5元，C公司对此债务承担连带责任的诉讼请求，于法有据，依法予以支持。

【二审判决结果】

驳回上诉，维持原判。

【二审判决思路】

本案中，虽然B公司章程规定注册资本采取认缴制，原股东A公司可在2044年5月28日之前认缴，但案涉债务均在A公司转让股权之前形成，而A作为B公司唯一股东在上述债务形成期间，并未向B公司进行任何出资，在债务经法院生效判决确认后，也未积极履行债务，反而以零对价向C公司转让B公司股权。在A公司股权转让前，B公司的注册资本始终为零且公司财产处于不能清偿案涉债务的状态，对此法院认为A公司在股权转让前已经触发了出资义务。而股权受让方C公司在受让股权时，明知其前手股东A公司未出资，在受让股权后，也未对B公司出资，故C公司与A公司应对股权转让时的公司债务在认缴出资范围内承担连带责任。上诉人A公司关于股权已经转让后出资义务已经消灭的上诉请求，不予采纳。

【再审判决结果】

驳回A公司的再审申请。

【再审判决思路】

经审查认为，案涉3笔债务均发生于A公司转让B公司的股权之前，该3笔债务生效判决作出后，B公司均未能在法院确定的期限内主动履行付款义务。该三起案件皆因执行中未发现B公司有可供执行的财产，B公司不能清偿到期债务且明显无清偿能力而由申请执行人申请终结执行。本案中，虽然A公司出资的认缴期限为2044年5月28日之前，但A公司作为B公司的唯一股东，在B公司成立后未进行任何出资，在B公司财产不能清偿债务且B公司作为被执行人的案件，因穷尽执行措施无财产可供执行，被人民法院裁定终结执行的情况下，仍以零对价将B公司的股权转让给C公司。在此种情况下，一审、二审判决A公司就上述3笔债务向B公司缴纳出资，并无不当。A公司主张其在出资认缴期限届满之前转让股权不应当履行出资义务的理由不能成立，法院不予采信。

【一审、二审、再审法院审理思路对比总结】

类目	一审	二审	再审
裁判结果	1. A公司应于判决发生法律效力之日起10日内向B公司缴纳出资款。 2. C公司对A公司的上述债务承担连带清偿责任。	驳回上诉，维持原判。	驳回A公司的再审申请。
争议焦点	1. A公司是否应向B公司缴纳出资款。 2. C公司对A公司的上述债务是否要承担连带清偿责任。	同一审一致。	出资认缴期限届满之前转让股权是否应当履行出资义务。
回应	1. 是。人民法院受理破产申请后，债务人的出资人尚未完全履行出资义务的，管理人应当要求该出资人缴纳所认缴的出资而不受出资期限的限制。 2. 是。有限责任公司的股东未履行或者未全面履行出资义务即转让股权，受让人对此知道或者应当知道，公司请求该股东履行出资义务、受让人对此承担连带责任的，人民法院应予支持。	1. A公司作为B公司唯一股东在债务形成期间，并未向B公司进行任何出资，反而以零对价向C公司转让B公司股权，因此A公司在股权转让前已经触发了出资义务。 2. 股权受让方C公司在受让股权时，明知其前手股东A公司未出资，在受让股权后，也未对B公司出资，故C公司与A公司应对股权转让时的公司债务在认缴出资范围内承担连带责任。	应当。A公司作为B公司的唯一股东，在B公司成立后未进行任何出资，当穷尽执行措施无财产可供执行，被人民法院裁定终结执行的情况下，仍以零对价将B公司的股权转让给C公司，在此种情况下应当向B公司缴纳出资。

（二）实务问题讨论

在公司陷入支付不能时，未届出资期限的股东出资义务触发，其法律依据为

《企业破产法》第三十五条："人民法院受理破产申请后，债务人的出资人尚未履行出资义务的，管理人应当要求该出资人缴纳所认缴的出资，而不受出资期限的限制。"《公司法》第二十八条规定，股东应当按期足额缴纳公司章程中规定的各自所认缴的出资额。《公司法司法解释（三）》第十三条第一款规定："股东未履行或者未全面履行出资义务，公司或者其他股东请求其向公司依法全面履行出资义务的，人民法院应予支持。"以及第十八条第一款规定，"有限责任公司的股东未履行或者未全面履行出资义务即转让股权，受让人对此知道或者应当知道，公司请求该股东履行出资义务、受让人对此承担连带责任的，人民法院应予支持；公司债权人依照本规定第十三条第二款向该股东提起诉讼，同时请求前述受让人对此承担连带责任的，人民法院应予支持"。

股东在出资期限未届至时企业破产或者在出资期限已经届满后转让股权[①]的，此问题在实践中争议不大，因为《企业破产法》第三十五条做出了明确规定，在法律适用上不存在争议。《企业破产法》第三十五条的规定其实是解决了在公司破产清算的情况下，如何加速股东出资义务的问题。除此之外，《公司法司法解释（二）》第二十二条[②]、最高人民法院《关于适用〈中华人民共和国民事诉讼法〉的解释》第五百一十一条[③]和《九民会议纪要》第六条[④]分别规定了在不同情况下股东依据《公司法》进行分期出资，债权人能否请求加速股东出资义务的问题。公司进入破产清算情形时，股东因合法分期出资而尚未缴纳的

---

① A公司与谢某股东出资纠纷案，陕西省西安市中级人民法院（2017）陕01民终383号民事判决书。

② 《公司法司法解释（二）》第二十二条规定："公司解散时，股东尚未缴纳的出资均应作为清算财产。股东尚未缴纳的出资，包括到期应缴未缴的出资，以及依照公司法第二十六条和第八十条规定分期缴纳尚未届满缴纳期限的出资。公司财产不足以清偿债务时，债权人主张未缴出资股东，以及公司设立时的其他股东或者发起人在未缴出资范围内对公司债务承担连带清偿责任的，人民法院应依法予以支持。"

③ 最高人民法院《关于适用〈中华人民共和国民事诉讼法〉的解释》第五百一十一条规定："在执行中，作为被执行人的企业法人符合企业破产法第二条第一款规定情形的，执行法院经申请执行人之一或者被执行人同意，应当裁定中止对该被执行人的执行，将执行案件相关材料移送被执行人住所地人民法院。"

④ 《九民会议纪要》第六条规定："在注册资本认缴制下，股东依法享有期限利益。债权人以公司不能清偿到期债务为由，请求未届出资期限的股东在未出资范围内对公司不能清偿的债务承担补充赔偿责任的，人民法院不予支持。但是，下列情形除外：（1）公司作为被执行人的案件，人民法院穷尽执行措施无财产可供执行，已具备破产原因，但不申请破产的；（2）在公司债务产生后，公司股东（大）会决议或以其他方式延长股东出资期限的。"

部分属于公司享有的债权，自然应当归入公司财产，适用加速出资制度是其应有之义务。[①] 在此类型案件中，案件的争议焦点通常为当事人是否存在应缴出资而未缴纳的情况，如（2021）浙04民终2487号案[②]、（2021）浙02民终4430号案[③]等。

但股东在出资期限未届至时转让股权，且股权转让后企业破产的，就未届出资期限的股东转让股权后的出资责任问题在实践中存在争议。主要的争议焦点为转让人可否被认作《企业破产法》第三十五条中的“债务人的出资人”而承担责任，在此情况下受让人可否依据《公司法司法解释（三）》第十八条规定承担连带责任；如果“债务人的出资人”不是指转让人而是指受让人，转让人又是否要承担连带责任。

有一部分案件认为转让人依据《企业破产法》第三十五条中的“债务人的出资人”而承担责任，在此情况下受让人依据《公司法司法解释（三）》第十八条规定承担连带责任。[④] 在（2020）闽01民终5523号案[⑤]中，本案争议焦点为破产管理人关于公司股东认缴出资加速到期，已转让股权的原股东承担补缴出资的义务是否于法有据以及受让股权的新股东承担连带责任的主张是否于法有据。法院认为，依据《企业破产法》第三十五条以及《公司法司法解释（三）》第十八条的规定，为了使公司资本充实，充分保障公司及相关债权人的利益，公司股东未尽出资义务即转让股权，转让股东的出资义务并不因股权转让而免除，公司仍有权请求转让股东履行出资义务。而知道或者应当知道的受让人承担连带责任，与之类似的案件还有（2019）苏民申708号案[⑥]、（2019）闽0102民初10463号案[⑦]、

① 参见冯辉：《加速出资的法律构造——以公司恶意延长股东出资期限为视角》，载《现代法学》2021年第6期，第123页。

② A公司、宋某等追收未缴出资纠纷案，浙江省嘉兴市中级人民法院（2021）浙04民终2487号民事判决书。

③ A公司、李某追收未缴出资纠纷案，浙江省宁波市中级人民法院（2021）浙02民终4430号民事判决书。

④ A公司、谢某、陈某等追收未缴出资纠纷案，浙江省平阳县人民法院（2020）浙0326民初809号民事判决书。

⑤ 陈某1、A公司、陈某2等追收未缴出资纠纷案，福建省福州市中级人民法院，（2020）闽01民终5523号民事判决书。

⑥ A公司与B公司、C公司股东出资纠纷案，江苏省高级人民法院（2019）苏民申708号民事裁定书。

⑦ A公司、陈某2、陈某1等追收未缴出资纠纷案，福建省福州市鼓楼区人民法院（2019）闽0102民初10463号民事判决书。

(2019)粤1973民初12395号案①等。

在实践中，也有一部分案件认为受让人依据《企业破产法》第三十五条中的"债务人的出资人"而承担责任，转让人对受让人的出资责任承担补充责任。如在(2021)粤民终1071号案②中，法院认为我国法律法规不禁止股东在认缴期限届满前转让股权，但股权转让的交易自由和股东期限利益的行使不能损害公司和公司债权人的利益，股东对公司出资既有合同属性也有法定属性，不当然随着股权的转让而转移。公司对外支付不能时，如允许未届出资期限的股东通过转让股权免除出资义务，实际上规避了法律对公司资本的限制，可能造成公司可偿债财产减少，或股东通过股权转让方式逃脱出资义务，最终危害经济交易秩序，这显然不是认缴制的初衷。鉴于转让人已将股权转让给受让人，其应在认缴的出资额范围内对受让人的出资义务承担补充责任。

但也有法院作出相反的认定，认为转让人在未届出资期限转让股权后，不再承担任何补足出资的责任。③ 最高人民法院在一起案件中认为原股东转让股权时出资期限尚未届满，不构成《公司法司法解释(三)》第十三条以及第十八条规定的"未履行或者未全面履行出资义务"的情形，所以请求原股东承担补足出资的责任没有法律依据。④ 在实践中，当事人还可以以《企业破产法》第三十五条规定的出资人出资期限应加速到期，指向的仅是企业进入破产程序后公司工商登记的现有股东，不可能扩大化地类推适用于之前股权转让过程中的转让方为由，提出对未届出资期限的股东转让股权后依然承担出资责任的抗辩。⑤

另外，需要注意的是，《公司法司法解释(三)》第十八条的责任主体是

---

① A公司与肖某、元某追收未缴出资纠纷、股东出资纠纷案，广东省东莞市第三人民法院(2019)粤1973民初12395号民事判决书。

② 刘某、李某等股东出资纠纷案，广东省高级人民法院(2021)粤民终1071号民事判决书。

③ A公司、杨某等追收未缴出资纠纷杂，福建省厦门市中级人民法院(2021)闽02民初1104号民事判决书：因在该部分股权转让时，林某出资期限尚未届满，尚不具有出资义务，其相应的出资义务一并转移后应由杨某予以承接。在无证据表明林某的转让行为违反法律、法规强制性规定的情况下，林某对该部分出资所负义务不属于《公司法司法解释(三)》第十三条规定的股东未履行或者未全面履行出资义务的情形。据此，原告关于要求被告林某对杨某的出资义务承担连带责任的主张，不具事实与法律依据，法院依法不予支持。

④ 曾某、A公司股权转让纠纷案，最高人民法院(2019)最高法民终230号民事判决书。

⑤ A公司、伊某、周某等追收未缴出资纠纷案，浙江省杭州市中级人民法院(2019)浙01民初1813号民事判决书。

"有限责任公司股东"，那么"股份有限公司股东"在出现上述情况时法律依据为何？在（2020）陕01民终5132号案[①]中，虽然原告为股份有限公司，但法院依然以《公司法司法解释（三）》第十八条为依据，认为无证据证明受让人对原股东出资未到位的事实知情，从而判决受让人不应承担出资责任，除此之外，其他法院亦有相同做法，参见甘肃省高级人民法院（2020）甘民终347号民事判决书[②]、广东省广州市中级人民法院（2018）粤01民终11884号民事判决书[③]等。建议若在破产管理人追收股份有限公司股东的出资诉讼中存在股东未履行或未完全履行出资义务即转让股权的情形，以不违反其他有关法律法规为前提，可以参考《公司法司法解释（三）》第十八条的规定认定原股东与受让人的责任，[④]同时应明示所运用的漏洞补充方法并公开说理论证过程以提升裁判结果的可接受性。[⑤]

二、债权可否抵销实缴出资

（一）导引案例分析

A公司诉周某追收未缴出资纠纷案/广东省广州市黄埔区人民法院/（2021）粤0112民初1598号

【裁判要点】

根据《企业破产法司法解释（二）》第四十六条的规定，债务人的股东主张以其欠缴债务人的出资对债务人所负的债务与债务人对其负有的债务抵销，债务人管理人提出异议的，人民法院应予支持。

【基本案情】

A公司于2009年9月15日设立，组织形式是有限责任公司，发起设立时注册资本为人民币500万元，验资报告显示截至2009年10月23日，A公司已收到

---

① A有限公司与刘某股东出资纠纷案，陕西省西安市中级人民法院（2020）陕01民终5132号民事判决书。

② 甘某与A公司股东出资纠纷案，甘肃省高级人民法院（2020）甘民终347号民事判决书。

③ A公司、B公司股东出资纠纷案，广东省广州市中级人民法院（2018）粤01民终11884号民事判决书。

④ 参见赵吟：《破产管理人追收股东出资的规范进路》，载《商业经济与管理》2021年第9期，第80-89页。

⑤ 参见曹磊：《法律漏洞补充行为的失范与规制》，载《法学论坛》2019年第4期，第71-79页。

创始股东缴纳的全部认缴出资。

2014年3月10日，A公司召开股东会作出股东会决议，决定注册资本由人民币500万元增加到1100万元，本次增资600万元全部由新增股东周某以人民币出资。2014年3月18日，A公司办理了注册资本变更的工商登记。

2015年11月30日，A公司召开股东会，决议由创始股东将其各自持有的股权全部转让给第三人陈某；同时，A公司的注册资本从人民币1100万元增加到5100万元，新增4000万元全部由周某以人民币方式出资；股权变更及增资后，A公司的持股情况为周某出资4600万元，占公司注册资本的90.2%；第三人陈某出资500万元，占公司注册资本的9.8%。根据新的公司章程，周某的该4600万元认缴出资的出资时间为2065年12月31日；2015年12月1日，A公司办理了工商变更登记。

2020年3月13日，广州市中级人民法院作出（2020）粤01破申37号民事裁定书，裁定受理申请人李某对A公司的破产清算申请。

2020年5月19日，A公司管理人向周某发出《关于缴纳出资款的通知书》，通知其于接到本通知书之日起7日内向管理人缴纳4600万元未缴出资等。该通知书于次日送达。

【判决结果】

1. 被告周某应于本判决生效之日起10日内，向原告A公司管理人缴纳出资人民币4600万元并支付利息。

2. 驳回原告A公司管理人的其他诉讼请求。

【判决思路】

1. A公司的注册资本为人民币5100万元，其中的4600万元由周某认缴。根据A公司的公司章程，周某的出资时间为2065年12月31日。但A公司现已因不能按期偿还到期债务由广州市中级人民法院裁定受理对其的破产申请。根据《企业破产法》第三十五条的规定，人民法院受理破产申请后，债务人的出资人尚未完全履行出资义务的，管理人应当要求该出资人缴纳所认缴的出资，而不受出资期限的限制。因此，A公司的破产管理人有权要求周某缴纳其所认缴的4600万元出资，而不受2065年12月31日的期限限制。

2. 周某确认认缴出资4600万元的事实，但抗辩称其个人另案所负债务系为A公司经营，以及其个人财产作为债权担保物已在另案执行程序中被强制执行用于偿还A公司债务，因此应相应抵扣出资义务。周某对其抗辩并未提供相应证据予以证实。即使其所述属实，其对A公司的投入性质上可能属于投资，亦可能是借款，由此与A公司形成的债权债务关系与其所负缴纳注册资本义务并非种类、品质相同的债务标的，依法不能债务抵销；且股东对公司享有追偿、借贷等债权也不意味着股东可以擅自决定以债权抵出资，而应在公司同意的情况下，按照公司法定程序由股东会作出决议。

3. A公司已进入破产程序，根据《企业破产法司法解释（二）》第四十六条第一项的规定，债务人的股东主张以其欠缴债务人的出资对债务人所负的债务与债务人对其负有的债务抵销，债务人管理人提出异议的，人民法院应予支持。A公司管理人已当庭明确反对周某的该抵销意见，故周某的抗辩理由不能成立。周某作为出资人缴纳出资的义务不能相应抵销扣减。如周某对A公司享有相应债权，可依照破产法律规定向管理人申报。故法院确认周某应向A公司履行4600万元的出资义务。

（二）实务问题讨论

根据《企业破产法司法解释（二）》第四十六条的规定，债务人的股东主张以其欠缴债务人的出资对债务人所负的债务与债务人对其负有的债务抵销，债务人管理人提出异议的，人民法院应予支持。由于该条司法解释的存在，在公司进入破产程序后股东不得以其对公司债权抵销对公司出资义务，这一点是比较明确的。

但实践中法院也并非对破产企业股东以其对企业的债权抵销其对公司出资义务的主张完全不予支持，但前提是股东的确通过另一种方式履行了实缴出资义务。如在（2021）浙04民终2099号①案例中，2019年11月4日，法院裁定受理了A公司破产清算一案。2019年11月19日，审计报告显示股东郭某实际出资95.5万元，账面记载的出资115万元存疑；股东田某、聂某均未出资。为维护全体债权人的利益，A公司起诉相关股东要求实缴出资。二审法院审理认定股东聂某为公司代交房租12万元，认定该等代交房屋资金为聂某出资的一部分。从上述案例可见，人民法院并非支持股东以其对公司债权抵销其对公司出资义务，而是认定了股东确实履行了实缴出资义务，所以无须继续履行出资义务。

① A公司与田某等追收未缴出资纠纷案，浙江省嘉兴市中级人民法院（2021）浙04民终2099号民事判决书。

三、工商登记持股情况与实际情况不一致的情况下如何追收未缴出资

（一）导引案例分析

丁某、A公司破产管理人股东出资纠纷民事裁定书/最高人民法院/（2020）最高法民申3854号[①]

【裁判要点】

公司的工商登记具有法定公示效力，破产企业进入破产程序后，破产管理人有权对登记股东提起追收未缴出资之诉，至于当事人之间是否另行签订内部出资协议，其内部持股比例问题不影响公司股东按照工商登记的股权状况履行出资义务。工商登记信息的公信力是外部第三人与之交易的基础，所以当出现公司偿债不能的情况下，外部债权人可以依据工商信息向股东提起未缴出资之诉。

【基本案情】

2017年12月3日颜某、张某、尹某、丁某签订《公司合作协议》约定颜某占25%、张某占15%、尹某占10%、龙某20%、张某雄10%、丁某占20%；丁某支付了10%的转让股份款给颜某。

2017年12月22日，以张某、丁某的名义注册登记为A公司，法定代表人张某，同时担任公司经理，公司类型：有限责任公司（自然人独资），注册资本：人民币120万元整，投资人张某（出资额：61.2万元，出资率：51%）、丁某（出资额：58.8万元，出资率：49%），出资方式为认缴出资；认缴期限：2017年12月31日。2018年3月9日颜某退还丁某的转让股份款3万元，并向丁某出具《退股协议》。

2019年3月22日，A公司的破产管理人向张某、丁某送达《关于限期提供公司注册资本相关资料的通知》，限期已到，二人未向A公司的破产管理人提供任何已缴纳注册资本的相关资料，未履行投资人注册登记投资义务，A公司的破产管理人遂向法院提起诉讼，法院判决在工商登记信息备案的出资义务范围内承担出资责任。

【一审判决结果】

张某、丁某于判决生效之日起15日内，分别向A公司破产管理人缴纳出资

① 相关案件：张某、丁某股东出资纠纷案，贵州省高级人民法院（2020）黔民终74号民事判决书。

人民币 61. 2 万元和 58. 8 万元。

【一审判决思路】

本案争议焦点：A 公司履行出资责任人是注册登记的出资人或是成立公司的各发起人。《企业破产法》第三十五条规定，“人民法院受理破产申请后，债务人的出资人尚未完全履行出资义务的，管理人应当要求该出资人缴纳所认缴的出资，而不受出资期限的限制”。《公司法》第二十八条规定，股东应当按期足额缴纳公司章程中规定的各自所认缴的出资额。股东以货币出资的，应当将货币出资足额存入有限责任公司在银行开设的账户；以非货币财产出资的，应当依法办理其财产权的转移手续。股东对公司负有出资义务，应按期足额缴纳所认缴的出资额。股东未缴纳出资的，应当向公司继续缴纳。本案注册登记股东为张某（出资额：61. 2 万元，出资率：51%）、丁某（出资额：58. 8 万元，出资率：49%），因本案破产管理人系代表债权人和公司行使权利，故根据上述法律规定二人应按登记的出资额履行出资义务，至于二人与颜某、张某雄、尹某、龙某之间的关系，可另诉解决。

【二审判决结果】

驳回上诉，维持原判。

【二审判决思路】

本案审理重点是查明公司股东身份，具有公司股东身份即应按照公司章程的规定缴纳出资，有限责任公司股东以其出资额为限对公司债务承担有限责任。故本案二审争议焦点是：张某、丁某是否为 A 公司的股东，是否应当履行出资义务。

依据《公司法》第二十八条第一款、《公司法司法解释（三）》第十三条第一款、《企业破产法》第三十五条的规定，出资义务是公司股东应当履行的最重要最基本的义务，股东应当按照公司章程的规定缴纳出资，股东未履行或未全面履行出资义务的，公司或者其他股东有权请求其履行出资义务，在认缴出资的情形下，如公司进入破产程序的，该出资期限加速到期，管理人得请求公司股东及时履行出资义务。

本案中，张某上诉主张，A 公司是由六名出资人发起设立，该六名出资人均为公司股东，应当共同履行出资义务。丁某上诉主张，根据工商登记资料显示，A 公司为一人独资公司，且该公司经营期间并未产生债务，该债务系张某为之前的其他公司债务加盖 A 公司的公章所导致，故应当由张某一人履行出资义务。法院认为，首先，本案系 A 公司管理人代表公司以及债权人利益提起诉讼，本质上属于股东外部诉讼，公司的工商登记具有法定公示效力，张某、丁某与颜某等人是否另行签订内部出资协议，不在本案审理范围，其可以另诉处理，故张某关于A公司系六名出资人发起设立，应当由六名出资人共同履行出资义务的主张不能成立，法院不予采信。其次，当事人提交的工商登记资料中，仅在《企业档案案卷（设立）》一页有“企业类型：有限责任公司（自然人独资）”字样，而档案其他部分资料如《企业名称预先核准申请书》《企业名称预先核准通知书》《董事、监事、经理信息》《指定代表或者共同委托代理人授权委托书》《公司设立登记审核表》以及营业执照等显示，A公司是由张某、丁某两名发起人投资设立的有限责任公司（自然人投资或控股）。A公司的《第一次股东会决议》《公司章程》均规定，公司注册资本为120万元人民币，股东为张某、丁某，认缴出资额分别为61.2万元和58.8万元。张某担任公司法定代表人、执行董事兼公司经理，丁某担任公司监事。故可以认定，A公司为张某、丁某共同投资设立的有限责任公司，丁某关于A公司系一人有限责任公司的主张不能成立。最后，股东的出资义务属于法律规定和公司章程规定的内容，不因公司是否负有债务而承担或免除，股东的出资义务与公司债务之间并无必然联系，故丁某关于A公司经营期间未产生债务，其不应履行出资义务的主张亦不能成立。

【再审判决结果】

驳回丁某的再审申请。

【再审判决思路】

首先，关于申请人主张的A公司工商登记的股东持股情况与实际股东持股情况不一致的问题。公司的工商登记具有法定公示效力，A公司进入破产程序后，破产管理人有权对登记股东提起追收未缴出资之诉。张某、丁某与颜某等人是否另行签订内部出资协议，其内部持股比例问题不影响公司股东按照工商登记的股权状况履行出资义务。按照A公司的工商登记，公司注册资本为120万元人民币，丁某为A公司股东，认缴出资额为58.8万元，原审法院据此判决申请人在认缴出资额范围内向A公司履行出资义务不缺乏事实和法律依据。

其次，关于申请人主张A公司存在虚假债务、股东张某加盖A公司公章承认不实债务以及A公司破产管理人未充分履行管理人职责的问题。股东的出资义务属于法定义务，不因公司是否负有债务而承担或免除，A公司的债务问题与其股东是否应承担出资义务之间无逻辑关联。同理，A公司破产管理人履行管理人职责问题以及公司资金及其出资款被颜某挪用的问题与股东是否应承担出资义务之间亦无关联，不在本案审查范围内。申请人的相关申请理由不能成立。

【一审、二审、再审法院审理思路对比总结】

类目	一审	二审	再审
裁判结果	张某、丁某于判决生效之日起 15 日内，分别向 A 公司破产管理人缴纳出资人民币 61.2 万元和 58.8 万元。	驳回上诉，维持原判。	驳回再审申请人的再审申请。
争议焦点	A 公司履行出资责任人是注册登记的出资人或是成立公司的各发起人。	张某、丁某是否为 A 公司的股东，是否应当履行出资义务。	1. 关于申请人主张的 A 公司工商登记的股东持股情况与实际股东持股情况不一致的问题。 2. 关于申请人主张 A 公司存在虚假债务、股东张某加盖 A 公司公章承认不实债务以及 A 公司破产管理人未充分履行管理人职责的问题。
回应	注册登记出资人。本案注册登记股东为张某（出资额：61.2 万元，出资率：51%）、丁某（出资额：58.8 万元，出资率：49%），因本案破产管理人系代表债权人和公司行使权利，故根据规定二人应按登记的出资额履行出资义务，至于二人与颜某、张某雄、尹某、龙某之间的关系，可另诉解决。	是。 1. 本案系 A 公司管理人代表公司以及债权人利益提起诉讼，本质上属于股东外部诉讼，公司的工商登记具有法定公示效力，张某、丁某与颜某等人是否另行签订内部出资协议，不在本案审理范围，其可以另诉处理。 2. 根据现有证据证明，A 公司为张某、丁某共同投资设立的有限责任公司，丁某关于 A 公司系一人有限责任公司的主张不能成立。	1. 公司的工商登记具有法定公示效力，A 公司进入破产程序后，破产管理人有权对登记股东提起追收未缴出资之诉。 2. 股东的出资义务属于法定义务，不因公司是否负有债务而承担或免除；同理，A 公司破产管理人履行管理人职责问题以及公司资金及其出资款被颜某挪用的问题与股东是否应承担出资义务之间亦无关联。

续表

类目	一审	二审	再审
		3. 股东的出资义务属于法律规定和公司章程规定的内容，不因公司是否负有债务而承担或免除。	

（二）实务问题讨论

本问题项下分析当工商登记持股情况与实际情况不一致的情况下管理人如何追收未缴出资的问题，笔者根据实践中的常见情况将此主要分为三类，其一，存在股权代持的情况；其二，存在股权让与担保的情况；其三，存在冒名登记的情况。

在分析此类问题时，要具有内部思维和外部思维，即就股东资格而言，工商登记材料可以被视为证明股东资格并对抗第三人的证据。对股东资格进行工商登记，是为了向第三人宣示股东资格，使登记股东就其股东资格获得对抗第三人的能力，工商登记对外具有公示和公信的效力。但工商登记仅具有证权性，没有设权性，当股东之间因股东权益产生争议时，公司股东名册或工商登记不能成为确定股东权益的唯一根据，而应以股东实际出资额来确定。股东之间协议确定的股比与股权登记中记载的股比存在不一致的，在处理公司与股东之间或股东与股东之间的内部纠纷时，应当以股东之间的约定为准。广西壮族自治区高级人民法院民二庭《关于审理公司纠纷案件若干问题的裁判指引》第十五条对股东协议与股权登记存在冲突的情形作出了规定："股东之间协议确定的股比与股权登记中记载的股比存在不一致的，在处理公司与股东之间或股东与股东之间的内部纠纷时，应当以股东之间的约定为准。理由在于：股东之间关于股比调整或股比变动的约定，具有股权转让合同的性质，其可以在内部生效并约束订约当事人股东；而股权登记效力属于对抗效力，主要保护外部善意的公司债权人，其不必然与股权的实际权属或实际股比完全一致。"而在破产衍生诉讼中，管理人追收未缴出资的问题其实是外部管理人代表公司以及债权人利益提起诉讼，本质上属于股东外部诉讼，所以应当采用外部思维，[①] 当以公司的工商登记为准。但此种情形也存在例外，如存在股权让与担保的情况时，因为以虚假的意思表示隐藏的民事法律行为的效力，应该按照其真实的意思表示处理。或者在存在冒名登记的情况时也不应当以工商登记为准，因为被冒名登记人并不了解公司的实际经营情况，股权的人身利益与财产利益均由股权实际持有人享有，如果要求被冒名登记人承担责任则有违公平原则。

存在股权代持情况时，工商登记持股情况与实际情况不一致，应以工商登记为准。在（2021）浙 1021 民初 2672 号案[②]、（2020）浙 0326 民初 809 号案[③]、（2019）浙 01 民初 1813 号案[④]中，法院均认为管理人履行职责，其目的是将取得的款项用于向破产企业债权人清偿，故案涉纠纷实质上为破产企业与其债权人之间的外部纠纷。当事人作为市场监督管理部门登记在册的股东，债权人凭借对登记内容的信赖，有理由相信当事人就是破产企业真实的股东，因此，即便当事人之间确实存在股权代持约定，也不能据此内部约定对抗破产企业的债权人，即在当事人陈述其仅为名义股东属实的情况下，仍需承担出资义务。

存在股权让与担保情况时，工商登记持股情况与实际情况不一致，应以真实意思表示为准。此类案件判断责任的承担问题需要两步走，首先判断股东身份是承担股东责任的前提，即各股东之间是否存在股权转让的真实意思。其次根据第一步判断的结果分担各自的责任及判断责任承担方式。[⑤] 股权转让协议是当事人以转让股权为目的而达成的关于出让方交付股权并收取价金，受让人支付价金获得股权的意思表示。股权转让是一种物权变动行为，股权转让后，受让人成为公司股东，取得股东权，即依法享有资产收益、参与重大决策和选择管理者等权

---

① 丁某、A 公司破产管理人股东出资纠纷案，最高人民法院（2020）最高法民申 3854 号民事裁定书；A 公司、伊某、周某等追收未缴出资纠纷案，浙江省杭州市中级人民法院（2019）浙 01 民初 1813 号民事判决书。

② A 公司、郑某等追收未缴出资纠纷案，浙江省玉环市人民法院（2021）浙 1021 民初 2672 号民事判决书。

③ A 公司、谢某、陈某等追收未缴出资纠纷案，浙江省平阳县人民法院（2020）浙 0326 民初 809 号民事判决书。

④ A 公司、伊某、周某等追收未缴出资纠纷案，浙江省杭州市中级人民法院（2019）浙 01 民初 1813 号民事判决书。

⑤ A 公司、施某、李某等与破产有关的纠纷案，浙江省建德市人民法院（2020）浙 0182 民初 2543 号民事判决书。

利。股权让与担保是指债务人或者第三人与债权人订立合同，约定将股权形式上转让至债权人名下，债务人到期清偿债务，债权人将该股权返还给债务人或第三人，债务人到期没有清偿债务，债权人可以对股权进行拍卖、变卖、折价偿还债权的一种非典型担保。[①]《民法典》第一百四十六条规定："行为人与相对人以虚假的意思表示实施的民事法律行为无效。以虚假的意思表示隐藏的民事法律行为的效力，依照有关法律规定处理。"由此可知，股权让与担保尽管外观上的股权过户登记与设定担保的真实意思表示不一致，但股权变更登记只是债权人保全自己权利的手段，就当事人之间的内部关系而言，应根据真实意思表示认定股权让与担保中的权利人享有的是有担保的债权，而非股权。与此核心要旨一致的判例还有（2021）苏03民终7173号案[②]、（2020）湘1322民初1427号案[③]等。

存在冒名登记的情况时，工商登记持股情况与实际情况不一致，应由实际享受利益者作为承担补足出资责任的主体。根据《公司法司法解释（三）》第二十八条的规定，公司、其他股东或者公司债权人以未履行出资义务为由，请求被冒名登记为股东的承担补足出资责任或者对公司不能清偿部分的赔偿责任的，人民法院不予支持。在（2020）浙0182民初2543号案[④]中，被冒名人虽被工商登记列明为股东，但其并无成为公司股东之意思，不应将其视为法律上的股东，继而不应当赋予其任何股东的权利与义务，故不承担相应的出资责任。在（2020）湘1322民初1427号案[⑤]中，张某冒用其儿子的名义登记为股东，且主管公司财务，其对公司的财务状况有管理的义务和职责，故张某应对被告袁某映、袁某斌的虚假出资行为知道且应当知道，被告张某没有证据证明其已足额缴纳转让资金或者向公司账户转入资金补足所受让的股金，应在其受让范围内对袁某映、袁某斌未履行的出资义务承担连带责任。

---

① A公司、B公司小额借款合同纠纷案，安徽省滁州市中级人民法院（2019）皖11民终3138号民事判决书。

② 毛某、A公司等股东出资纠纷案，江苏省徐州市中级人民法院（2021）苏03民终7173号民事判决书。

③ A公司与袁某映、彭某、刘某、肖某、李某、张某新、张某、戴某、袁某斌、B公司、胡某追收未缴出资纠纷案，湖南省新化县人民法院（2020）湘1322民初1427号民事判决书。

④ A公司、施某、李某等与破产有关的纠纷案，浙江省建德市人民法院（2020）浙0182民初2543号民事判决书。

⑤ A公司与袁某映、彭某、刘某、肖某、李某、张某新、张某、戴某、袁某斌、B公司、胡某追收未缴出资纠纷案，湖南省新化县人民法院（2020）湘1322民初1427号民事判决书。

本专题小结

股东有限责任和公司人格独立是现代公司制度的两大基石，正是二者的结合，使公司具有强大的资源聚合、风险分散功能，成为最重要的市场主体，在社会经济生活中取得举足轻重的地位。① 由于股东瑕疵出资并转让股权的案例在实务中出现的频率较高，且股东瑕疵出资也必然会影响公司的实缴资本，并进一步侵害债权人的利益，所以关于股东瑕疵出资的限制及瑕疵出资的股东应当承担的责任，在学术界与实务界一直维持着较高热度的讨论。② 出资认缴制及股权自由交易使瑕疵股权转让客观存在，在对外责任承担上，涉及善意受让人与公司债权人之间的利益平衡，应区分受让人主观状态而异其责任承担。在对内责任分配上，受让人可基于股权转让协议向原股东请求承担违约责任，善意受让人可在除斥期间内行使撤销权，并要求原股东承担缔约过失责任，其追偿份额在未达成约定或约定不明确时，应综合受让人主观状态、客观对价与认缴股款比例进行确定。③

管理人在依据《企业破产法》第三十五条追收未缴出资时，可以通过梳理公司工商档案资料、债务人人员的访谈、调档的法院案件资料等查清股东的出资情况以及联系方式。同时，管理人还可以聘请有资质的专业机构对债务人财产进行专项审计和评估，并将审计机构在审计报告中披露的股东出资情况作为股东是否履行出资义务的财务依据。当然，当出现有关股东确实不具备偿债能力即确实没有必要继续追索的情况时，管理人可依职权主动放弃追索，但应当及时报告债权人委员会或人民法院，除及时履行报告义务外，实务中为避免各方责任和纠纷，管理人通常也会召集债权人会议，提请债权人会议进行表决。

---

① 参见潘勇锋：《瑕疵出资股东对公司债权人的责任》，载《人民司法》2013 年第 15 期，第 93 页。

② 参见王羽泓：《试论股东瑕疵出资的限制》，载《法学（汉斯）》2020 年第 1 期，第 158 – 162 页。

③ 参见仇平安：《论瑕疵出资股权转让的责任承担》，载《宜宾学院学报》2021 年第 10 期，第 60 – 69 页。

附：本专题纠纷所涉高频法条索引

《民法典》

第一百四十六条：

行为人与相对人以虚假的意思表示实施的民事法律行为无效。

以虚假的意思表示隐藏的民事法律行为的效力，依照有关法律规定处理。

第五百六十八条：

当事人互负债务，该债务的标的物种类、品质相同的，任何一方可以将自己的债务与对方的到期债务抵销；但是，根据债务性质、按照当事人约定或者依照法律规定不得抵销的除外。

当事人主张抵销的，应当通知对方。通知自到达对方时生效。抵销不得附条件或者附期限。

第五百六十九条：

当事人互负债务，标的物种类、品质不相同的，经协商一致，也可以抵销。

《企业破产法》

第三十五条：

人民法院受理破产申请后，债务人的出资人尚未完全履行出资义务的，管理人应当要求该出资人缴纳所认缴的出资，而不受出资期限的限制。

第四十条：

债权人在破产申请受理前对债务人负有债务的，可以向管理人主张抵销。但是，有下列情形之一的，不得抵销：

（一）债务人的债务人在破产申请受理后取得他人对债务人的债权的；

（二）债权人已知债务人有不能清偿到期债务或者破产申请的事实，对债务人负担债务的；但是，债权人因为法律规定或者有破产申请一年前所发生的原因而负担债务的除外；

（三）债务人的债务人已知债务人有不能清偿到期债务或者破产申请的事实，对债务人取得债权的；但是，债务人的债务人因为法律规定或者有破产申请一年前所发生的原因而取得债权的除外。

《企业破产法司法解释（二）》

第四十六条：

债务人的股东主张以下列债务与债务人对其负有的债务抵销，债务人管理人提出异议的，人民法院应予支持：

（一）债务人股东因欠缴债务人的出资或者抽逃出资对债务人所负的债务；

（二）债务人股东滥用股东权利或者关联关系损害公司利益对债务人所负的债务。

《公司法司法解释（三）》

第十三条：

股东未履行或者未全面履行出资义务，公司或者其他股东请求其向公司依法全面履行出资义务的，人民法院应予支持。

公司债权人请求未履行或者未全面履行出资义务的股东在未出资本息范围内对公司债务不能清偿的部分承担补充赔偿责任的，人民法院应予支持；未履行或者未全面履行出资义务的股东已经承担上述责任，其他债权人提出相同请求的，人民法院不予支持。

股东在公司设立时未履行或者未全面履行出资义务，依照本条第一款或者第二款提起诉讼的原告，请求公司的发起人与被告股东承担连带责任的，人民法院应予支持；公司的发起人承担责任后，可以向被告股东追偿。

股东在公司增资时未履行或者未全面履行出资义务，依照本条第一款或者第二款提起诉讼的原告，请求未尽公司法第一百四十七条第一款规定的义务而使出资未缴足的董事、高级管理人员承担相应责任的，人民法院应予支持；董事、高级管理人员承担责任后，可以向被告股东追偿。

第十七条：

有限责任公司的股东未履行出资义务或者抽逃全部出资，经公司催告缴纳或者返还，其在合理期间内仍未缴纳或者返还出资，公司以股东会决议解除该股东的股东资格，该股东请求确认该解除行为无效的，人民法院不予支持。

在前款规定的情形下，人民法院在判决时应当释明，公司应当及时办理法定减资程序或者由其他股东或者第三人缴纳相应的出资。在办理法定减资程序或者其他股东或者第三人缴纳相应的出资之前，公司债权人依照本规定第十三条或者第十四条请求相关当事人承担相应责任的，人民法院应予支持。

专题五 追收抽逃出资纠纷

破产衍生诉讼中，追收抽逃出资，是指管理人在债务人进入破产程序后，对于股东抽逃其按照公司章程规定足额缴纳的出资予以追回的行为。追收抽逃出资纠纷，是指管理人在破产程序中对债务人股东抽逃已经投入到公司的出资予以追收而产生的纠纷。股东抽逃出资是股东转移公司资产，却未支付公平、合理对价，变相违反出资义务的行为。股东不得“抽逃出资”或者“抽回股本”，是我国 1993 年《公司法》施行以来就确立的规则。该规则常被视作资本维持原则在我国法律中的具体表现。① 还有学者指出，不得抽逃出资是中国版的资本不得非法返还规则。② 本专题通过具体案例，对四类抽逃出资的行为进行判断，重点就“其他未经法定程序将出资抽回的行为”进行解析；并就股东转让抽逃出资股权时转让人与受让人的法律责任承担问题进行分析；厘定原股东转让抽逃出资股权是否可适用《公司法司法解释（三）》第十八条规定追究原股东及受让股权的第三人的责任问题；另外还对协助抽逃出资的相关责任人的连带责任承担问题进行研究，不仅对股东之间相互协助抽逃出资，董事、高级管理人员或者实际控制人协助股东抽逃出资时的责任承担问题分析，而且对法条中未规定的上述主体协助股东进行抽逃出资时，是否应当承担连带责任进行阐释。

---

① 参见邓峰：《普通公司法》，中国人民大学出版社 2009 年版，第 320 页。

② 参见刘燕：《重构“禁止抽逃出资”规则的公司法理基础》，载《中国法学》2015 年第 4 期，第 182 页。

一、抽逃出资行为的判断

（一）导引案例分析

曹某与A公司、余某追收抽逃出资纠纷二审民事案/上海市高级人民法院/(2020)沪民终346号①

【裁判要点】

当转出资金的行为未经任何法定程序、未基于正常的交易关系、未见合理的对价支付，且该转出行为直接导致了公司资产的减少，此时作为公司股东对此行为无合理解释又不能提供充分证据证明该资金转出行为的正当性、合理性时，可判断股东抽逃出资行为成立，应在抽逃出资范围内对破产企业承担返还出资的责任。

【基本案情】

A公司于2005年6月14日成立，注册资本50万元，登记的股东为余某和曹某，两人还分别登记为公司的执行董事和监事，余某同时登记为公司的法定代表人。此前，会计师事务所于6月9日出具的验资报告载明："贵公司由余某（甲方）、曹某（乙方）共同出资组建；申请登记的注册资本为人民币50万元，由全体股东于2005年6月9日之前缴足，其中甲方应出资人民币40万元，占注册资本的80%，出资方式为货币40万元，乙方应出资人民币10万元，占注册资本的20%，出资方式为货币10万元；截至2005年6月9日，贵公司已收（筹）到甲方、乙方缴纳的注册资本合计人民币50万元。"2018年11月15日，上海市嘉定区市场监督管理局以A公司"成立后无正当理由超过六个月未开业，或者开业后自行停业连续六个月以上"为由，作出行政处罚决定书，对A公司予以吊销营业执照。2019年4月9日，根据债权人B公司的申请，一审法院作出（2019）沪03破15号民事裁定书，裁定受理B公司对A公司的破产清算申请。管理人在履职过程中，发现A公司在2005年6月24日开出本票，将50万元转至某塑染厂。审理中，曹某、余某表示直至2010年11月9日，因A公司需要办理经营范围变更登记事项请求他们协助时，才了解他们被登记为公司的

① 相关案件：A公司与曹某、余某追收抽逃出资纠纷案，上海市第三中级人民法院（2019）沪03民初16号民事裁定书。

股东。但他们表示当时没有提出异议，并且也为A公司办理了相关的经营范围变更登记手续。

【一审判决结果】

1. 余某应于本判决生效之日起10日内返还A公司40万元并支付相应的利息。

2. 曹某应于本判决生效之日起10日内返还A公司10万元并支付相应的利息。

3. 余某对曹某所负的本判决第二项债务承担连带责任。

4. 曹某对余某所负的本判决第一项债务承担连带责任。

【一审判决思路】

一审法院认为，《公司法司法解释（三）》第十二条规定："公司成立后，公司、股东或者公司债权人以相关股东的行为符合下列情形之一且损害公司权益为由，请求认定该股东抽逃出资的，人民法院应予支持：……（四）其他未经法定程序将出资抽回的行为。"本案中，A公司在注册成立后不久，与注册资本等额的50万元即被转入某塑染厂，该转出行为未经任何法定程序、未基于正常的交易关系、未见合理的对价支付等，直接导致了公司资产的减少，而作为公司股东，且分别担任法定代表人、监事的余某、曹某对此无合理解释又不能提供充分证据证明该资金转出行为的正当性、合理性，故余某、曹某抽逃出资行为成立，均应在抽逃出资范围内对A公司承担返还责任。且A公司已进入破产清算程序，根据《企业破产法司法解释（二）》的规定，管理人代表债权人提起诉讼，可以向发起人、股东要求承担连带责任。由于余某、曹某分别担任A公司的法定代表人和监事，在抽逃出资行为上同时获益但又未能证明没有合意，故曹某、余某应对返还出资互负连带责任。

【二审判决结果】

驳回上诉，维持原判。

【二审判决思路】

对曹某抽逃出资行为是否成立问题，曹某上诉认为A公司无证据证明向某塑染厂转款行为构成抽逃资本，且即便属实，其仅因出借身份证给他人登记为股东，不参与公司日常经营，对公司注册资本抽逃事宜并不知晓，故其不构成注册资本抽逃行为。法院认为其上述上诉主张不能成立，理由如下：

1. 对于曹某主张其仅系借名股东是否需承担责任的问题，根据A公司工商登记信息资料显示，A公司成立于2015年6月14日，迄今为止工商登记股东仍为余某、曹某，该二人虽自述为借名股东，但并未提供证据予以证明。法院认为，当事人在公司章程、股东名册、工商登记材料等被记载为股东，属于以法定形式公示股东身份的方式，使其在外观上具备了股东特征，善意第三人对此有充分理由予以信赖，故即便登记为A公司股东并非曹某真实意思表示，但根据工商登记信息的公示效力以及商事外观主义原则，特别在涉及公司债权人利益时，应当确认其股东身份，且根据一审、二审法院查明的事实，在A公司成立后曹某从A公司处领取过部分资金，在公司变更经营范围时，曹某亦再次配合办理变更手续，并未对其股东身份提出异议，故综上所述，A公司管理人依据曹某、余某工商登记股东身份要求其承担相应责任并无不当。

2. 关于抽逃资金的行为是否成立。经审查，A公司于2005年6月14日登记成立，注册资本为50万元，同期验资报告显示：曹某应出资10万元，截至2005年6月9日A公司收到曹某、余某缴纳的注册资本50万元。后破产管理人履职过程中发现，A公司在2005年6月24日开出本票，将50万元款项转至某塑染厂。法院认为，A公司管理人已提交该转移出资的初步证据，曹某对抽逃出资行为不成立的主张负有提交反驳证据的义务，即其作为公司登记在册的监事应提供证据说明该公司资产不当减少系为履行A公司对外正常商业交易而作出，或证明其对此已支付了公平、合理的对价，但一审、二审中曹某及余某均未提供任何证据佐证其主张，曹某主张其对此不知情不构成合理抗辩意见。综上所述，结合公司成立时间、背景、转账金额与注册资本金额的对应关系等要素，法院认为曹某、余某抽逃资本行为成立，一审法院所做认定并无不当，曹某应当向A公司返还抽逃出资10万元本息。

【一审、二审法院审理思路对比总结】

类目	一审	二审
裁判结果	1. 余某应于本判决生效之日起10日内返还A公司40万元并支付相应的利息。 2. 曹某应于本判决生效之日起10日内返还A公司10万元并支付相应的利息。 3. 余某对曹某所负的本判决第二项债务承担连带责任。 4. 曹某对余某所负的本判决第一项债务承担连带责任。	驳回上诉，维持原判。

续表

类目	一审	二审
争议焦点	1. 曹某、余某是否存在抽逃出资的行为。 2. 曹某与余某是否承担连带责任。	1. 曹某抽逃出资行为是否成立。 2. 曹某是否应对余某本案所负 40 万元债务承担连带责任。
回应	1. 存在。转出行为未经任何法定程序、未基于正常的交易关系、未见合理的对价支付等，直接导致了公司资产的减少，而作为公司股东，且分别担任法定代表人、监事的余某、曹某对此无合理解释又不能提供充分证据证明该资金转出行为的正当性、合理性，故余某、曹某抽逃出资行为成立，均应在抽逃出资范围对 A 公司承担返还责任。 2. 承担。余某、曹某分别担任 A 公司的法定代表人和监事，在抽逃出资行为上同时获益但又未能证明没有合意，故曹某、余某应对返还出资互负连带责任。	1. 成立。(1) 曹某虽主张借名股东但仍需承担责任。(2) 其作为公司登记在册的监事应提供证据说明该公司资产不当减少系为履行 A 公司对外正常商业交易而作出，或证明其对此已支付了公平、合理的对价，但一审、二审中曹某及余某均未提供任何证据佐证其主张，曹某主张其对此不知情不构成合理抗辩意见。 2. 是。(1) 根据《公司法司法解释（三）》第十四条的规定，若其他股东、高管等人员协助股东实际抽逃出资，构成共同侵权行为的，应当与该股东承担连带责任。(2) 从出资过程看，该两笔出资系由现金汇入，曹某、余某作为 A 公司监事及法定代表人，在账册保管不善的情况下，现无法举证证明抽逃出资行为系他人所为，从常理推断对出资已抽逃的客观结果必须依靠二人相互协助、共同配合行为才能完成，且曹某、余某作为 A 公司的发起人股东，本身对公司出资的抽逃即负有相互填补义务。

（二）实务问题讨论

《公司法》第三十五条规定，公司成立后，股东不得抽逃出资。股东抽逃出资的形态主要表现为未经法定程序股东利用强势地位强行将注册资金从公司抽回。股东将已向公司的出资资金抽回而未向公司支付合理对价是认定股东抽逃资金的关键。[①]《公司法司法解释（三）》第十二条总结了股东在做出如下四类行为且损害公司权益时，被认定为抽逃出资的情形。

第一种，制作虚假财务会计报表虚增利润进行分配。此类型的抽逃出资主要是指公司通过修改资产负债表或利润表内列报的项目，具体表现为增加资产、收入项目或资产、收入金额，减少负债、费用项目或负债、费用金额等方式导致所有者权益或利润增加，进而导致股东分配到的利润增加。

第二种，通过虚构债权债务关系将其出资转出。最高人民法院在（2016）最高法民终324号案[②]中认为，A公司出资到位后，以“前期工作费用”名义从B公司处取回3500万元人民币。但《合作协议书》未生效，A公司依据《合作协议书》向B公司取回“前期工作费用”没有事实依据，“前期工作费用”未真实发生。A公司与合资公司B公司之间没有发生3500万元人民币的债权债务关系，故其存在抽逃出资的行为。在（2021）辽07民终25号案[③]中，被告韩某认缴出资480万元，实缴出资480万元，于2010年6月22日缴足。同年6月23日，被告韩某以借款的事由将该480万元转入个人名下。从被告韩某借款金额与出资金额相同，出资后即从公司转出，与公司无借款合同、担保及利息约定等事实看，被告韩某的行为符合抽逃出资的规定。被告韩某不能举证该款项的合法用途，借款合同、还款凭证等，应承担举证不能的法律后果，故应认定被告韩某构成抽逃出资。

第三种，利用关联交易将出资转出。需要注意的是，即便存在真实的交易关系，关联交易亦可能构成抽逃出资。法律不禁止关联交易，但利用关联交易损害公司利益以及利用关联关系将出资转出是法律禁止的行为。最高人民法院在（2020）最高法民终87号案[④]中认为，A公司从B公司借款6000万元缴纳了第二笔注册资本金，约定次日归还。同日，C公司以支付工程款的名义向D公司转款6000万元，再由D公司转入A公司，由A公司归还了向B公司的借款。虽D公

---

① 夏某、季某等与A有限公司、缪某等股东损害公司债权人利益责任纠纷案，上海市第二中级人民法院（2018）沪02民终6905号民事判决书。

② A公司与B公司、C公司与公司有关的纠纷案，最高人民法院（2016）最高法民终324号民事判决书。

③ A公司、B公司建设工程施工合同纠纷案，辽宁省锦州市中级人民法院（2021）辽07民终25号民事判决书。

④ J公司、A公司损害公司利益责任纠纷案，最高人民法院（2020）最高法民终87号民事判决书。

司与C公司存在施工关系，但该6000万元在出资后同日又转出，最终归还了借款，该转款流程与事先《承诺书》中的还款流程一致，A公司以工程款的形式将出资转出归还出资借款的意图十分明显。A公司利用其对C公司的控制地位，和其关联公司D公司，以工程款名义将出资转出，构成抽逃出资。

第四种，其他未经法定程序将出资抽回的行为。《公司法司法解释（三）》第十二条在2014年修正后，虽然“将出资款项转入公司账户验资后又转出的行为”不再作为一项明文规定的股东抽逃出资的典型行为，但并不意味着该种行为一律不再认定为抽逃出资之性质，该行为已经被修正后的《公司法司法解释（三）》第十二条第四项“其他未经法定程序将出资抽回的行为”所吸收。[①] 在（2021）鲁03民终2365号案[②]中，A公司在2013年5月增资1500万元，其中，李某出资112.50万元，卢某出资1387.50万元，验资后验资账户即办理销户，上述资金由验资账户转入A公司另一账户，同日转入B公司。在此情形下，李某应提供证据证明上述大额转账的相应依据以证明其不存在抽逃出资，李某作为该公司的监事，有义务了解并有能力说明该款项的用途，但其对于该款项用途未能做出合理解释，李某也未提供证据证明该行为系基于公司正常经营业务往来所形成，未提供相应证据证明该行为经过了公司法定程序或公司实际由卢某一人经营管理，其并未参与经营管理，即李某提交的相关证据并未形成优势证据，不能排除其存在抽逃资金的行为。

除将出资款项转入公司账户验资后又转出的行为属于其他未经法定程序将出资抽回的行为外，无正当理由转出资本公积金也可以归入《公司法司法解释（三）》第十二条第四项关于抽逃出资行为认定的兜底条款。根据（2018）最高法民终393号案[③]，A公司根据《增资合同》作为资本公积金投入的款项，在无合法正当理由情况下取回的，属于《公司法》规定的抽逃出资行为。A公司通过增资成为B公司的股东，根据《增资合同》，其获得B公司增资后40%股权，除应投入2000万元作为注册资本外，还应投入1.8亿元作为资本公积金。对于A公司据此投入的1.8亿元，虽然并非B公司注册资本，但其作为取得40%股权对

---

① 张某、王某案外人执行异议之诉纠纷案，最高人民法院（2019）最高法民申3194号民事裁定书。

② 李某、A公司等执行异议之诉纠纷案，山东省淄博市中级人民法院（2021）鲁03民终2365号民事判决书。

③ A公司、B公司公司增资纠纷案，最高人民法院（2018）最高法民终393号民事判决书。

应出资额的溢价金额，目的在于区分不同时期成为公司股东者以使其利益均衡，该款项作为资本公积金投入公司后，即独立于A公司的财产而属于B公司资产，即便资本公积金本质上属于所有者权益，该所有者权益也并非仅属于A公司，而是属于公司的全体股东。《公司法》虽然未直接规定股东不得在无合法正当理由情况下取回作为资本公积金投入公司的款项，但基于资本公积金属于公司资产的性质，股东在无合法正当理由情形下不得占有公司资产是公司对其财产享有法人独立财产权的应有之义，这从《公司法》第一百六十八条关于公积金用途的规定也可得出相应结论，即公司的公积金用于弥补公司的亏损、扩大公司生产经营或者转为增加公司资本，但资本公积金不得用于弥补公司的亏损。据此，资本公积金除用于扩大公司生产经营或者转为增加公司资本外，不得用于其他用途。B公司主张A公司在无合法正当理由情形下取回已投入资本公积金行为属于《公司法》规定的抽逃出资行为，具有法律依据。

二、股东转让抽逃出资股权的法律责任承担

（一）导引案例分析

A公司管理人与张某、仲某等追收抽逃出资纠纷、股东出资纠纷二审民事案/江苏省南通市中级人民法院/（2016）苏06民终4268号①

【裁判要点】

对《公司法司法解释（三）》第十八条规定从字面含义上进行理解，股东转让瑕疵出资股权包括股东转让未履行出资股权和未全面履行出资股权两种，不包括转让抽逃出资股权。由于《公司法》规定的抽逃出资与其他瑕疵出资所导致法律后果及民事责任基本相同，所以二者股权转让所产生的民事责任不应存在差异。因此，应当在遵循立法原意的基础上，对《公司法司法解释（三）》第十八条进行合理扩大解释，将股东转让抽逃出资股权认定为瑕疵出资股权的范畴，以该条确定的裁判规则认定股权转让双方的民事责任。

【基本案情】

A公司于2008年9月9日成立，注册资本5000万元，实收资本5000万元。

① 相关案件：A公司管理人与仲某、张某等追收抽逃出资纠纷、股东出资纠纷案，江苏省南通市通州区人民法院（2016）苏0612民初614号民事判决书。

其中，仲某认缴4250万元，周某认缴500万元，李某认缴250万元。公司成立后，各股东均按认缴数额缴纳了出资。2011年12月16日，A公司通过以下股东会决议：仲某分别将其持有的该公司2550万元股份、1770万元股份以同等金额的价格分别转让给张某、B公司；李某将其持有的该公司250万元股份以同等金额的价格转让给B公司。股权转让中，股东仲某、周某、李某均同意放弃优先购买权。股权转让后，A公司的股权结构变化为：张某出资2550万元，占注册资本比例51%；周某出资500万元，占注册资本比例10%；B公司出资1950万元，占注册资本比例39%。为履行上述股东会决议，股权转让双方均签订了股权转让协议，A公司办理了股权变更登记。嗣后，B公司分别向仲某、李某支付股权转让款1700万元、250万元。张某未向仲某支付股权转让款。另查明，A公司以1470万元的价格从区国土资源局竞价购得30亩土地使用权，用于开发工程项目。张某以C公司的名义承建该工程项目，为工程施工负责人。后A公司资不抵债，被债权人申请破产清算，南通市通州区人民法院裁定A公司破产。破产案审理期间，经管理人申请，法院委托会计师事务所对A公司进行了专项审计，相关账目审计如下：公司期末账面预付账款科目载明预付D公司（实际控制人为仲某）2498万元、其他应收款科目载明应收D公司400万元，合计2898万元。上述款项中，A公司与D公司不存在真实的债权债务关系，其性质为抽逃注册资金，应当归还A公司。C公司因A公司结欠大厦项目工程款，向破产管理人进行了债权申报，经管理人确认C公司享有的工程款债权为74,492,724.81元。

【一审判决结果】

1. 仲某向A公司返还出资2898万元。
2. 张某在仲某返还出资的1542万元范围内承担连带责任。

【一审判决思路】

因A公司与D公司不存在真实的债权债务关系，仲某作为A公司发起人，在公司成立后将其已缴纳的注册资本2898万元汇入其控制的D公司，其行为显属抽逃出资行为，应依法向公司履行返还出资义务。

1. 关于仲某转让其抽逃出资股权是否适用《公司法司法解释（三）》第十八条规定的问题。根据法律规定，出资是股东最基本、最重要的法定义务，虽然抽逃出资与未履行出资和未全面履行出资在字面含义上有所不同，但其行为后果并无差异，即均侵害了公司的财产权和其他股东合法权益，也损害了公司债权人利益。一般而言，股东瑕疵出资行为即股东违反出资义务包括未履行出资和未完全履行出资两种，未履行出资是指股东根本没有履行出资行为，即实际出资金额为零，包括履行不能、拒绝履行、虚假出资和抽逃出资等形式；未完全履行出资是指股东未按其认缴的数额完整地履行出资义务，存在部分履行、迟延履行或者瑕疵履行等情形。故抽逃出资股权转让行为所涉的法律责任应适用《公司法司法解释（三)》第十八条的规定。

2. 关于张某及B公司受让股权时是否知道或应当知道被告仲某存在抽逃出资的问题。对于“知道或应当知道”情形的理解，“知道”应是指股东与受让人签订股权转让协议时，公司或者股东已将出资瑕疵的事实告知受让人，但受让人仍然受让转让人的股权；“应当知道”则需要根据受让人受让股权时的具体情况进行判定。如在大额股权转让时，受让人应负谨慎的注意义务，不仅要求股东提供验资报告，还应当要求股东提供公司成立前后的验资银行账户往来情况，以核实注册资本是否已出资到位或者存在注册资本汇入公司验资账户后又汇出的情形；非货币出资则要通过价值评估的方式确定股权价格，以查证股权价值是否真实或者是否存在其他权利瑕疵等。如受让人未采取必要、基本的审查措施，应推定其未尽到审慎的注意义务。本案中，股权转让协议签订时，仲某陈述未将抽逃出资的事实告知张某和B公司，不能认定张某和B公司受让股权时知道仲某存在瑕疵出资的事实。张某受让仲某2550万元股权，数额巨大，应对股权是否真实负有审慎的注意义务，特别是张某系A公司开发大厦工程的施工负责人，对A公司的经营状况及仲某个人出资情况应较其他人更为熟悉，其辩称不知晓仲某抽逃出资的主张有违常理。本案中，张某认可股权办理变更登记后其并未支付股权转让款，其系以零价格受让涉案股权，足以推定其受让股权时主观上应当知道仲某存在抽逃出资行为，其应对被告仲某的出资义务承担连带责任。张某辩称其未向仲某支付股权转让款的原因是仲某以结欠的工程款抵偿股权转让款。对此，法院认为，工程款债务系A公司结欠C公司的债务，而非仲某结欠张某的个人债务。且C公司就该工程款债权已向破产管理人进行了申报并得以确认，故该辩解意见不予采纳。B公司在签订股权转让协议后向仲某基本付清了股权转让款，A公司也未举证证明B公司存在应当知道仲某存在抽逃出资行为的情形，故B公司对被告仲某的出资义务不承担责任。A公司成立时仲某缴纳出资4250万元，A公司起诉仲某抽逃出资2898万元，即仲某实际缴纳出资1352万元。因A公司未举证证明张某受让的股权是否包含了仲某实际缴纳出资股权部分，故张某应在仲某返还出资 1542 万元范围内承担连带责任。

【二审判决结果】

本案按上诉人张某自动撤回上诉处理。

【二审判决思路】

法院审理过程中，上诉人张某未按《诉讼费用交纳办法》的规定缴纳上诉案件受理费，在收到法院催缴案件受理费的通知后仍不予缴纳。

【一审、二审法院审理思路对比总结】

类目	一审	二审
裁判结果	1. 仲某向 A 公司返还出资 2898 万元。 2. 张某在仲某返还出资的 1542 万元范围内承担连带责任。	按上诉人自动撤回上诉处理。
争议焦点	1. 关于仲某转让其抽逃出资股权是否适用《公司法司法解释（三）》第十八条规定的问题。 2. 关于张某及 B 公司受让股权时是否知道或应当知道被告仲某存在抽逃出资的问题。	无。
回应	1. 适用。虽然抽逃出资与未履行出资和未全面履行出资在字面含义上有所不同，但其行为后果并无差异，即均侵害了公司的财产权和其他股东合法权益，也损害了公司债权人利益，故抽逃出资股权转让行为所涉的法律责任应适用《公司法司法解释（三）》第十八条的规定。 2. 存在应当知道的情形。张某受让仲某 2550 万元股权，数额巨大，应对股权是否真实负有审慎的注意义务，特别是张某系 A 公司开发大厦工程的施工负责人，对 A 公司的经营状况及仲某个人出资情况应较其他人更为熟悉，其辩称不知晓仲某抽逃出资的主张有违常理。	法院审理过程中，上诉人未按《诉讼费用交纳办法》的规定缴纳上诉案件受理费，在收到法院催缴案件受理费的通知后仍不予缴纳。

（二）实务问题讨论

在破产衍生诉讼中，关于股东转让抽逃出资股权的法律责任承担问题，其中最重要的一个争议就是受让抽逃出资的股东是否应当承担责任以及如果承担责任应适用何种法律为依据的问题，其实也即为原股东转让抽逃出资股权是否可适用《公司法司法解释（三）》第十八条规定追究原股东及受让股权的第三人的责任问题。

《公司法司法解释（三）》第十八条为“有限责任公司的股东未履行或者未全面履行出资义务即转让股权，受让人对此知道或者应当知道，公司请求该股东履行出资义务、受让人对此承担连带责任的，人民法院应予支持”，但何为“未履行或者未全面履行”并无明确定义，“抽逃出资”是否属于“未履行或者未全面履行出资义务”也尚存争议。从广义上理解，“未履行或者未全面履行出资义务”是指股东出资不符合或不完全符合法律法规、公司章程或出资协议等，① 而“抽逃出资”实际上是《公司法司法解释（三）》对其进行了相对较为详细的规定。② 学理上也不认为“抽逃出资”是一个严格的法定概念，③ 而是一个由《公司法司法解释（三）》第十二条④等构建的外延略有游移的概念形态，⑤ 泛指股东缴纳出资后又以不法手段从公司取走出资的行为，⑥ 如不当抽取相应财产亦被认为是实质性抽逃出资。⑦

在审判实践中，支持原股东转让抽逃出资股权适用《公司法司法解释

① 参见蒋大兴：《公司法的展开与评判——方法·判例·制度》，法律出版社2001年版，第137页。

② 参见刘燕：《重构“禁止抽逃出资”规则的公司法理基础》，载《中国法学》2015年第4期，第181-205页。

③ 参见邹海林：《我国司法实务应对公司注册资本制度改革的路径选择》，载《法律适用》2014年第5期，第17-23页。

④ 《公司法司法解释（三）》第十二条规定：“公司成立后，公司、股东或者公司债权人以相关股东的行为符合下列情形之一且损害公司权益为由，请求认定该股东抽逃出资的，人民法院应予支持：（一）制作虚假财务会计报表虚增利润进行分配；（二）通过虚构债权债务关系将其出资转出；（三）利用关联交易将出资转出；（四）其他未经法定程序将出资抽回的行为。”

⑤ 参见最高人民法院民事审判第二庭编著：《最高人民法院关于公司法解释（三）、清算纪要理解与适用（注释版）》，人民法院出版社2016年版，第217页。

⑥ 参见冯静：《抽逃出资民事责任的性质及认定》，载《法学》2015年第6期，第64-72页。

⑦ 参见曲天明、解鲁：《股东实质性抽逃出资行为认定的裁判规则——以青岛森田金属公司诉日本SAN-R股东出资纠纷案为例》，载《法律适用（司法案例）》2018年第4期，第24-29页。

（三）》第十八条规定追究原股东及受让股权的第三人的责任问题的原因主要是因为法官认为“抽逃出资”属于“未履行或者未全面履行出资义务”的范围。[①]股东抽逃出资、虚假出资、拒绝出资、迟延出资、出资不实等，均属股东违反出资义务的范畴。《公司法司法解释（三）》的条文中，抽逃出资与未履行或未全面履行出资义务存在并列描述的情形，而该司法解释第十八条规制的瑕疵股权转让行为是股东未履行或未全面履行出资义务即转让股权，未明确将抽逃出资的行为列入其内。但抽逃出资显然属于违反出资义务的表现形态之一，违反出资义务的实质是违反公司资本维持原则，股东滥用有限责任，危害性在于削弱了公司的偿债能力，误导公司的交易相对方，造成资本充实的假象，严重危及公司的债权人利益和公司利益。抽逃出资的实质和违法性，与未履行或未全面履行出资义务的行为并无本质区别，甚至更为严重。因此，以《公司法司法解释（三）》第十八条的原则和标准规制抽逃出资情形的股权转让行为，不违反该司法解释的规范趣旨和规范目的，即在股东存在抽逃出资情形而转让股权，受让人对此知道或应当知道的，受让人应对抽逃出资股东的出资义务承担连带责任，并可在承担责任后向抽逃出资的转让股东追偿。再者，从瑕疵股权转让行为的角度分析，受让人明知或应知转让股东违反出资义务仍受让瑕疵股权的，股权转让合同仍然有效，应推定受让人自愿承担持有瑕疵股权的法律后果，对转让股东的出资义务承担连带责任。受让人在受让股权时应当在条件允许和能力所及的范围内查证该股权所对应的出资义务是否已经履行，尽到善意相对方的谨慎注意义务。一般情况下，在涉案股权转让协议中，均有受让人承诺按照《公司法》、公司章程的规定履行未到位注册资本的缴付义务并承担违约责任的相关约定。可见，即使从合同约定的角度，作为受让人亦负有审查之责，否则应按约对转让股东的出资瑕疵承担缴付责任。需要注意的是，在抽逃出资的纠纷中，尽管受让人可能会提供相关验资报告，但验资报告仅能反映转让股东曾向破产企业缴纳过出资，因抽逃出资均发生于缴纳出资和验资之后，验资报告无法反映转让股东是否存在缴纳出资后抽回的情况，从而无法证明受

---

① A公司管理人与张某、仲某等追收抽逃出资纠纷、股东出资纠纷案，江苏省南通市中级人民法院（2016）苏06民终4268号民事裁定书。

让人对转让股东是否抽逃出资尽到了合理注意义务。当然，不应苛求受让人在股权转让交易完成前必须对标的公司的财务记录进行全面审查，但在受让人成为公司股东之后，其便具备了查阅公司财务记录的权利和条件，在查阅公司财务记录中若发现转让股东存在抽逃出资等违反出资义务的情况时，则其可依法行使合同撤销权等进行权利救济。①

实务中反对将《公司法司法解释（三）》第十八条作为追究抽逃出资的原股东及受让股权的第三人责任的法律依据的原因主要是因为法官认为“抽逃出资”不属于“未履行或者未全面履行出资义务”的范围。法院认为《公司法司法解释（三）》第十八条对有限责任公司的股东未履行或者未完全履行出资义务即转让股权的情况下受让股东的责任作出了规定，对有限责任公司的股东抽逃出资的情况下受让股东应否对转让股东抽逃出资的行为承担连带责任没有明确规定，②在此情况下则不宜将该条作为追究抽逃出资的原股东及受让股权的第三人责任的法律依据。甚至有案例在二审判决中将一审法院依据该规定判令当事人承担责任认定为混淆了“未履行或者未全面履行出资义务”与“抽逃出资”的概念，属于适用法律错误。因为《公司法司法解释（三）》第十六条规定：“股东未履行或者未全面履行出资义务或者抽逃出资……”第十七条规定：“有限责任公司的股东未履行出资义务或者抽逃全部出资……”可知“抽逃出资”不属于“未履行或未全面履行出资义务”概念范畴。③

笔者认为，从文意角度理解，抽逃出资至少可以被理解为未履行或未全面履行出资义务的一种表现形态，此点在实务中和学理中都被得到了肯定。最高人民法院民二庭编著的《最高人民法院关于公司法解释（三）、清算纪要理解与适用（注释版）》指出：“按行为方式不同，股东违反出资义务的行为可表现为完全不履行、未完全履行和不适当履行三种形态。完全不履行是指股东根本未出资，具

① 夏某、季某等与A公司、缪某等股东损害公司债权人利益责任纠纷案，上海市第二中级人民法院（2018）沪02民终6905号民事判决书。

② 杨某平与杨某洪、A公司等民间借贷纠纷案，江苏省高级人民法院（2017）苏民申2947号民事裁定书。

③ 罗某与曾某、A公司等民间借贷纠纷案，湖南省长沙市中级人民法院（2017）湘01民终645号民事判决书。

体包括拒绝出资、不能出资、虚假出资、抽逃出资。"[①] 此观点也得到赵旭东等教授的认可。[②] 最高人民法院在相关判决中也认为，公司法理论上，股东未履行或未全面履行出资义务可进一步细化为股东出资不实、虚假出资、抽逃出资三种情形，[③] 由于抽逃出资属于未履行或未全面履行出资义务，故抽逃出资可以适用《公司法司法解释（三）》第十八条的规定，对抽逃出资的股东和受让该股权的第三人追究连带责任。

三、协助抽逃出资的连带责任承担问题

（一）导引案例分析

张某斐、A 公司与张某伟、张某平等股东出资纠纷再审民事案/浙江省高级人民法院/（2016）浙民再 8 号[④]

【裁判要点】

股东抽逃出资，公司或者其他股东请求其向公司返还出资本息、协助抽逃出资的其他股东、董事、高级管理人员或者实际控制人对此承担连带责任的，人民法院应予支持。但在无证据证明上述主体对股东抽逃出资存在协助行为或事实的情况下，法院不予支持。

【基本案情】

A 公司于 2005 年 4 月 29 日经批准为中外合资企业，2005 年 5 月 11 日工商核准登记，注册资本 210 万美元，其中张某斐出资 94.5 万美元，张某伟出资 42 万美元，张某平出资 73.5 万美元，张某斐为董事长，张某伟为董事，张某平为副董事长。张某斐于 2005 年 6 月 29 日缴纳出资 220 万元、2006 年 12 月 5 日缴纳出资 45 万元、2006 年 12 月 11 日缴纳出资 139.08 万元和 200 万元、2006 年 12 月 13 日缴纳出资 106 万元、2006 年 12 月 18 日缴纳出资 41 万元、2006 年 12 月 19

① 最高人民法院民事审判第二庭编著：《最高人民法院关于公司法解释（三）、清算纪要理解与适用（注释版）》，人民法院出版社 2016 年版，第 217 页。

② 参见赵旭东：《公司法学》（第 4 版），高等教育出版社 2015 年版，第 190 页。

③ 唐某、A 公司追偿权纠纷案，最高人民法院（2018）最高法民申 2986 号民事裁定书。

④ 相关案件：A 公司与张某斐、姜某等追收抽逃出资纠纷、股东出资纠纷案，浙江省温州市中级人民法院（2015）浙温商终字第 282 号民事判决书。

日缴纳出资1万元和600元、2006年12月20日缴纳出资46万元和487.08万元。公司于2006年12月11日转出139.08万元、2006年12月19日转出487.08万元、2007年2月13日转出250万元、2007年5月22日转出50万元到张某斐账户。公司以内衣款名义分别于2006年12月25日支付106.3万元、2006年12月28日支付110.88万元、2006年12月30日支付82.41万元给姜某。公司以货款名义于2007年2月13日支付150万元给郑某。公司以支付材料款名义于2005年12月21日和23日各支付1,571,875.50元、327,606.30元给B公司。2009年7月6日，C公司分别与张某斐、张某伟、张某平签订企业股权转让协议书，由C公司受让张某斐、张某伟、张某平持有A公司全部股权。2010年8月3日张某伟、郑某、张某平通过B公司账户汇款400万元给A公司。2013年7月25日一审法院受理A公司破产清算申请。

【一审判决结果】

1. 张某斐于本判决生效后20日内返还A公司抽逃出资3,920,506.50元及利息。

2. 驳回A公司的其他诉讼请求。

【一审判决思路】

本案系追收抽逃出资纠纷，争议焦点在于各被告是否存在抽逃出资的事实。A公司认为张某斐抽逃出资3,920,506.50元，提供现金支票4份及进账单1份，其中两份用途为退投资款487.08万元，该款已于次日汇入A公司的其他账户，剔除该款项往来，张某斐出资累计达798.14万元，已超出章程规定出资额7,511,106.50元，故对A公司认为该两笔487.08万元系抽逃出资的事实，法院不予采纳。对其他三笔分别为139.08万元、250万元、50万元，共计439.08万元，张某斐承认收到该款项，但认为系替原A公司购买货物，A公司予以否认。张某斐辩称有关单据在A公司处，经庭审释明，其不申请对账目进行审计。该院现无法查明款项的用途系为购买货物还是抽逃出资，张某斐身为原公司董事长，其辩称有违常理。根据举证规则，应由张某斐提供证据以证明其不存在抽逃出资的事实，现未能举证证明其主张的事实，应由其承担不利法律后果，扣除其多出资470,293.50元，可以认定张某斐有抽逃出资3,920,506.50元的事实。A公司认为张某斐、姜某抽逃出资299.59万元，三方都认可款项系姜某收取，但姜某辩称款项用途系原A公司向其购买针织内衣；A公司认为张某伟、郑某抽逃出资150万元，郑某辩称款项用途系原A公司向其购买服装；A公司认为张某平、B公司抽逃出资1,899,481.80元，B公司辩称款项用途系原A公司向其购买材料。A公司对上述被告辩称都不予认可。由于收款人均非公司股东，其辩称的买卖关系也是正常商业行为。经庭审释明，双方都不申请对账目进行审计，现无法查明款项的用途系为购买货物还是抽逃出资。根据举证规则，应由A公司提供证据证明各被告存在抽逃出资的事实，现提供的证据不足以证明其主张的事实，应由其承担不利法律后果，故对A公司主张上述款项系张某斐、姜某、张某伟、郑某、张某平、B公司抽逃出资的事实，缺乏事实依据，法院不予采纳。张某斐缴纳出资后的资本所有权已转移为A公司财产，其无权对出资资本进行处置，虽然其抽逃出资时公司并没有债务产生，但抽逃行为侵犯了公司权益。根据《公司法》第三十五条的规定，公司成立后，股东不得抽逃出资。抽逃出资违反《公司法》禁止性规定。故对A公司要求张某斐返还抽逃出资3,920,506.50元及利息的请求，法院予以支持。利息可按中国人民银行规定的同期贷款基准利率计算，从抽逃之日计至本判决确定还款之日止。对A公司要求张某伟、张某平承担连带责任的诉讼请求，其未能举证他们有协助张某斐抽逃出资的行为，结合张某斐在公司任董事长，又是主管财务，抽逃出资一般无须其他股东协助，故对该请求不予支持。

【二审判决结果】

1. 维持浙江省洞头县人民法院（2014）温洞商初字第96号民事判决的第一项，即张某斐于本判决生效后20日内返还A公司抽逃出资3,920,506.50元及利息。

2. 撤销浙江省洞头县人民法院（2014）温洞商初字第96号民事判决的第二项及诉讼费负担部分。

3. 张某斐于本判决生效后20日内返还A公司抽逃出资299.59万元及利息。

4. 驳回A公司的其他诉讼请求。

【二审判决思路】

关于张某伟、张某平是否应对张某斐的抽逃出资行为承担连带责任的争议。《公司法司法解释（三）》第十四条第一款规定："股东抽逃出资，公司或者其他股东请求其向公司返还出资本息、协助抽逃出资的其他股东、董事、高级管理人员或者实际控制人对此承担连带责任的，人民法院应予支持。”A公司主张A服饰公司原股东张某伟、张某平对原股东张某斐上述抽逃出资行为承担连带责任，但并未提供证据证明张某伟、张某平对张某斐抽逃出资存在协助的行为或事实，二审法院对此不予支持。

【再审判决结果】

1. 撤销温州市中级人民法院（2015）浙温商终字第282号民事判决和洞头县人民法院（2014）温洞商初字第96号民事判决。

2. 张某斐于本判决送达之日起20日内返还A公司抽逃出资款6,916,406.50元及利息。

3. 张某伟于本判决送达之日起20日内返还A公司抽逃出资款150万元及利息。

4. 张某平于本判决送达之日起20日内返还A公司抽逃出资款1,899,481.80元及利息。

5. 驳回A公司的其他诉讼请求。

【再审判决思路】

对抽逃出资的款项，张某斐、张某伟、张某平是否应负连带还款责任。根据《公司法司法解释（三）》第十三条第三款“股东在公司设立时未履行或者未全面履行出资义务，依照本条第一款或者第二款提起诉讼的原告，请求公司的发起人与被告股东承担连带责任的，人民法院应予支持”的规定，因本案A公司设立时原三发起人股东张某斐、张某伟、张某平的出资义务均已履行完毕，并非未履或者未全面履行，故A公司据此请求张某斐、张某伟、张某平对各自抽逃出资的返还负连带责任，不能成立。同时，根据《公司法司法解释（三）》第十四条第一款“股东抽逃出资，公司或者其他股东请求其向公司返还出资本息、协助抽逃出资的其他股东、董事、高级管理人员或者实际控制人对此承担连带责任的，人民法院应予支持”的规定，因A公司并未提供证据证明张某斐、张某伟、张某平相互之间对他人抽逃出资部分存在协助的行为或事实，故二审法院对A公司的相关主张未予支持，有相应依据。

【一审、二审、再审法院审理思路对比总结】

类目	一审	二审	再审
裁判结果	1. 张某斐于本判决生效后20日内返还A公司抽逃出资及利息。 2. 驳回A公司的其他诉讼请求。	1. 维持浙江省洞头县人民法院（2014）温洞商初字第96号民事判决的第一项，即张某斐于本判决生效后20日内返还A公司抽逃出资3,920,506.50元及利息。 2. 撤销浙江省洞头县人民法院（2014）温洞商初字第96号民事判决的第二项及诉讼费负担部分。 3. 张某斐于本判决生效后20日内返还A公司抽逃出资299.59万元及利息。 4. 驳回A公司的其他诉讼请求。	1. 撤销浙江省温州市中级人民法院（2015）浙温商终字第282号民事判决和洞头县人民法院（2014）温洞商初字第96号民事判决。 2. 张某斐于本判决送达之日起20日内返还A公司抽逃出资款6,916,406.50元及利息。 3. 张某伟于本判决送达之日起20日内返还A公司抽逃出资款150万元及利息。 4. 张某平于本判决送达之日起20日内返还A公司抽逃出资款1,899,481.80元及利息。 5. 驳回A公司的其他诉讼请求。
争议焦点	各被告是否存在抽逃出资的事实。	1. 关于本案是否需要追加孙某和C公司作为第三人参加诉讼的争议。 2. 关于张某斐2006年12月11日、2007年2月13日、2007年5月22日从A公司支取139.08万元、250万元和50万元的行为是否构成抽逃出资的争议。 3. 关于张某斐以预付针织内衣货款名义三次从A公司合计转出299.59万元给姜某的行为、张某伟2007年2月16日从A公司以购货款名义开具150万元现金支票给郑某的行为以及张某平以购材料名义从A公司转出1,899,481.80元给B公司的行为是否应认定为抽逃出资的争议。	1. 张某斐是否构成抽逃出资3,920,506.50元。 2. 张某斐是否另构成抽逃出资299.59万元及姜某是否应与张某斐对该299.59万元共同承担返还责任、张某伟是否构成抽逃出资150万元及郑某是否应与张某伟对该150万元共同承担返还责任、张某平是否构成抽逃出资1,899,481.80元及B公司是否应与张某平对该1,899,481.80元共同承担返还责任。 3. 对上述款项，如张某斐、张某伟、张某平构成抽逃出资，该三人是否应负连带还款责任。

续表

类目	一审	二审	再审
		4. 关于张某伟、张某平是否应对张某斐的抽逃出资行为承担连带责任的争议。	
回应	1. 张某斐存在。根据举证规则，应由张某斐提供证据以证明其不存在抽逃出资的事实，现未能举证证明其主张的事实，应由其承担不利法律后果。 2. 其余股东不存在。根据举证责任规则，应由A公司提供证据证明各被告存在抽逃出资的事实，现提供的证据不足以证明其主张的事实，应由其承担不利法律后果，故对A公司主张上述款项系剩余被告抽逃出资的事实，缺乏事实依据，法院不予采纳。	1. 不需要。公司有权要求受让股东对出让股东出让股权之前的瑕疵出资行为在一定条件下承担连带责任，但在公司没有就此提出主张的时候，并没有将受让股东列为共同诉讼当事人的规定。 2. 构成。张某斐作为A服饰公司的原法定代表人和实际控制人虽然否认抽逃出资事实，但不能提供相关证据证明其所主张的交易事实，结合A公司管理人在接管公司财务账册后没有发现张某斐所主张交易的合同、发票、入库单、账面存货记录以及二审查明的A服饰公司账户上述争议款项的收支事实等，二审法院确信A公司主张的张某斐虚构债权债务关系将其出资转出的事实具有高度可能性。 3. 应认定为抽逃出资。A公司的原股东张某斐、张某伟以及张某平以购货等名义将公司上述款项分别转至关系人或配偶或关系人投资设立的公司名下，在A公司管理人提供上述足以令人对转款原因的真实性产生合理怀疑的初步证据的情况下，转款实施人与款项收取人虽然辩	1. 张某斐不能提供相关证据证明其所主张的交易事实，A公司管理人在接管公司财务账册后没有发现与张某斐主张相关的交易合同、发票、入库单、账面存货记录等，认定张某斐虚构债权债务关系将其出资转出3,920,506.50元的事实具有高度可能性，有相应依据。 2. （1）张某斐、张某伟、张某平构成抽逃出资。上述责任人以购货等名义分别将A公司299.59万元、150万元、1,899,481.80元转至关系人或配偶或关系人投资设立的公司名下，且均不能提供证据证明系正常交易； （2）姜某、郑某、B公司不共同承担抽逃出资的返还责任。因《企业破产法司法解释（二）》第十七条的规定中虚构债务的主体为债务人即被宣告破产公司，而姜某、郑某、B公司并非债务人，故A公司据此要求姜某、郑某、B公司返还基于虚构债务而占有的A公司财产并共同承担抽逃出资责任的主张，不能成立。 3. 张某斐、张某伟、张某平不承担连带还款责任。因A

续表

类目	一审	二审	再审
		称转款系因系正常交易而产生，但对其主张的正常交易却不能提供任何证据加以证明，结合A公司管理人在接管公司财务账册后没有发现任何相关交易的合同、发票、入库单、账面存货记录等事实，二审法院确信A公司主张的上述款项，属虚构债权债务关系将其出资转出或利用关联交易将其出资转出的事实具有高度可能性。 4. A公司主张原股东张某伟、张某平对原股东张某斐上述抽逃出资行为承担连带责任，但并未提供证据证明张某伟、张某平对张某斐抽逃出资存在协助的行为或事实，二审法院对此不予支持。	公司并未提供证据证明张某斐、张某伟、张某平相互之间对他人抽逃出资部分存在协助的行为或事实。

（二）实务问题讨论

《公司法司法解释（三）》第十四条第一款规定："股东抽逃出资、公司或者其他股东请求其向公司返还出资本息、协助抽逃出资的其他股东、董事、高级管理人员或者实际控制人对此承担连带责任的，人民法院应当予以支持。"

当股东之间相互协助抽逃出资①，董事、高级管理人员或者实际控制人协助股东抽逃出资时，上述人员应对股东的抽逃出资行为承担连带责任在实务中并不存在争议。以（2021）京民终649号案②为例，杨某虽然不是A公司的股东，但在50万元资金发生转出交易时任A公司法定代表人、执行董事、经理，是代表法人从事民事活动的负责人，应当对公司的行为承担相应法律责任，且杨某与股东薛某为夫妻关系，虽然在一审庭审中薛某称杨某未参与公司实际经营，但并未

① 祁某、马某等民间借贷纠纷案，江苏省徐州市中级人民法院（2021）苏03民终6912号民事判决书。

② 杨某等与A公司追收抽逃出资纠纷案，北京市高级人民法院（2021）京民终649号民事判决书。

提交相关证据予以证明。故杨某应当对薛某抽逃出资的行为承担连带责任。并且公司的其他股东、董事、高管人员等，只要实施了协助股东抽逃出资的行为，即应承担连带责任，而与协助行为对抽逃出资所起作用的大小、是否为抽逃出资的必要条件等无关。①

通常此类问题的关键在于，当上述法条中未规定的主体协助股东进行抽逃出资行为时，是否应当承担连带责任。（2017）最高法民申 4642 号案②系代垫出资的第三人在公司验资后或公司成立后将出资抽回，并且在不进行补足出资的情况下，相关权利人可否要求代垫出资的第三人承担连带责任的问题。《公司法》第三十五条规定："公司成立后，股东不得抽逃出资。"本案中，股东将其资金作为出资投入 A 公司后，该资金即为 A 公司的资产，股东不得随意取回，股东抽回出资的行为侵犯 A 公司的财产权，损害公司债权人的利益，应承担相应民事责任。《公司法司法解释（三）》（2011）第十五条③虽被删除，但并不意味着代垫资金、协助抽逃出资的第三人无须承担民事责任。第三人代垫资金、协助股东抽逃出资，依照《侵权法》第八条（现《民法典》第一千一百六十八条④）规定构成共同侵权的，该第三人仍应承担相应连带责任。

随着公司注册资本制度的改变，《公司法司法解释（三）》（2011）第十五条在 2013 年《公司法》修订后被删除。虽然上述条文内容被删除，但并不影响其在审判实践中依然发挥作用。最高人民法院民二庭出版的总第四十辑《商事审判指导》中明确了股东抽逃出资情形下代垫资金并协助抽逃出资的第三人责任，其认为虽然《公司法司法解释（三）》（2011）第十五条关于认定第三人代垫注册资金应承担相应责任的这一法条已被删除，但并不影响对协助抽逃出资、代垫资金的第三人民事责任的追究，可以依据《公司法司法解释（三）》（2011）第十

① 袁某与 A 公司、B 公司、C 公司股东出资纠纷案，最高人民法院（2014）民二终字第 00092 号民事判决书。

② A 公司诉 B 公司等与公司有关的纠纷案，最高人民法院（2017）最高法民申 4642 号民事裁定书。

③ 《公司法司法解释（三）》（2011）第十五条规定："第三人代垫资金协助发起人设立公司，双方明确约定在公司验资后或者在公司成立后将该发起人的出资抽回以偿还该第三人，发起人依照前述约定抽回出资偿还第三人后又不能补足出资，相关权利人请求第三人连带承担发起人因抽回出资而产生的相应责任的，人民法院应予支持。"

④ 《民法典》第一千一百六十八条规定："二人以上共同实施侵权行为，造成他人损害的，应当承担连带责任。"

五条的上位法，即依据《民法典》中关于共同侵权的规定，“二人以上共同实施侵权行为，造成他人损害的，应当承担连带责任”，继续追究代垫资金的第三人的侵权责任。[①] 如在（2020）湘01民终1815号案[②]中，朱某、蒋某由某公路局代付注册资金货币134.502万元后，又将其转出，构成抽逃出资，应在抽逃出资的范围内就A公司对B公司的债务不能清偿的部分承担补充赔偿责任。

当然也不排除有些法院认为由于《公司法司法解释（三）》（2011）第十五条已经删除，要求代垫出资的第三人承担连带责任缺乏法律依据的情况。[③] 资本充实原则是我国公司法的一项核心原则，其目的在于保障公司正常运营和维护交易安全。如若股东未履行或者未全面履行出资义务，不仅违反公司资本充实原则，对债权人利益也具有较大威胁。因此，相关司法解释突破了债的相对性，将股东及发起人对公司的责任直接扩大适用至债权人，正是为了保护公司债权人的合法利益。但是，法院在审理商事案件时，除保障商事交易安全、快捷外，还必须兼顾各类主体合法利益之间的妥善平衡，以免利益失衡。首先，自2014年3月1日起，最高人民法院关于修改《关于适用〈中华人民共和国公司法〉若干问题的规定的决定》删去了上述《公司法司法解释（三）》（2011）第十五条内容。因此，就代垫资金第三人对股东抽逃出资而产生的《公司法》上的责任，随着《公司法》和相关司法解释的修改而丧失了法律依据。其次，从法理及法律关系角度来讲，第三人代垫出资即为出资人设立公司前的借贷问题，而股东抽回代垫出资则为股东损害公司财产问题，此实为两层法律关系。《公司法》所要规制的应是出资人的出资义务包括出资时间、出资本身价值瑕疵及出资后的资本维持等事项，至于出资人作为出资的财产为自有财产抑或借贷财产，系第三人与出资人之间的债权债务关系，与公司无碍。因此，基于公司法理论，有关代垫资金第三人在公司法下对股东抽逃出资行为承担连带或补充赔偿责任，亦缺乏理论支持。[④]

由上述论证可知，如若当事人想要追究第三人代垫出资的连带责任，其法律

---

① 朱某、谭某买卖合同纠纷案，湖南省长沙市中级人民法院（2020）湘01民终1815号民事判决书。

② 朱某、谭某买卖合同纠纷案，湖南省长沙市中级人民法院（2020）湘01民终1815号民事判决书。

③ A公司诉王某等追收抽逃出资纠纷案，江苏省启东市人民法院（2014）启商初字第1003号民事判决书。

④ 贲某、朱某与A公司、丁某等民间借贷纠纷案，江苏省南通市中级人民法院（2018）苏06民终2011号民事判决书。

依据应该为《民法典》第一千一百六十八条。共同侵权责任的构成要件通常为以下四点：第一，行为人须为两人以上；第二，数个行为人均实施了一定行为；第三，损害后果须具有同一性；第四，数个行为人在主观上须存在共同过错。[①] 将共同侵权责任的构成要件结合《公司法司法解释（三）》（2011）第十五条规定总结出，在满足如下三个基本事实时才可以满足要求代垫出资的第三人承担连带责任的要求。首先，第三人代垫资金协助发起人设立公司；其次，双方明确约定在公司验资后或者公司成立后将该发起人的出资抽回以偿还该第三人；最后，发起人依照前述约定抽回出资偿还第三人后又不能补足出资，造成公司及债权人的利益受损。在（2021）浙02民终2822号案[②]中，顾某出借款项的行为是否构成共同侵权并因此承担相应责任，应当根据侵权责任的构成要件，结合个案事实进行认定。从本案中各方陈述及查明的事实来看，当时顾某与曾某、李某并不认识，并无证据证明顾某与曾某、李某在A公司增资前约定在验资完成后将增资款抽回以偿还借款，不能认定顾某与曾某、李某就抽逃出资、损害公司及债权人利益达成合意并具备了共同的主观过错，顾某客观上出借款项的行为也并不必然导致公司及债权人利益受损。因此，B公司要求顾某承担代垫资金的责任亦缺乏事实和法律依据，法院不予支持。

本专题小结

公司的信用基础在于公司资本的真实和稳定。为此，我国《公司法》对有限责任公司和股份有限公司的资本均确定了“资本确定、资本维持、资本不变”三原则，目的就是禁止公司股东的出资瑕疵和抽逃出资行为。[③] 但抽逃出资规则的含义和适用标准一直是模糊的。司法解释确立的损害公司权益标准并未解决其适用难题。[④] 从

---

① 参见郭明瑞、房绍坤主编：《民法》（第4版），高等教育出版社2017年版，第517页。

② A公司、曾某等李某、武某、顾某股东出资纠纷案，浙江省宁波市中级人民法院（2021）浙02民终2822号民事判决书。

③ 朱某、王某执行异议之诉纠纷案，辽宁省锦州市中级人民法院（2021）辽07民终865号民事判决书。

④ 参见王军：《抽逃出资规则及公司分配制度的系统性改造》，载《法学研究》2021年第5期，第81－97页。

财务角度考虑，股东抽逃出资的两条基本路径可以概括为使得公司资产减少或者使得公司负债增加。具体而言，可以包括直接的抽逃出资，也包括以正常交易伪装的间接抽逃出资；既有账面上如实记载的抽逃出资，也有账面上不反映或者用虚假账目掩饰的抽逃出资；既有对股东直接返还，也有通过对与股东有利益关联的第三方的支付而实现的曲线返还出资。① 当作为公司高管履职时，应该关注股东抽逃出资的风险，进而降低自己的执业风险，如作为直接参与财务资金管理的董、监、高人员，在向股东或其控制方、关联方转账时，应核实其支付真实性、合法性，谨慎表态、签字、盖章和转账操作；作为不直接参与财务资金管理的董、监、高人员时，应在得知公司可能存在抽逃资金嫌疑时，查清事实，及时阻止。

附：本专题纠纷所涉高频法条索引

1.《公司法》

第三十五条：

公司成立后，股东不得抽逃出资。

2.《企业破产法司法解释（二）》

第十七条：

管理人依据企业破产法第三十三条的规定提起诉讼，主张被隐匿、转移财产的实际占有人返还债务人财产，或者主张债务人虚构债务或者承认不真实债务的行为无效并返还债务人财产的，人民法院应予支持。

3.《公司法司法解释（三）》

第十二条：

公司成立后，公司、股东或者公司债权人以相关股东的行为符合下列情形之一且损害公司权益为由，请求认定该股东抽逃出资的，人民法院应予支持：

（一）制作虚假财务会计报表虚增利润进行分配；

（二）通过虚构债权债务关系将其出资转出；

（三）利用关联交易将出资转出；

（四）其他未经法定程序将出资抽回的行为。

---

① 参见刘燕：《重构“禁止抽逃出资”规则的公司法理基础》，载《中国法学》2015 年第 4 期，第 181－205 页。

第十三条：

股东未履行或者未全面履行出资义务，公司或者其他股东请求其向公司依法全面履行出资义务的，人民法院应予支持。

公司债权人请求未履行或者未全面履行出资义务的股东在未出资本息范围内对公司债务不能清偿的部分承担补充赔偿责任的，人民法院应予支持；未履行或者未全面履行出资义务的股东已经承担上述责任，其他债权人提出相同请求的，人民法院不予支持。

股东在公司设立时未履行或者未全面履行出资义务，依照本条第一款或者第二款提起诉讼的原告，请求公司的发起人与被告股东承担连带责任的，人民法院应予支持；公司的发起人承担责任后，可以向被告股东追偿。

股东在公司增资时未履行或者未全面履行出资义务，依照本条第一款或者第二款提起诉讼的原告，请求未尽公司法第一百四十七条第一款规定的义务而使出资未缴足的董事、高级管理人员承担相应责任的，人民法院应予支持；董事、高级管理人员承担责任后，可以向被告股东追偿。

第十四条：

股东抽逃出资，公司或者其他股东请求其向公司返还出资本息、协助抽逃出资的其他股东、董事、高级管理人员或者实际控制人对此承担连带责任的，人民法院应予支持。

公司债权人请求抽逃出资的股东在抽逃出资本息范围内对公司债务不能清偿的部分承担补充赔偿责任、协助抽逃出资的其他股东、董事、高级管理人员或者实际控制人对此承担连带责任的，人民法院应予支持；抽逃出资的股东已经承担上述责任，其他债权人提出相同请求的，人民法院不予支持。

第十八条：

有限责任公司的股东未履行或者未全面履行出资义务即转让股权，受让人对此知道或者应当知道，公司请求该股东履行出资义务、受让人对此承担连带责任的，人民法院应予支持；公司债权人依照本规定第十三条第二款向该股东提起诉讼，同时请求前述受让人对此承担连带责任的，人民法院应予支持。

受让人根据前款规定承担责任后，向该未履行或者未全面履行出资义务的股东追偿的，人民法院应予支持。但是，当事人另有约定的除外。

专题六 追收非正常收入纠纷

追收非正常收入是指管理人在破产程序中，对于债务人的董事、监事和高级管理人员利用职权从企业获取的非正常收入和侵占的企业财产予以追回。[①] 根据《企业破产法》第三十六条的规定，债务人的董事、监事和高级管理人员在企业具有破产原因的情况下，利用职权侵占公司财产或者获取非正常收入的行为显然损害了债权人的利益，依法应予纠正，而判断是否属于非正常收入的关键在于危机期间行为是否正当以及危机期间行为是否公平。[②] 在破产法理论上，危机期间任何欺诈行为、偏颇性行为均不具有正当性，对于在管理企业和控制债务人财产上有优势地位的董事、监事和高级管理人员而言，其对企业财产的正当、公平处理就显得尤为重要，尤其是在面对职工债权时，更应当对弱势群体优先保护。笔者针对债务人的董事、监事和高级管理人员利用职务之便侵占企业财产和利用职务之便获取非正常收入的具体行为进行分类分析，并从管理人追收非正常收入时的主观限制、主体限制、客观限制、客体限制以及时间限制进行分析，明确影响管理人追收非正常收入的各种因素，以方便管理人工作的开展。

① A公司与陈某、卢某追收非正常收入纠纷案，浙江省永嘉县人民法院（2019）浙0324民初4929号民事判决书。

② 参见最高人民法院民事审判第二庭编著：《最高人民法院关于公司法解释（三）、清算纪要理解与适用（注释版）》，人民法院出版社2016年版，第296页。

一、利用职务之便侵占企业财产

（一）导引案例分析

原告A公司与被告赵某、赵某厚、第三人杨某追收非正常收入纠纷一审民事案/四川省绵竹市人民法院/（2020）川0683民初1486号

【裁判要点】

债务人的董事、监事和高级管理人员利用职务之便侵占公司财产，属于《企业破产法》第三十六条规定的侵占企业财产，管理人有权予以追回。

【基本案情】

2019年1月30日，某银行向法院申请对原告A公司进入破产清算，法院于2019年3月11日作出（2019）川0683破申1号民事裁定书，裁定受理四川某商业银行股份有限公司对A公司的破产清算申请。

2002年12月3日，原告A公司取得企业法人营业执照，注册资本为150万元，实收资本为150万元，由被告赵某厚、被告赵某分别以实物出资125万元、25万元，被告赵某厚从公司成立时2002年12月3日起至2011年8月17日担任公司法定代表人；被告赵某从公司成立时起至2014年3月5日，担任公司监事。2011年8月17日，原告的法定代表人由赵某厚变更为田某生。2012年5月9日，被告赵某厚将其名下的股份全部转让给被告赵某之妻田某。

2011年5月25日，A公司（甲方）与杨某（乙方）签订《抵款协议》，约定甲方与乙方以纯轻质碳酸钙400吨作为房款，冲抵杨某、赵某签订的房屋买卖协议中赵某所购杨某所出让房产的房款——绵竹市滨河东路二段某号附号；本协议双方签字盖章后生效。2011年7月28日，杨某（甲方）与赵某（乙方）签订《房屋买卖协议》。其中，约定：甲方自愿将位于绵竹市滨河东路二段某号附号房屋转让给乙方；双方协商，转让金额为310,000.00元，购房款乙方以A公司轻质碳酸钙产品作为房款形式支付给甲方（纯轻质碳酸钙400吨）；协议签订后甲方向乙方提供相关证件的复印件，待400吨轻质碳酸钙提货完后，同时提交房产证、土地证原件，本协议双方当事人签字、捺指印后生效。2012年1月11日，赵某厚向杨某出具收条一张，载明：“今收到杨某同志土地证一份、房产证一份，因现未过户，二证所发生的任何经济纠纷与杨某同无关。收证人赵某厚2012年1

月 11 日。”

2019 年 5 月 21 日，原告破产管理人向被告赵某厚就公司相关情况再次进行核实并形成《股东补充询问（赵某厚第二次）》。就涉案房款问题，赵某厚认可是以公司 400 吨轻钙用于房款冲抵，但认为系因公司资金短缺拖欠赵某、田某工资发生，房屋应属私人财产。

根据管理人调查了解到赵某购买杨某房屋，赵某厚、赵某均在《房屋买卖协议》上签字，且赵某厚、赵某同时与杨某签订了《抵款协议》，以 A 公司 400 吨轻质碳酸钙产品冲抵房款支付给杨某。管理人认为赵某厚作为原告法定代表人，赵某作为原告监事，二人利用职务之便随意以公司财产冲抵个人债务，构成侵占公司财产，故要求赵某厚、赵某在接到本通知书之日起 15 日内向管理人返还侵占的企业财产相应价款即 310,000.00 元和至今的利息，也可将赵某占有的该房产交付管理人处置。同时告知如对上述通知书内容有异议，可在接到本通知书之日起 7 日内向管理人提出，并附相关证据，配合管理人核实。其后，二被告未在期限内提出异议也未按通知书要求返还价款或交付房屋。

【判决结果】

1. 被告赵某厚、赵某应于本判决生效之日起 10 日内向 A 公司返还 310,000.00 元及利息。

2. 驳回原告 A 公司的其他诉讼请求。

【判决思路】

本案的争议焦点是被告赵某厚、赵某是否利用职权从原告处获取了非正常收入或侵占了原告的财产。《企业破产法》第三十六条规定：“债务人的董事、监事和高级管理人员利用职权从企业获取的非正常收入和侵占的企业财产，管理人应当追回。”《企业破产法司法解释（二）》第二十四条第一款、第二款规定：“债务人有企业破产法第二条第一款规定的情形时，债务人的董事、监事和高级管理人员利用职权获取的以下收入，人民法院应当认定为企业破产法第三十六条规定的非正常收入：（一）绩效奖金；（二）普遍拖欠职工工资情况下获取的工资性收入；（三）其他非正常收入。债务人的董事、监事和高级管理人员拒不向管理人返还上述债务人财产，管理人主张上述人员予以返还的，人民法院应予支持。”本案中，被告赵某厚、赵某在 2011 年与第三人签订《房屋买卖协议》，用原告公司的 400 吨轻质碳酸钙产品冲抵 310,000.00 元房款，当时赵某厚系原告的法定代表人，赵某系原告的监事，二人利用职务之便侵占了公司财产，故被告赵某厚、赵某应向原告返还侵占的公司财产400吨轻质碳酸钙产品。现A公司破产管理人已于2019年6月21日向被告赵某厚、赵某邮寄送达通知书要求二被告返还侵占的公司财产，但二被告未在期限内提出异议也未按通知书要求予以返还，故现管理人代表原告起诉要求二被告返还侵占的财产，符合法律规定。但要求返还所侵占的财产400吨轻质碳酸钙产品已不具备现实条件，故原告主张返还冲抵的房屋价值310,000.00元及资金占用利息，合理合法，法院予以支持。利息计算问题，根据查明的案件事实，二被告与第三人协议是自400吨轻质碳酸钙提货完后同时提交房产证、土地证原件，赵某厚是在2012年1月11日向杨某出具收到房产权属的收条。因此利息应从确定被告侵占公司财产行为之日2012年1月11日起计算，以310,000.00元为基数，从2012年1月11日起至2019年8月19日止，按中国人民银行发布的同期贷款利率计算为115,568.85元，超出部分不予支持；从2019年8月20日起，按全国银行间同业拆借中心公布的贷款市场报价利率计算。关于被告赵某辩称该310,000.00元系冲抵原告欠其夫妻两人的工资，但并未提交任何证据证明其主张。最高人民法院《关于适用〈中华人民共和国民事诉讼法〉的解释》第九十条第二款规定："在作出判决前，当事人未能提供证据或者证据不足以证明其事实主张的，由负有举证责任的当事人承担不利的后果。"被告赵某应当承担举证不能的不利法律后果，其辩解理由缺乏事实和法律依据，不能成立。

（二）实务问题讨论

《企业破产法》第三十六条规定："债务人的董事、监事和高级管理人员利用职权从企业获取的非正常收入和侵占的企业财产，管理人应当追回。"此条是对管理人应当追回有关财产的规定。在实践中，可能有人会认为将"非正常收入"与"侵占企业财产"进行区分意义不大，因为管理人对此提起的破产衍生诉讼均属于"追收非正常收入纠纷"，二者的法律后果均为管理人可对董事、监事和高级管理人员利用职权获取的非正常收入和侵占的企业财产进行追回，但二者仍存在显著差别。比如，管理人追回非正常收入的时间前提为债务人的董事、监事和高级管理人员不顾企业危机期间的正当性和公平性仍在此期间内获取非正常收入,[①] 但对于侵占企业财产的追回则无明确要求，即侵占企业财产的行为不受《企业破产法》第二条第一款[②]所述破产原因的限制。关于“非正常收入”的相关论述，将在本专题下一节重点论述。

侵占企业财产是企业管理层有关人员利用职务之便将原属于企业的财产据为己有的行为。例如，企业的董事、经理、监事、会计等利用自己在职务上主管或者管理、经手本单位财务的方便条件，侵占企业的财产。需要注意的是侵占企业财产不论财产是否合法登记在册，企业的“小金库”以及交易收取尚未入库等账外财产也属于侵占企业财产的范围。[③] 在实践中，侵占企业财产的行为通常具有如下表现。

其一，董、监、高支取公司款项且不能证明所支取款项用于与公司有关的事项，如（2018）京0113民初8982号案[④]，曾某辩称款项已作合理支出，系用于发放工人工资、支付供应商货款，但其未能提供充分证据证明上述款项用于与印刷厂公司经营有关的事项，亦未提出上述款项系合法支取的事实和法律依据，仅提供其自行制作的账目和证人证言，在印刷厂不予认可的情况下，法院对其答辩意见实难采信。

其二，董、监、高随意从公司借款用于与公务开支无关的事项且拒不归还的，如（2016）鄂09民初118号案[⑤]，法院认为虽然刘某主张其借支的、除前述公务开支以外的借款亦用于了A公司的经营支出，但其就该主张所提交的证据均为未经审核的发票，无法证明其来源以及是否与A公司的经营支出有关、是否与前述认定的公务开支相重叠，故应当认定刘某对其借支的、除前述公务开支以外的借款负有偿还责任。

其三，董、监、高将本属于企业的收入据为己有的，如（2019）湘07民初

---

① 参见最高人民法院民事审判第二庭编著：《最高人民法院关于公司法解释（三）、清算纪要理解与适用（注释版）》，人民法院出版社2016年版，第292页。

② 《企业破产法》第二条第一款规定：“企业法人不能清偿到期债务，并且资产不足以清偿全部债务或者明显缺乏清偿能力的，依照本法规定清理债务。”

③ 参见《中华人民共和国企业破产法》起草组编：《〈中华人民共和国企业破产法〉释义》，人民出版社2006年版，第145页。

④ 北京市某印刷厂与曾某追收非正常收入纠纷案，北京市顺义区人民法院（2018）京0113民初8982号民事判决书。

⑤ A公司破产清算管理人与刘某追收非正常收入纠纷案，湖北省孝感市中级人民法院（2016）鄂09民初118号民事判决书。

159号案[①]，陈某为A公司股东兼出纳，一方面未按会计准则组织货币资金的核算，货币资金收支记账不完整，大量的货币收支未记账，且记入公司账目的收支不具有明晰性，造成根据公司账目记录无法确定其收支的来龙去脉的情况；另一方面，个人的现金收支与公司的货币资金的收支没有分开，存在个人与公司身份混同的情形，基于上述原因，在陈某未入账货币资金收入直接用途无法查清的情况下，陈某应当承担相应的举证责任。按陈某的举证，其于2018年三次收取A公司租赁户的租金合计258,300元，未作为公司的收入入账，且未举证证明已用于公司的开支，可以认定陈某利用职权侵占了企业财产，管理人有权追回。

其四，董、监、高个人财产与公司财产相混同的，如（2015）台玉商初字第4151号案[②]，被告张某作为公司占80%股份的控制股东，又是执行董事、法定代表人，即公司的实际控制人，其对公司财务账册的真实性负有责任，公司财务账册显示其尚欠公司款项达人民币2,112,491.45元，法院确信其欠款事实的存在具有高度的可能性，故认定被告尚欠公司款项2,112,491.45元。被告通过个人账户私存公司款项（并随意消费）、从公司随意借款、用公司款项偿还个人抵押贷款，同时有个人房屋抵押借款后用于公司等个人财产与公司财产混同的情形，经结算后，尚欠的款项应视为被告作为公司执行董事即法定代表人侵占了公司财产，在公司破产清算时应作为非正常收入予以返还。

二、利用职务之便获取非正常收入

（一）导引案例分析

张某权、A公司追收非正常收入纠纷二审民事案/沈阳市中级人民法院/（2021）辽01民终6430号[③]

【裁判要点】

债务人的董事、监事和高级管理人员利用其职务之便在公司普遍拖欠职工工

---

① A公司与陈某追收非正常收入纠纷案，湖南省常德市中级人民法院（2019）湘07民初159号民事判决书。

② A公司与张某追收非正常收入纠纷案，浙江省玉环县人民法院（2015）台玉商初字第4151号民事判决书。

③ 相关案件：A公司与张某权追收非正常收入纠纷案，辽宁省沈阳市苏家屯区人民法院（2020）辽0111民初4841号民事裁定书。

资，不能清偿到期债务且明显缺乏清偿能力的情况下，直接从租金中支取工资款的行为符合《企业破产法》第三十六条规定，债务人的董事、监事和高级管理人员利用职权从企业获取的非正常收入的，管理人应当追回。

【基本案情】

A公司于2004年2月2日成立，现登记的股东为张某业、张某权，监事为张某权。2004年10月1日，张某权与A公司签订劳动合同，合同期限为3年，自2005年4月1日起至2008年4月1日止，A公司分配张某权从事管理工作，工资标准为每月2800元。2009年2月1日，张某权与A公司再次签订劳动合同，合同期为1年，自2009年1月1日起至12月31日，A公司安排张某权从事总经理工作，工资标准为每月2000元。

2015年6月1日，A公司将原位于沈阳市苏家屯区A公司的厂房或仓库其中北侧的12跨24米宽的部分和A公司办厂必要的办公及实验、食宿、生产原材料堆放场所租赁给B公司，租期至2025年5月31日。B公司已支付租金853, 800元。

2019年3月14日，法院作出（2019）辽0111破申1号民事裁定书，裁定受理A公司的破产清算申请。另查明，张某权以领取工资款的名义自A公司处支取240, 000元。张某权同时自认从2017年开始分多笔陆续以领取还款名义自A公司处获得365, 132. 14元。

【一审判决结果】

张某权于本判决生效之日起10日内返还A公司605，132. 14元。

【一审判决思路】

根据《企业破产法》第三十六条的规定，债务人的董事、监事和高级管理人员利用职权从企业获取的非正常收入和侵占的企业财产，管理人应当追回。根据《企业破产法司法解释（二）》第二十四条第一款的规定，债务人有《企业破产法》第二条第一款规定的情形时，债务人的董事、监事和高级管理人员利用职权获取的以下收入，人民法院应当认定为《企业破产法》第三十六条规定的非正常收入：（1）绩效奖金；（2）普遍拖欠职工工资情况下获取的工资性收入；（3）其他非正常收入。

本案张某权主张A公司欠付其工资款，但张某权自2005年4月1日到A公司处工作既不领取报酬也不主张权利，明显有违常理，而经法院询问，张某权也未能说明其他合理收入来源，在上述条件下，张某权不领取报酬难以得到解释，故法院对张某权主张A公司欠付其工资款240,000元的事实不予认定，张某权在无事实依据的条件下支取的240,000元属于非正常收入。对于张某权所主张的A公司向其借款的事实，因张某权未能提供证据予以证明，法院不予认定，同理，张某权在无事实依据的条件下获取的365,132.14元亦属于非正常收入。依据上述法律规定，现A公司具有不能清偿到期债务，并且资产不足以清偿全部债务或者明显缺乏清偿能力的情形，张某权应将上述605,132.14元予以返还。

【二审判决结果】

驳回上诉，维持原判。

【二审判决思路】

依据双方当事人的陈述A公司于2015年、2016年左右已经停产，2019年3月14日进入破产程序。上诉人自认其支取的240,000元和365,132.14元都是其从租金中拿取的。上诉人利用其作为高管的职务之便在公司普遍拖欠职工工资，不能清偿到期债务且明显缺乏清偿能力的情况下，直接从租金中支取上述款项的行为符合《企业破产法》第三十六条规定，债务人的董事、监事和高级管理人员利用职权从企业获取的非正常收入和侵占的企业财产，管理人应当追回。根据《企业破产法司法解释（二）》第二十四条第一款的规定，债务人有《企业破产法》第二条第一款规定的情形时，债务人的董事、监事和高级管理人员利用职权获取的以下收入，人民法院应当认定为《企业破产法》第三十六条规定的非正常收入：（1）绩效奖金；（2）普遍拖欠职工工资情况下获取的工资性收入；（3）其他非正常收入。管理人有权依法追回。如上诉人认为其对公司享有债权应依《企业破产法》规定的债权申报、确认程序进行。

【一审、二审法院审理思路对比总结】

类目	一审	二审
裁判结果	张某权于本判决生效之日起10日内返还A公司605,132.14元。	驳回上诉，维持原判。
争议焦点	1. A公司是否欠付张某权工资款。 2. 张某权是否向A公司提供借款。	张某权从A公司处获得240,000元和365,132.14元的是否属于非正常收入。

续表

类目	一审	二审
回应	1. 否。张某权自2005年4月1日到A公司处工作既不领取报酬也不主张权利，明显有违常理，而经法院询问，张某权也未能说明其他合理收入来源，在上述条件下，张某权不领取报酬难以得到解释，故法院对张某权主张A公司欠付其工资款240,000元的事实不予认定。 2. 否。对于张某权所主张的A公司向其借款的事实，因张某权未能提供证据予以证明，法院不予认定。	属于。上诉人利用其作为高管的职务之便在公司普遍拖欠职工工资，不能清偿到期债务且明显缺乏清偿能力的情况下，直接从租金中支取上述款项的行为符合《企业破产法》第三十六条规定，债务人的董事、监事和高级管理人员利用职权从企业获取的非正常收入和侵占的企业财产，管理人应当追回。

（二）实务问题讨论

《企业破产法司法解释（二）》第二十四条第一款规定了债务人的董事、监事和高级管理人员在债务人有《企业破产法》第二条第一款规定的情形时利用职权获取非法收入的三种情形，分别是绩效奖金、普遍拖欠职工工资情况下获取的工资性收入和其他非正常收入。这里的非正常收入，主要指董事经理或者其他负责人由于控制公司的董事会，利用法律的漏洞或规定的不明确之处，操纵董事会通过给自己过高的薪酬、奖金或者期权计划等方式，攫取企业财产的行为。这种行为的特点是，在形式上是董事、经理和负责人的合法收入，但实际上是以合法形式掩盖的对公司财产的侵犯。这种侵犯在企业正常经营的情况下，是对股东利益的侵害。在企业进入破产程序之后，是对债权人利益的侵害，因此管理人作为债权人利益的总代表，有权对这部分财产予以追回。①

何为“非正常”收入，笔者总结出如下标准可供参考。第一，是相同水平标准，即可以参考同行业，同规模企业、同职位的董事、监事和高级管理人员收入和待遇标准，进而认定相关人员的收入是否过高。第二，企业经营标准，即根据企业的经营状况，认定董事、监事和高级管理人员的收入是否过高，企业董事、

① 参见《中华人民共和国企业破产法》起草组编：《〈中华人民共和国企业破产法〉释义》，人民出版社2006年版，第144页。

监事和高级管理人员的收入应与企业的实际经营状况相符，如果企业已经无法维持正常运转，出现了不能清偿到期债务，并且资产不足以清偿全部债务或者明显缺乏清偿能力的情况，此时企业董事、监事和高级管理人员还领取着高额的薪资酬劳，这显然是不符合常理的。[①] 第三，职工收入标准，即参考本企业的职工收入确定管理层的收入是否过高，尽管企业的高层因为其为企业做出较大贡献所以享受较高收入，但此种差距不可过于悬殊，尤其是在企业濒临破产的特殊情况下，超出平均收入的部分可根据《企业破产法司法解释（二）》第二十四条被认定为“非正常收入”，但这并不意味着超出部分完全无法获得清偿，而是可以作为普通破产债权清偿。[②]

结合《企业破产法司法解释（二）》第二十四条第一款的规定，辅以司法实践中的案例，笔者将对董、监、高获取非正常收入的形式进行详细分析。

第一种，债务人的董事、监事、高级管理人员在债务人具有破产原因的情况下，仍然利用职权发放绩效奖金。如在（2020）云2504民初3812号案[③]中，被告领取的绩效工资应当与企业利润相挂钩，在企业已具备破产原因的情形下，已无向职工发放绩效工资的基础，故被告自2017年12月起领取的绩效工资应属非正常收入的范畴。经审查，被告的2016年12月至2019年4月工资中均包含基本工资、岗位津贴和绩效工资，且三项科目金额较为固定，尤其岗位津贴均固定为5220元/月，但自2019年5月起，岗位津贴增加为8700元/月，被告未进行合理说明，亦未提供岗位津贴增加的依据，且该工资表审批人均为被告，能够确认被告领取的2019年5月至7月工资中实际包含3480元/月的绩效工资。被告辩解其领取的工资为A集团核发，且原告留岗值守期间，所得收入为其劳动所得，但根据A集团所发文件来看，已明确自2016年7月1日起绩效工资不予发放，被告

---

① 参见《中华人民共和国企业破产法》起草组编：《〈中华人民共和国企业破产法〉释义》，人民出版社2006年版，第144–145页。

② 《企业破产法司法解释（二）》第二十四条第三款规定：“债务人的董事、监事和高级管理人员因返还第一款第（一）项、第（三）项非正常收入形成的债权，可以作为普通破产债权清偿。因返还第一款第（二）项非正常收入形成的债权，依据企业破产法第一百一十三条第三款的规定，按照该企业职工平均工资计算的部分作为拖欠职工工资清偿；高出该企业职工平均工资计算的部分，可以作为普通破产债权清偿。”

③ A公司与张某追收非正常收入纠纷案，云南省弥勒市人民法院（2020）云2504民初3812号民事判决书。

的该辩解理由与之相互矛盾，再者，被告留岗期间已正常领取了基本工资、岗位津贴等项目，劳动所得已有对价支付，故对被告的该辩解理由，不予采纳。在（2017）浙0503民初3445号案①中，法院认为公司的高级管理人员向公司原法定代表人提出奖励的要求，该法定代表人未经董事会决议转出大额资金，不符合《公司法》及公司章程的规定，故该笔非正常范围内的奖励在公司破产清算时应作为非正常收入予以返还。

第二种，在债务人出现破产原因，普遍拖欠职工工资的情况下，破产企业的董事、监事和高级管理人员仍然获取工资性收入。因破产企业的董事、监事和高级管理人员对于企业的破产负有一定责任，对其较高的工资收入的清偿应进行一定的限制，以体现与其他普通劳动者在清偿顺序上的公平性。② 如在（2017）辽0681民初1616号案③中，被告原系A公司书记，原告为职工补发工资，补发比例为70%，而被告的补发工资比例为100%，现并无证据证明被告补发工资比例应高于一般职工，故现原告请求被告返还多补发部分有事实和法律依据，法院予以支持。在破产清算过程中，债务人为职工补发工资时，债务人的董事、监事、高级管理人员应当与普通员工获得相同比例的清偿，无正当理由超过统一清偿比例的部分，破产管理人有权进行追收。需要注意的是，在此种情况下，破产企业已进入破产程序、普遍拖欠职工工资，破产企业的董事、监事和高级管理人员的劳动报酬尽管得到劳动仲裁确认为合法的劳动报酬，但也应当属于因非正常收入形成的债权，不能认定为职工债权并获得第一顺位的清偿，其可以作为普通破产债权获得清偿。④

第三种，即《企业破产法司法解释（二）》第二十四条第一款第三项规定的其他非正常收入。比如，在无劳动关系或者劳务关系的前提下，破产企业的股东从公司领取工资。在（2019）青01民初16号案⑤中，被告毕某作为A公司的股

---

① A公司与周某追收非正常收入纠纷案，浙江省湖州市南浔区人民法院（2017）浙0503民初3445号民事判决书。

② 王某、A公司职工破产债权确认纠纷案，新疆生产建设兵团北屯垦区人民法院（2021）兵1001民初1114号民事判决书。

③ A公司与王某追收非正常收入纠纷案，辽宁省东港市人民法院（2017）辽0681民初1616号民事判决书。

④ 马某、A公司职工破产债权确认纠纷案，四川省高级人民法院（2018）川民终827号民事判决书。

⑤ A公司清算组与毕某追收非正常收入纠纷案，青海省西宁市中级人民法院（2019）青01民初16号民事判决书。

东及监事，在与A公司不存在劳动关系和劳务关系的前提下，违背《公司法》第一百六十六条的规定，从公司领取工资的行为，是对A公司财产的侵犯，同时损害公司债权人的利益，因此其从公司领取的工资属非正常收入，应当予以追回并将其纳入A公司清算财产的范围。或者，在公司不具备分红条件的情况下，破产企业的董事、监事和高级管理人员对公司财产进行分红。在（2017）青民终146号案①中，法院认为根据法律规定，红利是指在公司的纯利润中分派给股东的报酬，这就要求公司在分派红利前，对于公司的亏损进行弥补，公司在弥补亏损、提取法定公积金后所余利润，按照股东的出资比例进行分配。本案中，五联青审字（2006）第197号《审计报告》和西宁市城东区人民法院（2008）东民一初字第36号民事判决证明，截至2005年年底A公司在未缴纳税款和未提取公积金的情况下，实际亏损304,006.47元，且对外尚欠工程款1,591,756.90元，表明公司不具备分红条件。但在2009年7月20日，A公司召开股东大会及董事会，以补发2003年7月1日至2009年6月30日工资的形式将公司资产进行分配，王某非正常领取工资共计222,750元。据此，该公司董事和股东以召开董事会、股东会的形式，以发放工资为名，对公司的财产进行分红，实际损害了公司和债权人的权益。该部分资金被王某等股东和董事占有后，公司实际处于严重亏损状态，不但影响公司清算程序的进行，且直接损害了债权人的合法权益。A公司清算组根据《企业破产法》第三十六条请求追回王某侵占的公司财产和获取的非正常收入，符合法律规定。

三、追收非正常收入纠纷的限制条件

（一）导引案例分析

周某与A公司管理人劳动争议二审民事案/江苏省扬州市中级人民法院/（2018）苏10民终3130号

【裁判要点】

企业法人不能清偿到期债务，且资产不足以清偿全部债务或者明显缺乏清偿能力的，其高级管理人员在客观上已经丧失了获取绩效奖金的基础，故对于董

---

① 王某与A公司清算组追收非正常收入纠纷案，青海省高级人民法院（2017）青民终146号民事判决书。

事、监事和高级管理人员利用职权从企业获取的非正常收入的认定，并不以其对企业资不抵债具有主观认识为前提。上述人员主张将绩效奖金作为职工工资列入破产债权，按破产清偿第一顺序予以清偿的，人民法院不予支持。

【基本案情】

2017 年 4 月 13 日，一审法院裁定受理 B 有限公司、C 公司与 A 公司的破产清算申请，并于当日指定管理人。A 公司管理人对职工债权进行了公示，其中显示周某的职务为副总经理，入职时间为 1996 年 8 月，合同终止时间为 2017 年 8 月，经济补偿金的每月基本工资为 2567 元，经济补偿金的补偿月数为 21.5，经济补偿金额为 55,191 元，欠付工资总额为 20,433 元，合计 75,624 元。周某对公示提出异议，2017 年 10 月 30 日 A 公司管理人作出《关于周某更正申请的回复》，向周某答复："依据《公司法》第二百一十六条的规定，高级管理人员，是指公司的经理、副经理、财务负责人，上市公司董事会秘书和公司章程规定的其他人员。经核查，扬州 A 散热器有限公司破产时，您作为该公司的副总经理，依法应认定为该公司的高级管理人，管理人对您高级管理人的职位认定不予更正。您所述的干部津贴等不属于欠付工资，依法不予更正。如您对于管理人的决定有异议，您可以自收到该决定之日起十五日内提起劳动仲裁。"

2017 年 11 月 7 日，周某将 A 公司诉至扬州市广陵区劳动人事争议仲裁委员会。当日该委出具扬广劳人仲不字〔2017〕第 53 号不予受理通知书，以 A 公司已进入破产清算程序，不属于仲裁受案范围为由，决定不予受理。周某对决定不服，故诉至法院，遂成本案。

A 公司的财务账册中显示周某 2015 年下半年干部津贴为 12,000 元、2016 年一季度干部津贴为 3000 元、2016 年上半年干部津贴为 8000 元、2016 年三季度干部津贴为 3000 元、2016 年下半年干部津贴为 12,000 元、2016 年度管理层年薪补差 60,000 元。一审法院庭审中，周某陈述其在 A 公司领取工资的形式，就是平时每月领 3000 元生活费，每季度拿季度奖，年终拿年终奖。根据 A 公司向扬州市广陵区国家税务局稽查局提交的 2015 年 10 月至 2016 年 12 月的资产负债表，2015 年 10 月至 2016 年 12 月 A 公司的每月的流动负债总计均大于资产总计，且两者差额每月递增。

【一审判决结果】

驳回周某的诉讼请求。

【一审判决思路】

依据《企业破产法司法解释（二）》第二十四条的规定，债务人有《企业破产法》第二条第一款规定的情形时，债务人的董事、监事和高级管理人员利用职权获取的以下收入，人民法院应当认定为《企业破产法》第三十六条规定的非正常收入：（1）绩效奖金；（2）普遍拖欠职工工资情况下获取的工资性收入；（3）其他非正常收入。债务人的董事、监事和高级管理人员拒不向管理人返还上述债务人财产，管理人主张上述人员予以返还的，人民法院应予支持。债务人的董事、监事和高级管理人员因返还第一款第一项、第三项非正常收入形成的债权，可以作为普通破产债权清偿。另依据《企业破产法》第二条第一款的规定，企业法人不能清偿到期债务，并且资产不足以清偿全部债务或者明显缺乏清偿能力的，依照本法规定清理债务。该法第三十六条规定，债务人的董事、监事和高级管理人员利用职权从企业获取的非正常收入和侵占的企业财产，管理人应当追回。本案中，根据A公司向扬州市广陵区国家税务局稽查局提交的2015年10月至2016年12月的资产负债表，可知2015年第四季度至2016年全年A公司的资产不足以清偿全部债务且明显缺乏清偿能力，可以认定此期间A公司已出现了《企业破产法》第二条第一款规定的情形，周某的2015年第四季度至2016年全年的工作津贴合计38,000元及2016年年度管理层年薪补差60,000元应认定为绩效奖金，周某属于A公司高级管理人员，在A公司出现破产情形后，周某的上述绩效奖金合计98,000元应认定为《企业破产法》第三十六条规定的非正常收入，周某可以要求被告A公司管理人将其98,000元绩效奖金列入普通债权予以清偿，而不能要求将上述奖金作为职工工资列入破产债权按破产清偿第一顺序予以清偿。

【二审判决结果】

驳回上诉，维持原判。

【二审判决思路】

法院认为，周某主张的工作津贴和董事会津贴98,000元不应当作为劳动债权列入破产债权，按照破产清偿第一顺序进行清偿，理由如下：

第一，周某并未提供初步证据证明在2015年至2016年存在加班事实，结合周某二审陈述，其本人在A公司担任副总经理，每月领取3000余元基本生活费，此外的干部津贴属于绩效奖，普通工人没有，故周某所主张的2015年第四季度至2016年的工作津贴38,000元、2016年董事会津贴60,000元并不包含加班费，应当认定为绩效奖金。

第二，根据《企业破产法》第二条第一款的规定，企业法人不能清偿到期债务，并且资产不足以清偿全部债务或者明显缺乏清偿能力的，依照本法规定清理债务。本案中，根据A公司向扬州市广陵区国家税务局稽查局提交的2015年10月至2016年12月的资产负债表，可知2015年第四季度至2016年全年A公司的资产不足以清偿全部债务，且明显缺乏清偿能力，可以认定此期间A公司已出现了《企业破产法》第二条第一款规定的情形。

第三，依据《企业破产法司法解释（二）》第二十四条第一款的规定，债务人有《企业破产法》第二条第一款规定的情形时，债务人的董事、监事和高级管理人员利用职权获取的以下收入，人民法院应当认定为《企业破产法》第三十六条规定的非正常收入：（1）绩效奖金；（2）普遍拖欠职工工资情况下获取的工资性收入；（3）其他非正常收入。本案中，在A公司已出现《企业破产法》第二条第一款规定的情形下，A公司董事长朱某忠及董事吴某仍然利用职权发放绩效奖金，对2016年度管理层年薪补差表及2015年至2016年干部津贴发放表予以批准，故对于干部津贴、管理层年薪补差应当认定为《企业破产法》第三十六条规定的非正常收入。对于周某主张其本人并非股东，作为普通劳动者无权查阅A公司财务报表，对A公司在何时资不抵债并不知情的上诉理由，法院认为，周某作为A公司副总经理，属于A公司高级管理人员，对企业高级管理人员而言，其绩效奖金是与企业当年的整体经营利润相挂钩的。在企业法人不能清偿到期债务，且资产不足以清偿全部债务或者明显缺乏清偿能力的情形下，企业高级管理人员在客观上已经丧失了获取绩效奖金的基础，故对于董事、监事和高级管理人员利用职权从企业获取的非正常收入的认定，并不以其对企业资不抵债具有主观认识为前提。对于周某的该项上诉理由，法院不予采纳。

第四，依据《企业破产法司法解释（二）》第二十四条第三款的规定，债务人的董事、监事和高级管理人员因返还第一款第一项、第三项非正常收入形成的债权，可以作为普通破产债权清偿。周某主张的绩效奖金合计98,000元应认定为《企业破产法》第三十六条规定的非正常收入，周某可以要求被告A公司管理人将其98,000元绩效奖金列入普通债权予以清偿，而不能要求将上述奖金作为职工工资列入破产债权按破产清偿第一顺序予以清偿。

【一审、二审法院审理思路对比总结】

类目	一审	二审
裁判结果	驳回周某的诉讼请求。	驳回上诉，维持原判。
争议焦点	周某主张工作津贴和董事会津贴98,000元作为劳动债权列入破产债权，按照破产清偿第一顺序进行清偿的诉讼请求是否具有事实和法律依据。	同一审一致。
回应	没有。因为在A公司出现破产情形后，周某作为高级管理人员其绩效奖金合计98,000元应认定为《企业破产法》第三十六条规定的非正常收入，周某可以要求被告A公司管理人将其98,000元绩效奖金列入普通债权予以清偿，而不能要求将上述奖金作为职工工资列入破产债权按破产清偿第一顺序予以清偿。	没有。 1. 周某所主张的2015年四季度至2016年的工作津贴38,000元、2016年董事会津贴60,000元并不包含加班费，应当认定为绩效奖金。 2. 2015年第四季度至2016年全年A公司的资产不足以清偿全部债务，且明显缺乏清偿能力，可以认定此期间A公司已出现了《企业破产法》第二条第一款规定的情形。 3. 周某主张其本人并非股东，作为普通劳动者无权查阅A公司财务报表，对A公司在何时资不抵债并不知情的上诉理由不成立。因为周某作为A公司副总经理，属于A公司高级管理人员，对企业高级管理人员而言，其绩效奖金是与企业当年的整体经营利润相挂钩的。在企业法人不能清偿到期债务，且资产不足以清偿全部债务或者明显缺乏清偿能力的情形下，企业高级管理人员在客观上已经丧失了获取绩效奖金的基础，故对于董事、监事和高级管理人员利用职权从企业获取的非正常收入的认定，并不以其对企业资不抵债具有主观认识为前提。 4. 周某可以要求被告A公司管理人将其98,000元绩效奖金列入普通债权予以清偿，而不能要求将上述奖金作为职工工资列入破产债权按破产清偿第一顺序予以清偿。

（二）实务问题讨论

笔者根据司法案例，将管理人在追收非正常收入纠纷时的限制条件概括为主观限制、主体限制、客观限制、客体限制以及时间限制。由于追收非正常收入纠纷的客体即为债务人的董事、监事和高级管理人员获得的非正常收入以及侵占的企业财产，客观行为即为本专题第一部分和第二部分对实践中债务人的董事、监事和高级管理人员获取非正常收入以及侵占企业财产具体表现形式的总结，所以在此部分将不再赘述，笔者将对追收非正常收入纠纷时的主观限制、主体限制以及时间限制进行详细阐述。

1. 追收非正常收入对相关责任人员主观心理的要求

因为侵占企业财产是企业管理层有关人员利用职务之便将原属于企业的财产据为已有的行为，从本专题第一部分所详细介绍的侵占企业财产的主要表现形式可以看出，在侵占企业财产的过程中，行为人作为企业的董事、监事、高级管理人对涉案款项来源非常清楚，不可能是善意占有，其侵占公司财产没有合法基础，[①] 所以在此讨论是否要对侵占企业财产时的责任人主观心理状态进行研究意义不大，此处主要对上述人员在获取非正常收入时的主观心理状态进行研究。

从《企业破产法》第三十六条的规定和《企业破产法司法解释（二）》第二十四条的规定可以看出，法律对董事、监事和高级管理人员客观上利用职权行为，是否必须以上述人员对企业破产原因存在主观认识作为认定非正常收入的构成要件并未进行规定。在学理上，肯定说认为，既然上述规定将破产原因作为董事、监事和高级管理人员利用职权获取非正常收入的前提，根据主客观相一致原则，也必然以董事、监事和高级管理人员对企业出现破产原因有认识为前提；否定说认为，不应当以董事、监事和高级管理人员对企业破产原因存在主观认识作为认定非正常收入的构成要件。[②] 笔者赞同不应当以董事、监事和高级管理人员对企业破产原因存在主观认识作为认定非正常收入的构成要件的观点，理由主要

---

① 丁某、A公司追收非正常收入纠纷案，湖南省高级人民法院（2021）湘民申215号民事裁定书。

② 参见刘文辉等：《公司高级管理人员非正常收入的认定》，载《人民司法》2019年第8期，第43－46页。

分为如下几点。

首先，无论是获取绩效奖金还是在普遍拖欠职工工资情况下获取的工资收入，在债务人已破产的情形下，都已经不具备再向职工发放绩效奖金的基础或者在普遍拖欠职工工资的情况下优先获得或者高比例获得清偿的基础，此与相关责任人的主观心理状态无关。从绩效奖金的性质看，由于高级管理人员从事的工作内容是生产经营决策，因此其绩效奖金一般以其所管理部门绩效为评价标准，并与公司利润直接挂钩，在性质上更接近于分享公司的利润，因此要远远高于普通劳动者的工资。对企业高级管理人员而言，其绩效奖金应当与整个企业的利润挂钩。① 就工资收入而言，破产企业的董事、监事和高级管理人员对于企业的破产负有一定责任，对其较高的工资收入的清偿应进行一定的限制，以体现与其他普通劳动者在清偿顺序上的公平性。②

其次，从法条文意看，就《企业破产法》第三十六条和《企业破产法司法解释（二）》第二十四条的规定而言，法条中并未要求管理人证明高级管理人员在主观上对企业破产原因存在认识，实际上免去了债权人对高级管理人员主观上存在恶意的举证责任。

最后，从立法目的看，《企业破产法》的首要价值在于保证将债务人有限的财产于债权人之间进行公平分配，③ 如果要求高级管理人员对企业破产原因存在主观认识，可能出现其以对破产原因不知情为由进行抗辩，最终导致公平分配有限财产的立法目的落空。

2. 追收非正常收入对相关责任人员的主体要求

传统认为，无论是《企业破产法》第三十六条的规定还是《企业破产法司法解释（二）》第二十四条的规定，都将获取非正常收入的主体限定为债务人的董事、监事和高级管理人员。④ 其中债务人的董事、监事和高级管理人员可以根

---

① 参见刘文辉等：《公司高级管理人员非正常收入的认定》，载《人民司法》2019 年第 8 期，第 43 - 46 页。

② 王某、A 公司职工破产债权确认纠纷案，新疆生产建设兵团北屯垦区人民法院（2021）兵 1001 民初 1114 号民事判决书。

③ 参见刘文辉等：《公司高级管理人员非正常收入的认定》，载《人民司法》2019 年第 8 期，第 43 - 46 页。

④ 参见最高人民法院民事审判第二庭编著：《最高人民法院关于公司法解释（三）、清算纪要理解与适用（注释版）》，人民法院出版社 2016 年版，第 291 页。

据《公司法》及有关法律规定进行确定，但笔者发现现存的司法案例中，在某些特定情况下可以有限制地突破上述人员的限制。

以管理人追收企业被侵占的财产为例，对于这种侵占行为，数额较大的可能构成职务侵占罪，对此《企业破产法》第一百三十一条规定了追究刑事责任的有关内容。[①] 职务侵占罪是身份犯，其主体是公司、企业或者其他单位的“人员”，但这不意味着不是企业内部的正式职工，不在企业职工名册上的人员，不能成为职务侵占罪的主体。司法实务中，只要实际承担了公司、企业管理职责的人员都能够成立本罪，不论是否在企业中实际担任职务。[②]

在破产衍生诉讼中，关于股东可否作为侵占企业财产责任人承担责任的问题也是如此，主体是否承担“职务”和“职责”是认定该问题的关键。因为股东不当然具有经营管理企业的职权，因此，股东作为公司的出资人，不一定在公司有职务，不一定属于公司员工，但只要股东是为公司工作、负责管理特定事项的，管理人便可对其追责。如在（2019）浙 0324 民初 4929 号案[③]中，确定被告陈某的身份是本案一大难点。根据我国《公司法》第二百一十六条的规定，高级管理人员是指公司的经理、副经理、财务负责人，上市公司董事会秘书和公司章程规定的其他人员。实际控制人是指虽不是公司的股东，但通过投资关系、协议或者其他安排，能够实际支配公司行为的人。由于 A 公司设立后管理不规范，被告陈某的身份应结合其在 A 公司的具体履职情况予以确定。首先，虽然被告陈某不是 A 公司的登记股东，但其与被告卢某存在夫妻关系，而被告卢某系该公司的最大股东且担任法定代表人，故被告陈某与该公司及其法定代表人存在利害关系。其次，被告陈某参与该公司的经营管理，且以其个人的银行账户收支公司款项，在一定程度上能够支配公司。据此，法院认定被告陈某属于该公司的高级管理人员，且系实际控制人之一。在（2017）鲁 0305 民初 4174 号案[④]中，法院认

---

① 《企业破产法》第一百三十一条规定：“违反本法规定，构成犯罪的，依法追究刑事责任。”

② 参见周光权：《职务侵占罪客观要件争议问题研究》，载《政治与法律》2018 年第 7 期，第 49－56 页。

③ A 公司与陈某、卢某追收非正常收入纠纷案，浙江省永嘉县人民法院（2019）浙 0324 民初 4929 号民事判决书。

④ A 公司与闫某追收非正常收入纠纷案，山东省淄博市临淄区人民法院（2017）鲁 0305 民初 4174 号民事判决书。

为，公司股东不得滥用股东权利损害公司利益，不得滥用公司法人独立地位和股东有限责任损害公司债权人的利益。本案被告作为原告的股东之一临时召开股东会，以股东会决议方式将公司出资购买的机动车归其所有，系被告滥用股东权利损害公司利益和公司债权人的利益，被告作为原告的财产持有人应当向原告交付财产。

3. 追收非正常收入对时间的要求

以管理人追收非正常收入为例，《企业破产法司法解释（二）》第二十四条第一款明确规定，只有在债务人出现《企业破产法》第二条第一款规定的破产原因时，债务人的董事、监事、高级管理人员获取的非正常收入，管理人才有权予以追回可知，获取非正常收入的大前提为债务人出现破产原因。① 这里的破产原因分为两大方面，其一，债务人不能清偿到期债务，并且资产不足以清偿全部债务；其二，债务人不能清偿到期债务，并且明显缺乏清偿能力。②

如在（2021）湘0181民初9131号案③中，法院根据《企业破产法司法解释（一）》第三条的规定："债务人的资产负债表，或者审计报告、资产评估报告等显示其全部资产不足以偿付全部负债的，人民法院应当认定债务人资产不足以清偿全部债务，但有相反证据足以证明债务人资产能够偿付全部负债的除外。"并结合中兴财光华（京）审会字〔2020〕第01036号审计报告及大信专审〔2020〕27－00032号清产核资专项审计报告认定，A公司的全部资产不足以偿付全部负债，且A公司清算组亦以A公司已具备破产原因，无法正常完成自行清算为由向法院申请破产清算，故A公司主张2019年12月31日已具有破产原因，有事实依据，法院予以确认。唐某对此不予认可，但未提供相反证据证明其主张，故法院不予支持。在（2020）云2504民初3812号案④中，法院也对企业出现破产原因的时间进行了详细论证。《企业破产法司法解释

---

① 参见最高人民法院民事审判第二庭编著：《最高人民法院关于公司法解释（三）、清算纪要理解与适用（注释版）》，人民法院出版社2016年版，第291页。

② 参见最高人民法院民事审判第二庭编著：《最高人民法院关于公司法解释（三）、清算纪要理解与适用（注释版）》，人民法院出版社2016年版，第291－292页。

③ A公司、唐某追收非正常收入纠纷案，湖南省浏阳市人民法院（2021）湘0181民初9131号民事判决书。

④ A公司与张某追收非正常收入纠纷案，云南省弥勒市人民法院（2020）云2504民初3812号民事判决书。

(一)》第一条第一款第二项规定“债务人不能清偿到期债务并且具有下列情形之一的，人民法院应当认定其具备破产原因：……（二）明显缺乏清偿能力……”第二条规定“下列情形同时存在的，人民法院应当认定债务人不能清偿到期债务：（一）债权债务关系依法成立；（二）债务履行期限已经届满；（三）债务人未完全清偿债务”，第四条第三项规定“债务人账面资产虽大于负债，但存在下列情形之一的，人民法院应当认定其明显缺乏清偿能力：……（三）经人民法院强制执行，无法清偿债务……”本案中，弥勒市人民政府某办公室等债权人对原告享有到期债权，经法院强制执行，穷尽执行措施后仍无法执行完毕，遂依法裁定终结执行程序；再者，依据原告所发布文件，其自 2017 年 12 月 1 日起停产并对全体员工放假，故应当认定原告自 2017 年 12 月 1 日起具有破产原因。原告主张自 2016 年 12 月起具有破产原因，但提供的证据不足以证明该事实，不予支持。

本专题小结

在以追收非正常收入纠纷为由的破产衍生诉讼中，《企业破产法》第三十六条和《企业破产法司法解释（二）》第二十四条构成了管理人追收债务人的董事、监事和高级管理人员利用职权从企业获取的非正常收入和侵占的企业财产的核心法律依据。

《企业破产法司法解释（二）》第二十四条第二款规定：“债务人的董事、监事和高级管理人员拒不向管理人返还上述债务人财产，管理人主张上述人员予以返还的，人民法院应予支持。”从本条规定可以看出，当相关人员拒不返还债务人财产时，管理人可向法院提出主张上述人员予以返还的诉讼请求。那么管理人在追收非正常收入时的履职程序可以概括为以下三步：首先，管理人在接管破产企业后，要对债务人的董事、监事和高级管理人员是否获得了非正常收入进行调查，可以在确定破产原因出现的时间后，对相关财务账册、凭证和文件进行核实；其次，若发现的确存在相关人员获取非正常收入的情况，管理人可向上述人员发送书面通知要求其在规定的期限内返还相应财产，若对通知有异议可在一定时间内附证据提出异议；最后，如果在规定的期限内债务人的董事、监事和高级管理人员并未提出异议也拒不返还财产的，管理人可以根据破产衍生诉讼案件受理管辖规定向受理破产申请的人民法院提起诉讼。如在（2020）云2504民初3812号案①中，管理人要求被告在接到通知书之日起15日内向管理人返还侵占的企业财产和至今的利息，但被告未在期限内提出异议也未按通知书要求返还价款或交付房屋，遂管理人向法院提起诉讼要求被告返还非正常收入。与此类似的还有（2020）湘07民终1774号案②，管理人认为2015年1月22日胡某向丁某转账支付的27万元属A公司所有，并于2018年9月18日向丁某送达书面通知书，要求其返还遭拒，双方酿成纠纷，管理人遂向人民法院提起诉讼。

附：本专题纠纷所涉高频法条索引

1.《企业破产法》

第二条：

企业法人不能清偿到期债务，并且资产不足以清偿全部债务或者明显缺乏清偿能力的，依照本法规定清理债务。

企业法人有前款规定情形，或者有明显丧失清偿能力可能的，可以依照本法规定进行重整。

第三十六条：

债务人的董事、监事和高级管理人员利用职权从企业获取的非正常收入和侵占的企业财产，管理人应当追回。

2.《企业破产法司法解释（一）》

第一条：

债务人不能清偿到期债务并且具有下列情形之一的，人民法院应当认定其具备破产原因：

① A公司与赵某、赵某厚、第三人杨某追收非正常收入纠纷案，四川省绵竹市人民法院（2020）川0683民初1486号民事判决书。

② A公司、丁某追收非正常收入纠纷案，湖南省常德市中级人民法院（2020）湘07民终1774号民事判决书。

（一）资产不足以清偿全部债务；

（二）明显缺乏清偿能力。

相关当事人以对债务人的债务负有连带责任的人未丧失清偿能力为由，主张债务人不具备破产原因的，人民法院应不予支持。

第二条：

下列情形同时存在的，人民法院应当认定债务人不能清偿到期债务：

（一）债权债务关系依法成立；

（二）债务履行期限已经届满；

（三）债务人未完全清偿债务。

第三条：

债务人的资产负债表，或者审计报告、资产评估报告等显示其全部资产不足以偿付全部负债的，人民法院应当认定债务人资产不足以清偿全部债务，但有相反证据足以证明债务人资产能够偿付全部负债的除外。

第四条：

债务人账面资产虽大于负债，但存在下列情形之一的，人民法院应当认定其明显缺乏清偿能力：

（一）因资金严重不足或者财产不能变现等原因，无法清偿债务；

（二）法定代表人下落不明且无其他人员负责管理财产，无法清偿债务；

（三）经人民法院强制执行，无法清偿债务；

（四）长期亏损且经营扭亏困难，无法清偿债务；

（五）导致债务人丧失清偿能力的其他情形。

3.《企业破产法司法解释（二）》

第二十四条：

债务人有企业破产法第二条第一款规定的情形时，债务人的董事、监事和高级管理人员利用职权获取的以下收入，人民法院应当认定为企业破产法第三十六条规定的非正常收入：

（一）绩效奖金；

（二）普遍拖欠职工工资情况下获取的工资性收入；

（三）其他非正常收入。

债务人的董事、监事和高级管理人员拒不向管理人返还上述债务人财产，管理人主张上述人员予以返还的，人民法院应予支持。

债务人的董事、监事和高级管理人员因返还第一款第（一）项、第（三）项非正常收入形成的债权，可以作为普通破产债权清偿。因返还第一款第（二）项非正常收入形成的债权，依据企业破产法第一百一十三条第三款的规定，按照该企业职工平均工资计算的部分作为拖欠职工工资清偿；高出该企业职工平均工资计算的部分，可以作为普通破产债权清偿。

专题七

破产债权确认纠纷

破产债权是破产程序启动前成立，经依法申报确认，并得由破产财产中获得清偿的可强制执行的财产请求权。[①] 破产债权确认纠纷也是所有破产衍生诉讼纠纷案由中，纠纷数量最大的案由，破产债权确认是管理人工作的一项重点也是难点，正确审核破产债权，是债权得到公平清偿的前提性条件。根据2020年《民事案件案由规定》，可以知道在破产债权确认纠纷项下分为职工破产债权确认纠纷与普通破产债权确认纠纷。职工破产债权确认纠纷所依据的法律主要是《企业破产法》第四十八条第二款[②]。根据《企业破产法》第五十八条第三款的规定，普通破产债权确认之诉是指债务人、债权人对破产债权表记载的债权的真实性、合法性，数额以及其他债权事项存在异议所产生的诉讼，其指向是破产债权表上的错记、漏记等问题。[③] 在破产案件的办理中，债权人申报的债权金额、性质能否得到确认，是该债权人通过破产程序实现其实体受偿权的核心和基础。同时每个债权人的债权金额与性质的确认结果，也影响债务人和其他债权人、利害关系人的利益，因此，债权的审查与确认是破产案件办理中的重

---

① 参见王欣新：《破产法》（第4版），中国人民大学出版社2019年版，第195页。

② 《企业破产法》第四十八条第二款规定："债务人所欠职工的工资和医疗、伤残补助、抚恤费用，所欠的应当划入职工个人账户的基本养老保险、基本医疗保险费用，以及法律、行政法规规定应当支付给职工的补偿金，不必申报，由管理人调查后列出清单并予以公示。职工对清单记载有异议的，可以要求管理人更正；管理人不予更正的，职工可以向人民法院提起诉讼。"

③ A公司、B公司普通破产债权确认纠纷案，广东省佛山市中级人民法院（2022）粤06民终753号民事判决书。

要环节。①

笔者在本专题下，主要对职工破产债权确认纠纷、有关利息的债权确认纠纷、有关违约金的债权确认纠纷、损害赔偿请求权纠纷的处理以及破产程序中保证责任的实现这五个问题展开详细论述。

第一，就职工破产债权确认纠纷而言，笔者对何为职工进行认定，并就职工破产债权的组成范围、当职工破产债权需要确认的主体是董事、监事、高级管理人员时，其与普通职工债权的确认是否存在差别、存在第三方垫付职工债权情况的可否按照职工债权的受偿顺序优先受偿等问题进行了解答。

第二，就有关利息的债权确认纠纷而言，笔者首先就债务人未履行生效法律文书而应当加倍支付的迟延履行利息是否属于破产债权进行了讨论，并对除斥债权与劣后债权进行了解释说明；其次就民间借贷产生的利息在破产债权确认中的相关问题展开讨论，常见的纠纷类型常见于民间借贷在没有利息约定或者利息约定不明时的处理、对逾期利率相关问题的处理，比如，当出借人与借款人既约定了逾期利率，又约定了违约金或者其他费用时，上述费用可否同时得到支持等。

第三，就有关违约金的债权确认纠纷中，笔者将关于违约金可否确认为普通破产债权的观点，大致可以分为三大类。第一类观点认为完全不可以，即不管是惩罚性违约金抑或是补偿性违约金都不可以被列为普通破产债权；第二类观点认为，违约金可以被认定为普通破产债权，但需要以实际损失为限；第三类观点认为，违约金可以被认定为普通破产债权，即使是超出了实际损失也可以，但超出部分不宜过高。就上述三类观点，笔者进行了讨论，并就何为惩罚性违约金，何为补偿性违约金，以及何为违约金过高分别进行了论述。

第四，就损害赔偿请求权纠纷的处理这部分，笔者对在解除合同损害赔偿请求权项下，实践中经常提及的“期待利益损失”是否可以被认为属于损害赔偿的范围进行了讨论，并就进行损害赔偿请求权的处理时，还可能出现违约金请求权与损害赔偿请求权并存的问题进行了分析。

第五，在破产程序中保证责任的实现问题上，笔者将破产衍生诉讼中，保证

① A公司、杨某普通破产债权确认纠纷案，辽宁省铁岭市中级人民法院（2022）辽12民终549号民事裁定书。

责任的实现具体分为三种情况讨论，其一，债务人进入破产程序时的保证责任实现；其二，保证人进入破产程序时的保证责任实现；其三，债务人和保证人同时破产时的保证责任实现。就上述三种情况，结合各自实践中经常出现的争议焦点进行了阐述与总结。

一、职工破产债权确认纠纷

（一）导引案例分析

伍某、A 公司职工破产债权确认纠纷民事二审民事判决书/广东省广州市中级人民法院/（2021）粤 01 民终 31381 号①

【裁判要点】

劳动关系是指用人单位与劳动者个人之间，依法签订劳动合同，劳动者接受用人单位的管理，从事用人单位安排的工作，成为用人单位的成员，从用人单位领取报酬和受劳动保护所产生的法律关系。用人单位与劳动者之间存在管理与被管理、支配与被支配的关系。劳动合同是判断劳动者与用人单位存在劳动关系的重要依据，但并不是唯一依据。用人单位与劳动者之间是否存在劳动关系，应审查是否具备劳动关系的基本特征。在法院受理公司破产申请之前已经不是公司的职工，也未能举证证明公司存在需要向其支付经济补偿金却未支付等对公司享有职工债权的情形，因此无法确认其具有获得经济补偿金及其他在职职工权益的请求。

【基本案情】

广东省高级人民法院于 2020 年 2 月 27 日作出（2018）粤破终 40 号民事裁定书，并于 2020 年 4 月 29 日作出指定管理人决定书，指定某事务所担任 A 公司管理人。

另外，本案中的 A 公司与 B 公司、C 公司、D 公司、E 公司系关联公司。2007 年 11 月 28 日，伍某与 C 公司签订《劳动合同书》，约定合同期限从 2007 年 12 月 1 日起至 2009 年 11 月 30 日止。2009 年 12 月 1 日，伍某与 B 公司签订《劳

① 相关案件：伍某、A 公司职工破产债权确认纠纷案，广东省广州市增城区人民法院（2021）粤 0118 民初 8570 号民事判决书。

动合同书》，约定合同期限从2009年12月1日起至2012年11月30日止，伍某为总经办经理，工作地点在科学城。2012年12月30日伍某与A公司签订《劳动合同书》，约定合同期限为2012年12月1日至2015年12月1日，伍某为人力资源部招聘经理，基本工资为2000元，合同期限内A公司可以根据伍某工作岗位或职位的变化或工作表现对伍某的工资数额作相应的调整和变化，包括加薪和奖励。后伍某又于2015年12月18日与A公司签订《劳动合同书》，约定合同期限自2015年12月1日开始为无固定期限，伍某为人力资源部经理，伍某服从A公司的工作安排，在地处增城、广州营销派驻地、售后维修网点所在地等区域工作，基本工资为10,500元。另外，2007年8月至2012年12月，伍某的社会保险由B公司缴纳；2013年1月至2015年7月由A公司缴纳；2015年8月至2016年12月由B公司缴纳；2017年1月至2018年9月由E公司缴纳；2018年10月至2021年6月由D公司缴纳。另外，A公司多次委托伍某参加劳动仲裁和民事诉讼，最后一次是于2018年10月30日委托伍某作为诉讼代理人参加A公司与刘某辉的劳动争议纠纷一案。

【一审判决结果】

1. 确认伍某与A公司于2013年1月1日至2021年9月28日存在劳动关系。
2. 驳回伍某的其他诉讼请求。

【一审判决思路】

关于伍某与A公司的劳动关系存续期间。一审法院认为，伍某与A公司之间的劳动关系，有双方签订的《劳动合同书》为凭，一审法院予以确认。根据伍某的陈述，其于2007年5月15日入职的是B公司，后于2013年1月1日被安排至A公司处工作并与A公司签订劳动合同，故伍某主张其从2007年5月15日起与A公司建立劳动关系，缺乏事实依据，一审法院不予采纳。A公司作为用人单位，未提交证据证明伍某与其建立劳动关系的时间，根据双方签订的劳动合同及伍某的陈述，一审法院确定双方从2013年1月1日起建立劳动关系。伍某分别于2012年12月30日、2015年12月18日与A公司签订《劳动合同书》，其中2015年12月18日《劳动合同书》更约定为无固定期限劳动合同，虽然伍某自认从2013年1月1日开始曾先后在C公司、E公司、D公司工作，但C公司与A公司住所地相同，而且A公司的法定代表人钟某强曾担任C公司、E公司的法定代表人，钟某强也是D公司的大股东。此外，上述多家公司先后为伍某缴纳社会保险，A公司更在2018年10月还授权伍某作为诉讼代理人参加诉讼，上述情形足以使劳动者造成误解，故伍某主张A公司与C公司、E公司、D公司对其进行混同用工，一审法院予以采信。现伍某在本案法庭辩论终结时（2021年9月28日）仍未离职，故其诉请确认其与A公司至2021年9月28日存在劳动关系，理据充分，一审法院予以支持。

关于拖欠的工资、绩效和年终奖。一审法院认为，《广东省工资支付条例》第十六条第一款规定："用人单位应当按照工资支付周期如实编制工资支付台账。工资支付台账应当至少保存二年。"A公司对工资台账等资料的保存期限为2年，现伍某诉请的是2013年12月至2014年10月的工资、绩效和年终奖，已经超过2年保存期限，故上述期间未足额发放工资的举证责任在于伍某。伍某主张拖欠的工资报酬是在其与A公司于2012年12月30日签订的《劳动合同书》约定的合同期限内，该合同约定合同期限内伍某的基本工资为2000元，虽然也约定了伍某可能获得奖金或加薪，但伍某无证据证明其工资的构成，其在本案中提交的表格及微信聊天记录均为电子材料，无A公司的盖章确认，该证据不足以证明A公司存在拖欠工资报酬的事实。综上所述，伍某诉请A公司支付拖欠的工资、绩效和年终奖缺乏事实依据，一审法院不予支持。

关于拖欠未报销费用。伍某主张该款项是其因工作关系而垫付的，一审法院认为，劳动者基于履行职务而垫付的费用，不用于日常交易与用人单位发生的一般性债务，垫付款往往源于劳动者的工资性收入，且该项支出是为了用人单位日常生产经营所需，最终受益的也是用人单位，故垫付款项应为职工债权。伍某主张其垫付款项为18,864元，但有证据为证的是伍某申请报销的费用仅为1200元，故对无证据证明部分，一审法院不予采信。而有票据为证的1200元，所附发票均为通信费发票且每月均为200元，有固定规律，符合工资发放规律，相反，因工作关系垫付费用而申请报销不可能存在规律性。因此，上述款项理解为伍某的应发工资更为合理。前文已对欠发工资举证责任的分配作论述，虽然伍某现持有该1200元所对应票据的原件，但持有票据原件并不足以证明A公司欠发上述款项。综上所述，伍某诉请A公司支付未报销费用18,864元，缺乏事实依据，一审法院不予支持。

关于经济补偿金，因伍某与A公司的劳动关系仍存续，故伍某诉请A公司支付经济补偿金缺乏事实依据，一审法院不予支持。关于股权转让款90,000元，伍某主张该款项的事实依据是其与钟某强签订的《合伙企业出资转让协议书》，故该款项并不属于职工债权，一审法院在本案不做调处。

【二审判决结果】

1. 撤销广东省广州市增城区人民法院（2021）粤0118民初8570号民事判决。

2. 驳回伍某的全部诉讼请求。

【二审判决思路】

关于劳动关系。最高人民法院《关于适用〈中华人民共和国民事诉讼法〉的解释》第九十一条规定："人民法院应当依照下列原则确定举证证明责任的承担，但法律另有规定的除外：（一）主张法律关系存在的当事人，应当对产生该法律关系的基本事实承担举证证明责任……"劳动关系是指用人单位与劳动者个人之间，依法签订劳动合同，劳动者接受用人单位的管理，从事用人单位安排的工作，成为用人单位的成员，从用人单位领取报酬和受劳动保护所产生的法律关系。用人单位与劳动者之间存在管理与被管理、支配与被支配的关系。劳动合同是判断劳动者与用人单位存在劳动关系的重要依据，但并不是唯一依据。用人单位与劳动者之间是否存在劳动关系，应审查是否具备劳动关系的基本特征。伍某于2012年12月30日与A公司签订《劳动合同书》，约定合同期限为2012年12月1日至2015年12月1日，于2015年12月18日又与A公司签订《劳动合同书》，约定合同期限自2015年12月1日开始为无固定期限。根据查明的事实，在2013年1月至2015年7月，为伍某缴纳社保和发放工资的主体均为A公司，但自2015年8月之后，为伍某缴纳社保和发放工资的主体则先后变更为B公司、E公司、D公司，不再是A公司。对此，伍某述称其在2015年A公司经营出现问题后，一直按照A公司安排暂留于原法定代表人拟重新经营而设立或进行变更的第三方公司上班，现在在D公司上班，至今仍未离职。伍某并提供其在2018年10月30日前数次接受A公司委托以A公司员工身份作为代理人参加仲裁和诉讼的证据，拟佐证其仍属于A公司的员工。但A公司对此不确认，并提供了伍某在2021年以D公司员工的身份代表D公司参加诉讼的证据。据此，在本案中以某公司员工身份参加仲裁或诉讼的代理行为仅能作为判断是否存在劳动关系的考量因素之一，还需结合其他符合劳动关系的特征来认定。本案中，没有证据显示伍某除了作为A公司的代理人参加仲裁、诉讼外，同时期还为A公司提供了其他劳动。伍某未能举证证明其自述的在2015年6月到其他关联公司工作后仍接受A公司的劳动管理或受A公司的指派一直在其他关联公司工作的证据，亦未能举证证明其他关联公司亦是因受A公司的委托而代付伍某的工资和代缴纳伍某的社保。因此，本案伍某提供的证据不足以证明其在2015年7月后仍为A公司的成员，从事A公司安排的工作或受A公司指派到其他公司工作，从A公司处领取劳动报酬并受A公司劳动保护，与A公司存在直接的隶属人身依附关系，据此，难以认定伍某与A公司仍具备劳动关系的基本特征、仍存在劳动关系。A公司主张其自2015年8月起与伍某不再存在劳动关系，具有事实依据，应予支持。一审认定伍某与A公司于2013年1月1日至2021年9月28日存在劳动关系不当，法院予以纠正。故在本职工破产债权确认纠纷案中，法院对伍某关于确认劳动关系的请求予以驳回。

关于工资、绩效、奖金、报销款的问题。伍某主张的各项款项发生在2013年至2015年，而伍某未能提供充分的证据证明其在2015年7月之后仍与A公司保持劳动关系，故A公司提出伍某关于工资、绩效、奖金、报销款的请求已过仲裁时效和诉讼时效理据充分，故对伍某的请求应予驳回。

关于经济补偿金。A公司对伍某关于解除劳动关系补偿金的请求提出了超过仲裁时效和诉讼时效的抗辩。伍某在法院受理A公司破产申请之前已经不是A公司的职工，伍某也未能举证证明A公司存在需要向其支付经济补偿金却未支付，其对A公司享有债权的情形。故对伍某关于确认其具有获得经济补偿金及其他在职职工权益的请求，应予驳回。

【一审、二审法院审理思路对比总结】

类目	一审	二审
裁判结果	1. 确认伍某与A公司于2013年1月1日至2021年9月28日存在劳动关系。 2. 驳回伍某的其他诉讼请求。	1. 撤销广东省广州市增城区人民法院（2021）粤0118民初8570号民事判决。 2. 驳回伍某的全部诉讼请求。

续表

类目	一审	二审
争议焦点	1. 关于伍某与A公司的劳动关系存续期间的问题。 2. 关于拖欠的工资、绩效和年终奖的问题。 3. 关于拖欠未报销费用的问题。 4. 关于经济补偿金的问题。	1. A公司与伍某的劳动关系的状态。 2. A公司是否需要向伍某支付工资、绩效、奖金及报销款。 3. 伍某是否享有经济补偿金等职工债权。
回应	1. 伍某与A公司于2013年1月1日至2021年9月28日存在劳动关系。伍某与A公司之间的劳动关系，有双方签订的《劳动合同书》为凭。 2. 不存在。《广东省工资支付条例》第十六条第一款规定："用人单位应当按照工资支付周期如实编制工资支付台账。工资支付台账应当至少保存二年。"A公司对工资台账等资料的保存期限为2年，现伍某诉请的是2013年12月至2014年10月的工资、绩效和年终奖，已经超过2年保存期限，故上述期间未足额发放工资的举证责任在于伍某。但伍某无证据证明其工资的构成，所以不足以证明A公司存在拖欠工资报酬的事实。 3. 不存在。其因工作关系而垫付的，垫付款项应为职工债权，但因为伍某现持有的1200元所对应票据的原件，并不足以证明A公司欠发上述款项。所以伍某诉请A公司支付未报销费用不予支持。 4. 不存在。因伍某与A公司的劳动关系仍存续，故伍某诉请A公司支付经济补偿金缺乏事实依据，一审法院不予支持。	1. 2015年8月后不存在劳动关系。劳动合同是判断劳动者与用人单位存在劳动关系的重要依据，但并不是唯一依据。用人单位与劳动者之间是否存在劳动关系，应审查是否具备劳动关系的基本特征。伍某未能举证证明其自述的在2015年6月到其他关联公司工作后仍接受A公司的劳动管理或受A公司的指派一直在其他关联公司工作的证据，即其与A公司不存在直接的隶属人身依附关系，亦未能举证证明其他关联公司亦是因受A公司的委托而代付伍某的工资和代缴纳伍某的社保。 2. 否。伍某未能提供充分的证据证明其在2015年7月之后仍与A公司保持劳动关系，故A公司提出伍某关于工资、绩效、奖金、报销款的请求已过仲裁时效和诉讼时效理据充分，故对伍某的请求应予驳回。 3. 否。A公司对伍某关于解除劳动关系补偿金的请求提出了超过仲裁时效和诉讼时效的抗辩。且伍某也未能举证证明A公司存在需要向其支付经济补偿金却未支付，其对A公司享有债权的情形。

（二）实务问题讨论

在《企业破产法》立法过程中，对于职工债权人是否具有申报义务是存在不同观点的，[①] 但从《企业破产法》第四十八条第二款[②]的规定来看可知，职工债权无须申报，由管理人调查后列出清单并予以公示。这种规定充分体现了对于职工债权的特殊保护，因为在大部分情况下，当企业进入破产程序时企业已经停工较长时间，职工迫于生计可能已经散落在社会中的其他地方进行谋生，当企业进入破产程序而职工不知道消息的时候，职工将难以申报债权。所以债务人所欠职工的工资、医疗、伤残补助、抚恤费用、基本养老保险、基本医疗保险费用，以及法律、行政法规规定应当支付给职工的补偿金，都不必申报。当职工对管理人公示的职工债权清单记载存在异议时，可以要求管理人更正；管理人不予更正的，职工可以向人民法院提起诉讼。同时，从《企业破产法》第一百一十三条[③]的规定也可以知道，债务人所欠职工的工资、医疗、伤残补助、抚恤费用、基本养老保险、基本医疗保险费用，以及法律、行政法规规定应当支付给职工的补偿金作为职工破产债权除不需要申报外，还在清偿顺序上处于优先地位。

当进行职工破产债权确认时，首先面临的问题即为“何为职工”。在（2021）粤01民终31381号案[④]中，法院通过劳动关系进行判断，看是否符合职工债权申报的标准，即劳动关系是指用人单位与劳动者个人之间，依法签订劳动合同，劳动者接受用人单位的管理，从事用人单位安排的工作，成为用人单位的成员，从用人单位领取报酬和受劳动保护所产生的法律关系。在实务中，管理人

① 参见顾贵学：《破产企业职工劳动债权的优先性研究》，载《特区经济》2005年第4期，第218－219页；王欣新：《破产法》（第4版），中国人民大学出版社2019年版，第202页。

② 《企业破产法》第四十八条第二款规定：“债务人所欠职工的工资和医疗、伤残补助、抚恤费用，所欠的应当划入职工个人账户的基本养老保险、基本医疗保险费用，以及法律、行政法规规定应当支付给职工的补偿金，不必申报，由管理人调查后列出清单并予以公示。职工对清单记载有异议的，可以要求管理人更正；管理人不予更正的，职工可以向人民法院提起诉讼。”

③ 《企业破产法》第一百一十三条规定：“破产财产在优先清偿破产费用和共益债务后，依照下列顺序清偿：（一）破产人所欠职工的工资和医疗、伤残补助、抚恤费用，所欠的应当划入职工个人账户的基本养老保险、基本医疗保险费用，以及法律、行政法规规定应当支付给职工的补偿金；（二）破产人欠缴的除前项规定以外的社会保险费用和破产人所欠税款；（三）普通破产债权。破产财产不足以清偿同一顺序的清偿要求的，按照比例分配。破产企业的董事、监事和高级管理人员的工资按照该企业职工的平均工资计算。”

④ 伍某、A公司职工破产债权确认纠纷案，广东省广州市中级人民法院（2021）粤01民终31381号民事判决书。

可以通过梳理债务人移交的劳动合同、解除劳动合同证明、财务账簿、工资发放记录、考勤记录、用工登记、其他员工档案等来核实职工身份。劳动和社会保障部（已撤销）《关于确立劳动关系有关事项的通知》第一条也对用人单位招用劳动者未订立书面劳动合同是否属于劳动关系的情况进行了说明，其规定：“用人单位招用劳动者未订立书面劳动合同，但同时具备下列情形的，劳动关系成立。（一）用人单位和劳动者符合法律、法规规定的主体资格；（二）用人单位依法制定的各项劳动规章制度适用于劳动者，劳动者受用人单位的劳动管理，从事用人单位安排的有报酬的劳动；（三）劳动者提供的劳动是用人单位业务的组成部分。”

所以说当劳动者与破产企业构成劳务关系时，劳动者申报的债权属于普通债权，需要自行申报，并不具有优先受偿地位。如在（2021）粤01民终25317号案①中，法院就关于清算期间返聘的经济补偿问题进行了讨论。刘某在A公司、B公司进入破产程序后接受清算组的聘用，在原岗位工作到了退休，退休后接受清算组的返聘继续工作。刘某在2014年11月27日已年满50周岁，达到退休年龄，开始依法享受基本养老保险待遇，A公司、B公司与刘某的劳动合同自动终止。后续的返聘，刘某与清算组成立劳务关系。该情形不属于《劳动合同法》第四十六条规定的用人单位应支付经济补偿的情形，故刘某要求支付清算期间的经济补偿，于法无据，不予支持。（2021）鄂05民终2082号案②与该案法院对于劳务关系解除时，用人单位是否需要支付经济补偿金作出了相同的认定。

另外，我们也需要对职工债权的组成部分进行界定。就工资而言，根据《关于工资总额组成的规定》第四条的规定，工资总额由下列六个部分组成：计时工资、计件工资、奖金、津贴和补贴、加班加点工资和特殊情况下支付的工资。除工资外，还有法律规定的可列入职工债权的医疗费、伤残补助、抚恤费用、划入职工个人账户的基本养老保险、基本医疗保险费用等费用。但在实践中，奖金、绩效工资是否属于职工债权需根据其具体的性质进行分析。最高人民法院在《关于李汉桥等164人与南方证券股份有限公司职工权益清单更正纠纷再审系列有关

① 刘某、A公司等职工破产债权确认纠纷案，广东省广州市中级人民法院（2021）粤01民终25317号民事判决书。

② 张某、A公司等职工破产债权确认纠纷案，湖北省宜昌市中级人民法院（2021）鄂05民终2082号民事判决书。

法律问题请示的答复》中说道："职工对债务人享有的与业绩挂钩的绩效工资、奖金等债权，在破产程序中不应作为优先债权予以清偿，确实合理的债权可以作为普通债权清偿。"如在（2020）川1321民初3538号案[①]中，法院认为A公司发文从2014年1月起对全公司员工每人每年增加1200元的工资，虽名为工资，但附有条件，双方均认可为绩效工资，该绩效工资与付出劳动获得对价的劳动报酬性质上有一定区别，更多意义上强调的是激励，而非劳动的对价，所以本案中李某在劳务关系期间未领取的绩效工资，法院确认为普通债权。以及在（2021）鲁民终1594号案[②]中，法院认为本案中，罗某已按时从A公司领取固定工资，则涉案款项作为工资之外的业务提成属于与业绩挂钩的绩效工资、奖金等债权，不属于《企业破产法》第一百一十三条第一款第一项规定的破产人所欠职工的债权范畴。但也有的法院在实践中存在不同观点。如在（2021）苏1191民初1378号案[③]中，被告为激励职工工作积极性，提高企业经济效益，通过按照营业额的一定比例向销售工作人员发放业务提成，符合按营业额提成办法支付工资的规定。结合双方陈述，欠款为原告从事销售工作而尚未发放的销售提成，本质上与职工个人业绩挂钩，与原告、被告劳动合同中约定的绩效工资并不矛盾，且金额未明显存在不合理之处，故该款项属于职工工资范畴。原告要求确认该债权是对被告享有的职工债权，符合法律规定，法院予以支持。以及（2021）川07民终2536号案[④]中，法院认为根据《关于工资总额组成的规定》第六条"计件工资是指对已做工作按计件单价支付的劳动报酬。包括：……（三）按营业额提成或利润提成办法支付给个人的工资……"的规定，销售提成属于计件工资，系工资组成的一部分。最高人民法院在《关于李汉桥等164人与南方证券股份有限公司职工权益清单更正纠纷再审系列案有关法律问题请示的答复》中规定，企业进入破产程序后，职工对债务人享有的与业绩挂钩的绩效工资、奖金等债权，在破产程序中不应作为优先债权予以清偿，但该批复中所指绩效工资应当指与职工劳

---

① 李某、A公司劳动争议案，四川省南部县人民法院（2020）川1321民初3538号民事判决书。

② A公司、罗某职工破产债权确认纠纷案，山东省高级人民法院（2021）鲁民终1594号民事判决书。

③ 王某、A公司职工破产债权确认纠纷案，镇江市经济开发区人民法院（2021）苏1191民初1378号民事判决书。

④ 姚某、A公司职工破产债权确认纠纷案，四川省绵阳市中级人民法院（2021）川07民终2536号民事判决书。

动报酬不挂钩的绩效工作或奖金。本案中，姚某所主张的销售提成系其销售商品后提成，与姚某所提供的劳务相关，属于《关于工资总额组成的规定》第六条中工资的范畴，故姚某主张的债权系职工债权，应当享有优先受偿权。

综上所述，法院以及管理人在认定奖金、绩效是否属于职工债权时不宜“一刀切”，而应当结合职工的身份、工资标准、工资结构、绩效考核标准等具体分析，根据绩效工资是否与职工业绩挂钩、是否具有激励性质以及是否为员工的劳动对价来确定是否属于职工债权。

除此之外，还有一种特殊情况，即当职工破产债权需要确认的主体是董事、监事、高级管理人员时，其与普通职工债权的确认是否存在差别的问题。根据《企业破产法》第一百一十三条的规定可知，破产企业的董事、监事和高级管理人员的工资按照该企业职工的平均工资计算。关于高级管理人的确定，虽然《公司法》第二百一十六条第一项规定：“高级管理人员，是指公司的经理、副经理、财务负责人，上市公司董事会秘书和公司章程规定的其他人员。”并非所有的冠以“经理”称呼职位的人就当然认定为高管，我们需要结合该人员在企业中所获实际劳动报酬的标准、其在企业中具体的工作职能所处部分是否具有领导职责以及是否具有相关决策的权力等方面进行综合认定。如在（2020）粤0304民初58846号案[1]中，法院认为由于《公司法》仅从职务上界定了公司高级管理人员，而实践中公司结构及岗位设置往往存在较大的灵活性，若仅按《公司法》规定的职务认定高管，将可能出现相关认定与公司实际情况相悖的情形。因此，是否属于公司高管，还应结合该职工的工作岗位、职权、薪酬等因素综合确定其是否在公司层面享有经营管理权和重大事务决策权。本案中，原告通过与被告签订劳动合同的方式入职被告，从原告2018年1月、4月的工作绩效考核表来看，原告在公司管理中处于被考核人地位，而被告对原告的考核内容也仅涉及营运中心及营运中心下属部门的内部运营和管理事项，且原告的考核表也需要经总裁办的审核，实难认定其享有公司层面事务的管理职权。此外，原告社保缴费基数并未过分高于其他普通员工，并且其社保缴费基数与公司高层也明显存在较大差距，该社保缴费基数标准显然不符合公司高管的收入。被告提交的证据仅能显示原告为

---

① 高某、A公司职工破产债权确认纠纷案，广东省深圳市福田区人民法院（2020）粤0304民初58846号民事判决书。

部门负责人，并未证明原告掌握公司高管的职权及对公司享有经营管理权和重大事务决策权。综上所述，法院认为原告属于部门负责人，其不具有公司层面的管理权和决策权，不能认定为被告公司高管。原告劳动债权经生效仲裁裁决认定，依法其债权应全部认定为职工债权，在破产财产优先清偿破产费用和共益债务后优先清偿。与此类似的还有（2021）粤06民终18032号案①，经查，周某任职A公司财务经理，负责账务及税务方面的工作，在《2018年“正大制釉”管理层年度绩效考核方案》中亦规定中级管理层人员包含财务经理在内。本案现有证据不足以证明周某所担任的职务对A公司的经营管理具有决策性等重大影响，故其不属于法律规定的公司高级管理人员。一审法院认定周某为A公司的高级管理人员不当，二审法院依法予以纠正。

另外，当破产企业的董事、监事、高级管理人员并未与公司签订书面劳动合同时，其与企业之间的关系应该如何判断，可否因为其不具有书面劳动合同，而认为董事、监事、高级管理人员不属于企业的职工，如果认定其与企业之间构成劳动合同关系，那么劳动合同关系与委任合同关系之间是否存在冲突。（2020）最高法民再50号案②中，孙某于2017年7月20日，被B公司调任其全资子公司A公司任董事长兼法定代表人，月薪税后7万元。自此，孙某既作为A公司的董事、董事长参加董事会行使《公司法》赋予的职权，同时作为A公司的法定代表人参与公司日常经营管理。从公司法的角度看，公司依据章程规定及股东会决议聘任董事行使法定职权，董事同意任职并依法开展委托事项，公司与董事之间即形成委任关系，从双方法律行为的角度看实为委托合同关系。但公司与董事之间的委任关系并不排斥劳动合同关系的存在，即二者之间在符合特定条件时还可以同时构成劳动法上的劳动合同关系。《公司法》第四十四条第二款规定“两个以上的国有企业或者两个以上的其他国有投资主体投资设立的有限责任公司，其董事会成员中应当有公司职工代表；其他有限责任公司董事会成员中可以有公司职工代表”，这就以法律形式明确肯定了董事与公司之间可以形成劳动关系，委任关系与劳动关系并非绝对排斥、不能兼容。本案中，孙某于2017年7月被任

① 周某、A公司职工破产债权确认纠纷案，广东省佛山市中级人民法院（2021）粤06民终18032号民事判决书。

② 孙某与A公司劳动争议纠纷案，最高人民法院（2020）最高法民再50号民事判决书。

命为A公司董事长，与公司形成委任关系。孙某虽未与A公司签订书面劳动合同，但其被任命为董事长的同时，还担任公司法定代表人，负责公司融资、对外协调及财务管理等大量具体经营管理事务，受公司规章制度管理和约束，A公司按月向其支付工资并委托外服公司代缴“五险一金”费用。故孙某因担任法定代表人而从事除董事职权以外的公司其他具体业务，并以工资为主要生活来源等事实，符合劳动关系的构成要素，足以认定A公司与孙某同时形成委任关系和事实上的劳动合同关系。因此，孙某关于与A公司存在劳动合同关系的主张，法院予以支持。

除上述问题，在实践中经常出现纠纷的还有在破产程序中，第三方垫付职工债权的处理问题。最高人民法院《关于正确审理企业破产案件为维护市场经济秩序提供司法保障若干问题的意见》第五条规定：“有条件的地方，可通过政府设立的维稳基金或鼓励第三方垫款等方式，优先解决破产企业职工的安置问题，政府或第三方就劳动债权的垫款，可以在破产程序中按照职工债权的受偿顺序优先获得清偿。”《破产审判纪要》第二十七条①、江苏省高院制定的《破产案件审理指南（修订版）》第七部分破产债权及清偿顺序的第六条②也赋予了第三方代垫的职工债权可以按照职工债权的性质予以清偿，即适用《企业破产法》第一百一十三条的规定，优先于税款债权及无财产担保普通债权受偿。在实践中关于此类问题，较为常见的争议焦点为第三方垫款支付职工债权的时间是否影响其作为职工债权优先受偿的认定。具体表现在（2020）苏01民终5294号案③中，一审和二审法院均认为宗某向A公司转入涉案196,661.73元时，A公司并未进入破产程序。并且，A公司虽将涉案196,661.73元用于发放工资，但宗某打款时与A公司已达成垫付工资的一致意思依据不充分，即使其汇款时备注“工资”，但因并非系在破产程序中垫付职工债权情形，也不应认定为职工债权性质，所以不宜支持宗

① 《破产审判纪要》第二十七条规定：“企业破产与职工权益保护。破产程序中要依法妥善处理劳动关系，推动完善职工欠薪保障机制，依法保护职工生存权。由第三方垫付的职工债权，原则上按照垫付的职工债权性质进行清偿；由欠薪保障基金垫付的，应按照企业破产法第一百一十三条第一款第二项的顺序清偿。债务人欠缴的住房公积金，按照债务人拖欠的职工工资性质清偿。”

② 江苏高院《破产案件审理指南（修订版）》第七部分破产债权及清偿顺序的第六条规定：“代为清偿职工债权的处理。代为清偿职工债权形成的对债务人债权，按照职工债权清偿顺序予以清偿。”

③ 宗某与A公司破产债权确认纠纷案，江苏省南京市中级人民法院（2020）苏01民终5294号民事判决书。

某要求按职工债权进行清偿的主张。但在（2019）皖17民终412号案[①]中，一审法院及二审法院均认为A公司垫付用于B公司发放职工工资的款项40万元应在破产程序中按照职工债权的受偿顺序优先获得清偿。B公司关于A公司是在破产受理前垫付，性质上是借款，不是职工债权的主张与立法本意不符，法院不予采纳。

笔者倾向于认为第三方垫款支付职工债权的时间不影响其作为职工债权优先受偿的认定，即第三方垫付不论发生在企业进入破产程序前还是在企业进行破产程序期间，垫付职工债权的行为均可适用《企业破产法》第一百一十三条的规定，使其垫付款项优先受偿。因为职工债权是基于劳动合同关系和生存权等基本权利产生的债权，直接关系到职工的生存、生活，还关系到企业的生存发展，社会的和谐稳定。所以，有无第三方垫付职工债权关系重大。这种理念在《关于正确审理企业破产案件为维护市场经济秩序提供司法保障若干问题的意见》《破产审判纪要》等文件中均有体现。上述规定鼓励第三方就劳动债权进行垫款，第三方垫付职工债权的资金，区别于一般普通债权，该规定也并未限定垫款的时间。如果以其垫款发生在破产前为由否认其职工债权的性质，不利于第三方积极扶持企业的发展、不利于职工生存权利的保护，也与上述规定“鼓励第三方垫付”不符。[②]

二、有关利息的债权确认纠纷

（一）导引案例分析

曹某、A公司破产债权确认纠纷再审审查与审判监督民事裁定书/最高人民法院/（2019）最高法民申4786号[③]

【裁判要点】

《企业破产法司法解释（三）》第三条与《关于审理企业破产案件若干问题的规定》第六十一条第一款第二项的规定精神一致。上述规定中虽出现“破产申请受理后”等相关论述，但并不能反推破产申请受理前产生的该条所述的滞纳金、加倍支付的迟延利息可确认为破产债权。

---

① B公司、A公司职工破产债权确认纠纷案，安徽省池州市中级人民法院（2019）皖17民终412号民事判决书。

② A公司、B公司破产债权确认纠纷案，河北省高级人民法院（2019）冀民终1061号民事判决书。

③ 相关案件：曹某、A公司破产债权确认纠纷案，广东省高级人民法院（2018）粤民终1777号民事判决书。

【基本案情】

深圳市宝安区人民法院作出（2012）深宝法民二初字第3690号民事判决，判决A公司应自该判决生效之日起10日内返还曹某押金5000元并支付相应利息（自2011年11月1日起按中国人民银行公布的贷款逾期还款利率计算至该判决指定的付款日止）。A公司如未在该判决指定的时间内履行上述付款义务，则应当按照《民事诉讼法》的规定，双倍支付迟延履行期间的债务利息。案件受理费25元、公告费520元由A公司承担。该判决于2014年8月25日生效。

2016年6月23日，一审法院裁定受理曹某申请被告破产清算一案。2016年7月28日，原告向被告管理人申报债权，申报金额为7572.56元，包括本金5000元、利息2027.56元（含迟延期间前债务利息896.26元、迟延期间一般债务利息492.79元、加倍部分债务利息638.51元）和诉讼费用545元。被告管理人经审核，于2016年8月15日确认了曹某的债权金额合计6934.05元，其中本金5000元、利息1389.05元、诉讼费545元。被告管理人并未确认原告申报的迟延履行期间的加倍债务利息638.51元为破产债权。原告对被告管理人所作审核结果提出书面异议，认为其申报的迟延履行期间的债务利息638.51元应为破产债权。被告管理人针对异议作出《债权申报复核结论通知书》，坚持原审核意见。原告不服，遂向一审法院提起本案诉讼，请求确认被告管理人未确认的迟延履行期间的加倍债务利息638.51元为破产债权。一审庭审中，原告明确其主张的迟延履行期间的加倍债务利息638.51元的计算标准为：以5000元为本金，按日万分之一点七五，自2014年9月4日计至2016年6月23日。其主张按照日万分之一点七五计算的依据为最高人民法院《关于执行程序中计算迟延履行期间的债务利息适用法律若干问题的解释》第一条第三款“加倍部分债务利息的计算方法为：加倍部分债务利息＝债务人尚未清偿的生效法律文书确定的除一般债务利息之外的金钱债务×日万分之一点七五×迟延履行期间”的规定。

【一审判决结果】

驳回原告曹某的全部诉讼请求。

【一审判决思路】

破产程序是债务人不能全额清偿全部债务引发的集体清偿程序，目的在于保护破产债权人公平受偿的权利。在破产清算阶段，债权人的加倍延迟利息是否保护，应从破产分配的公平受偿角度加以考量。

1. 破产程序中，在债务人财产不足以支付全部债务的前提下，债务人的所有资产实质上应用于清偿，债权人获得的清偿具有补偿性质。如将惩罚性债权列为破产债权，则该惩罚实际上转嫁给全体债权人。

2.《企业破产法》的立法宗旨是保护全体债权人公平受偿的权利，如持有生效法律文书的债权人可以获得加倍延迟利息，而未持有生效法律文书的债权人不能获得加倍延迟利息，对后者显失公平，违反了民法公平原则。

3.《关于审理企业破产案件若干问题的规定》第六十一条第一款第二项规定人民法院受理破产案件后债务人未支付应付款项的滞纳金，包括债务人未执行生效法律文书应当加倍支付的迟延利息和劳动保险金的滞纳金，即带有惩罚性质的债权应排除于破产程序之外，不作为破产债权受偿。

【二审判决结果】

驳回上诉，维持原判。

【二审判决思路】

《企业破产法司法解释（三）》第三条规定“破产申请受理后，债务人欠缴款项产生的滞纳金，包括债务人未履行生效法律文书应当加倍支付的迟延利息和劳动保险金的滞纳金，债权人作为破产债权申报的，人民法院不予确认”，但并不能反推破产申请受理前产生的该条所述的滞纳金、加倍支付的迟延利息可确认为破产债权。债务人未履行生效法律文书确定的债务而加倍支付的迟延期间的债务利息为法定的、带有惩罚性的、为促使债务人履行生效裁判的制裁措施，具有特定的实施对象，若确定为破产债权，实际上受惩罚的是全体债权人，有违该措施的本意和《企业破产法》公平保护全体债权人的精神。《关于审理企业破产案件若干问题的规定》第六十一条第一款第二项亦规定“人民法院受理破产案件后债务人未支付应付款项的滞纳金，包括债务人未执行生效法律文书应当加倍支付的迟延利息和劳动保险金的滞纳金”，该规定与上述《企业破产法司法解释（三）》第三条的规定精神是一致的。虽然《关于审理企业破产案件若干问题的规定》是对《企业破产法（试行）》所作的司法解释，而《企业破产法（试行）》，为新修订的《企业破产法》取代而失效，但《关于审理企业破产案件若干问题的规定》仍未废止，即其规定与后修订的法律、司法解释没有冲突的仍为有效。

【再审判决结果】

驳回曹某的再审申请。

【再审判决思路】

《企业破产法》及相关司法解释中明确规定了破产债权的范围。其中，《关于审理企业破产案件若干问题的规定》第六十一条第一款第二项规定，人民法院受理破产案件后债务人未支付应付款项的滞纳金，包括债务人未执行生效法律文书应当加倍支付的迟延利息和劳动保险金的滞纳金不属于破产债权。而《企业破产法司法解释（三）》第三条规定："破产申请受理后，债务人欠缴款项产生的滞纳金，包括债务人未履行生效法律文书应当加倍支付的迟延利息和劳动保险金的滞纳金，债权人作为破产债权申报的，人民法院不予确认。"因此，破产案件中，债务人欠付的滞纳金不属破产债权范围，包括破产申请受理前，债务人因未履行生效法律文书而应加倍支付的迟延利息，亦不属于破产债权范围。首先，破产程序旨在保护全体债权人公平受偿，原则上，同一性质债权应平等受偿。债务人未履行生效法律文书应当加倍支付的迟延利息具有一定的惩罚性，目的在于敦促债务人及时履行生效法律文书确定的金钱给付义务。如将该部分利息作为破产债权予以确认，实际上将导致惩罚措施转嫁于其他债权人，有违破产程序公平受偿原则。其次，直接承袭前述司法解释文意，无法得出"应加倍支付的迟延利息"仅指受理破产申请后产生的利息。最后，《破产审判纪要》指出，破产财产依照《企业破产法》第一百一十三条规定的顺序清偿后仍有剩余的，可依次用于清偿破产受理前产生的民事惩罚性赔偿金、行政罚款、刑事罚金等惩罚性债权。显然，民事惩罚性赔偿金并非破产债权范围，而属劣后于普通破产债权进行清偿的其他债权。因此，曹某关于未履行生效法律文书应当加倍支付的迟延利息属破产债权的主张，于法无据，法院不予支持。

【一审、二审、再审法院审理思路对比总结】

类目	一审	二审	再审
裁判结果	驳回原告曹某的全部诉讼请求。	驳回上诉，维持原判。	驳回曹某的再审申请。
争议焦点	债务人未履行生效法律文书而应当加倍支付的迟延利息是否属于破产债权。	同一审。	同一审。

续表

类目	一审	二审	再审
回应	否。 1. 破产程序中，在债务人财产不足以支付全部债务的前提下，债务人的所有资产实质上应用于清偿，债权人获得的清偿具有补偿性质。如将惩罚性债权列为破产债权，则该惩罚实际上转嫁给全体债权人。 2.《企业破产法》的立法宗旨是保护全体债权人公平受偿的权利，如持有生效法律文书的债权人可以获得加倍延迟利息，而未持有生效法律文书的债权人不能获得加倍延迟利息，对后者显失公平，违反了民法公平原则。 3.《关于审理企业破产案件若干问题的规定》第六十一条第一款第二项规定人民法院受理破产案件后债务人未支付应付款项的滞纳金，包括债务人未执行生效法律文书应当加倍支付的迟延利息和劳动保险金的滞纳金，即带有惩罚性质的债权应排除于破产程序之外，不作为破产债权受偿。	否。 《企业破产法司法解释（三）》第三条与《关于审理企业破产案件若干问题的规定》第六十一条第一款第二项的规定精神一致。上述规定并不能反推破产申请受理前产生的该条所述的滞纳金、加倍支付的迟延利息可确认为破产债权。债务人未履行生效法律文书确定的债务而加倍支付的迟延期间的债务利息为法定的、带有惩罚性的、为促使债务人履行生效裁判的制裁措施，具有特定的实施对象，若确定为破产债权，实际上受惩罚的是全体债权人，有违该措施的本意和《企业破产法》公平保护全体债权人的精神。	否。 1. 破产程序旨在保护全体债权人公平受偿，原则上，同一性质债权应平等受偿。债务人未履行生效法律文书应当加倍支付的迟延利息具有一定的惩罚性，目的在于敦促债务人及时履行生效法律文书确定的金钱给付义务。如将该部分利息作为破产债权予以确认，实际上将导致惩罚措施转嫁于其他债权人，有违破产程序公平受偿原则。 2. 直接承袭前述司法解释文意，无法得出“应加倍支付的迟延利息”仅指受理破产申请后产生的利息。 3.《破产审判纪要》指出，破产财产依照《企业破产法》第一百一十三条规定的顺序清偿后仍有剩余的，可依次用于清偿破产受理前产生的民事惩罚性赔偿金、行政罚款、刑事罚金等惩罚性债权。显然，民事惩罚性赔偿金并非破产债权范围，而属劣后于普通破产债权进行清偿的其他债权。

（二）实务问题讨论

在实务中，基于合同约定或法律规定，货币之债通常应附有利息，所谓利息，是指债务人为让与以金钱形式存在的资本使用权而应当支付的报酬。[①] 报酬的数额应当根据使用期限的长短来计算，并且大多（不是必然的）以资本的百分比（利率）表示。[②] 这种形式在实践中随处可见，笔者通过此部分“有关利息的债权确认”，将破产衍生诉讼中，围绕利息展开的与债权确认有关的问题，比如债务人未履行生效法律文书而应当加倍支付的迟延利息与民间借贷中产生的利息在破产债权确认中是否应予以确认以及如何确认进行阐述。

1. 债务人未履行生效法律文书而应当加倍支付的迟延利息在破产债权确认中的相关问题

实践中产生争议的原因多在于因为法律规定的不明确，在具体适用时采取不同的法律解释所导致。《企业破产法司法解释（三）》第三条[③]和《关于审理企业破产案件若干问题的规定》第六十一条第一款第二项[④]中“破产申请受理后”或者“人民法院受理破产案件后”这一时间定语，仅从文义上讲可以理解为对欠缴款项发生时间的界定也可以理解为对欠缴款项所产生的滞纳金等费用发生时间的界定。加以组合便可能会产生如下三种符合逻辑的理解，第一种理解，是指在破产申请受理前债务人已经欠缴款项在破产申请受理前产生的滞纳金等费用；第二种理解，是指在破产申请受理前债务人已经欠缴款项在破产申请受理后产生的滞纳金等费用；第三种理解，是指在破产申请受理后债务人新欠缴款项，在破产申请受理后新产生的滞纳金等费用，[⑤] 由于在破产申请受理后发生欠缴款项，而在破产申请受理前产生滞纳金此种情形不符合逻辑，所以予以排除。

---

① 参见崔建远：《论利息之债》，载《中州学刊》2022 年第 1 期，第 66－73 页。

② 参见［德］迪尔克·罗歇尔德斯（Dirk Looschelders）等：《德国债法总论》（第 7 版），沈小军、张金海译，中国人民大学出版社 2014 年版，第 112－113 页。

③ 《企业破产法司法解释（三）》第三条规定：“破产申请受理后，债务人欠缴款项产生的滞纳金，包括债务人未履行生效法律文书应当加倍支付的迟延利息和劳动保险金的滞纳金，债权人作为破产债权申报的，人民法院不予确认。”

④ 《关于审理企业破产案件若干问题的规定》第六十一条第一款第二项规定：“下列债权不属于破产债权：（二）人民法院受理破产案件后债务人未支付应付款项的滞纳金，包括债务人未执行生效法律文书应当加倍支付的迟延利息和劳动保险金的滞纳金。”

⑤ 参见王欣新：《破产王道》，法律出版社 2021 年版，第 13－14 页。

（可参见表7－1组合可能性）上述第三种理解，应属《企业破产法》第四十二条第四项“为债务人继续营业而应支付的劳动报酬和社会保险费用以及由此产生的其他债务”的规定，所以此种情况属于共益债务的讨论范围，笔者在此也不再详细讨论，那么接下来就第一种情形和第二种情形进行分析。

表7－1　组合可能性

序号	欠缴款项发生的时间	产生滞纳金的时间
1	破产申请受理前	破产申请受理前
2	破产申请受理前	破产申请受理后
3	破产申请受理后	破产申请受理后
4	破产申请受理后	破产申请受理前

由上述论证可知，《企业破产法司法解释（三）》第三条和《关于审理企业破产案件若干问题的规定》第六十一条第一款第二项中，共同适用的行为都是破产企业欠缴款项发生在破产申请受理前，而法条中所指的“破产申请受理后”或者“人民法院受理破产案件后”仅指产生滞纳金的时间，那么问题限缩至当欠缴款项发生在破产申请受理前，产生滞纳金的时间发生在破产申请受理前的是否可以申请债权。根据上述法律规定，破产申请受理后，债务人未履行生效法律文书而应当加倍支付的迟延利息属于破产债权基本已无争议，问题的关键在于破产申请受理前，债务人未履行生效法律文书而应当加倍支付的迟延利息属于破产债权。

若将上述第一种情况，即在破产申请受理前债务人已经欠缴款项，并且在破产申请受理前产生的滞纳金等费用理解为不可作为破产债权清偿的情形，辩护路径如下。首先，按照文义解释，《企业破产法司法解释（三）》第三条以及《关于审理企业破产案件若干问题的规定》第六十一条第一款第二项仅规定了破产申请受理“后”的迟延履行利息不属于破产债权，但并未对破产申请受理“前”的迟延履行利息是否属于破产债权作出规定。因此，如果按照文义解释，根据上述规定并不能反推破产申请受理前产生的该条所述的滞纳金、加倍支付的迟延利息可确认为破产债权，典型案例可参阅（2019）最高法民申4786号案①。其次，

① 曹某、A公司破产债权确认纠纷案，最高人民法院（2019）最高法民申4786号民事裁定书。

按照目的解释，将其与《企业破产法》的立法宗旨相结合，即《企业破产法》核心价值追求是公平清理债权债务、保护债权人和债务人的合法权益。在(2019)粤民终627号案[①]中，法院认为债务人未履行生效法律文书确定的债务而加倍支付的迟延履行期间的债务利息为法定的、带有惩罚性的、为促使债务人履行生效判决的制裁措施。该措施具有特定的实施对象，若确定为破产债权，实际上受惩罚的是全体债权人，有违该措施的本意和《企业破产法》公平保护全体债权人的精神。因此，带有惩罚性质的债权应当排除于破产程序之外，不能作为破产债权受偿。因此，无论从文义解释入手，还是从目的解释入手，不管迟延履行利息产生于人民法院裁定受理破产申请日之前还是之后，均不应当确定为破产债权。

那么若将上述第一种情况理解为可作为破产债权清偿的情形，辩护路径应该为何呢？根据最高人民法院民事审判第二庭编著的对《企业破产法司法解释(三)》的理解与适用，其认为第三条规定的应当是指在破产申请受理前债务人已经欠缴款项，在破产申请受理后产生的滞纳金等费用不属于破产债权。[②] 既然破产案件受理后的迟延履行利息不属于破产债权，那么破产案件受理前的迟延履行利息理所当然地属于破产债权，否则最高院没有必要明确“受理破产案件后”这个时间点。此种解释带来的质疑是，在《企业破产法》第四十六条第二款中便存在规定：“附利息的债权自破产申请受理时起停止计息。”如果连此种正常的债权都在进入破产程序后停止计息的话，那么带有惩罚性质的加倍支付的迟延利息更应该停止计息，所以大可不必在司法解释中再单独进行规定。对此质疑有学者给出的解释是，在通常情况下，加倍支付的迟延利息是由国家机关作出决定，该决定具有强制力，如果在司法实践中无明确规定，仅以说理去说服此种类型不属于《企业破产法》所规定的破产债权将存在难度，所以要将上述具有惩罚性的债权明确排除出普通破产债权的清偿范围，规定“债权人作为破产债权申报的人民法院不予确认”，此规定将有利于保障普通破产债权人的正当权益及《企业破产法》的顺利实施。[③]

---

① A公司、B公司普通破产债权确认纠纷案，广东省高级人民法院(2019)粤民终627号民事判决书。

② 参见最高人民法院民事审判第二庭编著：《最高人民法院关于企业破产法司法解释(三)理解与适用》，人民法院出版社2019年版，第65－66页。

③ 参见王欣新：《破产王道》，法律出版社2021年版，第14页。

具体而言，将上述第一种情况理解为可作为破产债权清偿的情形，又可分为作为普通破产债权清偿与作为劣后破产债权清偿两种。

以其作为普通破产债权为例，在（2019）苏0585民初5341号案[①]中，《民事诉讼法》第二百五十三条[②]规定，被执行人未按判决、裁定和其他法律文书指定的期间履行给付金钱义务的，应当加倍支付迟延履行期间的债务利息。被执行人未按判决、裁定和其他法律文书指定的期间履行其他义务的，应当支付迟延履行金。本案中，上海市松江区人民法院的（2016）沪0117民初19873号民事调解书、（2017）沪0117民初1409号民事调解书没有对迟延履行的利息作出约定，根据上述法律、司法解释的规定，被告应当加倍支付迟延履行期间的债务利息。2019年6月20日，法院裁定受理原告对被告的破产清算申请，而根据《企业破产法司法解释（三）》第三条的规定，法院破产申请受理以后债务人未履行生效法律文书应当加倍支付的迟延利息不作为破产债权，而对法院破产申请受理以前债务人应当加倍支付迟延履行期间的债务利息是否属于破产债权并未作出相应的规定。根据《企业破产法》第四十六条第二款规定，附利息的债权自破产申请受理时停止计算。因此，从调解书确定的履行期限起至破产申请受理之日止的加倍支付迟延履行期间的债务利息计42,266.25元（300,000元×0.175‰×657天+69,955元×0.175‰×635天）属于破产债权，故对原告请求确认其对被告享有因被告未履行生效裁决所产生加倍支付迟延履行期间债务利息42,266.25元的诉讼请求，法院予以支持。

劣后债权是指根据当事人约定或法律规定，在分配顺位上居于优先债权和普通债权之后，只有在破产财产清偿优先债权和普通债权后仍有剩余时，才能获得清偿的债权，这在英美法上称为“次级债权”，而在大陆法中多称“劣后债权”。[③] 劣后债权一般包括：（1）债权人因参加破产程序而支出的费用；（2）破产

① A公司与B公司破产债权确认纠纷案，江苏省太仓市人民法院（2019）苏0585民初5341号民事判决书。

② 《民事诉讼法》（2021修正）第二百六十条规定：“被执行人未按判决、裁定和其他法律文书指定的期间履行给付金钱义务的，应当加倍支付迟延履行期间的债务利息。被执行人未按判决、裁定和其他法律文书指定的期间履行其他义务的，应当支付迟延履行金。”

③ 参见李曙光、贺丹：《破产法立法若干重大问题的国际比较》，载《政法论坛》2004年第5期，第59-71页。

申请受理后的利息；（3）因破产申请受理后的债务不履行行为而产生的违约金；（4）破产程序开始后逾期未申报的债权；（5）超过诉讼时效的债权；（6）破产申请受理后产生的罚金、罚款、滞纳金等。[①]

与劣后债权经常一起提及的还有除斥债权，这两者构成各国破产法对于惩罚性债权在破产程序中清偿权利两种最为常见的模式。尽管从绝大多数破产案件的清偿结果看，无论是除斥债权还是劣后债权都得不到清偿，但两者的清偿权利还是存在区别的，当所有普通破产债权获得全额清偿后仍有剩余财产，劣后债权是可以在此时获得清偿的，但如果是除斥债权，即使清偿后有剩余财产，其在破产程序中也是不予清偿的。[②] 虽然在通常情况下，大部分破产企业在清偿完普通债权后都不会有财产剩余，但是并不排除个别情况的存在，如在复杂的经济背景下，地产、股权等资产升值空间较大，价值波动较大，破产债权得以全部清偿后尚有剩余的情形完全可能存在。如果在有财产剩余但却因为债权属于除斥债权而不缴纳罚款等惩罚性债权，逃脱本应该承担的责任，显然违反公平原则。如在（2014）沙法民破字第 3 号案[③]中，法院认为公司破产财产变现后价值大于债权人债权总额，破产债权全部清偿后仍有剩余财产的，应先清偿债权人在破产受理后停止计付的利息，而非直接退还给公司股东。我国《企业破产法》及相关法律文件对劣后债权、除斥债权等概念并未直接规定，但若剖析两者内涵，还是可以寻找到痕迹的，只不过在仅有的痕迹中，其对惩罚性债权的清偿态度也存在分歧。如《关于审理企业破产案件若干问题的规定》第六十一条[④]采用了除斥债权的模式并对除斥债权的范围作出规定，在《破产审判纪要》

① 参见范健主编：《商法》（第 3 版），高等教育出版社 2007 年版，第 412 页。

② 参见王欣新：《〈全国法院破产审判工作会议纪要〉要点解读》，载《法治研究》2019 年第 5 期，第 122－137 页。

③ A 公司破产清算案——破产债权清偿后仍有剩余应先清偿停止计付的利息，重庆市沙坪坝区人民法院（2014）沙法民破字第 3 号。

④《关于审理企业破产案件若干问题的规定》第六十一条规定：“下列债权不属于破产债权：（一）行政、司法机关对破产企业的罚款、罚金以及其他有关费用；（二）人民法院受理破产案件后债务人未支付应付款项的滞纳金，包括债务人未执行生效法律文书应当加倍支付的迟延利息和劳动保险金的滞纳金；（三）破产宣告后的债务利息；（四）债权人参加破产程序所支出的费用；（五）破产企业的股权、股票持有人在股权、股票上的权利；（六）破产财产分配开始后向清算组申报的债权；（七）超过诉讼时效的债权；（八）债务人开办单位对债务人未收取的管理费、承包费。上述不属于破产债权的权利，人民法院或者清算组也应当对当事人的申报进行登记。”

第二十八条[①]对破产债权清偿原则和顺序的规定则属于劣后债权清偿制度。

将破产申请受理前产生的债务人未执行生效法律文书应当加倍支付的迟延利息认定为劣后债权的典型案例如（2020）沪民终665号案[②]，法院认为《企业破产法》的核心要义是保护全体债权人公平受偿，迟延履行的加倍利息作为惩罚性的债权应当劣后清偿。理由如下：首先，《民事诉讼法》设置迟延履行金的目的是对迟延履行行为和妨碍民事诉讼行为的制裁和惩罚，敦促被执行人自觉履行判决、裁定等法律文书所确定的义务，并警戒其他人不再发生类似的违法行为。依据最高人民法院《关于执行程序中计算迟延履行期间的债务利息适用法律若干问题的解释》第四条规定，被执行人的财产不足以清偿全部债务的，应当先清偿生效法律文书确定的金钱债务，再清偿加倍部分债务利息，但当事人对清偿顺序另有约定的除外，体现的即是补偿性债权优先于惩罚性债权的原则。其次，根据《破产审判纪要》第二十八条规定的精神，在法律没有明确规定债权清偿顺序的情形下，在破产受理前产生的惩罚性债权清偿顺位应当劣后；（2021）冀01民终1431号案[③]，法院认为根据《企业破产法》第三十条关于债务人财产范围的界定可以看出，《企业破产法》将破产申请作为一个分水岭来规定该时间点之前或之后的行为或事件的具体处理，故破产申请后为一个时间节点，破产受理前发生的迟延履行期间加倍债务利息系破产债权，但应当劣后于普通破产债权清偿。

值得一提的是在（2021）辽民终498号案[④]中，法院对破产申请受理前产生的债务人未执行生效法律文书应当加倍支付的迟延利息属于普通破产债权还是属于劣后债权进行了解释说明。法院认为，《企业破产法》及相关司法解释并未载明有“劣后债权”这一法律术语，这一术语是在法学理论和法律实务中产生与运用的。所谓劣后债权，是指在破产分配顺位中由《企业破产法》规定的，在破产

---

① 《破产审判纪要》第二十八条规定：“破产债权的清偿原则和顺序。对于法律没有明确规定清偿顺序的债权，人民法院可以按照人身损害赔偿债权优先于财产性债权、私法债权优先于公法债权、补偿性债权优先于惩罚性债权的原则合理确定清偿顺序。因债务人侵权行为造成的人身损害赔偿，可以参照企业破产法第一百一十三条第一款第一项规定的顺序清偿，但其中涉及的惩罚性赔偿除外。破产财产依照企业破产法第一百一十三条规定的顺序清偿后仍有剩余的，可依次用于清偿破产受理前产生的民事惩罚性赔偿金、行政罚款、刑事罚金等惩罚性债权。”

② A公司与B公司破产债权确认纠纷案，上海市高级人民法院（2020）沪民终665号民事判决书。

③ A公司、B公司普通破产债权确认纠纷案，河北省石家庄市中级人民法院（2021）冀01民终1431号民事判决书。

④ A公司、B公司破产债权确认纠纷案，辽宁省高级人民法院（2021）辽民终498号民事判决书。

财产清偿完所有优先债权和普通债权之后，才能获得清偿的破产债权。《企业破产法》第一百一十三条规定了纳入普通破产债权清偿范围的四个不同破产债权清偿顺位①，《关于审理企业破产案件若干问题的规定》第六十一条与《企业破产法司法解释（三）》第三条规定的“不属于破产债权”的范围均应指不属于《企业破产法》第一百一十三条规定的四个顺位范围内的普通破产债权范围的破产债权，并非绝对意义的全部破产债权。对于法律没有列入清偿顺位的破产债权，可以按照《破产审判纪要》第二十八条规定的要旨清偿。本案这种债务人未履行生效法律文书应当加倍支付的迟延利息，即属于前述“破产受理前产生的民事惩罚性赔偿金”范畴，其在破产程序中可受清偿的权利未被剥夺，只是清偿顺位上依法应排在《企业破产法》第一百一十三条规定的普通破产债权之后。法律上对破产债权清偿顺位这种设计与规定，在某种程度上能够避免降低债务人对基础交易性普通债权的清偿率，不使对债务人的法律惩罚转嫁到其他交易性普通债权人身上，符合《企业破产法》第一条规定的公平受偿原则。

2. 民间借贷产生的利息在破产债权确认中的相关问题

法律法规对民间借贷的定性通常是按照贷款主体进行区分的，即我国民法上的借款合同长期区分为金融机构借款和非金融机构借款，这种分类方式并没有随着《民法典》的颁布发生改变。② 并且明确民间借贷的相关规定只适用在非金融机构从事相关金融业务引发纠纷的情况下，如《民间借贷法律规定》③、最高人民法院《关于新民间借贷司法解释适用范围问题的批复》④ 中都进一步明确了民

① 破产债权清偿顺位：（1）优先清偿破产费用和共益债务；（2）清偿破产人所欠职工的工资和医疗、伤残补助、抚恤费用，所欠的应当划入职工个人账户的基本养老保险、基本医疗保险费用，以及法律、行政法规规定应当支付给职工的补偿金；（3）清偿破产人欠缴的除前项规定以外的社会保险费用和破产人所欠税款；（4）清偿普通破产债权。

② 参见刘勇：《〈民法典〉第680条评注（借款利息规制）》，载《法学家》2021年第1期，第171－190页。

③ 《民间借贷法律规定》第一条规定：“本规定所称的民间借贷，是指自然人、法人和非法人组织之间进行资金融通的行为。经金融监管部门批准设立的从事贷款业务的金融机构及其分支机构，因发放贷款等相关金融业务引发的纠纷，不适用本规定。”

④ 最高人民法院《关于新民间借贷司法解释适用范围问题的批复》（法释〔2020〕27号）规定：“经征求金融监管部门意见，由地方金融监管部门监管的小额贷款公司、融资担保公司、区域性股权市场、典当行、融资租赁公司、商业保理公司、地方资产管理公司等七类地方金融组织，属于经金融监管部门批准设立的金融机构，其因从事相关金融业务引发的纠纷，不适用新民间借贷司法解释。”

间借贷相关规定的适用范围。

《民法典》关于民间借贷在没有利息约定或者利息约定不明时的处理规定在第六百八十条："禁止高利放贷，借款的利率不得违反国家有关规定。借款合同对支付利息没有约定的，视为没有利息。借款合同对支付利息约定不明确，当事人不能达成补充协议的，按照当地或者当事人的交易方式、交易习惯、市场利率等因素确定利息；自然人之间借款的，视为没有利息。"虽然貌似没有将金融机构与非金融机构进行区分，而是将其签订的借款合同统一规定在该条，但由于金融牌照的特许制继续存在，《民法典》中的借款合同仍然是二元构成的，金融机构借款与非金融机构借款将继续适用不同的规范。①《民间借贷法律规定》第二十四条规定："借贷双方没有约定利息，出借人主张支付利息的，人民法院不予支持。自然人之间借贷对利息约定不明，出借人主张支付利息的，人民法院不予支持。除自然人之间借贷的外，借贷双方对借贷利息约定不明，出借人主张利息的，人民法院应当结合民间借贷合同的内容，并根据当地或者当事人的交易方式、交易习惯、市场报价利率等因素确定利息。"

上述规定都体现了立法对自然人之间的借款合同对支付利息没有约定或者约定不明确的处理，我们将其理顺为双方约定利息、双方没有约定利息以及双方约定利息不明三种情况。

当双方存在利息约定时，问题相对简单，需要对约定的利息进行审核，超过法律规定的部分，法院不予保护。审核依据为《民间借贷法律规定》第二十五条规定："出借人请求借款人按照合同约定利率支付利息的，人民法院应予支持，但是双方约定的利率超过合同成立时一年期贷款市场报价利率四倍的除外。前款所称'一年期贷款市场报价利率'，是指中国人民银行授权全国银行间同业拆借中心自2019年8月20日起每月发布的一年期贷款市场报价利率。"如（2022）鲁17民终1444号案②中，杨某作为某医院的职工与某医院签订的《集资借款协议》系双方当事人真实意思表示，其内容不违反法律、行政法规的强制性规定，协议合法有效。该协议名为集资借款，协议内容明确约定该款项为保证医院正常

① 参见刘勇：《〈民法典〉第680条评注（借款利息规制）》，载《法学家》2021年第1期，第171－190页。

② 杨某、某医院普通破产债权确认纠纷案，山东省菏泽市中级人民法院（2022）鲁17民终1444号民事判决书。

运营在职工内部进行的集资，且杨某二审提交了银行取款凭证等证据证明其为实际集资款人，某医院亦认可《集资借款协议》所涉200,000元与杨某妻子存放在某医院的200,000元系同一款项，故该款项应当认定为职工集资款。《关于审理企业破产案件若干问题的规定》第五十八条规定：“债务人所欠企业职工集资款，参照企业破产法第三十七条第二款第（一）项规定的顺序清偿。但对违反法律规定的高额利息部分不予保护。职工向企业的投资，不属于破产债权。”关于涉案款项的利息问题，《民间借贷法律规定》第二十五条第一款规定：“出借人请求借款人按照合同约定利率支付利息的，人民法院应予支持，但是双方约定的利率超过合同成立时一年期贷款市场报价利率四倍的除外。”本案中，《集资借款协议》约定的利息为年利率15%，并未超过2019年10月协议签订时全国银行间同业拆借中心发布的一年期贷款市场报价利率四倍，不违反法律规定，故该利息应与200,000元本金一并作为职工集资款清偿。

当双方没有约定利息时，《合同法》、《民法典》以及《民间借贷法律规定》存在细微差别。《合同法》并未像《民法典》一样分别区分借贷合同双方关于借款利息没有约定和约定不明的法律后果，但其在双方都没有约定利息的情况下，法律后果是一致的，即均视为没有利息。《民间借贷法律规定》和《民法典》一样也对没有约定利息和利息约定不明此两种情况进行了区分，但在没有约定利息时，《民法典》直接规定的是借款合同对支付利息没有约定的，视为没有利息，《民间借贷法律规定》在没有约定利息时，表述变为“出借人”主张支付利息的，人民法院不予支持。虽然三者之间存在差别，但核心内容基本一致，不存在明显分歧。

在（2022）云2301民初732号案①中，法院直接认为双方对涉案款项没有约定利息，根据《民间借贷法律规定》第二十四条第一款的规定，原告主张该笔款项的利息，法院不予支持。倘若实践中，当事人对借款人出借该笔借款没有约定利息的事实不存在争议，法院就会直接认定借款合同没有利息，进而驳回贷款人的利息支付请求权，② 但实践中存在更多的情况是双方对是否存在利息的约定僵

---

① 史某、A公司等普通破产债权确认纠纷案，云南省楚雄市人民法院（2022）云2301民初732号民事判决书。

② A公司等诉B公司等借款合同纠纷案，最高人民法院（2016）最高法民终650号民事判决书；李某与刘某等民间借贷纠纷案，最高人民法院（2016）最高法民申824号民事裁定书。

持不下，此时法院也不会仅仅限于书面合同的审查，而是注重探究当事人的真实意思，比如还会基于其他证据以及当事人之间的借款交易历史认为当事人之间的确没有约定利息。[①] 有判决认定，即便双方当事人对于借款的利息没有明确的书面约定，“但从双方当事人对于合同的履行情况看，借款为有息借款”，比如在（2016）最高法民申 2299 号案[②]中李某海对借款、付息的经过作出了详细的陈述，逻辑连贯、细节清楚，其陈述还有董某、郭某、李某三人的证人证言予以印证。王某佑在 2014 年 11 月 21 日的电话录音中说“慢慢地得给人家还利息”，也可以证明双方之间有利息的约定。因此，综合本案证据，法院可以认定双方之间借款约定有利息，利率为月息 3%。另外，若借款人收到借款后出具的借据载明的金额高于实际收款金额，虽然合同中并没有利息的约定，法院仍会推定差额部分构成利息。如在（2016）最高法民申 2979 号案[③]中，2011 年 10 月 20 日胡某向沈某出具的借条上载明的借款金额为 450 万元，该数额与原审查明的沈某实际向胡某账户汇入款项 274 万元明显不符，各方均未提供充分证据证明其他款项的支付情况，结合沈某称双方口头约定有利息的主张，可以认定借条上超出 274 万元部分的金额包含了双方约定的利息部分，原审法院据此认定涉案借贷关系约定了利息，并依据最高人民法院《关于人民法院审理借贷案件的若干意见》的规定，判定按照中国人民银行规定的同期同类贷款利率四倍计算利息，具有相应的事实和法律依据，并无不当。

当双方没有明确约定利息时，《合同法》和《民法典》关于此种情况法律后果的规定出现了较大分歧，在《合同法》中没有明确约定利息和没有约定利息的法律后果都是视为没有利息，但在《民法典》中，没有明确约定利息的情况要将自然人之间的借贷与借贷双方中仅一方为自然人或非金融机构法人、其他组织之间借款利息约定不明相区分，当借贷双方均为自然人时，利息约定不明，视为没有利息，但借贷双方中仅一方为自然人或非金融机构法人、其他组织之间借款，利息约定不明，在当事人不能达成补充协议的情况下，按照当地或者当事人的交易方式、交易习惯、市场利率等因素确定利息。《民间借贷法律规定》与《民法

① 杨某诉唐某等民间借贷合同纠纷案，最高人民法院（2016）最高法民申 3404 号民事裁定书。
② 王某佑诉李某海民间借贷纠纷案，最高人民法院（2016）最高法民申 2299 号民事裁定书。
③ A 公司等诉沈某等民间借贷纠纷案，最高人民法院（2016）最高法民申 2979 号民事裁定书。

典》规定大体一致，出借人主张利息时，人民法院应当结合民间借贷合同的内容，并根据当地或者当事人的交易方式、交易习惯、市场报价利率等因素确定利息。

由上述法律规定可知，现行法律规范通过区分，形成了当双方没有明确约定利息时，原则有偿，例外无偿的结构体系。需要明确的是在实践中，“利息约定不明确”几乎等同于“利率约定不明确”。① 借款合同的“无偿”实际上是罗马法的残留，而在现代经济活动中，无偿显然已经不属于借贷合同的典型情形，②因此即便没有明确约定，法院应结合民间借贷合同的内容，并根据当地或者当事人的交易方式、交易习惯、市场报价利率等因素确定利息。比如在（2019）最高法民终46号案③中，借款人仅仅在收据写明“借期一年，按中国人民银行利率计算”，法院认为该利率约定并不明确，此时就可以按照当地或者当事人的交易方式、交易习惯、市场报价利率等因素确定利息。在（2018）最高法民申4453号案④中，法院就以“合同的履行情况及市场上普遍资金使用成本”等客观因素作为法院确定特定利率的正当化依据。该案的《增资扩股协议》中约定，A公司在2015年3月1日之后收到此前投资经营的全部项目的每笔款项按33%的比例支付给雷某，支付到总额为3300万元止，作为归还1000万元借款本金及利息和990万元股本金及收益等的全部费用。根据该约定，双方当事人对借款约定了利息。但该条约定针对了两种不同性质的款项，且没有作出区分，无法从该约定中判断出1000万元借款的利息金额，因此雷某上诉主张约定了1300万元的固定利息，依据不足。由于双方对利息金额约定不明，根据《民间借贷法律规定》，本案中，雷某和A公司均系商事主体，双方也约定了利息，结合市场上普遍的资金使用成本，为平衡当事人之间的利益，法院认为将利息的计算标准酌定为年利率24%较为妥当。

综上所述，在民间借贷中，无论是双方当事人没有约定利息的情况，还是没有明确约定利息的情况，利息的有无及明确与否问题，都属于事实认定的问题，⑤ 借

① 参见刘勇：《〈民法典〉第680条评注（借款利息规制）》，载《法学家》2021年第1期，第171－190页。

② 参见陈自强：《德国消费借贷之修正与债法之现代化》，载《台大法学论丛》2008年第1期，第279、291页。

③ A公司与B公司等合同纠纷案，最高人民法院（2019）最高法民终46号民事判决书。

④ A公司与雷某民间借贷纠纷案，最高人民法院（2018）最高法民申4453号民事裁定书。

⑤ 参见杜万华主编、最高人民法院审判第一庭编著：《最高人民法院民间借贷司法解释理解与适用》，人民法院出版社2015年版，第446－447页。

款合同中的贷款人若请求借款人归还本息，需根据“谁主张，谁举证”的原则，就借款事实以及当事人之间的利率约定作出证明。①

除了上述当事人之间关于利息是否约定以及约定是否明确经常会引发纠纷外，有关借贷双方关于逾期利率的规定也是常常会产生矛盾纠纷的领域。在《民间借贷法律规定》中第二十八条规定：“借贷双方对逾期利率有约定的，从其约定，但是以不超过合同成立时一年期贷款市场报价利率四倍为限。未约定逾期利率或者约定不明的，人民法院可以区分不同情况处理：（一）既未约定借期内利率，也未约定逾期利率，出借人主张借款人自逾期还款之日起参照当时一年期贷款市场报价利率标准计算的利息承担逾期还款违约责任的，人民法院应予支持；（二）约定了借期内利率但是未约定逾期利率，出借人主张借款人自逾期还款之日起按照借期内利率支付资金占用期间利息的，人民法院应予支持。”

从上述规定我们可以看出，民间借贷利息可以分为合同期限内的利息和逾期利息，合同期限内的利息是否存在取决于当事人是否有支付利息的约定，此部分问题我们已在前述进行了详细讨论，在此不再赘述。而逾期利息则不论当事人之间有无约定，都可主张，也就是说，逾期利息的产生不以当事人的约定为前提，不同的只是计算方法，有约定的按约定方法计算，没有约定的按法定方法计算，因此，无论借贷合同是否约定利息，只要逾期归还借款，贷款人都可以要求逾期利息。② 如在（2021）鲁04民终2957号案③中，法院认为根据《企业破产法》的有关规定，逾期利息亦属于普通债权。根据《合同法》（已失效）第二百零七条规定，借款人未按照约定的期限返还借款的，应当按照约定或者国家有关规定支付逾期利息。根据《民间借贷法律规定》第二十八条第二款第二项规定，约定了借期内利率但是未约定逾期利率，出借人主张借款人自逾期还款之日起按照借期内利率支付资金占用期间利息的，人民法院应予以支持。故原告请求利息的计算标准，符合法律，计算区间为自2014年11月13日起至2021年4月7日止。

---

① 参见刘勇：《〈民法典〉第680条评注（借款利息规制）》，载《法学家》2021年第1期，第171－190页。

② 参见王学棉：《民间借贷合同逾期利息请求及其判决》，载《当代法学》2015年第6期，第131－138页。

③ A公司、王某普通破产债权确认纠纷案，山东省枣庄市中级人民法院（2021）鲁04民终2957号民事判决书。

被告辩称应当按《民事诉讼法》的规定加倍支付迟延履行期间的利息，按中国人民银行同期贷款利率双倍计算迟延履行利息，无法律依据，法院不予采纳。

另外，《民间借贷法律规定》第二十九条也明确规定："出借人与借款人既约定了逾期利率，又约定了违约金或者其他费用，出借人可以选择主张逾期利息、违约金或者其他费用，也可以一并主张，但是总计超过合同成立时一年期贷款市场报价利率四倍的部分，人民法院不予支持。"此规定解答了实务中关于出借人与借款人既约定了逾期利率，又约定了违约金或者其他费用时，上述费用可否同时得到支持的疑问，但关于此条规定，又出现了新的疑问，即上述法条中的"其他费用"到底包括哪些费用。

在《深圳市中级人民法院民间借贷纠纷案件审理要点和裁判标准》① 约定利息的核算问题中提及"借款合同中约定的逾期利率、违约金及其他费用总计超过年利率24%的，超出部分不予支持。但应当注意的是，因诉讼产生的律师费、财产保全担保费以及诉讼费等因债务人未及时清偿债务而导致债权人为实现债权所产生的合理费用，双方在借款合同中明确约定由借款人负担的，出借人可依据合同约定请求借款人支付相应的合理费用，不受总额不超过年利率24%的限制。支持的律师费、财产保全担保费数额应当限制在合理标准范围内。债权人支付该两项费用数额歧高的，即使提交了转账凭证、发票等证据，仍不予全额支持。律师费的合理标准可参照《广东省物价局、司法厅律师服务收费管理实施办理》的相关规定"。上述规定中"不受总额不超过年利率24%的限制"应随着新规的出台变为"不受总额不超过合同成立时一年期贷款市场报价利率四倍的限制"。从其规定可知，律师费、财产保全担保费以及诉讼费等若想不受合同成立时一年期贷款市场报价利率四倍的限制，需同时满足如下三个条件：首先，费用是因诉讼产生的合理费用；其次，该费用在合同中明确约定由借款人负担；最后，费用数额应在合理标准范围内，费用标准不可歧高。（2021）最高法民申1140号案②中，法院也认为依据《民间借贷法律规定》，"其他费用"在性质上属于借款人为获得借款支付的成本或支出。而律师费等实现债权的费用系因借款人未按照约定偿还借款，导致债权人产生的费用支出和损失，非债权人基于借款合同所直接获得

① 《深圳市中级人民法院民间借贷纠纷案件审理要点和裁判标准》，深中法发〔2019〕4号。

② 王某、汤某民间借贷纠纷案，最高人民法院（2021）最高法民申1140号民事裁定书。

的金钱利益，不属于该条所规定“其他费用”的范围。

但在实践中也存在不同观点，如（2019）最高法民申1938号案①，涉案《借款合同》约定A公司违约致使贷款人采取诉讼或仲裁方式实现债权的，A公司承担B公司为此支付的诉讼费、律师费、鉴定费等一切实现债权的费用。根据《借款合同》的约定，月息费率1.417%加上逾期还款上浮50%，逾期还款的月利率为2.1255%即已超过年利率24%的法律规定。本案二审法院根据前述法律规定和合同约定，认为B公司可以对利息、违约金或其他费用一并主张，但其主张借款的逾期利息，一审法院已按年利率24%计算，并予支持，B公司提出的超过年利率24%的违约金和律师代理费等费用的上诉请求，与上述法律规定相悖，法院不予支持，即法院对B公司有关诉讼请求按照法律规定的上限年利率24%予以支持，对B公司超过年利率24%的有关违约金、律师费用等主张未予以支持。

笔者更加赞成律师费不应属于“其他费用”的范围，因为《民间借贷法律规定》所称的“其他费用”主要指出借人和借款人在合同中约定的服务费、咨询费、管理费等，这类费用的特征是借款人已经或者依合同必然要支付的费用，通常是出借人变相收取利息，本质上属于借款人获取借款的成本。而律师费与上述费用性质不同，律师费在借款发生之时处于或然状态，在借款人违约之后才产生，不属于借款人获取借款的成本，而属于借款人违约所应承担的成本。并且这部分费用是借款人违约导致出借人支出的实际损失，不属于出借人的获利。②

三、有关违约金的债权确认纠纷

（一）导引案例分析

A公司、B公司破产债权确认纠纷二审民事判决书/河南省高级人民法院/（2019）豫民终1609号

【裁判要点】

我国合同法所规定的违约金系以补偿为主、惩罚为辅的双重性质，当违约金

① A公司与B公司借款合同纠纷案，最高人民法院（2019）最高法民申1938号民事裁定书。

② 《青岛市中级人民法院发布2018年民间借贷十大典型案例之九：王某诉张某、徐某民间借贷纠纷案》，载北大法宝，https：//www.pkulaw.com/pfnl/c05aeed05a57db0a1234af688ca261831f22e2f2b8db6a67bdfb.html?keyword=青岛市中级人民法院发布2018年民间借贷十大典型案例之九：王某诉张某、徐某民间借贷纠纷案，最后访问日期：2022年5月6日。

标准高于中国人民银行同期同类贷款利率，是债权人基于督促债务人或担保人尽快清偿债务而制定的较高利息标准，具有一定惩罚性。但同时应考虑到，公司作为市场经济下的商事主体，其对外开展交易、运营有基本的经营成本，随着债务人或担保人未予清偿债务的时间越长，其垫资成本越高，必然会给公司造成相应的客观经济损失，该等损失性质不属于《破产审判纪要》所规定的“民事惩罚性赔偿金”。因此，按照中国人民银行同期贷款利率标准计算的部分仍应列入普通债权，对于该标准以外的过高部分违约金因其具有惩罚性，则应按照《破产审判纪要》的规定精神，作为劣后债权清偿。

【基本案情】

2015年6月11日，A公司、B公司、C公司等经上海浦东法院调解，达成调解协议，上海浦东法院作出4363号调解书，载明……二、C公司应于2015年6月11日前向A公司支付款项3, 746, 375. 27元；2015年8月11日前向A公司支付900万元；2015年9月11日前向A公司支付剩余款项8, 249, 940. 16元；三、案件受理费144, 018元，减半收取计72, 009元，财产保全费5000元，共计77, 009元（原告已预交），由C公司负担，并于2015年6月11日前直接支付给A公司；四、如C公司未及时、足额履行完毕上述第二项、第三项付款义务，A公司有权申请强制执行，要求C公司立即一次性偿付上述第一项确认的已到期及未到期的全部应付租金、留购价款、违约金（以延迟付款金额为基数，按日万分之八，以实际欠款天数计算），以及上述第三项约定的案件受理费、保全费；五、租赁合同项下租赁物件的所有权归A公司所有，如C公司未按本协议约定向A公司按时、足额履行上述第二项、第三项付款义务，A公司有权取回和处分租赁物件并以处分租赁物件所得价款抵偿上述第四项C公司应付未付A公司的全部款项，不足部分由C公司继续清偿，若C公司按时足额履行完毕上述第二项、第三项付款义务，前述租赁物件的所有权转归C公司所有……七、E公司、B公司、郭某安、郭某礼对C公司的上述第二项、第三项、第四项、第五项付款义务承担连带责任。2017年3月A公司向C公司管理人申报了债权。2018年8月28日法院受理B公司破产重整申请，A公司向B公司管理人申报债权32, 322, 281. 2元，其中本金16, 550, 017. 98元、其他费用15, 772, 263. 22元（其中违约金15, 170, 254. 22元，服务费525, 000元，诉讼费77, 009元）。B公司管理人为避免债权重复受偿，不予确认。

【一审判决结果】

确认 A 公司对 B 公司享有 32, 322, 281. 2 元的债权（其中 15, 170, 254. 22 元待破产程序中所有普通债权人的债权得以完全清偿后，仍有剩余破产财产可供清偿时，再予以清偿）。

【一审判决思路】

《企业破产法司法解释（三）》第五条规定，债务人、保证人均被裁定进入破产程序的，债权人有权向债务人、保证人分别申报债权。本案 A 公司向其债权的保证人申报破产债权，符合法律规定，应当予以确认。对其要求确认本金 16, 550, 017. 98 元、其他费用（违约金、服务费、诉讼费）15, 772, 263. 22 元，系经已生效的民事调解书所确定，一审法院予以确认。但 B 公司已进入破产程序，其破产财产应由全体债权人公平分配，同一顺序的破产债权应得到公平受偿。如果将惩罚性债权赋予一般债权的清偿顺序，将降低处于同一清偿顺序的其他普通债权的清偿率，导致对债务人的法律惩罚转嫁到其他普通债权人身上，违反《企业破产法》第一条规定的公平受偿原则。故本案其他费用中违约金 15, 170, 254. 22 元（以延迟付款金额为基数，按日万分之八，以实际欠款天数计算）虽应确认为破产债权，但为保证 B 公司所有债权人的债权能得以公平受偿，该债权作为惩罚性债权应当劣后于普通破产债权清偿，即待破产程序中所有普通债权人的债权得以完全清偿后，仍有剩余破产财产可供清偿时，再予以清偿。

【二审判决结果】

1. 撤销河南省鹤壁市中级人民法院（2019）豫 06 民初 55 号民事判决。

2. 确认 A 公司对 B 公司享有 32, 322, 281. 2 元的债权（其中 12, 654, 494. 82 元待破产程序中所有普通债权人的债权得以完全清偿后，仍有剩余破产财产可供清偿时，再予以清偿）。

【二审判决思路】

A 公司上诉请求确认为普通债权的 15, 170, 254. 22 元违约金，系以上海浦东法院 4363 号调解书确认的未付款项数额，按照约定分期付款的时间节点，以日万分之八的标准计算出的违约金数额。根据《企业破产法司法解释（三）》第七条规定：已经生效法律文书确定的债权，管理人应当予以确认。一审判决已将该违约金计入破产债权内。双方争议的主要问题为该破产债权应否劣后于普通破产债权清偿，即待破产程序中所有普通债权人的债权得以完全清偿后，仍有剩余破产财产可供清偿时，再予以清偿。A公司主张一审法院违反破产债权分类及清偿顺序的规定，实质上剥夺了其获得任何清偿的权利。对此法院认为，《破产审判纪要》第二十八规定："对于法律没有明确规定清偿顺序的债权，人民法院可以按照人身损害赔偿债权优先于财产性债权、私法债权优先于公法债权、补偿性债权优先于惩罚性债权的原则合理确定清偿顺序。因债务人侵权行为造成的人身损害赔偿，可以参照企业破产法第一百一十三条第一款第一项规定的顺序清偿，但其中涉及的惩罚性赔偿除外。破产财产依照企业破产法第一百一十三条规定的顺序清偿后仍有剩余的，可依次用于清偿破产受理前产生的民事惩罚性赔偿金、行政罚款、刑事罚金等惩罚性债权。"这一规定确立了破产受理前形成的惩罚性债权的清偿原则，即处于清偿顺位的末位。该规定针对司法实践经常发生，但在《企业破产法》中却缺少规定的一些破产债权的清偿原则与清偿顺序，在尊重权利人破产程序开始前的地位及其差异性的基础上，根据破产清算程序对财产和损失的公平分配和分担原则，对破产分配顺序和原则予以补充完善，从而达到依法公正保护各方主体利益的目标，符合现行《企业破产法》立法精神和本旨要义。B公司所称一审判决新设债权类型违反《企业破产法》关于破产债权分类及清偿顺序的规定，理由不能成立。

关于一审判决认定的劣后债权范围问题。人民法院生效的民事调解书确定的债权是基于债务人有清偿能力时的常态下，根据债权性质，适用《合同法》《担保法》等一般法规定予以确定。《企业破产法》是解决债务人丧失清偿能力时的非常态下发生的特别法律问题，属于特别法范畴。B公司已进入破产程序，其破产财产应由全体债权人公平分配，同一顺序的破产债权应当得到公平受偿。破产管理人在接受债权申报后应履行管理职责，对生效法律文书确定的优先债权范围进行严格审查，根据特别法优于一般法的法律适用原则，优先适用《企业破产法》的原则，对属于惩罚性的债权从破产债权中剥离，劣后于普通破产债权清偿，以利于破产债权人的平等受偿。本案一审判决认定A公司申报的15,170,254.22元违约金债权均为惩罚性债权，应当劣后于普通债权清偿。对此法院认为，我国《合同法》所规定的违约金系以补偿为主、惩罚为辅的双重性质，具体到本案上海浦东法院4363号调解书所确认的违约金性质及计算标准问题。双方争议的违约金债权15,170,254.22元，是依据双方签订并经人民法院确认的调解协议所约定的按日万分之八标准计算的数额，该约定的违约金标准高于中国人民银行同期同类贷款利率，是债权人基于督促债务人或担保人尽快清偿债务而制定的较高利息标准，具有一定惩罚性，因此A公司主张按日万分之八标准计算的违约金15, 170, 254. 22元均应作为普通债权在B公司破产程序中得到足额清偿，不符合现行破产法律、法规及司法解释的相应规定。但同时应考虑到，A公司作为市场经济下的商事主体，其对外开展交易、运营有基本的经营成本，随着债务人或担保人未予清偿债务的时间越长，其垫资成本越高，必然会给A公司造成相应的客观经济损失，该等损失性质不属于《破产审判纪要》所规定的“民事惩罚性赔偿金”。故A公司所主张列入普通债权的15, 170, 254. 22元违约金中，按照中国人民银行同期贷款利率标准计算的部分仍应列入普通债权，对于该标准以外的过高部分违约金因其具有惩罚性，则应按照《破产审判纪要》的规定精神，作为劣后债权清偿。B公司主张按照年租赁利率7. 11%计算违约金并以此纳入普通债权清偿，缺乏相应依据，法院不予支持。

【一审、二审法院审理思路对比总结】

类目	一审	二审
裁判结果	确认A公司对B公司享有32, 322, 281. 2元的债权（其中15, 170, 254. 22元待破产程序中所有普通债权人的债权得以完全清偿后，仍有剩余破产财产可供清偿时，再予以清偿）。	1. 撤销河南省鹤壁市中级人民法院（2019）豫06民初55号民事判决。 2. 确认A公司对B公司享有32, 322, 281. 2元的债权（其中12, 654, 494. 82元待破产程序中所有普通债权人的债权得以完全清偿后，仍有剩余破产财产可供清偿时，再予以清偿）。
争议焦点	可否确认A公司对B公司享有债权金额32, 322, 281. 2元，包括本金16, 550, 017. 98元、其他费用（违约金、服务费、诉讼费）15, 772, 263. 22元。	1. 一审判决新设债权类型是否违反《企业破产法》关于破产债权分类及清偿顺序的规定。 2. 关于一审判决认定的劣后债权范围问题。

续表

类目	一审	二审
回应	可以确认，但部分债权需要劣后清偿。如果将惩罚性债权赋予一般债权的清偿顺序，将降低处于同一清偿顺序的其他普通债权的清偿率，导致对债务人的法律惩罚转嫁到其他普通债权人身上，违反《企业破产法》第一条规定的公平受偿原则。故本案其他费用中违约金15,170,254.22元（以延迟付款金额为基数，按日万分之八，以实际欠款天数计算）虽应确认为破产债权，但为保证B公司所有债权人的债权能得以公平受偿，该债权作为惩罚性债权应当劣后于普通破产债权清偿。	1. 否。《破产审判纪要》第二十八规定确立了破产受理前形成的惩罚性债权的清偿原则，即处于清偿顺位的末位。该规定针对司法实践经常发生，但在《企业破产法》中却缺少规定的一些破产债权的清偿原则与清偿顺序，在尊重权利人破产程序开始前的地位及其差异性的基础上，根据破产清算程序对财产和损失的公平分配和分担原则，对破产分配顺序和原则予以补充完善，从而达到依法公正保护各方主体利益的目标，符合现行《企业破产法》立法精神和本旨要义。 2. 我国《合同法》所规定的违约金系以补偿为主、惩罚为辅的双重性质，当违约金标准高于中国人民银行同期同类贷款利率，是债权人基于督促债务人或担保人尽快清偿债务而制定的较高利息标准，具有一定惩罚性。同时应考虑到，公司作为市场经济下的商事主体，其对外开展交易、运营有基本的经营成本，随着债务人或担保人未予清偿债务的时间越长，其垫资成本越高，必然会给公司造成相应的客观经济损失，该等损失性质不属于《破产审判纪要》所规定的“民事惩罚性赔偿金”。因此，按照中国人民银行同期贷款利率标准计算的部分仍应列入普通债权，对于该标准以外的过高部分违约金因其具有惩罚性，则应按照《破产审判纪要》的规定精神，作为劣后债权清偿。

（二）实务问题讨论

违约金是指当事人约定或法律规定的、在一方当事人不履行或不完全履行时向另一方当事人支付的一笔金钱。[①] 我国有关违约金的规定可见《民法典》第五百八十五条："当事人可以约定一方违约时应当根据违约情况向对方支付一定数额的违约金，也可以约定因违约产生的损失赔偿额的计算方法。约定的违约金低于造成的损失的，人民法院或者仲裁机构可以根据当事人的请求予以增加；约定的违约金过分高于造成的损失的，人民法院或者仲裁机构可以根据当事人的请求予以适当减少。当事人就迟延履行约定违约金的，违约方支付违约金后，还应当履行债务。"该条规定来自原《合同法》第一百一十四条[②]。但这种延续并没有为违约金担保属性的有无之争画下句号，也未明确地界定惩罚性（担保性）违约金和补偿性（赔偿性）违约金的区分标准，导致与惩罚性违约金相关的效力认定、司法酌减等问题依旧难以获得圆满解决。[③]

违约金可以分为惩罚意思之违约金和赔偿意思之违约金。如今关于两者概念区分的讨论颇多，但至今还未形成一个统一性的观点。[④] 赔偿性违约金，可以将其理解为是当事人双方预先估计的损害赔偿总额，又叫作损害赔偿额的预订。[⑤] 惩罚性违约金是当事人对于违约所约定的一种私人制裁，故又称违约罚，于违约时，债务人除须支付此种违约金外，其他因债之关系应负的一切责任均不受影响；债权人除可以请求违约金外，还可以请求债务履行或不履行所生之损害赔偿。[⑥]

---

① 参见崔建远主编：《合同法》（第6版），法律出版社2016年版，第272－274页。

② 《合同法》第一百一十四条规定："当事人可以约定一方违约时应当根据违约情况向对方支付一定数额的违约金，也可以约定因违约产生的损失赔偿额的计算方法。约定的违约金低于造成的损失的，当事人可以请求人民法院或者仲裁机构予以增加；约定的违约金过分高于造成的损失的，当事人可以请求人民法院或者仲裁机构予以适当减少。当事人就迟延履行约定违约金的，违约方支付违约金后，还应当履行债务。"

③ 参见邓辉、王浩然：《〈民法典〉违约金制度的功能优化》，载《财经法学》2021年第2期，第46－59页。

④ 参见邓辉、王浩然：《〈民法典〉违约金制度的功能优化》，载《财经法学》2021年第2期，第46－59页。

⑤ 参见韩世远：《违约金的理论问题——以合同法第114条为中心的解释论》，载《法学研究》2003年第4期，第15－30页。

⑥ 参见韩世远：《违约金的理论问题——以合同法第114条为中心的解释论》，载《法学研究》2003年第4期，第15－30页。

支持惩罚性违约金的求偿原因主要是出于尊重当事人意思自治的要求，尊重私人社会中意思自治便是以人为本的根本性体现，而合同自由则是私人自治的重要体现，在合同订立的过程中，当事人通过违约金条款调节双方之间的利益关系，是合同自由的题中应有之义。① 并且在充分尊重当事人意思自治的基础下，规定惩罚性违约金也有利于对双方行为进行约束，促进交易缔结，当出现违约情况时对违约方进行相应的经济制裁。而反对惩罚性违约金的求偿原因主要是我国法律并没有支持惩罚性违约金的直接规定，且有关违约金的规定中表明违约金性质应以赔偿为主，惩罚性违约金适用条件也更加严格等。如在（2016）浙72民初2301号案②中，法院认为实践中，船公司公布的滞箱费费率通常按照违约时间加倍增长，具有明显的惩罚性违约金性质，这不符合我国法律对违约金的定性。故当收货人或托运人以该费用过高提出抗辩时，法院就需要对该费用进行调整。在（2015）长民四终字第19号案③中，法院认为从“约定的违约金低于造成的损失的，当事人可以请求人民法院或者仲裁机构予以增加；约定的违约金过分高于造成的损失的，当事人可以请求人民法院或者仲裁机构予以适当减少”可以看出，补偿性违约金为我国《合同法》上规定的违约金的主要属性。

在破产衍生诉讼，与债权的确认有关的纠纷中，与违约金有关的规定来自《关于审理企业破产案件若干问题的规定》第五十五条第二款，“违约金不作为破产债权，定金不再适用定金罚则”。该条规定在司法实践中常常会带来一些争议，可否因为该条规定而直接排除违约金债权在破产债权中得到确认的可能？若因此导致合同当事人在合同中预先拟定的违约金条款落空是否会不利于债权人利益的保护，也有违当事人意思自治原则的实现？在实践中，关于违约金可否确认为普通破产债权的观点，大致可以分为三大类。

第一类观点认为完全不可以，即不管是惩罚性违约金还是补偿性违约金都不可以被列为普通破产债权。基于破产债权公平原则，为了保护其他债权人的利

---

① 参见王利民、官双霞：《惩罚性违约金的接纳与规制：以当事人中心主义为视角》，载《深圳大学学报（人文社会科学版）》2019年第2期，第74－82页。

② A公司诉B公司、C公司海上、通海水域货物运输合同纠纷案，宁波海事法院（2016）浙72民初2301号民事判决书。

③ A公司与B公司等保证合同纠纷案，吉林省长春市中级人民法院（2015）长民四终字第19号民事判决书。

益，《关于审理企业破产案件若干问题的规定》第五十五条应当从严把握。执此观点的法院在审理此类破产债权确认纠纷案件时，直接援引上述规定，排除违约金作为破产债权的可能。如（2021）最高法民再292号案，[①] 关于A公司所主张的利息是否应作为破产债权的问题。A公司主张应将以涉案款项按照每日0.15‰的利率标准计算的利息一并确认为破产债权。但是，该利率标准是《招标文件》中载明的逾期付款违约金利率，故A公司所主张的利息具有违约金的性质。依据《关于审理企业破产案件若干问题的规定》第五十五条第一款关于"下列债权属于破产债权：……（五）清算组解除合同，对方当事人依法或者依照合同约定产生的对债务人可以用货币计算的债权……"，以及第二款"以上第（五）项债权以实际损失为计算原则。违约金不作为破产债权，定金不再适用定金罚则"的规定，A公司所主张的违约金均不应计入破产债权，其在本案中关于确认利息为债权的诉讼请求，法院予以驳回。

第二类观点认为，违约金可以被认定为普通破产债权，但需要以实际损失为限，超出实际损失的部分，又具体划分为两类观点，其中有的法院认为不可以被确认，但有的法院认为超出实际损失的部分可以作为劣后债权清偿。最高人民法院民二庭在其主编的《正确理解〈关于审理企业破产案件若干问题的规定〉》解释道："'以实际损失为计算原则。违约金不作为破产债权，定金不再适用定金罚则'。其中不作为破产债权的违约金是指惩罚性违约金和未发生实际损失的违约金，如果是补偿性违约金而且相对人有实际损失的，该违约金可以作为损失计算方法而成为破产债权的组成部分。"第一，承认补偿性违约金而不承认惩罚性违约金和未发生实际损失的违约金的原因主要在于，惩罚性违约金和未发生实际损失的违约金是对当事人不履行约定的制裁，与损失无必然关系；第二，破产程序中，破产财产属于全体债权人，若将惩罚性赔偿金和未发生实际损失的违约金纳入，其惩罚的对象已不再是违约方破产企业，而是全体债权人；第三，补偿性违约金可以纳入债权申报范围，因为其主要功能之一在于弥补守约方因违约方违约所遭受的损失，实质上与实际损失密切相连。[②]

---

① A公司、B公司普通破产债权确认纠纷案，最高人民法院（2021）最高法民再292号民事判决书。

② 最高人民法院民事审判第二庭编：《企业改制、破产与重整案件审判指导》，法律出版社2015年版，第224页。

既然以实际损失为限，前提就是损失的确存在，如果约定了违约金，但损失并未发生，也不宜确认破产债权。如（2022）豫民终 156 号案①，法院对某基金以 A 公司、张某、杨某未依照约定为 A 公司提供抵押的机器设备办理保险为由请求按《机器设备抵押协议》的约定以机器设备评估价值的 30% 支付违约金的诉求未予支持，该判决认为：为上述机器设备办理保险的目的在于防止机器设备毁损、灭失造成某基金抵押权不能实现情形的出现。目前机器设备未灭失，某基金也未产生损失，故某基金仅以此为由请求其支付违约金缺乏事实和法律依据，依法不予支持。又如（2021）湘 08 民终 501 号案②，A 公司并没有承担交房不符合约定的违约金，但是承担了延迟办证的违约金，因为按照约定，双方仅对未按期交房和延迟办证约定了违约金，未对交付未经验收合格的房屋约定违约金，故对李某、屈某该项请求不予支持。在（2018）湘 01 民初 894 号案③中，法院也是认为在破产程序中，应侧重按债权人的实际损失确认破产债权，而非单纯按违约金确认破产债权，这正与《合同法》违约金的制度价值相契合。本案中，A 公司既未提供证据证明其按《室内外装修工程项目协议》对项目工程进行了装修，也未提供证据证明其所遭受的实际损失，仅依据生效仲裁裁决要求将违约金确认为破产债权。虽然仲裁委员会裁决 B 公司向 A 公司支付 2000 万元违约金，但该仲裁裁决系 B 公司进入破产程序之前作出，不足以作为确认破产债权的依据，确认破产债权应按照企业破产相关法律规定进行，B 公司管理人将 A 公司主张的 2000 万元违约金不确认为破产债权并无不妥。

第三类观点认为，违约金可以被认定为普通破产债权，即使是超出了实际损失也可以，但超出部分不宜过高。在（2022）兵 10 民终 10 号案④中，本案系普通破产债权确认纠纷，破产管理人通过债权申报已对涉案执行和解协议中约定的除违约金外的债权进行了确认。现孙某仅对执行和解协议中约定的违约金提起确

---

① A 公司、某基金普通破产债权确认纠纷案，河南省高级人民法院（2022）豫民终 156 号民事判决书。

② 李某、屈某等破产债权确认纠纷案，湖南省张家界市中级人民法院（2021）湘 08 民终 501 号民事判决书。

③ A 公司与 B 公司破产债权确认纠纷案，湖南省长沙市中级人民法院（2018）湘 01 民初 894 号民事判决书。

④ 孙某、A 公司普通破产债权确认纠纷案，新疆生产建设兵团第十师中级人民法院（2022）兵 10 民终 10 号民事判决书。

认之诉，符合本案客观实际，亦与节约司法资源的原则相契合。本案是《民法典》施行前的法律事实引起的民事纠纷案件，应适用当时的法律、司法解释的规定。《合同法》第一百一十四条规定了违约金制度，分析该条之立法精神，我国合同法领域，以损失弥补为标准，区分了补偿性违约金与惩罚性违约金，前者系以损失填补为目的，后者除了填补损失外还具有惩罚违约方之功能。本案中，上诉人在执行期间与被上诉人达成执行和解协议并同意解除对被上诉人财产的查封。被上诉人作为商事主体自愿给上诉人出具和解协议并承诺高额违约金，但在财产解除查封后被上诉人并未依约履行后续给付义务，具有一定主观恶意，有悖诚实信用原则，有损诉讼秩序。双方所约定的1,000,000元违约金除填补损失外亦具有惩罚作用。且该数额与法律规定违约金不宜超过造成损失的30%。据此，上诉人的上诉请求，有事实和法律依据，二审法院予以支持。

在第三类观点中，面临的一个问题就是何为“不宜过高”。我国现行法律规定中关于违约金调整的规定在《民法典》第五百八十五条第二款，但该条并未对“约定的违约金过分高于造成的损失的”判断标准做出详细规定。我们可以通过司法解释寻找有关此类问题的补充性规定，如在最高人民法院《关于审理买卖合同纠纷案件适用法律问题的解释》第十八条第四款规定：“买卖合同没有约定逾期付款违约金或者该违约金的计算方法，出卖人以买受人违约为由主张赔偿逾期付款损失，违约行为发生在2019年8月19日之前的，人民法院可以中国人民银行同期同类人民币贷款基准利率为基础，参照逾期罚息利率标准计算；违约行为发生在2019年8月20日之后的，人民法院可以违约行为发生时中国人民银行授权全国银行间同业拆借中心公布的一年期贷款市场报价利率（LPR）标准为基础，加计30%～50%计算逾期付款损失。”最高人民法院《关于审理商品房买卖合同纠纷案件适用法律若干问题的解释》第十二条规定：“当事人以约定的违约金过高为由请求减少的，应当以违约金超过造成的损失30%为标准适当减少；当事人以约定的违约金低于造成的损失为由请求增加的，应当以违约造成的损失确定违约金数额。”在《九民会议纪要》第五十条中，规定了违约金过高标准及举证责任，“认定约定违约金是否过高，一般应当以《合同法》第113条规定的损失为基础进行判断，这里的损失包括合同履行后可以获得的利益。除借款合同外的双务合同，作为对价的价款或者报酬给付之债，并非借款合同项下的还款义务，不能以受法律保护的民间借贷利率上限作为判断违约金是否过高的标准，而应当兼顾合同履行情况、当事人过错程度以及预期利益等因素综合确定。主张违约金过高的违约方应当对违约金是否过高承担举证责任”。

实践中就“违约金是否过高”的审判实践观点也不尽相同，比如（2021）湘08民终501号案①，法院认为因违约金的数额应相当于因违约所造成的损失，包括合同履行后可以获得的利益，诉讼中，李某、屈某并未举证明确因迟延办证给其造成的损失数额，且A公司认为约定的日万分之3.5的违约金标准过高，请求调整，根据最高人民法院《关于适用〈中华人民共和国合同法〉若干问题的解释（二）》（已失效）第二十九条第一款“当事人主张约定的违约金过高请求予以适当减少的，人民法院应当以实际损失为基础，兼顾合同的履行情况、当事人的过错程度以及预期利益等综合因素，根据公平原则和诚实守信原则予以衡量，并作出裁决”之规定，法院结合李某、屈某已付房款数额及预期利益、A公司逾期情形及本地同类纠纷裁判情况等综合因素考量，酌情将违约金标准调整为日万分之0.3。综上，A公司应向李某、屈某支付迟延办证违约金11,292元（379,057×0.03‰×993=11,292元）。根据《关于审理企业破产案件若干问题的规定》第五十五条第一款第十一项“债务人在破产宣告前因侵权、违约给他人造成财产损失而产生的赔偿责任”，属破产债权之规定，上述A公司应向李某、屈某支付的11,292元迟延办证违约金应作为破产债权予以确认，故对上诉人李某、屈某该部分请求，法院予以支持，对其请求超过法院核准部分，事实和法律依据不足，法院不予支持。一审法院以本案诉争标的在内的项目未办理竣工验收，李某、屈某要求A公司支付迟延办证违约金无法律依据为由，不予确认迟延办证违约金债权确有不当，法院予以纠正。

经过梳理可知，我国对于违约金是否合理的认定标准为比例标准和综合标准并行，虽然从理论上而言，综合标准在案件审理中更具优势，应成为判断违约金是否过高的主要标准，但在司法实践中，比例标准因其适用简单、标准明确、裁判难度更小、风险更低而出现的频率更高。

---

① 李某、屈某等破产债权确认纠纷案，湖南省张家界市中级人民法院（2021）湘08民终501号民事判决书。

四、损害赔偿请求权纠纷的处理

（一）导引案例分析

A 公司与 B 公司、许某等侵权责任纠纷二审民事判决书/青海省高级人民法院/（2021）青民终 62 号[①]

【裁判要点】

破产程序开始后，向破产案件受理法院提起的针对债务人的民事诉讼，即使在破产程序中取得生效的判决书或者裁定书，债权人也只能据此向管理人申报债权，而不能申请人民法院执行判决或者裁定。另外，《关于审理企业破产案件若干问题的规定》第五十五条第一款第十一项将“债务人在破产宣告前因侵权、违约给他人造成财产损失而产生的赔偿责任”作为破产债权，所以如果侵权事实发生在破产申请受理之后，在申报债权时侵权赔偿责任并未确定。在此情况下，只有通过侵权之诉才能确定其债权能否成立及具体数额。

【基本案情】

2014 年 3 月 16 日起，许某从原施工人沈某处以 86 万元的价格受让某铜矿 4240 中段的房屋及采掘矿石的机械设备，与 A 公司形成事实上的采掘矿石工程施工合同。截至 2016 年 8 月 26 日，A 公司累计拖欠许某工程款 3, 430, 629. 77 元，双方遂达成一份还款协议书，约定 4240 中段的矿石归 A 公司所有，洞内的矿石以及采矿设备归许某。2018 年 10 月，A 公司因无力支付工程款通知暂停采掘工作，与许某施工队对财产（矿石、机械设备）进行了清点，形成一份 4240 中段财产设备清单。财产设备清点后，许某对索拉沟 4240 中段矿洞进行封洞，以备来年再采掘矿石。

2019 年 12 月 15 日，B 公司以对 A 公司企业重组收购为由，进入兴海县索拉沟勘察铜矿。

2019 年 12 月 19 日，王某向一审法院申请 A 公司破产，2020 年 2 月 25 日，一审法院作出（2020）青 25 民破 1 号民事裁定，裁定受理 A 公司破产一案。2020 年 4 月 8 日一审法院发出公告，公告明确目前该案处于债权申报阶段，为了

---

① 相关案件：许某与 A 公司、董某等侵权责任纠纷案，青海省海南藏族自治州中级人民法院（2020）青 25 民初 15 号民事判决书。

保护广大债权人的利益，任何单位和个人不得对A公司的矿山、厂房、机械设备等财产转移、设定权利负担，毁坏或者其他有碍行为。

2020年4月，B公司对A公司索拉沟铜矿许某施工队4240中段的封闭状态的矿洞进行了开洞，将矿洞内的机械设备予以挪动及处分，并将许某的工人住房、厨房、库房、空压机房及屋顶的彩钢房拆除。

2020年5月7日，许某等人查看索拉沟铜矿时发现各施工队的房屋被拆除，与B公司职工董某商谈各施工队的房屋及机械设备等生产资料损失事宜，但各方未达成赔偿协议。2020年6月11日，许某等人以B公司及职工董某侵犯各施工队的财产权利为由，向派出所报案。

【一审判决结果】

1. B公司在判决生效之日起30日内向许某赔偿房屋、机械设备等财物毁损、丢失、被侵占的损失1,348,238.5元。

2. A公司在判决生效之日起30日内向许某赔偿房屋、机械设备等财物毁损、丢失、被侵占的损失577,816.5元。

3. 驳回许某的其他诉讼请求。

【一审判决思路】

关于B公司及董某处分许某矿区房屋、处分4240矿洞内的机械设备等生产资料的行为是否构成侵权的问题。许某作为A公司4240中段矿洞的业主，对修建于A公司矿场内的房屋及矿洞内的机械设备享有所有权，B公司以其与A公司存在《企业兼并重组合同》为由，将属于许某的财产，即对9间房屋及矿洞内的机械设备等生产资料予以处分。从上述自认行为，能确认B公司处置许某财产的行为构成民事侵权行为。

关于A公司应否对许某财产损失承担赔偿责任的问题。首先，许某与A公司存在采掘矿石建设工程施工合同，依据采掘矿石特殊行业惯例以及采掘矿石地点在A公司厂区内，故许某对A公司存在合同信赖利益关系。同时A公司应尽到善良管理人的注意义务。其次，A公司就B公司进入矿山情况未及时向许某履行通知义务或采取有效措施，B公司在拆除许某所属财产时，A公司亦未及时制止，对此，A公司存在过错，应当承担未告知或未采取有效措施而导致损失扩大的责任。因此，对B公司拆除许某采掘矿石施工队房屋及处分矿洞内财产的行为与A公司未采取有效措施亦有间接因果关系，故A公司应当承担次要责任。

【二审判决结果】

1. 撤销青海省海南藏族自治州中级人民法院（2020）青25民初15号民事判决。

2. B公司在本判决生效之日起30日内赔偿许某房屋、机械设备等财物损失1,926,055元。

3. 驳回许某的其他诉讼请求。

【二审判决思路】

1. A公司应诉主体资格是否成立的问题

经查，2020年7月30日许某向一审法院起诉时，以A公司对矿山疏于管理，构成共同侵权为由，将A公司作为被告，诉求A公司共同承担赔偿损失的法律责任。在此之前的2020年2月25日，一审法院作出（2020）青25民破1号民事裁定，受理A公司破产一案，并于4月8日发出申报债权公告。

法院认为，本案侵权诉讼的起诉在一审法院受理A公司被申请破产案之后。根据《企业破产法》第二十一条“人民法院受理破产申请后，有关债务人的民事诉讼，只能向受理破产申请的人民法院提起”的规定，应当由一审法院管辖，且不属于该法第二十条“人民法院受理破产申请后，已经开始而尚未终结的有关债务人的民事诉讼或者仲裁应当中止；在管理人接管债务人的财产后，该诉讼或者仲裁继续进行”规定的情形。故许某诉求A公司共同侵权并承担赔偿责任，一审法院依法应当受理。

企业法人资格是依法取得的，非依法不得取消。A公司虽被申请破产，一审法院裁定受理，进入破产程序，但破产程序未终结，A公司并未被宣告破产，也未办理注销登记。因此，A公司仍具有企业法人资格和民事主体资格，依法应当列为诉讼主体。根据《企业破产法》第十三条“人民法院裁定受理破产申请的，应当同时指定管理人”的规定，在破产程序开始后，债务人即丧失对其财产的管理和处分权，这时的债务人财产将会处于无人管理状态。由其继续参与有关民事诉讼已经不可能。为加强对债务人财产的管理，防止债务人随意处置财产，保护债权人利益，有必要指定专门机构具体实施对债务人财产的管理、处分、整理、变价、分配等工作。由已经接管债务人财产的管理人来参与诉讼，不仅有利于债务人财产的有效管理，而且也有利于诉讼程序的顺利进行。同时，依据该法第二十五条的规定，代表债务人参加诉讼也是管理人的一项重要职责。此时开始，管理人可以代表A公司依法进行必要的民事活动。本案中，一审法院准许A公司破产管理人C公司以委托诉讼代理人身份参加诉讼，符合法律规定。

破产程序开始后，向破产案件受理法院提起的针对债务人的民事诉讼，即使在破产程序中取得生效的判决书或者裁定书，债权人也只能据此向管理人申报债权，而不能申请人民法院执行判决或者裁定。本案中，许某诉求A公司共同侵权并承担赔偿责任，此时，许某并未取得相应的债权，能否取得需要人民法院裁判确定。许某提起的侵权之诉，实质为请求人民法院确定侵权责任能否成立和赔偿的具体数额。如果判应所求，则取得法定债权，才依法享有向破产管理人C公司申报债权的资格。否则无权申报且不确定申报的具体数额。虽然《关于审理企业破产案件若干问题的规定》第五十五条第一款第十一项将“债务人在破产宣告前因侵权、违约给他人造成财产损失而产生的赔偿责任”作为破产债权，但一方面许某诉求的侵权事实发生在破产申请受理之后，另一方面此规定应为已确定的侵权赔偿责任，许某诉求的侵权赔偿责任并未确定。在此情况下，许某只有通过侵权之诉才能确定其债权能否成立及具体数额。

综上所述，一审法院审判程序符合法律规定，A公司诉讼主体适格，破产管理人C公司应当作为A公司委托诉讼代理人参加诉讼，许某有权径直提起侵权之诉。A公司、B公司的此项上诉理由和董某此项陈述意见不能成立，法院不予采纳。

2. B公司、A公司的侵权责任能否成立的问题

关于案涉财产的权属。在案证据证明，案涉矿洞内的机械设备由许某购得并为A公司确认，应当属于许某所有。案涉矿洞内采下的矿石，因许某是将采下的矿石交与A公司获得相应的工程款，故在交付并获得工程款之前，许某对矿洞内采下的矿石享有债权期待权。案涉房屋虽然许某不能证明归属自己所有，B公司也不认可，但列入财产清单为A公司确认，B公司也未提交反驳证据。A公司、B公司庭审中自认，案涉争议财产不包括在《企业兼并重组合同》所附《目标公司负债情况及股权转让对价表》中。同时，B公司、董某在庭审中自认，董某在移动设备和矿石前“给施工队打过电话，让其拉走，迟迟没有过来”，可见，董某知道设备等不属于A公司。故法院认为，许某对上述案涉财产享有权益。

关于侵权责任的构成。本案属于侵权责任法律关系。许某诉求的侵权事实发生于2020年4月，一审法院于2020年7月30日立案受理。根据最高人民法院《关于适用〈中华人民共和国民法典〉时间效力的若干规定》（2021年1月1日

起施行）第一条第二款“民法典施行前的法律事实引起的民事纠纷案件，适用当时的法律、司法解释的规定，但是法律、司法解释另有规定的除外”的规定，本案适用《侵权法》。根据该法规定，一般侵权责任构成要件为行为人有过错，实施了侵权行为，造成了损害事实，侵权行为和损害事实之间有直接因果关系。

第一，虽然B公司抗辩已通过签订并履行《企业兼并重组合同》实现对A公司收购，进而接管A公司名下全部财产，但一审法院裁定A公司进入破产程序后，通过公告和书面通知已明确告知B公司不得对A公司的矿山、厂房、器械设备等财产（包括但不限于）转移、设定权利负担、毁坏或者其他有碍行为，限期将A公司企业法人公章、企业合同专用章、营业执照正副本、矿山技术资料及文书、证照等送交一审法院或破产管理人，要求破产企业及其他相关单位应当立即停止一切生产、经营活动并予以退场。在此种情况下，B公司仍然未停止其行为，属于明知而为。根据《企业破产法》第十五条“自人民法院受理破产申请的裁定送达债务人之日起至破产程序终结之日，债务人的有关人员承担下列义务：（一）妥善保管其占有和管理的财产、印章和账簿、文书等资料；（二）根据人民法院、管理人的要求进行工作，并如实回答询问……”的规定，B公司的行为违法，主观上具有过错。

第二，在案证据能够证明（主要是公安机关调查笔录），B公司实施了将案涉矿洞内的机械设备和采下的矿石运出洞外的行为，未作清点造册和向任何人交接；洞外房屋已全部为B公司拆除。至于目前状况和下落，各方说法不一，均无证据证明此后的处置措施和去向。许某认为，设备已为B公司按废铁出售，矿石已被出售；一审法院到现场看过，什么都没有；A公司认为，设备不知去向，矿石全部被B公司运走和处置，现在洞内是空的；B公司和董某认为，设备能用的就用了，没有处理矿石。法院综合分析认为，能够确认案涉争议财产已毁损、灭失。综上，B公司确已实施侵权行为并造成许某财产损失，二者具有直接因果关系。

故一审法院判决B公司的行为构成侵权正确，应予维持。B公司此项上诉请求和理由、董某的陈述意见不能成立，法院不予采纳。

关于共同责任。法院认为，首先，根据《企业兼并重组合同》约定，B公司已于2019年12月接管A公司资产和证章等，A公司对本公司财产、矿场等失去控制权，无法对B公司的行为明确知晓，特别是在庭审中许某自认“自己与A

公司几乎同时得知B公司处置案涉财产的信息"，A公司无法告知许某。其次，虽然许某封存机械设备的行为基于行业惯例和对A公司履行合同的信赖关系，但许某和A公司均无法预判B公司处置案涉财产行为的发生，且许某也未与A公司约定或委托代为保管案涉财产，未向任何人交接。注意义务为法律义务而非道德义务，只在特定主体之间发生，其前提应当在特定主体之间形成相应的法律关系。故A公司对于案涉财产损失不应承担注意义务。A公司的"不作为"不符合《侵权法》第八条"二人以上共同实施侵权行为，造成他人损害的，应当承担连带责任"的规定，不构成侵权，不应承担侵权责任。因此，一审法院判决A公司承担30%的侵权赔偿责任属于适用法律错误，应予纠正。A公司此项上诉请求和理由成立，法院予以采纳。

关于赔偿数额。法院认为，财产清单上尽管只有A公司盖章，并无许某签字，也没载明形成时间，但可以推定清单真实形成于侵权事实发生之前，系A公司和许某清点财产种类和数量后，对财产种类、数量和价值的共认。许某提交人民法院作为裁判的依据，按照"谁主张、谁举证"原则完成了举证责任。A公司所称应对实际价值鉴定和评估，但财产清单所涉财产均已灭失毁损，不具有鉴定或评估的客观条件。B公司和董某未提交反驳证据。故不能据此否定财产清单的证明效力。一审法院据此认定案涉财产损失具体数额，并无不当，应予确认。

【一审、二审法院审理思路对比总结】

类目	一审	二审
裁判结果	1. B公司在判决生效之日起30日内向许某赔偿房屋、机械设备等财物毁损、丢失、被侵占的损失1,348,238.5元。 2. A公司在判决生效之日起30日内向许某赔偿房屋、机械设备等财物毁损、丢失、被侵占的损失577,816.5元。 3. 驳回许某的其他诉讼请求。	1. 撤销青海省海南藏族自治州中级人民法院（2020）青25民初15号民事判决。 2. B公司在本判决生效之日起30日内赔偿许某房屋、机械设备等财物损失1,926,055元。 3. 驳回许某的其他诉讼请求。

续表

类目	一审	二审
争议焦点	1. 关于B公司及董某处分许某矿区房屋、处分4240矿洞内的机械设备等生产资料的行为是否构成侵权的问题。 2. 关于A公司索拉沟4240中段财产设备清单能否作为界定赔偿标准的依据的问题。 3. 关于A公司应否对许某财产损失承担赔偿责任的问题。	1. A公司应诉主体资格是否成立的问题。 2. B公司、A公司的侵权责任能否成立的问题。
回应	1. 构成。从当事人的自认行为，能确认B公司处置许某财产的行为构成民事侵权行为。 2. 可以。首先设备清单所列相关信息与当事人自认相符，其次许某已经完成举证责任，在B公司未能提供证据推翻该清单的证据效力时，认为该证据清单可以作为界定赔偿标准的依据。 3. 应承担赔偿责任。B公司拆除许某采掘矿石施工队房屋及处分矿洞内财产的行为与A公司未采取有效措施亦有间接因果关系，故A公司应当承担次要责任。	1. 成立。 （1）本案侵权诉讼的起诉在一审法院受理A公司被申请破产案之后。根据《企业破产法》第二十条、第二十一条的规定，许某诉求A公司共同侵权并承担赔偿责任，一审法院依法应当受理。（2）企业法人资格是依法取得的，非依法不得取消。A公司虽被申请破产，一审法院裁定受理，进入破产程序，但破产程序未终结，A公司并未被宣告破产，也未办理注销登记。因此，A公司仍具有企业法人资格和民事主体资格，依法应当列为诉讼主体。根据《企业破产法》第十三条、第二十五条的规定，管理人可以代表A公司依法进行必要的民事活动。所以准许A公司破产管理人C公司以委托诉讼代理人身份参加诉讼，符合法律规定。（3）另外许某有权直接提起侵权之诉，一方面许某诉求的侵权事实发生在破产申请受理之后；另一方面此规定应为已确定的侵权赔偿责任，许某诉求的侵权赔偿责任并未确定。在此情况下，许某只有通过侵权之诉才能确定其债权能否成立及具体数额。

续表

类目	一审	二审
		2. B公司承担侵权责任，A公司不构成侵权。 （1）关于涉案财产权属，许某对上述案涉财产享有权益；（2）关于侵权责任构成，B公司确已实施侵权行为并造成许某财产损失，二者具有直接因果关系；（3）关于共同责任，A公司的“不作为”不符合《侵权法》第八条的规定，不构成侵权，不应承担侵权责任；（4）关于赔偿数额，没有相应证据否定财产清单的证明效力，所以还应据此认定案涉财产损失具体数额。

（二）实务问题讨论

《关于审理企业破产案件若干问题的规定》第五十五条第一款第十一项规定，“债务人在破产宣告前因侵权、违约给他人造成财产损失而产生的赔偿责任”属于破产债权。就侵权损害赔偿而言，其需借助《民法典》中有关侵权责任的相关法律规定，判断债务人的行为是否属于侵权行为，不同的侵权责任因其归责原则的不同，其构成要件亦有所不同，① 如一般侵权责任构成要件为行为人有过错，实施了侵权行为，造成了损害事实，侵权行为和损害事实之间有直接因果关系。②

另外，《企业破产法》第五十三条也对解除合同损害赔偿请求权的申报进行了规定：“管理人或者债务人依照本法规定解除合同的，对方当事人以因合同解除所产生的损害赔偿请求权申报债权。”此种债权是因为法律特别规定，所以才于破产申请受理后成立的破产债权，所以因为管理人决定解除合同的时间较晚，导致债权人申报债权与法院依法确定的债权申报时间存在差异，可能无法在债权申报期间内申报债权的，应当免除其在补充申报债权时应承担的不利法律后

① 参见郭明瑞、房绍坤主编：《民法》（第3版），高等教育出版社2010年版，第493页。
② A公司与B公司、许某等侵权责任纠纷案，青海省高级人民法院（2021）青民终62号民事判决书。

果。[①] 对于解除合同损害赔偿请求权的规定，各国及各地区立法之间存在差异，比如以我国台湾地区为例，其认为“因破产宣告后之不履行所生之损害赔偿及违约金”，不属于破产债权。[②]

在解除合同损害赔偿请求权项下，实践中经常存在的讨论就是“期待利益损失”是否可以被认为属于损害赔偿的范围。根据《企业破产法》第五十八条第三款及《企业破产法司法解释（三）》第八条的规定，债务人、债权人对债权表记载的债权有异议的，可以向受理破产申请的人民法院提起债权确认的诉讼。在（2021）闽0481民初3658号案[③]中，本案争议的焦点问题是预期投资收益损失640,435.52元是否应当全部确定为普通债权，而法院支持了债权人主张期待利益损失确定为普通破产债权的请求。法院认为，该损失系魏某可以预期取得的利益，应当按照完全赔偿原则赔偿，生效判决对此也已确定，A公司作为保证人应当承担连带清偿责任。

在法院不支持债权人主张期待利益损失为普通破产债权的案件中，一类判决直接否定了期待利益作为普通破产债权的可能性，如（2017）川民终834号案[④]，法院认为管理人或债务人依照《企业破产法》的规定解除合同而产生的损害赔偿责任，应以弥补对方当事人的直接、实际损失为限，一般不应包含对方的可得利益损失。另一类判决对期待利益可否作为破产债权没有直接谈及，而是认为案涉损失不属于期待利益损失，故不可以将其作为普通破产债权申报。如在（2021）新0109民初2847号案[⑤]中，法院认为，首先，原告所诉预期利益依据为火区治理设计方案中的经济效益分析，该分析是在未履行合同时的预估，不属于原告、被告签订合同必然获得的利益，而合同在实际履行过程中也受诸多因素影响。双方签订合同，也并未以合同利益与设计方案预测利益一致为前提。双方在实际履行中根据工程进度已经通过签订会议纪要、补充协议等形式对合同内容进行了调整并已结算。其次，预期利益损失的前提应当是基于违约行为导致，并且

---

① 参见王欣新：《破产法》（第4版），中国人民大学出版社2019年版，第223－224页。

② 参见王欣新：《破产法》（第4版），中国人民大学出版社2019年版，第224页。

③ A公司、魏某普通破产债权确认纠纷案，福建省永安市人民法院（2021）闽0481民初3658号民事判决书。

④ A公司与B公司破产债权确认纠纷案，四川省高级人民法院（2017）川民终834号民事判决书。

⑤ A公司与B公司、C公司普通破产债权确认纠纷案，新疆维吾尔自治区乌鲁木齐市米东区人民法院（2021）新0109民初2847号民事判决书。

违约行为与损害结果的发生具有因果关系。本案中尚且不去讨论当时的采煤行为是否具有违法情形，双方因何原因改变合同履行内容，原告诉状中自述的无论是当地村民阻挠或者国土部门责令停止违法行为均非被告因素导致，也即原告无法证实被告在合同履行中存在违约，并且由此导致了其预期利益的直接损失。故原告要求被告赔偿预期利益损失的诉讼请求不能成立。在（2015）辽民三终字第00250号案①中，根据《合同法》第一百一十三条第一款②的规定，某律师事务所该项诉讼请求的标的是指如果另案诉讼请求全部得到支持并全部得到执行后，根据风险代理约定的比例收取的代理费用。由于委托代理合同在履行过程中被解除，因此该笔代理费用的性质属于某律师事务所请求的预期利益损失。预期利益又称可得利益，具有未来性、期待性、一定的现实性。它是当事人订立合同时能够合理预见到的利益，只要合同如期履行，可得利益就会被当事人所得到。而另案诉讼某律师事务所是否胜诉，是否全部请求都获得支持，是否能够执行到位，具有相当大的不确定性。并非某律师事务所与A公司签订委托代理合同，就能通过诉讼获得该笔代理费用。这也是双方签订风险委托代理合同的根本原因。而A公司管理人在解除与某律师事务所的委托合同后，自行提起对该案的诉讼，法院并未支持其诉讼请求，也证明某律师事务所预期利益的不确定性。因此，该代理费用并非双方订立委托合同时可以预见得到的，合同履行后可以获得的利益，该代理费用损失不属于预期利益损失。某律师事务所以该代理费用申报债权，没有事实和法律依据。

由此可见，在实践中，关于“期待利益”可否成为普通破产债权存在观点上的分歧。那么什么是“期待利益”呢？期待利益在大陆法系中称为履行利益，其核心在于“复原性”以及“预测性”，是指若没有违约行为发生，受害方本可以在此合约下期望获取利益的损失。③ 关于对是否属于期待利益的判断，学说上存在以下几类观点：第一，因果关系说，可预见性规则在契约法中担当着法律上因

---

① 某律师事务所与A公司破产债权确认纠纷案，辽宁省高级人民法院（2015）辽民三终字第00250号民事判决书。

② 《合同法》第一百一十三条第一款规定：“当事人一方不履行合同义务或者履行合同义务不符合约定，给对方造成损失的，损失赔偿额应当相当于因违约所造成的损失，包括合同履行后可以获得的利益，但不得超过违反合同一方订立合同时预见到或者应当预见到的因违反合同可能造成的损失。”

③ 参见杨良宜：《损失赔偿与救济》，法律出版社2013年版，第71页。

果关系的角色，应采纳理性人标准来加以判断，结合个案情境确定理性人能力和知识状况，该规则背后价值构成是复杂的，但分量最重的是私人自治的尊重和给付均衡的维持；[①] 第二，可得利益说，该观点将期待利益拆解为基于合同的固有交换利益和由此产生的增值利益，由此产生的增值利益才属《民法典》第五百八十四条[②]中所述的可得利益；[③] 第三，默示协议标准，该观点认为可预见性规则存在无法消除的不确定性，应采纳默示协议标准，以合同当事人的默示合意为依据来判断是否要阻却相应部分的间接损失，即如果当事人没有默示承担此损失的风险，那么就不能适用该规则。[④] 也有学者通过司法实践大数据实证分析发现，守约方是否有过错对期待利益的认定有显著影响，违约方是否存在过错以及寻找替代交易难度对期待利益的认定则并无影响。[⑤]

除此之外，在进行损害赔偿请求权的处理时，还可能出现违约金请求权与损害赔偿请求权并存的问题，如（2018）闽72民初881号案[⑥]，本案原告诉求包含船舶落空费及船舶滞留港口的损害赔偿，根据我国《合同法》第一百零七条以及第一百一十四条的规定，被告违约行为同时导致了货物落空（违约金请求权）及船舶延滞（损害赔偿请求权），此时债权人得同时主张二者，还是择一行使，抑或先后行使，法律上并无明确规定。有观点认为，违约金请求权与损害赔偿请求权各自独立，其中一个发生效力时，并不排斥另一个请求权的效力。田兴玉和张珠围法官认为，违约金与损害赔偿请求能否并存的关键是判断两者是否指向同一利益，因为依照民法损害赔偿原理，损害赔偿的目的在于填补损害，法律上不能允许当事人基于一个损害获得两次赔偿。如果违约金请求权与损害赔偿请求权指向利益是同一的，债权人不能一并主张，如果利益并非同一，则可以一并主张。

---

① 参见叶金强：《可预见性之判断标准的具体化——〈合同法〉第113条第1款但书之解释路径》，载《法律科学（西北政法大学学报）》2013年第3期，第140－146页。

② 《民法典》第五百八十四条规定："当事人一方不履行合同义务或者履行合同义务不符合约定，造成对方损失的，损失赔偿额应当相当于因违约所造成的损失，包括合同履行后可以获得的利益；但是，不得超过违约一方订立合同时预见到或者应当预见到的因违约可能造成的损失。"

③ 参见刘承韪：《违约可得利益损失的确定规则》，载《法学研究》2013年第2期，第84－101页。

④ 参见孙良国：《可预见规则的现代难题》，载《西南大学学报（社会科学版）》2012年第6期，第30－35页。

⑤ 参见陈起阳：《期待利益损失认定标准研究》，载《社会科学战线》2017年第12期，第278－282页。

⑥ A公司与B公司航次租船合同纠纷案，厦门海事法院（2018）闽72民初881号民事判决书。

本案船舶落空费担保的是履行利益，托运人行为导致给付不能，债务人应赔偿债权人履行利益。船舶因装运非法开采的海砂被查扣，造成船舶所有权人未能将船舶继续投入其他航程的生产经营中，船东的所有权遭受损害，此时托运人构成加害给付，损害赔偿指向的利益是行为人的保护义务，可以与请求权同时发生效力，故债权人可以同时主张违约金请求权与损害赔偿请求权。

本案典型之处不仅在于讨论了违约金请求权与损害赔偿请求权可否并存的问题，其还对定金与违约金可否并存的问题进行了讨论。定金与违约金都是违约损害赔偿救济方式，违约金请求权与定金罚则请求权的产生系基于两项前提：一是有效的违约金或定金约定；二是实际发生了违约金或定金约定所涵盖的违约行为。实践中，一项违约行为有可能同时产生违约金请求权与定金罚则请求权。根据我国《合同法》第一百一十六条规定，当事人既约定违约金，又约定定金的，一方违约时，对方可以选择适用违约金或者定金条款。但是，在定金与违约金约定所指向的违约形态并无交集的情形下，比如定金指向履行不能，违约金指向履行迟延，在一方构成履行不能或履行迟延时，仅可能引发一种权利。当定金和违约金约定各自涵盖的违约形态存在交集，且实际发生的违约行为落入该交集中，才可能引发合同法第一百一十六条规定中的两种权利并存的法律效果。本案的约定违约金（船舶落空费）与定金请求权，两个请求权涵盖的违约形态都是合同不履行，在此情况下，原告仅得选择适用定金罚则或主张违约金。

但其实，在破产衍生诉讼的司法实践中，大多数情况下法院对是否存在预期利益的损失、违约金请求权与损害赔偿请求权可否并存、定金与违约金可否并存表现的态度大多是较为谨慎、保守甚至是消极的。以定金与违约金同时主张为例，在（2020）鲁01民终665号案①中，某集团诉称的除向某集团承担双倍返还定金责任外，B公司还应承担逾期交房的违约责任及利息的意见，因《置换协议书》中仅将B公司应返还的款项限定为已付购房款及双倍定金返还责任两部分，并未约定B公司还应承担其他违约责任或利息损失，双方既已选择适用定金罚则，某集团再行要求B公司承担赔偿其他违约损失不应支持。该案中，法院虽未支持债权人同时请求确认定金与违约金债权的请求，但却同意了当双方在约定了

① A公司与B公司等普通破产债权确认纠纷案，山东省济南市中级人民法院（2020）鲁01民终665号民事判决书。

定金罚则的情况下，可双倍返还定金的主张。但实践中更常见的是，法院通常不会支持定金适用双倍返还规则的主张，如（2019）湘1230民初423号案[①]，法院认为被告已于2018年5月28日进入了破产程序，破产管理人已宣布解除定购合同，涉案债权应以实际损失为计算原则，定金不再适用定金罚则。法院作出此类判决，也是为了保护其他债权人的利益，同时这也较为符合《破产审判纪要》中补偿性债权优先于惩罚性债权的精神。

五、破产程序中保证责任的实现

（一）导引案例分析

A公司、杨某普通破产债权确认纠纷民事二审判决书/贵州省遵义市中级人民法院/（2021）黔03民终3807号[②]

【裁判要点】

破产企业的法定代表人以破产企业的名义提出担保的，法院和管理人要根据最高人民法院《关于执行担保若干问题的规定》第五条“公司为被执行人提供执行担保的，应当提交符合公司法第十六条规定的公司章程、董事会或者股东会、股东大会决议”、《公司法》第十六条“公司向其他企业投资或者为他人提供担保，依照公司章程的规定，由董事会或者股东会、股东大会决议；公司章程对投资或者担保的总额及单项投资或者担保的数额有限额规定的，不得超过规定的限额。公司为公司股东或者实际控制人提供担保的，必须经股东会或者股东大会决议。前款规定的股东或者受前款规定的实际控制人支配的股东，不得参加前款规定事项的表决。该项表决由出席会议的其他股东所持表决权的过半数通过”之规定，审核担保是否有效。如果仅提供加盖公司印章的担保书，但并未提供任何形式的股东会决议，根据《合同法》第五十二条之规定，可认定提供的担保因违反了法律、行政法规的强制性规定，属于无效担保，进而对于相关权利人依据无效的担保请求确认破产债权的主张，法院不予支持。

① 陆某与A公司普通破产债权确认纠纷案，湖南省通道侗族自治县人民法院（2019）湘1230民初423号民事判决书。

② 相关案件：杨某、孔某等申请执行人执行异议之诉纠纷案，贵州省遵义市红花岗区人民法院（2021）黔0302民初21624号民事裁定书。

【基本案情】

杨某与孔某存在居间劳务合同纠纷，经遵义市红花岗区人民法院调解，双方达成调解协议，于2018年6月4日制作调解书，内容为由孔某分期支付杨某居间劳务费等费用共计450万元及利息。调解协议发生法律效力后，孔某未按协议约定的时间支付款项，杨某向遵义市红花岗区人民法院申请强制执行。在执行过程中，A公司向遵义市红花岗区人民法院提出担保，并于2019年5月9日出具担保书一份，内容为：红花岗区人民法院，贵院受理申请人杨某申请执行孔某（2018）黔0302民初3998号民事调解书，因孔某作为被执行人，暂时无力履行法律文书确定的义务，经与申请人杨某协商，我提供我担任法人代表的A公司作保证和担保，保证于2019年5月20日前全部清偿上述法律文书确定的义务，逾期贵院可直接执行A公司的任何财产。担保人A公司加盖了印章。2019年5月20日后，孔某及担保人A公司未履行支付义务。2019年6月20日，遵义市红花岗区人民法院制作了（2018）黔0302执2702号之一执行裁定书。杨某多日、多次通过张某的微信对《A公司债权审核表》中载明的"杨某债权金额7万元，没有确认杨某债权450万元及利息108万元"提出异议并提交了相关证明文书，但破产清算管理人对杨某的异议未作出答复，也没有将债权人会议对《A公司债权审核表》中载明的债权审核（表决）结果告知杨某，故发生争议。杨某诉至法院，请求支持杨某的诉讼请求。

【一审判决结果】

1. 杨某享有对A公司的普通破产债权金额为5, 487, 168. 79元。

2. 驳回杨某的其余诉讼请求。

【一审判决思路】

杨某对A公司的担保债权经人民法院生效的法律文书所确定，杨某请求确认该债权的诉讼请求，符合法律的规定，予以支持。A公司向法院申请破产清算，一审法院受理后，在破产清算过程中，杨某向A公司的破产清算管理人申请了担保债权登记。破产清算管理人编制了《A公司债权审核表》，其中载明杨某申请债权457万元及利息108万元（双方陈述担保债权450万元及利息108万元，其他债权7万元），审核确认金额7万元。杨某在2020年9月28日通过微信收到该《A公司债权审核表》后，通过微信明确提出异议，但被告的破产清算管理人没有对杨某的异议进行复议。A公司破产清算管理人制定的《A公司破产清算案债权确认规则（草案）》指出：“债权人收到债权确认书后有异议的，债权人应当自收到债权人确认清册和债权确认书次日起5日内向破产清算管理人申请复议，破产清算管理人应当于收到复议申请之日起7个工作日内作出复议意见，债权人收到复议结果后有异议的，可在收到复议结果后次日起7个工作日内向播州区人民法院提起诉讼。”虽然该规则的上述条款违反破产法律的相关规定，但该规则由债权人会议通过，所有债权人及被告的破产管理人均应当遵守。A公司的破产清算管理人及其工作人员对杨某多次提出的异议没有进行复议，对债权人会议审查该债权的审查结果没有告知杨某，现以杨某的起诉超过诉讼时效进行辩解，不予支持。A公司的破产清算管理人以杨某的债权系案外人孔某的个人债务，A公司的担保违反《公司法》关于公司担保的规定进行辩解，但由于A公司对案外人孔某的债务进行担保，其担保责任已经由法院生效的法律文书进行确定，故该辩解不予支持。

【二审判决结果】

1. 撤销贵州省遵义市播州区人民法院（2020）黔0321民初7880号民事判决。

2. 驳回杨某的诉讼请求。

【二审判决思路】

1. 关于诉讼时效问题。上诉人并未提供充分证据证明其已于2020年9月3日将债权审核表发送了杨某。上诉人在一审中提供的张某与杨某的微信聊天记录显示，杨某是在2020年9月29日才收到了管理人发送的债权核查报告及债权表，且于当日便向管理人提出异议并提交债权凭证，管理人之后一直未对杨某的异议作出回复。根据A公司破产清算管理人制定的《A公司破产清算案债权确认规则（草案）》指出“债权人收到债权确认书后有异议的，债权人应当自收到债权人确认清册和债权确认书次日起5日内向破产清算管理人申请复议，破产清算管理人应当于收到复议申请之日起7个工作日内作出复议意见，债权人收到复议结果后有异议的，可在收到复议结果后次日起7个工作日内向播州区人民法院提起诉讼”之规定，上诉人认为杨某提起本案诉讼已经超过诉讼时效的主张不能成立，法院不予支持。

2. 关于债权能否确认为破产债权的问题。孔某个人与杨某形成债权债务关系后，在执行过程中，孔某作为上诉人公司的法定代表人以公司的名义于2019

年5月9日向执行法院提出担保，根据最高人民法院《关于执行担保若干问题的规定》第五条“公司为被执行人提供执行担保的，应当提交符合公司法第十六条规定的公司章程、董事会或者股东会、股东大会决议”、《公司法》第十六条“公司向其他企业投资或者为他人提供担保，依照公司章程的规定，由董事会或者股东会、股东大会决议；公司章程对投资或者担保的总额及单项投资或者担保的数额有限额规定的，不得超过规定的限额。公司为公司股东或者实际控制人提供担保的，必须经股东会或者股东大会决议。前款规定的股东或者受前款规定的实际控制人支配的股东，不得参加前款规定事项的表决。该项表决由出席会议的其他股东所持表决权的过半数通过”之规定，因孔某在提供担保时，仅向执行法院提供了公司印章的担保书，并未提供任何形式股东会决议，故根据《合同法》第五十二条之规定，孔某作为法定代表人以上诉人公司名义为自己提供的担保因违反了法律、行政法规的强制性规定，属于无效担保。故杨某依据无效的担保请求确认破产债权的主张，依法不能成立，法院不予支持。

【一审、二审法院审理思路对比总结】

类目	一审	二审
裁判结果	1. 杨某享有对A公司的普通破产债权金额为5,487,168.79元。 2. 驳回杨某的其余诉讼请求。	1. 撤销贵州省遵义市播州区人民法院（2020）黔0321民初7880号民事判决。 2. 驳回杨某的诉讼请求。
争议焦点	1. 杨某是否享有担保债权。 2. 担保债权数额具体为多少。	1. 关于杨某的起诉是否超过诉讼时效问题。 2. 关于债权能否确认为破产债权的问题。
回应	1. 享有。杨某的起诉在诉讼时效内，且虽然A公司的破产清算管理人以杨某的债权系案外人孔某的个人债务，A公司的担保违反《公司法》关于公司担保的规定进行辩解，但由于A公司对案外人孔某的债务进行担保，其担保责任已经由法院生效的法律文书进行确定，故该辩解不予支持。	1. 杨某的起诉未超过诉讼时效。从上诉人在一审中提供的张某与杨某的微信聊天记录显示，杨某是在2020年9月29日才收到管理人发送的债权核查报告及债权表，且于当日便向管理人提出异议并提交债权凭证，管理人之后一直未对杨某的异议作出回复。根据A公司破产清算管理人制定的《A公司破产清算案债权确认规则（草案）》的规定，上

续表

类目	一审	二审
	2. 享有的普通破产债权金额为5, 487, 168. 79 元。根据本金、年利率、时间来计算，共计 5, 512, 500 元，减去已经收到的被告执行款 25, 331. 21 元，最后结果为 5, 487, 168. 79 元。	诉人认为杨某提起本案诉讼已经超过诉讼时效的主张不能成立，法院不予支持。 2. 否。根据最高人民法院《关于执行担保若干问题的规定》第五条、《公司法》第十六条的规定，孔某在提供担保时，仅向执行法院提供了公司印章的担保书，并未提供任何形式的股东会决议，故根据《合同法》第五十二条之规定，孔某作为法定代表人以上诉人公司名义为自己提供的担保因违反了法律、行政法规的强制性规定，属于无效担保。故杨某依据无效的担保请求确认破产债权的主张，依法不能成立，法院不予支持。

（二）实务问题讨论

论及破产衍生诉讼中保证责任的问题，首先需要明确几点：其一，保证责任不会因为债务人或者保证人发生破产而免除或减轻，保证合同也不会随债务人或者保证人的破产而解除，但也存在例外情况，比如关联企业实质合并破产时，因关联企业之间主体合一，权利义务合一，所以相互之间的保证担保合同也随之消灭；其二，保证责任在破产程序中，不会因为债务人或者保证人的破产而加重，但也有例外，比如因破产程序启动，出现了可能实质性损害债权人担保利益的情势变迁时，就需要适当调整保证责任。① 笔者将破产衍生诉讼中保证责任的实现具体分为三种情况讨论：一是债务人进入破产程序时的保证责任实现；二是保证人进入破产程序时的保证责任实现；三是债务人和保证人同时破产时的保证责任实现。

① 参见王欣新：《破产法》（第 4 版），中国人民大学出版社 2019 年版，第 213 页。

1. 债务人进入破产程序时的保证责任实现

《民法典》第六百八十七条[①]和第六百八十八条[②]分别对一般保证责任和连带保证责任进行了一般性规定。在《企业破产法》中第五十一条[③]和第一百二十四条[④]也分别规定了债务人的保证人申报债权的规定和破产程序终结后破产人的保证人继续承担清偿责任的规定。另外，《破产审判纪要》第三十一条规定："保证人的清偿责任和求偿权的限制。破产程序终结前，已向债权人承担了保证责任的保证人，可以要求债务人向其转付已申报债权的债权人在破产程序中应得清偿部分。破产程序终结后，债权人就破产程序中未受清偿部分要求保证人承担保证责任的，应在破产程序终结后六个月内提出。保证人承担保证责任后，不得再向和解或重整后的债务人行使求偿权。"

首先，《破产审判纪要》承认债权人可以同时向债务人和保证人追偿。"已向债权人承担了保证责任的保证人，可以要求债务人向其转付已申报债权的债权人在破产程序中应得清偿部分"只可能发生于债权人在破产程序中申报了债权，并同时向破产债务人和破产程序外的保证人追偿的情况下。[⑤] 所以，"破产程序终结后，债权人就破产程序中未受清偿部分要求保证人承担保证责任的，应在破产程序终结后六个月内提出"的规定，并不是指债权人不能在破产程序中追究保证人的责任，而只能在破产程序终结后的6个月内提出。司法实践中，法院对债权人既向债务人申报债权，又向保证人追偿的行为存在不同看法。如有的法院对

---

① 《民法典》第六百八十七条规定："当事人在保证合同中约定，债务人不能履行债务时，由保证人承担保证责任的，为一般保证。一般保证的保证人在主合同纠纷未经审判或者仲裁，并就债务人财产依法强制执行仍不能履行债务前，有权拒绝向债权人承担保证责任，但是有下列情形之一的除外：（一）债务人下落不明，且无财产可供执行；（二）人民法院已经受理债务人破产案件；（三）债权人有证据证明债务人的财产不足以履行全部债务或者丧失履行债务能力；（四）保证人书面表示放弃本款规定的权利。"

② 《民法典》第六百八十八条规定："当事人在保证合同中约定保证人和债务人对债务承担连带责任的，为连带责任保证。连带责任保证的债务人不履行到期债务或者发生当事人约定的情形时，债权人可以请求债务人履行债务，也可以请求保证人在其保证范围内承担保证责任。"

③ 《企业破产法》第五十一条规定："债务人的保证人或者其他连带债务人已经代替债务人清偿债务的，以其对债务人的求偿权申报债权。债务人的保证人或者其他连带债务人尚未代替债务人清偿债务的，以其对债务人的将来求偿权申报债权。但是，债权人已经向管理人申报全部债权的除外。"

④ 《企业破产法》第一百二十四条规定："破产人的保证人和其他连带债务人，在破产程序终结后，对债权人依照破产清算程序未受清偿的债权，依法继续承担清偿责任。"

⑤ 参见王欣新：《〈全国法院破产审判工作会议纪要〉要点解读》，载《法治研究》2019年第5期，第122－137页。

债权人的起诉拒绝受理，有的虽然受理但却在受理后裁定中止审理，待破产程序终结后再恢复审理，还有的允许受理、审理案件但拒绝执行，这些做法都是错误的。[①] 对于债权人在申报债权后又起诉保证人的情形，法院较为合适的做法应该是判决保证人承担其在保证范围内的偿还责任，并明确保证人在履行完清偿义务后，可以要求债务人向其转付已申报债权的债权人在破产程序中应得清偿部分，即保证人可以依法在清偿范围内申报债权，而无须在受理案件后中止执行。如（2015）苏民终字第00639号案[②]中，法院认为，浙江省温岭市人民法院已于2012年6月29日裁定受理A公司的破产清算申请。同年10月28日，王某作为债权人向A公司破产管理人申报了债权，之后王某又向一审法院提起本案之诉。最高人民法院在〔2002〕民二他字第32号《对〈关于担保期间债权人向保证人主张权利的方式及程序问题的请示〉的答复》中认为：对于债权人申报了债权，同时又起诉保证人的保证纠纷案件，人民法院应当受理；人民法院如径行判决保证人承担保证责任，应当在判决中明确应扣除债权人在债务人破产程序中可以分得的部分。本案中，一审法院在判决保证人承担保证责任的同时，已明确告知"鉴于王某作为A公司的债权人已经向清算小组申报债权，由此得到的清偿款对应本案起诉部分应当在本判决确定保证人承担责任的范围内扣减"。因此，如果破产程序终结前，保证人履行保证责任，使王某的债权得到部分或全部清偿，则保证人按照其清偿部分的数额取代王某的地位，可参与破产分配。如果在保证人履行保证责任之前，王某已通过破产分配程序实现了部分债权，则该实现的债权，应从本判决确定的保证人应承担的债务总额中扣减。据此，法院认为，上诉人陈某提出的本案应中止诉讼或改判待A公司破产程序终结后，再由保证人对王某未受清偿部分的借款本息承担连带担保责任的上诉主张，缺乏法律依据，不予支持。

其次，《破产审判纪要》规定"债权人就破产程序中未受清偿部分要求保证人承担保证责任的，应在破产程序终结后六个月内提出"，但其实破产程序终结后6个月期间的性质是存在争议的。王欣新教授认为该6个月属于保证期间，即

① 参见王欣新：《〈全国法院破产审判工作会议纪要〉要点解读》，载《法治研究》2019年第5期，第122－137页。

② 王某与陈某等民间借贷纠纷案，江苏省高级人民法院（2015）苏民终字第00639号民事判决书。

破产程序终结后保证人承担保证责任的期间为6个月;[①] 孙鹏教授认为6个月属于保证期间，故不适用于法院受理债务人破产案件时保证人的保证期间已经完成的情况。但陈雯雯法官认为，该期间并非保证期间，只是保证人在保证期间届满后仍需承担保证责任的特殊规定，可以将其称为债权人有权要求保证人承担保证责任的宽限期。因为保证期间不因任何事由发生中断、中止、延长的法律后果，且条文并无除外规定，故保证期间属不变期间，不宜将该延长的6个月认定为保证期间；另外，最高人民法院在（2014）民提字第220号民事判决书[②]、（2014）民二终字第99号民事判决书[③]等文书中亦采用了“宽限期”的表述。[④]

最后，《破产审判纪要》确立了在破产程序中申报债权的债权人，未得到全额清偿时，向保证人就剩余债务追究保证责任后，保证人不得再向和解或重整后存续的债务人行使求偿权的原则。[⑤]

除此之外，关于主债权停止计息的效力是否及于保证人这一问题也一直是存在争论的，但2021年1月1日生效的《民法典担保制度司法解释》第二十二条已作出明确规定：“人民法院受理债务人破产案件后，债权人请求担保人承担担保责任，担保人主张担保债务自人民法院受理破产申请之日起停止计息的，人民法院对担保人的主张应予支持。”也就是说，保证债权同主债权一致，均是自债务人破产申请受理之日起停止计息。如在（2020）黔0303民初1150号案[⑥]中，卢某科与陈某红、陈某材与卢某云为A公司的借款提供了连带责任保证。保证合同具有从属性，保证人不只是承担担保责任，还具有追偿的权利，为此保证人承担保证范围不超过主债务人承担的范围。根据《民法典担保制度司法解释》第二十二条的规定，四人对A公司的借款本息应向银行承担清偿责任，但利息的截止日为人民法院受理破产申请之日，借款、利息共计4,237,537.81元。

---

① 参见王欣新：《〈全国法院破产审判工作会议纪要〉要点解读》，载《法治研究》2019年第5期，第122－137页。

② A公司、B公司保证合同纠纷案，最高人民法院（2014）民提字第220号民事判决书。

③ A公司等与B公司保证合同纠纷案，最高人民法院（2014）民二终字第99号民事判决书。

④ A公司诉B公司等保证合同纠纷案，浙江省宁波市鄞州区人民法院（2017）浙0204民初786号民事裁定书。

⑤ 参见王欣新：《〈全国法院破产审判工作会议纪要〉要点解读》，载《法治研究》2019年第5期，第122－137页。

⑥ A公司与B公司、C公司金融借款合同纠纷案，贵州省遵义市汇川区人民法院（2020）黔0303民初1150号民事判决书。

2. 保证人进入破产程序时的保证责任实现

《企业破产法司法解释（三）》第四条第一款规定：“保证人被裁定进入破产程序的，债权人有权申报其对保证人的保证债权。”从该规定便可知，保证人已经进入破产程序，所以其已不具有代为清偿的能力，其在破产程序中便不再承担保证责任的说法是错误的，保证人的保证责任不因其破产而被免除。① 如主债务已经到期且债权人已在保证期间内要求连带责任保证人承担保证责任，或者对一般保证中的债务人提起诉讼或申请仲裁的，可同时向管理人申报保证债权。其中，对负连带保证责任的保证人，债权人可以依据保证合同的约定直接向保证人追偿，对负一般保证责任的保证人，债权人也可以向保证人申报债权，一般保证人的管理人在破产程序中应将该债权人的分配额予以提存，待主合同纠纷经过强制执行后，即一般保证责任确定后，再按照破产清偿比例予以分配。当保证人承担保证责任后，可以根据《企业破产法司法解释（三）》第四条第三款“保证人被确定应当承担保证责任的，保证人的管理人可以就保证人实际承担的清偿额向主债务人或其他债务人行使求偿权”的规定，要求主债务人对其承担的清偿部分进行清偿。如（2021）青01民初381号案②中，法院认为，根据《企业破产法司法解释（三）》第四条的规定，保证人承担保证责任后，保证人的管理人可以就保证人实际承担的清偿额向主债务人或其他债务人行使追偿权。担保人A公司已向主债务人的债权人支付了10,411,853.45元，现主张向主债务人追偿，符合上述法律规定，法院予以支持。但其主张代偿期间的利息无合同约定，于法无据，法院不予支持。（2021）鲁0613民初2692号案③也是如此，根据前述规定，担保人承担保证人责任后，可以向主债务人追偿。

《企业破产法司法解释（三）》第四条第二款规定：“主债务未到期的，保证债权在保证人破产申请受理时视为到期。一般保证的保证人主张行使先诉抗辩权的，人民法院不予支持，但债权人在一般保证人破产程序中的分配额应予提存，待一般保证人应承担的保证责任确定后再按照破产清偿比例予以分配。”该条款

① 参见王欣新：《破产法》（第4版），中国人民大学出版社2019年版，第217页。

② A公司、B公司对外追收债权纠纷案，青海省西宁市中级人民法院（2021）青01民初381号民事判决书。

③ A公司、B公司等金融借款合同纠纷案，山东省烟台市莱山区人民法院（2021）鲁0613民初2692号民事判决书。

对主债权尚未到期，但保证人进入破产程序后的保证责任予以明确，突破了主债务合同与保证合同的主从关系，即使主合同尚未到期，一旦保证人被裁定进入破产程序，保证债权也在破产申请受理时视为到期。

另外就保证人进入破产程序时的保证责任实现问题，经常涉及保证人作为破产企业，其在破产债权申报及确认过程中，管理人或法院会对保证行为是否符合公司章程规定进行审核，倘若此行为存在瑕疵，则在保证债权的确认上会存在阻力。除了前述导引案例分析中的（2021）黔03民终3807号案①，（2021）苏0682民初8544号案也是如此。在（2021）苏0682民初8544号案②中，法院认为，原告、被告及第三人对案涉借款担保的事实并无争议，法院亦予以认定。根据诉争循环借款合同、最高额保证合同，本案原告A银行为债权人、第三人B公司为债务人、被告C公司为保证人，现C公司被法院裁定受理破产清算，根据《企业破产法司法解释（三）》第四条的规定，原告A银行可依法向C公司破产管理人申请保证债权。根据《公司法》第十六条第一款“公司向其他企业投资或者为他人提供担保，依照公司章程的规定，由董事会或者股东会、股东大会决议；公司章程对投资或者担保的总额及单项投资或者担保的数额有限额规定的，不得超过规定的限额”的规定和C公司章程相关条款，C公司对外担保需经股东会决议。故本案主要争议的焦点为：被告C公司是否承担担保责任？被告C公司管理人认为其出具的“保证单位股东会决议”不符合C公司章程规定，案涉最高额保证合同应为无效，故不应承担担保责任，原告A银行则认为“保证单位股东会决议”符合C公司章程，故案涉最高额保证合同为有效，且已尽到注意审查义务。对上述争议焦点，结合本案相关事实，法院认为，被告C公司应承担担保责任。首先，根据前述法条及C公司章程规定，对外担保由股东会决议，而案涉最高额保证合同签订时，C公司作为保证人出具了“保证单位股东会决议”且该决议非伪造、变造情形。其次，A银行作为债权人已审查了“保证单位股东会决议”符合C公司章程的规定，如签名股东的出资比例占99%、股东会按出资比例行使表决权、股东会决议应由代表二分之一以上表决权的股东通过等，故A

---

① A公司、杨某普通破产债权确认纠纷案，贵州省遵义市中级人民法院（2021）黔03民终3807号民事判决书。

② A公司、B公司等破产债权确认纠纷案，江苏省如皋市人民法院（2021）苏0682民初8544号民事判决书。

银行基于对C公司法定代表人孙某身份、公司印章的真实性的信赖，基于C公司提供的股东会决议上盖有公司真实印章及两股东签名的事实，完全有理由相信该股东会决议真实性，故A银行主观上构成善意并无过错。再次，公司章程修正案及股东会议事规则在企业工商登记材料上属于内档，不属于对外公开材料，一般相对人查询不到该内容。且被告C公司管理人也没有证据证明在签订案涉最高额保证合同时向原告A银行出具了2015年5月20日被告C公司“章程修正案”和“股东会议事规则”，也就是说没有证据表明A银行对另一位占比1%股东的D公司有一票否决权是明知的。最后，C公司时任法定代表人孙某向法院出具“关于B公司农商行贷款担保过程的情况说明”也不能表明A银行存在恶意。综上所述，案涉最高额保证合同签订时作为保证人的C公司出具了股东会决议，作为债权人的A银行尽到一般审查义务且没有证据证明具有恶意，故应当承担担保责任。

3. 债务人和保证人同时破产时的保证责任实现

《企业破产法司法解释（三）》第五条对该种情况进行了详细说明：“债务人、保证人均被裁定进入破产程序的，债权人有权向债务人、保证人分别申报债权。债权人向债务人、保证人均申报全部债权的，从一方破产程序中获得清偿后，其对另一方的债权额不作调整，但债权人的受偿额不得超出其债权总额。保证人履行保证责任后不再享有求偿权。”

债务人和保证人同时破产时的保证责任实现需要遵循以下几项原则：首先，二者均已进入破产程序，所以可以暂时放弃非破产程序中的相关要求，即在一般保证中，债权人首先应向债务人求偿，债务人未清偿的部分，再向保证人追偿，如果在破产程序中还以此为之，便可能出现债权人在未向保证人追偿时，保证人就已经将破产财产分配完毕，并结束了破产程序，此时就会出现保证人实际免除保证责任的现象，所以允许在债务人和保证人均进入破产程序时，债权人可以同时向债务人和保证人申请债权很有必要。[①] 其次，因为二者均因丧失清偿能力进入破产程序，所以无论债权人是以债务全额向任何一方追偿，还是可以向二者分别申报债权，但分别申报债权总额不能超过实际上的债权总额，都难以使债权人获得充分清偿，所以法律允许在破产程序中，债权人可以对二者分别申报债权全

① 参见王欣新：《破产王道》，法律出版社2021年版，第27－28页。

额，只要债权人从债务人处及保证人处获得的受偿总额不超过其债权总额即可，如在（2021）鲁0117民初197号案[①]中，法院认为债务人、保证人均被裁定进入破产程序的，债权人有权向债务人、保证人分别申报债权，在关于债权数额的问题上，原告于2017年4月3日已向债务人的管理人申报了债权，并得到确认为829,382.72元，因是同一业务，所以原告在保证人处的破产债权也确定为829,382.72元。最后，因为在债务人与保证人均被裁定进入破产程序时，债权人就已在破产程序中向债务人全额申报债权，根据《企业破产法》第五十一条第二款[②]和《企业破产法司法解释（三）》第五条第二款的规定，保证人在向债权人清偿后不能再取得对债务人的求偿权，这是为了防止债务人对一项债务分别向债权人和保证人进行两次重复清偿，损害到其他债权人的权益。如在（2021）苏0281民初8381号案[③]中，B公司、A公司分别系案涉债权的债务人和保证人，且B公司、A公司均被裁定进入破产程序，符合《企业破产法司法解释（三）》第五条的规定法律规定的前提条件。虽A公司主张“其承担的是担保无效的赔偿责任，并不是保证责任，不适用上述法律规定”，但A公司承担的赔偿责任是基于其与B公司、C公司之间的担保合同关系所产生，适用的法律亦是《担保法》及担保法司法解释。同时，基于《企业破产法》同一债权不得获得两次受偿、同类债权应当获得同等清偿比例的原理，在C公司已向B公司申报全部债权的情况下，如允许A公司向B公司追偿，则案涉债权在B公司将获得比同类债权更高的清偿比例，有违《企业破产法》公平清理债权债务的立法目的，故上述条款中的“保证人履行保证责任后不再享有求偿权”应包含保证人因担保合同无效所应承担的赔偿责任的情况。A公司提出的主张不符合法律规定，其不再享有追偿权，其要求确认对B公司享有普通债权的诉讼请求，于法无据，法院依法不予支持。

但当同时破产的债务人和保证人属于关联企业，且适用关联企业实质破产规

---

① A公司与B公司、C公司普通破产债权确认纠纷案，山东省济南市钢城区人民法院（2021）鲁0117民初197号民事判决书。

② 《企业破产法》第五十一条第二款规定：“债务人的保证人或者其他连带债务人尚未代替债务人清偿债务的，以其对债务人的将来求偿权申报债权。但是，债权人已经向管理人申报全部债权的除外。”

③ A公司、B公司普通破产债权确认纠纷案，江苏省江阴市人民法院（2021）苏0281民初8381号民事判决书。

则时，情况又有了变化。如（2021）辽1103民初701号案[①]，原告本次诉讼主张确认的破产债权系A公司、B公司、C公司、D公司、E公司、F公司欠付原告货款、被告为上述货款抵押担保形成的债权债务，该债务对被告而言仅为担保行为产生的债务。现该系列企业已被沈阳市中级人民法院裁定关联企业实质合并破产，而原告已在A公司、B公司、C公司、D公司、E公司、F公司等公司申报了债权，且沈阳市中级人民法院作出的（2019）辽01破38－5号民事裁定书所附《某集团等九十二家企业无异议债权表》已经认定了原告申报的债权数额。由于该系列企业间存在大量互相担保、为第三方共同提供担保、作为共同债务人而形成的债权，金融机构就同一笔债权分别向主债务人、保证人申报的，最高人民法院《破产审判纪要》第三十六条规定："实质合并审理的法律后果。人民法院裁定采用实质合并方式审理破产案件的，各关联企业成员之间的债权债务归于消灭，各成员的财产作为合并后统一的破产财产，由各成员的债权人在同一程序中按照法定顺序公平受偿。采用实质合并方式进行重整的，重整计划草案中应当制定统一的债权分类、债权调整和债权受偿方案。"某集团系列企业管理人按照《破产审判纪要》第三十六条的规定原告的债权将按一笔债权进行认定。原告已经在A公司、B公司、C公司、D公司、E公司、F公司六家公司申报了债权，并且某集团沈阳地区管理人已经认定了原告申报的债权，原告再在盘锦地区管理人处申报属于重复申报。

本专题小结

根据《企业破产法》的规定，破产债权具有因破产程序启动前原因成立、破产债权是财产上的请求权、破产债权是可以强制执行的债权、破产债权是经依法申报并取得确认、有权在破产程序中受偿的债权等特征。[②]

从维护全体债权人、利害关系人等整体利益的角度出发，《企业破产法》第

① A公司与B公司破产债权确认纠纷案，辽宁省盘锦市兴隆台区人民法院（2021）辽1103民初701号民事判决书。

② 参见王欣新：《破产法》（第4版），中国人民大学出版社2019年版，第196－198页。

五十七条、第五十八条、《企业破产法司法解释（三）》第八条对债权申报、管理人审查、债权人会议核查、管理人复核、提起诉讼等工作流程及争议处理程序进行了明确规定。按照上述规定，债权人对债权表中记载的自身债权如果存在异议，应当首先向管理人提出异议并说明理由及法律依据。经管理人解释或调整后，异议债权人仍然不服或者管理人不予解释、调整的，异议债权人才可以向法院提起债权确认之诉。①

目前司法实践中，有关债权确认程序中可能存在的问题便是管理人在此环节权力过大而不受监督，实践中关于债权审查确认的权力几乎是完全交予管理人行使的，这种做法漠视了法律明文规定的债权人会议和人民法院在债权核查确认方面的权力。②

附：本专题纠纷所涉高频法条索引

1.《民法典》

第五百八十五条：

当事人可以约定一方违约时应当根据违约情况向对方支付一定数额的违约金，也可以约定因违约产生的损失赔偿额的计算方法。

约定的违约金低于造成的损失的，人民法院或者仲裁机构可以根据当事人的请求予以增加；约定的违约金过分高于造成的损失的，人民法院或者仲裁机构可以根据当事人的请求予以适当减少。

当事人就迟延履行约定违约金的，违约方支付违约金后，还应当履行债务。

第六百八十条：

禁止高利放贷，借款的利率不得违反国家有关规定。

借款合同对支付利息没有约定的，视为没有利息。

借款合同对支付利息约定不明确，当事人不能达成补充协议的，按照当地或者当事人的交易方式、交易习惯、市场利率等因素确定利息；自然人之间借款的，视为没有利息。

---

① A公司、杨某普通破产债权确认纠纷案，辽宁省铁岭市中级人民法院（2022）辽12民终549号民事裁定书。

② 参见王欣新：《破产法》（第4版），中国人民大学出版社2019年版，第229页。

第六百八十七条：

当事人在保证合同中约定，债务人不能履行债务时，由保证人承担保证责任的，为一般保证。

一般保证的保证人在主合同纠纷未经审判或者仲裁，并就债务人财产依法强制执行仍不能履行债务前，有权拒绝向债权人承担保证责任，但是有下列情形之一的除外：

（一）债务人下落不明，且无财产可供执行；

（二）人民法院已经受理债务人破产案件；

（三）债权人有证据证明债务人的财产不足以履行全部债务或者丧失履行债务能力；

（四）保证人书面表示放弃本款规定的权利。

第六百八十八条：

当事人在保证合同中约定保证人和债务人对债务承担连带责任的，为连带责任保证。

连带责任保证的债务人不履行到期债务或者发生当事人约定的情形时，债权人可以请求债务人履行债务，也可以请求保证人在其保证范围内承担保证责任。

2.《企业破产法》

第四十四条：

人民法院受理破产申请时对债务人享有债权的债权人，依照本法规定的程序行使权利。

第四十五条：

人民法院受理破产申请后，应当确定债权人申报债权的期限。债权申报期限自人民法院发布受理破产申请公告之日起计算，最短不得少于三十日，最长不得超过三个月。

第四十六条：

未到期的债权，在破产申请受理时视为到期。

附利息的债权自破产申请受理时起停止计息。

第四十七条：

附条件、附期限的债权和诉讼、仲裁未决的债权，债权人可以申报。

第四十八条：

债权人应当在人民法院确定的债权申报期限内向管理人申报债权。

债务人所欠职工的工资和医疗、伤残补助、抚恤费用，所欠的应当划入职工个人账户的基本养老保险、基本医疗保险费用，以及法律、行政法规规定应当支付给职工的补偿金，不必申报，由管理人调查后列出清单并予以公示。职工对清单记载有异议的，可以要求管理人更正；管理人不予更正的，职工可以向人民法院提起诉讼。

第四十九条：

债权人申报债权时，应当书面说明债权的数额和有无财产担保，并提交有关证据。申报的债权是连带债权的，应当说明。

第五十条：

连带债权人可以由其中一人代表全体连带债权人申报债权，也可以共同申报债权。

第五十一条：

债务人的保证人或者其他连带债务人已经代替债务人清偿债务的，以其对债务人的求偿权申报债权。

债务人的保证人或者其他连带债务人尚未代替债务人清偿债务的，以其对债务人的将来求偿权申报债权。但是，债权人已经向管理人申报全部债权的除外。

第五十二条：

连带债务人数人被裁定适用本法规定的程序的，其债权人有权就全部债权分别在各破产案件中申报债权。

第五十三条：

管理人或者债务人依照本法规定解除合同的，对方当事人以因合同解除所产生的损害赔偿请求权申报债权。

第五十四条：

债务人是委托合同的委托人，被裁定适用本法规定的程序，受托人不知该事实，继续处理委托事务的，受托人以由此产生的请求权申报债权。

第五十五条：

债务人是票据的出票人，被裁定适用本法规定的程序，该票据的付款人继续付款或者承兑的，付款人以由此产生的请求权申报债权。

第五十六条：

在人民法院确定的债权申报期限内，债权人未申报债权的，可以在破产财产最后分配前补充申报；但是，此前已进行的分配，不再对其补充分配。为审查和确认补充申报债权的费用，由补充申报人承担。

债权人未依照本法规定申报债权的，不得依照本法规定的程序行使权利。

第五十七条：

管理人收到债权申报材料后，应当登记造册，对申报的债权进行审查，并编制债权表。

债权表和债权申报材料由管理人保存，供利害关系人查阅。

第五十八条：

依照本法第五十七条规定编制的债权表，应当提交第一次债权人会议核查。

债务人、债权人对债权表记载的债权无异议的，由人民法院裁定确认。

债务人、债权人对债权表记载的债权有异议的，可以向受理破产申请的人民法院提起诉讼。

3.《企业破产法司法解释（三）》

第三条：

破产申请受理后，债务人欠缴款项产生的滞纳金，包括债务人未履行生效法律文书应当加倍支付的迟延利息和劳动保险金的滞纳金，债权人作为破产债权申报的，人民法院不予确认。

第四条：

保证人被裁定进入破产程序的，债权人有权申报其对保证人的保证债权。

主债务未到期的，保证债权在保证人破产申请受理时视为到期。一般保证的保证人主张行使先诉抗辩权的，人民法院不予支持，但债权人在一般保证人破产程序中的分配额应予提存，待一般保证人应承担的保证责任确定后再按照破产清偿比例予以分配。

保证人被确定应当承担保证责任的，保证人的管理人可以就保证人实际承担的清偿额向主债务人或其他债务人行使求偿权。

第五条：

债务人、保证人均被裁定进入破产程序的，债权人有权向债务人、保证人分别申报债权。

债权人向债务人、保证人均申报全部债权的，从一方破产程序中获得清偿后，其对另一方的债权额不作调整，但债权人的受偿额不得超出其债权总额。保证人履行保证责任后不再享有求偿权。

第六条：

管理人应当依照企业破产法第五十七条的规定对所申报的债权进行登记造册，详尽记载申报人的姓名、单位、代理人、申报债权额、担保情况、证据、联系方式等事项，形成债权申报登记册。

管理人应当依照企业破产法第五十七条的规定对债权的性质、数额、担保财产、是否超过诉讼时效期间、是否超过强制执行期间等情况进行审查、编制债权表并提交债权人会议核查。

债权表、债权申报登记册及债权申报材料在破产期间由管理人保管，债权人、债务人、债务人职工及其他利害关系人有权查阅。

4.《关于审理企业破产案件若干问题的规定》

第五十五条：

下列债权属于破产债权：

（一）破产宣告前发生的无财产担保的债权；

（二）破产宣告前发生的虽有财产担保但是债权人放弃优先受偿的债权；

（三）破产宣告前发生的虽有财产担保但是债权数额超过担保物价值部分的债权；

（四）票据出票人被宣告破产，付款人或者承兑人不知其事实而向持票人付款或者承兑所产生的债权；

（五）清算组解除合同，对方当事人依法或者依照合同约定产生的对债务人可以用货币计算的债权；

（六）债务人的受托人在债务人破产后，为债务人的利益处理委托事务所发生的债权；

（七）债务人发行债券形成的债权；

（八）债务人的保证人代替债务人清偿债务后依法可以向债务人追偿的债权；

（九）债务人的保证人按照《中华人民共和国担保法》第三十二条的规定预先行使追偿权而申报的债权；

（十）债务人为保证人的，在破产宣告前已经被生效的法律文书确定承担的保证责任；

（十一）债务人在破产宣告前因侵权、违约给他人造成财产损失而产生的赔偿责任。

（十二）人民法院认可的其他债权。

以上第（五）项债权以实际损失为计算原则。违约金不作为破产债权，定金不再适用定金罚则。

第六十一条：

下列债权不属于破产债权：

（一）行政、司法机关对破产企业的罚款、罚金以及其他有关费用；

（二）人民法院受理破产案件后债务人未支付应付款项的滞纳金，包括债务人未执行生效法律文书应当加倍支付的迟延利息和劳动保险金的滞纳金；

（三）破产宣告后的债务利息；

（四）债权人参加破产程序所支出的费用；

（五）破产企业的股权、股票持有人在股权、股票上的权利；

（六）破产财产分配开始后向清算组申报的债权；

（七）超过诉讼时效的债权；

（八）债务人开办单位对债务人未收取的管理费、承包费。

上述不属于破产债权的权利，人民法院或者清算组也应当对当事人的申报进行登记。

5.《破产审判纪要》

第二十七条：

企业破产与职工权益保护。破产程序中要依法妥善处理劳动关系，推动完善职工欠薪保障机制，依法保护职工生存权。由第三方垫付的职工债权，原则上按照垫付的职工债权性质进行清偿；由欠薪保障基金垫付的，应按照企业破产法第一百一十三条第一款第二项的顺序清偿。债务人欠缴的住房公积金，按照债务人拖欠的职工工资性质清偿。

第二十八条：

破产债权的清偿原则和顺序。对于法律没有明确规定清偿顺序的债权，人民法院可以按照人身损害赔偿债权优先于财产性债权、私法债权优先于公法债权、补偿性债权优先于惩罚性债权的原则合理确定清偿顺序。因债务人侵权行为造成的人身损害赔偿，可以参照企业破产法第一百一十三条第一款第一项规定的顺序清偿，但其中涉及的惩罚性赔偿除外。破产财产依照企业破产法第一百一十三条规定的顺序清偿后仍有剩余的，可依次用于清偿破产受理前产生的民事惩罚性赔偿金、行政罚款、刑事罚金等惩罚性债权。

第三十一条：

保证人的清偿责任和求偿权的限制。破产程序终结前，已向债权人承担了保证责任的保证人，可以要求债务人向其转付已申报债权的债权人在破产程序中应得清偿部分。破产程序终结后，债权人就破产程序中未受清偿部分要求保证人承担保证责任的，应在破产程序终结后六个月内提出。保证人承担保证责任后，不得再向和解或重整后的债务人行使求偿权。

第三十六条：

实质合并审理的法律后果。人民法院裁定采用实质合并方式审理破产案件的，各关联企业成员之间的债权债务归于消灭，各成员的财产作为合并后统一的破产财产，由各成员的债权人在同一程序中按照法定顺序公平受偿。采用实质合并方式进行重整的，重整计划草案中应当制定统一的债权分类、债权调整和债权受偿方案。

专题八 取回权纠纷

在破产衍生诉讼中，取回权可以分为一般取回权和特别取回权。一般取回权，是指在管理人接管的破产人财产中有他人财产时，该财产的权利人享有的不依破产程序取回其财产的权利，而特别取回权包括出卖人取回权、行纪人取回权和代偿取回权三种形态。[①] 根据《企业破产法》第三十八条关于“人民法院受理破产申请后，债务人占有的不属于债务人的财产，该财产的权利人可以通过管理人取回”的规定，取回权是民法上物的返还请求权在破产程序中的一种表现形式，因此，在破产程序中权利人依据本条规定行使权利的基础为民法的所有权和其他物权性质的权利。[②] 我国《企业破产法》在完善一般取回权的基础上，对出卖人取回权也进行了规定，其中该法第三十九条[③]被认为是行使出卖人取回权的法律基础。但在《企业破产法》中并未规定行纪人取回权和代偿取回权。行纪人取回权之理论基础和逻辑机理与出卖人取回权基本相同，故可借助出卖人取回权弥补。未规定代偿取回权，就使取回权人利益的保护存在漏洞，因为代偿取回权的价值和功能是其他制度无法取代的，[④] 所以我国在《企业破产法司法解释

① 参见王欣新：《破产法》（第4版），中国人民大学出版社2019年版，第170页。

② A公司、B公司取回权纠纷案，最高人民法院（2018）最高法民申2607号民事判决书。

③ 《企业破产法》第三十九条规定：“人民法院受理破产申请时，出卖人已将买卖标的物向作为买受人的债务人发运，债务人尚未收到且未付清全部价款的，出卖人可以取回在运途中的标的物。但是，管理人可以支付全部价款，请求出卖人交付标的物。”

④ 最高人民法院民事审判第二庭编著：《最高人民法院关于企业破产法司法解释理解与适用》，人民法院出版社2013年版，第356页。

(二)》第三十二条[①]进行了规定。笔者在本专题中，通过对一般取回权、出卖人取回权、代偿取回权、债权申报与破产取回权行使的冲突、要求继续履行的请求与破产取回权行使请求的竞合等方面入手，从案例分析探讨各类取回权的性质、适用范围和运作机理，该类讨论对于实现破产程序的顺利进行，保护取回权人的利益有着十分重要的意义（见图8－1）。

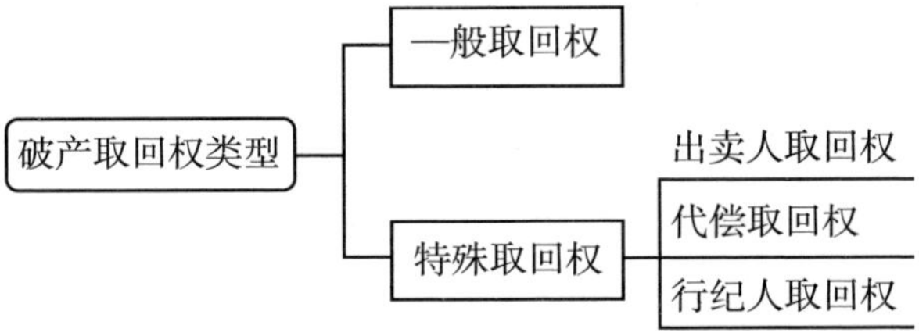

图8－1　破产取回权类型

一、一般取回权

（一）导引案例分析

A公司、B公司一般取回权纠纷二审民事判决书/广西壮族自治区高级人民法院/（2020）桂民终305号[②]

【裁判要点】

《企业破产法》第三十八条“人民法院受理破产申请后，债务人占有的不属于债务人的财产，该财产的权利人可以通过管理人取回。但是，本法另有规定的除外”规定中的取回权依据应是物权关系而非债权关系。若要行使取回权，则必

---

① 《企业破产法司法解释（二）》第三十二条规定：“债务人占有的他人财产毁损、灭失，因此获得的保险金、赔偿金、代偿物尚未交付给债务人，或者代偿物虽已交付给债务人但能与债务人财产予以区分的，权利人主张取回就此获得的保险金、赔偿金、代偿物的，人民法院应予支持。保险金、赔偿金已经交付给债务人，或者代偿物已经交付给债务人且不能与债务人财产予以区分的，人民法院应当按照以下规定处理：（一）财产毁损、灭失发生在破产申请受理前的，权利人因财产损失形成的债权，作为普通破产债权清偿；（二）财产毁损、灭失发生在破产申请受理后的，因管理人或者相关人员执行职务导致权利人损害产生的债务，作为共益债务清偿。债务人占有的他人财产毁损、灭失，没有获得相应的保险金、赔偿金、代偿物，或者保险金、赔偿物、代偿物不足以弥补其损失的部分，人民法院应当按照本条第二款的规定处理。”

② 相关案件：A公司与B公司一般取回权纠纷案，广西壮族自治区崇左市中级人民法院（2019）桂14民初32号民事判决书。

须举证证明其是依据物权关系进行的主张，否则承担举证不能的不利后果。

【基本案情】

2015年2月15日，A公司与B公司签订《建筑合同协议书》，约定B公司将其承包开发项目下的旅游度假区B型商务会所工程分包给A公司施工建设，合同还约定A公司作为承包人向发包人B公司提交履约保证金900,000元，B公司在收到保证金后在2015年3月30日前退还400,000元，在2015年4月30日前全部退清。同日，B公司与A公司签订一份《承诺书》，B公司承诺按照双方签订的合同约定期限内退还履约保证金，如不履行，则A公司无法开展工作，B公司除退还保证金外，还向A公司支付10,000元违约金。合同签订后，B公司收取了A公司交纳的保证金893,855元。A公司交纳保证金后，一直没能进场施工。2018年，A公司向龙州县人民法院起诉，要求解除与B公司的协议书，并要求B公司返还保证金及支付利息，龙州县人民法院于2018年11月6日作出（2018）桂1423民初578号民事判决，判决B公司向A公司返还履约保证金893,855元及至2018年5月30日的资金占用损失129,143.43元，合计1,022,998.43元，并另行支付2018年5月30日之后的资金占用损失。

B公司在经营过程中，由于经营不善于2015年4月以后已经停止正常经营活动，2018年10月15日，中航建工集团有限公司以B公司不能清偿到期债务，明显缺乏清偿能力为由向龙州县人民法院申请将案件移送破产审查。2018年12月16日，龙州县人民法院作出（2018）桂1423执453号移送破产审查决定书，并于2018年12月17日将案件移送一审法院。一审法院于2018年12月28日裁定受理，并于2019年8月29日裁定宣告B公司破产。在债权申报阶段，A公司就本案起诉的数额向管理人申报债权并已经得到确认。债权得到确认后，A公司认为本案质保金是其交纳给B公司的，不属于B公司的破产财产，其依法享有该款的取回权，并向管理人要求取回该款，管理人答复称本案的履约保证金不属于独立物，不属于《企业破产法》规定的取回权的范畴，双方之间是普通债权债务关系，对其要求取回该款的主张不予认可，A公司对管理人答复不服，遂向法院提起本案之诉。

【一审判决结果】

A公司请求确认其对上述1,022,998.43元享有取回权没有事实和法律依据，法院不予支持，故驳回A公司的诉讼请求。

【一审判决思路】

首先，A 公司将履约保证金交纳给 B 公司，B 公司没有按约定如期返还该款，且在破产审查中已经确认 B 公司账户余额为零，破产财产仅为其对龙州县人民政府享有的债权，即 A 公司所交的履约保证金已经被 B 公司使用，双方之间形成了债权债务关系，事实清楚，A 公司对 B 公司享有的是债权请求权，其可以以债权人的身份参与 B 公司的破产财产分配。

其次，取回权是物的返还请求权在破产程序中的一种表现形式，其针对的是特定的财产，行使取回权的前提是权利人对特定物享有合法的物权。

最后，A 公司交纳给 B 公司的是货币，是物的价值体现，并非特定物，而是种类物，其具有流通属性。

综上，本案不符合《企业破产法司法解释（二）》第二条规定的情形，不适用《企业破产法》第三十八条“人民法院受理破产申请后，债务人占有的不属于债务人的财产，该财产的权利人可以通过管理人取回。但是，本法另有规定的除外”规定的行使取回权的情形。

【二审判决结果】

驳回上诉，维持原判。

【二审判决思路】

A 公司是基于与 B 公司签订的《建筑合同协议书》，将 893, 855 元履约保证金交给 B 公司，该履约保证金在性质上属于双方当事人为督促 A 公司履行义务所约定的金钱担保方式，金钱作为种类物，在交付 B 公司后款项的所有权即归属于占有人 B 公司而非 A 公司。在 B 公司进入破产程序前，A 公司可以基于协议约定形成的债权关系向 B 公司主张返还履约保证金，B 公司不具有法定或约定的抗辩事由而不返还时，则应承担相应的违约责任。

《企业破产法》第三十八条“人民法院受理破产申请后，债务人占有的不属于债务人的财产，该财产的权利人可以通过管理人取回。但是，本法另有规定的除外”规定中的取回权依据应是物权关系而非债权关系。B 公司进入破产程序后，A 公司要行使取回权，则必须举证证明其是依据物权关系进行的主张，否则承担举证不能的不利后果。而如上所述，893, 855 元履约保证金在交付后，已成为 B 公司的财产，A 公司对 B 公司的履约保证金及资金占用损失共 1, 022, 998. 43 元享有的是债权关系，而非物权关系，A 公司并不具备行使取回权的主体资格，

A公司的上诉请求无法律依据依法不予支持。A公司二审期间提交调解申请书，方案为要求B公司交还1,022,998.43元合同履约金及资金占用损失，因破产程序是对债务人所有债权债务关系的概括执行程序，是对不同性质破产债权的按顺序按比例公平受偿，A公司的请求实质为个别清偿，与破产法规定相悖，依法不予支持。

【一审、二审法院审理思路对比总结】

类目	一审	二审
裁判结果	A公司的诉讼请求没有事实和法律依据，应予驳回。	驳回上诉，维持原判。
争议焦点	A公司对其诉请的款项是否享有取回权。	A公司对履约保证金及资金占用损失共1,022,998.43元是否享有取回权。
回应	不享有。 1. A公司所交的履约保证金已经被B公司使用，双方之间形成了债权债务关系，事实清楚，A公司对B公司享有的是债权请求权，其可以以债权人的身份参与B公司的破产财产分配。 2. 取回权是物的返还请求权在破产程序中的一种表现形式，其针对的是特定的财产，行使取回权的前提是权利人对特定物享有合法的物权。 3. A公司交纳给B公司的是货币，是物的价值体现，并非特定物，而是种类物，其具有流通属性。	不享有。 1. 金钱作为种类物，在交付B公司后款项的所有权即归属于占有人B公司而非A公司。 2. 《企业破产法》第三十八条规定中的取回权依据应是物权关系而非债权关系。893,855元履约保证金在交付后，已成为B公司的财产，A公司对B公司的履约保证金及资金占用损失共1,022,998.43元享有的是债权关系，而非物权关系。 3. A公司要求B公司交还1,022,998.43元合同履约金及资金占用损失的请求实质为个别清偿，与破产法规定相悖，依法不予支持。

（二）实务问题讨论

《企业破产法》第三十八条“人民法院受理破产申请后，债务人占有的不属于债务人的财产，该财产的权利人可以通过管理人取回。但是，本法另有规定的除外”之规定被认为是财产权利人行使一般取回权的请求权基础。“本法另有规定”通常是指《企业破产法》第七十六条规定的“债务人合法占有的他人财产，该财产的权利人在重整期间要求取回的，应当符合事先约定的条件”。同时，《企业破产法司法解释（二）》第二条继续对何为“不属于债务人的财产”作了进一步规定，即“下列财产不应认定为债务人财产：（一）债务人基于仓储、保管、承揽、代销、借用、寄存、租赁等合同或者其他法律关系占有、使用的他人财产；（二）债务人在所有权保留买卖中尚未取得所有权的财产；（三）所有权专属于国家且不得转让的财产；（四）其他依照法律、行政法规不属于债务人的财产”。在破产衍生诉讼的一般取回权纠纷中，通常会将《企业破产法》第三十八条与该条结合起来判断讼争标的是否符合取回权的行使条件，纠纷的争议焦点也通常围绕债务人财产的性质展开。在本部分，笔者将以取回权纠纷中常见的所涉争议财产，即货币进行相关问题的详细分析。

总结实践经验可以观之，当取回权所涉标的物为货币时将极易引起纠纷，究其原因，是因为货币的特殊属性，由于其本身占有即所有的属性，与取回权是针对特定物行使的一种优先权利相矛盾，所以导致争论频出，比如是否可以将货币作为取回权的标的，是否可以将其特定化，如何判断种类物是否被特定化等都将是理论和实践中讨论的重点。

无论是参考《担保法解释》第八十五条①的规定，还是根据《民法典担保制度司法解释》第七十条②的规定均可知，货币是可以特定化的，即只要货币特定化形式得当，当其符合取回权的其他行使要件时，不会因为取回权标的为货币而不允许权利人行使取回权。

关于货币特定化形式得当这一问题，在实践中是存在不同看法的。大部分法院认为由于货币资金的特殊性，要对货币资金行使取回权，必须进行特定化。在

---

① 《担保法解释》第八十五条规定：“债务人或者第三人将其金钱以特户、封金、保证金等形式特定化后，移交债权人占有作为债权的担保，债务人不履行债务时，债权人可以以该金钱优先受偿。”（已失效）

② 《民法典担保制度司法解释》第七十条规定：“债务人或者第三人为担保债务的履行，设立专门的保证金账户并由债权人实际控制，或者将其资金存入债权人设立的保证金账户，债权人主张就账户内的款项优先受偿的，人民法院应予支持。当事人以保证金账户内的款项浮动为由，主张实际控制该账户的债权人对账户内的款项不享有优先受偿权的，人民法院不予支持。在银行账户下设立的保证金分户，参照前款规定处理。当事人约定的保证金并非为担保债务的履行设立，或者不符合前两款规定的情形，债权人主张就保证金优先受偿的，人民法院不予支持，但是不影响当事人依照法律的规定或者按照当事人的约定主张权利。”

认定特定化时，不仅仅要依据合同约定，而且必须开立专门账户存放资金，不能与其他资产混同。其中以2003年6月9日最高人民法院《关于河南省高级人民法院就郑州亚细亚五彩购物广场有限公司破产一案中董桂琴等50家商户能否行使取回权问题请示的答复》[①] 为代表，董某等50家商户与某购物广场有限公司形成了委托收取销售货款的关系，现有证据不能证明五彩购物广场对所收取的货款开立专门账户加以管理，即五彩购物广场代收的货款没有特定化。由于货币作为动产的特殊属性，董某等50家商户对没有特定化的货款不具有所有权关系，在企业破产还债程序中不能行使取回权，可以以普通债权人的身份参与破产财产的分配。此后，该观点多次在其他类似案件的裁判文书中“法院认为”部分被说理引用。如在（2017）皖1002民初1656号案[②]中，A公司对代收的房屋专项维修资金即货币未进行专户管理，与其名下其他货币已混同无法区分；同时抵付房屋专项维修资金的买受人并未实际支付房屋专项维修资金。以上事实均发生在A公司破产清算受理前。依据最高人民法院《关于河南省高级人民法院就郑州亚细亚五彩购物广场有限公司破产一案中董桂琴等50家商户能否行使取回权问题请示的答复》规定，A公司代收的房屋专项维修资金没有特定化。由于货币作为动产的特殊属性，某维修资金管理中心对没有特定化的房屋专项维修资金不具有所有权关系，在企业破产程序中不能行使取回权，可以普通债权人的身份参与破产财产的分配。

除此之外，也有部分观点认为即使没有开立专门账户存放资金，只要没有与其他资产混同，即账户中的权利人的资金财产可以与其他资金财产明确区分，那么可以认为此部分资金已特定化。具体而言可能表现为人民法院对某账户实施冻结措施，且该账户没有发生足以影响特定化的资金流动，也未有第三方资金进入，所以在此种情况下，可以使一般账户具有特定化功能，即只要实质上具备特定化特征，也可以认定该货币资金得到了特定化。如在（2018）浙10民终769号案[③]中，双方争议的是如何理解本案讼争款项是否已特定化。本案的事实是，

---

① 最高人民法院《关于河南省高级人民法院就郑州亚细亚五彩购物广场有限公司破产一案中董桂琴等50家商户能否行使取回权问题请示的答复》，最高人民法院〔2003〕民二他字第14号。

② 某市房屋专项维修资金管理中心等诉A公司取回权纠纷案，安徽省黄山市屯溪区人民法院（2017）皖1002民初1656号民事判决书。

③ A公司、B公司取回权纠纷案，浙江省台州市中级人民法院（2018）浙10民终769号民事判决书。

上诉人A公司的款项错汇入被上诉人B公司账户后即被采取保全措施予以冻结，期间只有极小额的原账户孳息与上诉人A公司的款项混合在同一账户内。因此，上诉人A公司错汇入被上诉人B公司账户内的款项，已被保全措施冻结，且保全措施前后期间，并没有其他足以影响上诉人A公司货币特定化的资金进入该账户，即该账户自讼争款项汇入后未被使用过和发生过资金流动。法院认为，账户内货币资金在涉及第三人权利的情况下，应当通过特户等方式使其具有外观识别的特征以实现特定化；但在不涉及第三人权利的情况下，账户内货币资金虽未以特户等形式进行特定化，但只要实质上具备特定化特征，也应当认定该货币资金能够特定化。后来在实践中，甚至有在人民法院对某账户实施冻结措施，但该账户在发生了资金流动的情况下，也依然可以被认定为资金实现了特定化的情形。如（2020）浙0382民初3264号案[①]中，2019年10月12日，原告错汇10万元至被告账户，虽然形式上已经成为被告账户中的一部分资金，但被告账户在此之前已被冻结，被告已对账户内的资金失去控制，该10万元与账户内的其他款项在一起，未再支出或流转，除利息外也未产生其他收益，在表现形式上具备可识别、可分离的独立性。且2019年10月12日后虽仍有资金转入，但混入金钱的数额、时间亦能够确定，故可认定为特定物。原告对该10万元行使取回权不会影响或损害到上述账户内其他款项的既有状态，不会损害被告的合法权益。被告的相关答辩意见缺乏事实和法律依据，法院不予支持。虽然（2018）浙01民终8167号[②]与前述案件非常相似，但法院却作出了完全相反的判决，此种现象也反映了该问题在实践中的混乱局面。

另外，甚至还有观点认为货币的特定化可依据双方当事人协议达成，如在（2011）黄民二（商）初字第81号案[③]中，法院认为被告委托某公司代理某国际大厦的经营及物业管理服务业务，并授权其签订相关租赁合同，而原告在签订两份预租合同时知道被告与某公司之间的代理关系，故两份预租合同直接对原被告产生约束力。两份预租合同约定，押金在租赁期内不能转作租金或其他费用。根

① A公司与B公司取回权纠纷案，浙江省乐清市人民法院（2020）浙0382民初3264号民事判决书。

② A公司与B公司取回权纠纷案，浙江省杭州市中级人民法院（2018）浙01民终8167号民事判决书。

③ 某贸易有限公司诉某房地产开发经营有限公司一般取回权纠纷案，上海市黄浦区人民法院（2011）黄民二（商）初字第81号民事判决书。

据上述条款，可以认定，原告、被告通过约定将押金特定化，故原告向被告缴纳的押金不属于被告财产，原告对于特定化的押金享有所有权。当然，根据预租合同的约定，原告向被告缴纳押金的作用在于担保预租合同的履行，故在预租合同期满且原告欠缴租金87,708元的情况下，被告有权从其占有的押金中扣除相应的款项用于冲抵原告欠缴的租金。在此情况下，在将原告欠缴的租金从押金中扣除后，原告作为权利人有权从被告破产管理人处取回押金786,027元。（2009）年房民初字第02882号案①就与上述观点相反。原告与被告即破产企业签订经销合同并约定：（1）被告应妥善保管原告支付的保证金，保证金应存入指定银行的指定账户；（2）确保保证金按本合同约定的事由支取，不得挪作他用；（3）收取保证金应开具合法、规范的收款凭据。原告交付了被告保证金2万元，拿到收款收据。后被告进入破产程序原告主张保证金取回权。法院认为，该保证金系原告作为履行经销合同所进行担保而交付给被告的，该保证金并非原告的特定财产。在被告未按协议约定退还原告保证金的情况下，该保证金已转化为原告对被告享有的债权，且在被告进入破产程序后，原告也就该保证金进行了破产债权的申报。故原告的诉讼请求不予支持。

除此之外，在该问题项下，经常存在的一个问题即为当货币以保证金的形式作为取回权标的时，保证金性质为何，以及权利人如何对保证金行使取回权。

依据《担保法解释》第八十五条②的规定来看，特户、封金、保证金似乎为三种并列的使金钱特定化的方式，在这样的理解方式下，意味着在转账当时清晰标注款项的用途属于“保证金”，且转入收款人提供的特定银行账户，就应当肯定“特定化”的成立。至于该账户是否为特定账户，抑或收款人是否将该笔资金予以封存，这属于收款人的义务范畴，保证金的支付者对此无法预见，也无法干预。但有的学者认为，“保证金只不过是特户或封金的具体表现形式，三者并不是同一个位阶的概念”，换言之，仅仅标注款项的用途是“保证金”，但并未将其存入特定账户或者予以封存的，那么此时的保证金就不能获得“特定

① A公司诉B公司取回权纠纷案，北京市房山区人民法院（2009）年房民初字第02882号民事判决书。

② 《担保法解释》第八十五条规定：“债务人或者第三人将其金钱以特户、封金、保证金等形式特定化后，移交债权人占有作为债权的担保，债务人不履行债务时，债权人可以以该金钱优先受偿。”（已失效）

化”的资格。[①] 根据《民法典担保制度司法解释》第七十条[②]的规定来看，其款项可以被认定为特定化进而享有优先受偿权的要求为，该款项的设立目的为债务人或者第三人为担保债务的履行，方式为设立专门的保证金账户或者在银行账户下设立的保证金分户，账户控制人为债权人。

在（2020）最高法民申5423号[③]案中，法院明确表示工程质保金未特定化的，不得行使取回权。取回权依据应是物权关系而非债权关系。取回权是物的返还请求权在破产程序中的一种表现形式，其针对的是特定的财产，行使取回权的前提是权利人对特定物享有合法的物权。履约保证金（工程质保金）向一般账户支付，未以封金、保证金账户或者其他专户的形式予以特定化的，可以债权人的身份参与破产财产分配，但不得行使取回权。根据原审法院查明的事实，周某、莫某向A公司支付的100万元为保证工程施工合同顺利履行而约定的履约保证金。该款项通过银行转账方式向A公司一般账户支付，并未以封金、保证金账户或者其他专户的形式予以特定化。崇左中院于2018年12月28日裁定A公司进入破产程序。因此，原审法院认为金钱作为一般种类物，在A公司收取该款项后，即为A公司所有，故周某、莫某依据《企业破产法》第三十八条关于一般取回权的规定，请求对不属于债务人的财产予以取回，于法无据。

另外，最高人民法院审判委员会讨论通过2015年11月19日发布的指导案例54号某银行安徽省分行诉张某、安徽某融资担保集团有限公司执行异议之诉纠纷案[④]明示，除了表示当事人依约为出质的金钱开立保证金专门账户，且质权人

---

① 参见朱伟方：《试论破产程序中特定化货币的一般取回权——以建设工程履约保证金为例》，载《法制与社会》2019年第19期，第48－49页。

② 《民法典担保制度司法解释》第七十条规定：“债务人或者第三人为担保债务的履行，设立专门的保证金账户并由债权人实际控制，或者将其资金存入债权人设立的保证金账户，债权人主张就账户内的款项优先受偿的，人民法院应予支持。当事人以保证金账户内的款项浮动为由，主张实际控制该账户的债权人对账户内的款项不享有优先受偿权的，人民法院不予支持。在银行账户下设立的保证金分户，参照前款规定处理。当事人约定的保证金并非为担保债务的履行设立，或者不符合前两款规定的情形，债权人主张就保证金优先受偿的，人民法院不予支持，但是不影响当事人依照法律的规定或者按照当事人的约定主张权利。”

③ 周某、莫某与A公司一般取回权纠纷再审案，最高人民法院（2020）最高法民申5423号民事判决书。

④ 指导案例54号：某银行安徽省分行诉张某、安徽某融资担保集团有限公司执行异议之诉纠纷案，安徽省高级人民法院（2013）皖民二终字第00261号民事判决书。

取得对该专门账户的占有控制权，符合金钱特定化和移交占有的要求的，即使该账户内资金余额发生浮动，也不影响该金钱质权的设立。在本案中，首先，金钱以保证金形式特定化。某担保公司于 2009 年 4 月 3 日在某银行安徽分行开户，且与《贷款担保业务合作协议》约定的账号一致，即双方当事人已经按照协议约定为出质金钱开立了担保保证金专户。保证金专户开立后，账户内转入的资金为某担保公司根据每次担保贷款额度的一定比例向该账户缴存保证金；账户内转出的资金为某银行安徽分行对保证金的退还和扣划，该账户未作日常结算使用，故符合《担保法解释》第八十五条规定的金钱以特户等形式特定化的要求。其次，特定化金钱已移交债权人占有。占有是指对物进行控制和管理的事实状态。案涉保证金账户开立在某银行安徽分行，某担保公司作为担保保证金专户内资金的所有权人，本应享有自由支取的权利，但《贷款担保业务合作协议》约定未经某银行安徽分行同意，某担保公司不得动用担保保证金专户内的资金。同时，《贷款担保业务合作协议》约定在担保的贷款到期未获清偿时，某银行安徽分行有权直接扣划担保保证金专户内的资金，某银行安徽分行作为债权人取得了案涉保证金账户的控制权，实际控制和管理该账户，此种控制权移交符合出质金钱移交债权人占有的要求。据此，应当认定双方当事人已就案涉保证金账户内的资金设立质权。

关于账户资金浮动是否影响金钱特定化的问题。保证金以专门账户形式特定化并不等于固定化。案涉账户在使用过程中，随着担保业务的开展，保证金账户的资金余额是浮动的。担保公司开展新的贷款担保业务时，需要按照约定存入一定比例的保证金，必然导致账户资金的增加；在担保公司担保的贷款到期未获清偿时，扣划保证金账户内的资金，必然导致账户资金的减少。虽然账户内资金根据业务发生情况处于浮动状态，但均与保证金业务相对应，除缴存的保证金外，支出的款项均用于保证金的退还和扣划，未用于非保证金业务的日常结算，即某银行安徽分行可以控制该账户，某担保公司对该账户内的资金使用受到限制，故该账户资金浮动仍符合金钱作为质权的特定化和移交占有的要求，不影响该金钱质权的设立。

二、出卖人取回权

（一）导引案例分析

某起重搬运装卸有限公司、某工业品总公司取回权纠纷二审民事判决书/山东省临沂市中级人民法院/（2020）鲁13民终2828号①

【裁判要点】

2011年2月18日最高人民法院《民事案件案由规定》第280条（已被修改）② 规定了三级案由取回权纠纷，包括两个四级案由：一般取回权纠纷，出卖人取回权纠纷。出卖人取回权是指人民法院受理破产申请时，出卖人已将买卖标的物向作为买受人的债务人发运，债务人尚未收到且未付清全部价款的，出卖人享有的取回买卖标的物的权利。

【基本案情】

2003年6月30日，某房地产公司与第三人某银行签订房地产业借款合同一份，约定某房地产公司因商用房住宅开发向某银行借款5000万元。同日，某房地产公司与某银行签订抵押合同，约定该抵押合同为确保上述借款合同项下借款人的义务得到切实履行。上述合同签订后，某银行向某房地产公司发放贷款5000万元。2006年6月29日至2006年9月25日，某房地产公司陆续还款，至此，某房地产公司尚欠某银行借款本金4444万元。

2006年12月21日，某起重搬运装卸公司分别与某房地产公司、某工业品总公司签订《国有土地使用权转让合同》《房地产买卖契约》，约定某工业品总公司、某房地产公司以3200万元的价格将一块商用土地、地上建筑物及附着物转让给某起重搬运装卸公司。同日，某起重搬运装卸公司、某房地产公司、某工业品总公司与第三人某银行签订四方《协议书》一份。协议约定：某银行作为某房地产公司的债权人，在该土地和该等房屋上设定了抵押权，并且同意放弃该抵押权；某房地产公司与某起重搬运装卸公司、某工业品总公司与某起重搬运装卸公

① 相关案件：某起重搬运装卸有限公司与某工业品总公司、某房地产公司取回权纠纷案，山东省临沂市兰山区人民法院（2019）鲁1302民初6686号民事判决书。

② 2020年最高人民法院《民事案件案由规定》第296条：取回权纠纷项下包括“一般取回权纠纷”和“出卖人取回权纠纷”案由。

司签订的上述合同自签定之日起5日内，四方应共同办理完毕使用权和所有权过户手续，过户所需一切税费由某起重搬运装卸公司承担；该土地和该等房屋的转让价款为3200万元，该款项全部用于归还某房地产公司在某银行的贷款；某起重搬运装卸公司支付款项时，某银行有权第一时间内不经某房地产公司同意直接划转款项清偿某房地产公司在某银行的贷款本息；某起重搬运装卸公司应在本合同签订之日起5日内首付1600万元，剩余1600万元于2006年12月31日前付清。

2006年12月31日，某起重搬运装卸公司向某银行签发金额分别为1600万元转账支票两张，收款人均为某房地产公司。该3200万元款项均被用于偿还了某房地产公司在某银行的本案所涉借款。2007年1月8日，某房地产公司将上述借款全部偿还完毕。

上述《国有土地使用权转让合同》和《房地产买卖契约》及四方《协议书》签订后，约定的土地及房产未办理过户手续，未实际交付给某起重搬运装卸公司。涉案房地产现仍处于抵押状态，抵押权人仍为某银行。

2009年11月28日，一审法院分别作出（2009）临兰破字第4号、（2009）临兰破字第5号民事裁定书，分别裁定受理了某工业品总公司、某房地产公司的破产申请，并指定成立了破产管理人。现案件正在资产清理过程中，尚未宣告破产。本案所涉房地产至今由破产管理人管理使用。

【一审判决结果】

1. 确认原告某起重搬运装卸有限公司与被告某工业品总公司签订《房地产买卖契约》和原告某起重搬运装卸有限公司与被告某房地产开发有限公司签订的《国有土地使用权转让合同》有效；

2. 驳回原告某起重搬运装卸有限公司的其他诉讼请求。

【一审判决思路】

首先，本案某起重搬运装卸公司与某工业品总公司、某房地产公司、第三人某银行签订了四方《协议书》，约定某工业品总公司、某房地产公司将涉案国有土地使用权和房屋所有权转让给某起重搬运装卸公司，但双方未在相关部门办理过户手续，致使涉案土地及房产现仍登记在某工业品总公司、某房地产公司名下，物权没有发生转移，所有权人仍为某工业品总公司、某房地产公司，而且争议土地及房产仍登记为抵押状态，抵押权人为某银行，该情形也充分说明某起重搬运装卸公司无所有权及支配权，且某起重搬运装卸公司于2008年5月14日申请仲裁要求解除合同。因此，可以认定某起重搬运装卸公司与某工业品总公司、某房地产公司双方没有完成交接的行为，某工业品总公司、某房地产公司未实际交付涉案土地使用权及房产，某起重搬运装卸公司对涉案争议房地产尚未取得所有权和支配权，因此不具备依据合同主张取回权的基础。

其次，关于管理人是否可解除合同及涉案房产是否属于某工业品总公司、某房地产公司破产财产的问题。某工业品总公司、某房地产公司因不能清偿到期债务且严重资不抵债，一审法院已裁定受理其破产申请。现案件正在资产清理过程中，尚未宣告破产。根据《企业破产法》第十八条第一款“人民法院受理破产申请后，管理人对破产申请受理前成立而债务人和对方当事人均未履行完毕的合同有权决定解除或者继续履行，并通知对方当事人。管理人自破产申请受理之日起二个月内未通知对方当事人，或者自收到对方当事人催告之日起三十日内未答复的，视为解除合同”的规定，管理人有权对双方当事人均未履行完毕的合同决定是否继续履行。上述合同解除后，某起重搬运装卸公司可就因合同的解除产生的债权向管理人申报。某起重搬运装卸公司主张其已履行完毕《国有土地使用权转让合同》和《房地产买卖契约》约定的全部义务，并且双方亦办理了交接手续，由于某起重搬运装卸公司因业务原因没有时间去管理，双方同意暂由某工业品总公司、某房地产公司代管，待办理完过户手续后，某起重搬运装卸公司再接手经营。

某起重搬运装卸公司还主张根据《关于审理企业破产案件若干问题的规定》第七十一条第五款、第六款的规定，所涉房产不属于破产财产。对此，一审法院认为：第一，2002年7月30日公布的《关于审理企业破产案件若干问题的规定》第七十一条规定“尚未办理产权证或者产权过户手续但已向买方交付的财产”不属于破产财产。2013年9月5日公布的《企业破产法司法解释（二）》第二条规定：“下列财产不应认定为债务人财产：（一）债务人基于仓储、保管、承揽、代销、借用、寄存、租赁等合同或者其他法律关系占有、使用的他人财产；（二）债务人在所有权保留买卖中尚未取得所有权的财产；（三）所有权专属于国家且不得转让的财产；（四）其他依照法律、行政法规不属于债务人的财产。”但是，本案案涉财产并不符合上述规定的情形。根据新法优于旧法的原则，本案应适用上述司法解释的规定。第二，涉案财产并未交付。某起重搬运装卸公司主张已交接并由某工业品总公司、某房地产公司代管无证据证实。

综上所述，由于案涉财产未实际交付，某起重搬运装卸公司关于案涉房产不属于破产财产、其享有取回权的主张，理由不成立；涉案财产应为某工业品总公司、某房地产公司破产财产，某起重搬运装卸公司不享有涉案财产的取回权。故某起重搬运装卸公司的部分诉讼请求没有事实和法律依据，一审法院依法不予认可。

【二审判决结果】

1. 维持山东省临沂市兰山区人民法院（2019）鲁1302民初6686号民事判决的第一项，即确认原告某起重搬运装卸有限公司与被告某工业品总公司签订的《房地产买卖契约》和原告某起重搬运装卸有限公司与被告某房地产开发有限公司签订的《国有土地使用权转让合同》有效；

2. 撤销山东省临沂市兰山区人民法院（2019）鲁1302民初6686号民事判决的第二项，即驳回原告某起重搬运装卸有限公司的其他诉讼请求。

【二审判决思路】

1. 合同效力问题

2006年12月21日，某起重搬运装卸公司分别与某房地产公司、某工业品总公司签订的《国有土地使用权转让合同》《房地产买卖契约》，同一日，某起重搬运装卸公司、某房地产公司、某工业品总公司、某银行四方共同签订的《协议书》，均系各方当事人真实意思表示，某房地产公司、某工业品总公司转让土地使用权、房屋所有权予某起重搬运装卸公司，某起重搬运装卸公司支付转让价款，某房地产公司用转让款支付某银行的贷款，某银行在贷款偿还后解除抵押，上述行为均属普通的民事行为，合同中约定上述行为的合同内容不违反法律、行政法规的效力性强制性规定，故上述合同均为有效合同。一审法院确认某起重搬运装卸公司与某工业品总公司签订的《房地产买卖契约》、某起重搬运装卸公司与某房地产公司签订的《国有土地使用权转让合同》有效正确，该判项，法院予以维持。

2. 本案取回权类型问题

2007年6月1日施行的《企业破产法》第三十八条规定：人民法院受理破产申请后，债务人占有的不属于债务人的财产，该财产的权利人可以通过管理人取回。但是，本法另有规定的除外。该法第三十九条规定：人民法院受理破产申请时，出卖人已将买卖标的物向作为买受人的债务人发运，债务人尚未收到且未付清全部价款的，出卖人可以取回在运途中的标的物。但是，管理人可以支付全部价款，请求出卖人交付标的物。

2011年2月18日最高人民法院《民事案件案由规定》第280条（已被修改）规定了三级案由取回权纠纷，包括两个四级案由：一般收回权纠纷，出卖人取回权纠纷。取回权是指债务人进入法院破产案件审理程序后，对于债务人占有的不属于债务人的财产，或债务人作为买受人尚未支付全部价款并实际控制的财产，财产所有人或出卖人所享有的取回该财产的权利。一般取回权是指对于债务人占有的不属于债务人的财产，财产所有人享有的取回该财产的权利。出卖人取回权是指人民法院受理破产申请时，出卖人已将买卖标的物向作为买受人的债务人发运，债务人尚未收到且未付清全部价款的，出卖人享有的取回买卖标的物的权利。

根据以上规定，某起重搬运装卸公司非本案所涉房地产的出卖人，本案不属于出卖人取回权纠纷，某起重搬运装卸公司主张本案所涉房地产其已支付全部价款并且已经向其进行了交付，其享有所有权，其向破产管理人申请取回遭拒而产生纠纷，属于财产所有人主张的取回权，属于上述规定的“一般取回权”纠纷。

【一审、二审法院审理思路对比总结】

类目	一审	二审
裁判结果	1. 确认原告某起重搬运装卸有限公司与被告某工业品总公司签订《房地产买卖契约》和原告某起重搬运装卸有限公司与被告某房地产公司签订的《国有土地使用权转让合同》有效。 2. 驳回原告某起重搬运装卸有限公司的其他诉讼请求。	1. 维持山东省临沂市兰山区人民法院（2019）鲁1302民初6686号民事判决的第一项，即确认原告某起重搬运装卸有限公司与被告某工业品总公司签订的《房地产买卖契约》和原告某起重搬运装卸有限公司与被告某房地产公司签订的《国有土地使用权转让合同》有效。 2. 撤销山东省临沂市兰山区人民法院（2019）鲁1302民初6686号民事判决的第二项，即驳回原告某起重搬运装卸有限公司的其他诉讼请求。

续表

类目	一审	二审
争议焦点	1. 原告是否具备依据合同主张取回权的基础。 2. 管理人是否可解除上述《国有土地使用权转让合同》《房地产买卖契约》。 3. 案涉财产是否属于某工业品总公司、某房地产公司的破产财产。	1. 合同效力问题。 2. 本案取回权类型问题。 3. 本案取回权与合同继续履行请求权之间的关系问题；本案合同继续履行请求权与本案合同解除权之间的关系问题。
回应	1. 不具备。某起重搬运装卸公司与某工业品总公司、某房地产公司双方没有完成交接的行为，某工业品总公司、某房地产公司未实际交付涉案土地使用权及房产，某起重搬运装卸公司对涉案争议房地产尚未取得所有权和支配权，因此不具备依据合同主张取回权的基础。 2. 可以解除。根据《企业破产法》第十八条第一款的规定，管理人有权对双方当事人均未履行完毕的合同决定是否继续履行。 3. 属于。虽然依据《关于审理企业破产案件若干问题的规定》第七十一条第五款、第六款的规定，所涉房产不属于破产财产。但根据《企业破产法司法解释（二）》第二条“财产不应认定为债务人财产”的规定，本案案涉财产并不符合上述规定的情形。根据新法优于旧法的原则，本案应适用上述司法解释的规定。其次，涉案财产并未交付。某起重搬运装卸公司主张已交接并由某工业品总公司、某房地产公司代管的主张无证据证实。	1. 有效。所涉合同均系各方当事人真实意思表示，某房地产公司、某工业品总公司转让土地使用权、房屋所有权予某起重搬运装卸公司，某起重搬运装卸公司支付转让价款，某房地产公司用转让款支付某银行的贷款，某银行在贷款偿还后解除抵押，上述行为均属普通的民事行为，合同中约定上述行为的合同内容不违反法律、行政法规的效力性强制性规定，故上述合同均为有效合同。 2. 本案为一般取回权。根据《企业破产法》第三十八条和第三十九条的规定，某起重搬运装卸公司非本案所涉房地产的出卖人，本案不属于出卖人取回权纠纷，某起重搬运装卸公司主张本案所涉房地产其已支付全部价款，并且已经向其进行了交付，其享有所有权，其向破产管理人申请取回遭拒而产生纠纷，属于财产所有人主张的取回权，属于上述规定的“一般取回权”纠纷。 3. （1）取回权与合同继续履行请求权存在冲突。某起重搬运装卸公司主张其取得了所有权、享有了取回权，也说明上述《国有土地使用权转让合同》、《房地产买卖契约》、四方《协议书》已得到全面履行，无需要对合同再继续履行，即某起重搬运装卸公司主张的继续履行的诉讼请求

续表

类目	一审	二审
		是不成立的；（2）如果管理人决定继续履行，双方当事人都应当履行合同。如果管理人决定解除合同，对方当事人仅得以合同不履行所产生的损害赔偿请求权申报债权。原告请求被告给付标的物的，应当要求明确给付的责任主体及标的物的品名、商标、特性、种类、金额、数量、其他相关单证或资料等各项要素。原告请求履行一定行为的，应当要求明确行为的履行主体、履行内容、履行方式等，其请求应便于执行、也应避开执行障碍。但某起重搬运装卸公司继续履行合同的履行内容、履行方式等诉讼请求并不明确具体。

（二）实务问题讨论

出卖人取回权，是指在异地动产买卖中，出卖人已经将货物发运，买受方在尚未收到货物也未付清货款时进入破产程序，出卖人享有取回货物的权利。① 法律设置出卖人取回权的根本目的在于保障出卖人的权益。② 异地买卖中，当买受人并未收到货物且未给付全部价款时，如果不允许出卖人将还在运输途中的货物停止交付给货物发出前还没破产，但在货物运输途中进入破产程序的买受人，出卖人将面临买受人无法支付全部价金的风险，且将来出卖人也只能将未取得的价款作为普通的破产债权获得清偿，这也相当于将出卖人的财产来清偿买受人对他人的债务，而这一切可能有失公平的现象在破产企业未收到货物且未全部给付价款时是有挽回的余地的。

《企业破产法》第三十九条规定："人民法院受理破产申请时，出卖人已将买卖标的物向作为买受人的债务人发运，债务人尚未收到且未付清全部价款的，出卖人可以取回在运途中的标的物。但是，管理人可以支付全部价款，请求出卖

① 参见李永军等：《破产法》，中国政法大学出版社 2009 年版。

② 参见冀彩芳：《出卖人破产取回权解析》，载《牡丹江教育学院学报》2011 年第 4 期，第 152 - 153 页。

人交付标的物。”该规定是《企业破产法》出卖人取回权的行权基础。在（2018）鲁0826民初3158号案[①]中，法院认为《企业破产法》第三十九条是破产中出卖人取回权的规定，该法条的条文释义解释，其构成要件有三项，即异地买卖合同，债务人尚未付清全部价款，人民法院受理破产申请时，债务人尚未收到货物。根据出卖人取回权的概念，我们可知出卖人取回权的标的为动产，但在实践中，就机械设备是否为动产也会产生相关争议。如在（2017）苏02民终4479号[②]中，法院认为本案中原告向法院提起诉讼选择的是出卖人取回权纠纷法律关系，根据《企业破产法》第三十九条的相关规定可知在与破产有关的纠纷中，出卖人主张取回权的标的物只能是动产，且为运途中的标的物。综上，本案所涉的设备均已经安装完毕并投入使用，且均为不动产，不符合行使取回权的条件。另外，就何为“在运途中”也需要对其进行法律解释，通常可以有以下三种理解：第一种理解为出卖人实际行使取回权取回标的物时，该标的物尚在运输途中；第二种理解为出卖人在向管理人表示要行使取回权时，标的物尚在运输途中，但将来实际取到时，标的物未必在运输途中；第三种理解为只要买受人进入破产程序时尚未收到标的物即可。[③] 从上述描述可知，第三种属于对“在运途中”范围最宽泛的理解，有学者认为此种理解是最能保护出卖人利益的理解，同时是最符合出卖人取回权立法目的的理解。[④] 因为当管理人未收到货物时，出卖人可以根据《民法典》运输合同的规定行使中止运输权，而不必行使取回权，此时同样可以达到暂停交易以保护出卖人利益的目的，但只有管理人收到货物还可以使得出卖人行使取回权的，才有出卖人取回权行使的独特空间。但根据我国《企业破产法司法解释（二）》第三十九条的规定可以看出，我国此条立法规定采取了上述第二种对“在运途中”概念的理解。

《企业破产法司法解释（二）》第三十九条对《企业破产法》第三十九条进行了进一步的详细解释，该条规定：“出卖人依据企业破产法第三十九条的规定，

① A公司与B公司取回权纠纷案，山东省微山县人民法院（2018）鲁0826民初3158号民事判决书。

② 某安装站诉B公司出卖人加工合同纠纷案，江苏省无锡市中级人民法院（2017）苏02民终4479号民事判决书。

③ 参见王欣新：《破产法》（第4版），中国人民大学出版社2019年版，第177页。

④ 参见冀彩芳：《出卖人破产取回权解析》，载《牡丹江教育学院学报》2011年第4期，第152－153页。

通过通知承运人或者实际占有人中止运输、返还货物、变更到达地，或者将货物交给其他收货人等方式，对在运途中标的物主张了取回权但未能实现，或者在货物未达管理人前已向管理人主张取回在运途中标的物，在买卖标的物到达管理人后，出卖人向管理人主张取回的，管理人应予准许。出卖人对在运途中标的物未及时行使取回权，在买卖标的物到达管理人后向管理人行使在运途中标的物取回权的，管理人不应准许。”据此，我们可以知道，司法解释允许出卖人行使取回权的情况是两种。其一为对在运途中的标的物主张了取回权但未能实现，此处的主张取回权并不是向管理人提出，而是向承运人提出或者是向运途中的实际占有人提出；其二为在货物未运达前向管理人提出取回在运途中的标的物的主张。[①]如果对上述两种情况进行概括即为，在上述两种情况下，即使在买卖标的物到达管理人后，出卖人也可以依据出卖人取回权进行取回，除此之外，是不准主张出卖人取回权的。

除了《企业破产法》中的出卖人取回权制度，我国《民法典》第五百二十七条[②]、八百二十九条[③]、第六百四十一条[④]也分别通过不安抗辩权、变更运输合同权与采取所有权保留条款来实现和出卖人取回权制度相类似的对出卖人利益的保护，但其在保障程度上还是存在不同的偏重的。如就《民法典》第五百二十七条而言，虽然当买受人出现经营状况严重恶化、有丧失或者可能丧失履行债务能力的其他情形时，出卖人可以中止履行，但当出卖人已货交承运人，履行了自己的义务，不安抗辩权对出卖人利益的保护就无能为力。[⑤] 此时，出卖人还可以通过《民法典》第八百二十九条行使托运人的变更运输权以维护自己的利益，只需要赔偿承运人因此受到的损失即可。但不可否认的是，现实中可能会因为运输方

---

① 参见王欣新：《破产法》（第4版），中国人民大学出版社2019年版，第178页。

② 《民法典》第五百二十七条规定：“应当先履行债务的当事人，有确切证据证明对方有下列情形之一的，可以中止履行：（一）经营状况严重恶化；（二）转移财产、抽逃资金，以逃避债务；（三）丧失商业信誉；（四）有丧失或者可能丧失履行债务能力的其他情形。当事人没有确切证据中止履行的，应当承担违约责任。”

③ 《民法典》第八百二十九条规定：“在承运人将货物交付收货人之前，托运人可以要求承运人中止运输、返还货物、变更到达地或者将货物交给其他收货人，但是应当赔偿承运人因此受到的损失。”

④ 《民法典》第六百四十一条规定：“当事人可以在买卖合同中约定买受人未履行支付价款或者其他义务的，标的物的所有权属于出卖人。出卖人对标的物保留的所有权，未经登记，不得对抗善意第三人。”

⑤ 冀彩芳：《出卖人破产取回权解析》，载《牡丹江教育学院学报》2011年第4期，第152－153页。

式等出卖人无法在运输途中中止运输、返还货物、变更到达地或者将货物交给其他收货人。比如根据《民法典》第五百九十八条①的规定，若当事人通过约定交付提取标的物的单证，来作为完成转移标的物所有权义务的标志，出卖人在已经将单证进行交付的情况下，再行使中途停运权就起不到保护出卖人利益的目的了，因为此时货物已经归属于破产企业所有，货物也成为破产财产。②

三、代偿取回权

（一）导引案例分析

A 证券公司、B 证券公司等一般取回权纠纷民事判决书/最高人民法院/（2021）最高法民再 56 号③

【裁判要点】

取回权是破产法规定的一项权利，其基础是民法上的返还原物请求权，以取回权标的物仍客观存在为前提。根据《企业破产法司法解释（二）》第三十条的规定，如果标的物在破产申请受理前已经被违法转让给第三人，且该第三人已善意取得所有权，则原权利人不能再行使取回权，其因财产损失形成的债权只能作为普通债权清偿。即便转让取回权标的物所得的价金可以由原权利人取回，也应满足该价金尚未交付给债务人，或者虽已交付给债务人但能与债务人财产予以区分这一前提条件。

【基本案情】

2000 年 9 月 27 日，马某在上海证券交易所开立了股票账户和资金账户，存入资金进行股票买卖。2001 年 5 月 8 日，在未提供马某授权的情况下，A 证券公司撤销指定交易，将马某证券账户中的三只股票办理指定交易到王某的资金账户下。2001 年 5 月 11 日前，上述三只股票被全部卖出。此后，马某资金账户发生多次交易，包括现金取款，股金划入、划出等。

---

① 《民法典》第五百九十八条规定："出卖人应当履行向买受人交付标的物或者交付提取标的物的单证，并转移标的物所有权的义务。"

② 参见王欣新：《破产法》（第 4 版），中国人民大学出版社 2019 年版，第 175 页。

③ 相关案件：马某与 A 证券公司、B 证券公司一般取回权纠纷二审民事案，吉林省高级人民法院（2019）吉民终 473 号民事判决书；马某与 A 证券公司、B 证券公司一般取回权纠纷一审民事案，吉林省长春市中级人民法院（2019）吉 01 民初 88 号民事判决书。

根据中国证券监督管理委员会作出的一系列文件，B证券公司对A证券公司进行了托管。同时有报告配资账户情况表将王某的资金账户认定为配资账户，即王某的资金账户是问题账户。

2006年2月27日，依据A证券公司清算组的要求，B证券公司西安大路营业部将马某的14个股票账户，全部指定交易到A证券公司清算组开立的19××××××资金账户下。马某A19×××××××股票账户于2006年3月6日在B证券公司长春西安大路证券营业部办理指定交易，指定到A证券公司清算组19××××××资金账户下。2009年4月23日，经A证券公司清算组申请，19××××××账户户名变更为A证券公司破产管理人。

另查明，2008年10月10日，一审法院作出（2008）长民破字第34-1号民事裁定，受理A证券公司清算组提出的A证券公司破产清算申请。

又查明，马某于2012年起诉B证券公司、A证券公司，请求：（1）停止侵害，恢复马某证券账户正常交易状态；（2）提供马某证券账户从开户日至今的资金流水及相关资金进出的财务凭证。吉林省高级人民法院（2015）吉民三终字第2号民事判决认定“马某证券账户下挂在王某的100×××××资金账户，之后又由于王某的100×××××资金账户被认定为配资账户，进而被采取限制交易措施，其责任在于A证券公司之前的违规经营……鉴于A证券公司目前处于破产清算过程之中，马某证券账户的实际情况，为保护自己的合法权益马某可向A证券公司破产管理人申请证券账户剥离、确认，或者提起一般取回权诉讼。人民法院对证券账户权属纠纷应当予以审理”。

马某于2017年起诉A证券公司、B证券公司，请求A证券公司、B证券公司向马某返还属于马某所有的A19×××××××股票账户内的股票。一审法院（2017）吉01民初830号民事判决认定“在2001年5月8日至2001年5月11日期间，该三只股票被全部卖出，共计收入金额127,830.67元，与王某资金账户内原有的资金混同，并利用混同后的资金买入其他股票。由此可见，马某所享有所有权的股票仅为2001年5月8日其股票账户下挂至王某账户时的三只股票，或此时该三只股票所对应的市值。因此，马某享有取回权的范围仅限于2001年5月8日其股票账户下挂至王某账户时的三只股票”。

【一审判决结果】

驳回原告马某的诉讼请求。

【一审判决思路】

1. 关于马某主张返还案涉三只股票是否超过诉讼时效的问题。本案为一般取回权纠纷，一般取回权是以所有权或他物权为基础的具有物权属性的权利，而诉讼时效是对债权请求权的限制，故二被告以马某之诉请已超过诉讼时效为由进行抗辩于法有悖，不予支持。

2. 关于涉案三只股票能否返还的问题。《企业破产法》第三十八条规定："人民法院受理破产申请后，债务人占有的不属于债务人的财产，该财产的权利人可以通过管理人取回。但是，本法另有规定的除外。"依据本条规定，债务人进入破产程序后，权利人认为债务人占有的财产不属于债务人的，应当向管理人申请取回。管理人对取回不予认可的，权利人可以向人民法院起诉要求取回财产。权利人行使取回权须满足两个法律要件，一是争议财产处于债务人占有之下，二是债务人对该财产不享有所有或占有的事实及法律上的原因。本案中，涉案三只股票已于2001年5月11日前被售出，马某行使一般取回权的前提已不存在，故其诉请取回该三只股票缺乏事实根据，一审法院亦不予支持。

3. 关于二被告应否赔偿马某损失202,450元并支付利息的问题。A证券公司在未获得马某授权的情况下，将马某的股票账户内的案涉三只股票办理指定交易到王某的资金账户下，系违规操作。马某如认为A证券公司上述行为侵害其合法权益，应当向A证券公司进行主张。但因A证券公司已于2008年10月10日被人民法院受理破产申请，依据《企业破产法》第四十四条之规定，马某应当就其权益损失向A证券公司管理人申报债权，而非诉讼主张侵权赔偿。本案审理过程中，马某认可其至今未就本案所主张的损失向A证券公司申报债权，一审法院亦向马某进行了释明，但马某坚持其诉讼请求。B证券公司依据中国证券监督管理委员会的决定于2003年12月至2004年4月对A证券公司证券业务及所属证券营业部进行托管，案涉三只股票早于托管期间被处置，故马某诉请由B证券公司赔偿损失依据不足。

【二审判决结果】

1. 撤销吉林省长春市中级人民法院（2019）吉01民初88号民事判决；

2. 被上诉人A证券公司、被上诉人B证券公司于本判决生效之日起十日内返还上诉人马某202,450元；

3. 驳回上诉人马某的其他诉讼请求。

【二审判决思路】

马某要求行使取回权符合法律规定，一审法院适用法律不当。

首先，依照《企业破产法》第三十八条“人民法院受理破产申请后，债务人占有的不属于债务人的财产，该财产的权利人可以通过管理人取回。但是，本法另有规定的除外”的规定可知，马某的诉讼请求是否能够得到支持，应明确破产企业是否占有了马某的财产。

本案中，该账户内股票本为马某所有的财产权益，在2001年5月8日，当A证券公司未经马某授权，办理指定交易到王某资金账户下时，马某即失去了对该财产的控制，且由王某的10××××××资金账户认定为配资账可见，A证券公司在该时间即取得了对涉案财产的占有，并且，该占有结果的发生，并非基于双方对合同约定之履行。虽然在A证券公司占有行为实施的当时，该财产为股票，但该股票所对应的货币数额已经确定，且该货币数额与三只股票的指向关系亦为特定，因此，应当认定A证券公司占有了不属于其的财产权益，该财产的权利人马某依照前述法律规定要求对202,450元行使取回权于法有据。B证券公司为A证券公司的托管方，其实际掌控着包括涉案资金在内的财产，因此，其亦负有返还义务。

其次，因马某在本案中所提起系取回权之诉，其取回之范围应限于被破产企业占有之财产。由上可见，马某的财产权益所针对的对象是该三只股票及其所对应的特定价值。该股票本身并未产生孳息，马某主张股票价值所对应之货币被占用所产生的损失，并不属于取回权范畴，一审法院告知其申报债权并无不当。马某的该项上诉请求法院不予支持。

【再审判决结果】

1. 撤销吉林省高级人民法院（2019）吉民终473号民事判决；

2. 维持吉林省长春市中级人民法院（2019）吉01民初88号民事判决。

【再审判决思路】

法院认为，《企业破产法》第三十八条规定：“人民法院受理破产申请后，债务人占有的不属于债务人的财产，该财产的权利人可以通过管理人取回。但是，本法另有规定的除外。”取回权是破产法规定的一项权利，其基础是民法上的返还原物请求权，以取回权标的物仍客观存在为前提。根据《企业破产法司法解释（二）》第三十条的规定，如果标的物在破产申请受理前已经被违法转让给第三人，且该第三人已善意取得所有权，则原权利人不能再行使取回权，其因财产损失形成的债权只能作为普通债权清偿。本案中，A证券公司在未取得马某授权的情况下，擅自处分马某证券账户项下的三只股票，他人已善意取得股权，故马某不能再取回其账户中原有的上述三只股票。即便转让取回权标的物所得的价金可以由原权利人取回，也应满足该价金尚未交付给债务人，或者虽已交付给债务人但能与债务人财产予以区分这一前提条件。本案中，处分马某三只股票所得的价款进入了王某的资金账户，且已与账户内的其他资金混同，不符合上述条件。综合考虑前述情形，马某行使取回权的基础已不存在，二审判决支持马某有关取回涉案三只股票市值的诉讼请求，适用法律错误，应予纠正。马某虽无法行使一般取回权，但不影响其向A证券公司主张损害赔偿或者不当得利之债，在A证券公司已进入破产清算程序的情况下，马某可以依据《企业破产法》第四十四条的规定向A证券公司破产管理人申报债权。

马某的股权被A证券公司通过违规操作无权处分时，B证券公司尚未托管A证券公司的证券业务及所属证券营业部。《证券公司风险处置条例》第九条规定，托管人在托管期间应保障证券公司证券经纪业务正常合规运行，必要时依照规定垫付营运资金和客户的交易结算资金；采取有效措施维护托管期间客户资产的安全；核查证券公司存在的风险，及时向国务院证券监督管理机构报告业务运行中出现的紧急情况，并提出解决方案；国务院证券监督管理机构要求履行的其他职责。在马某未举证证明B证券公司在托管A证券公司期间存在违反上述《证券公司风险处置条例》规定的法定职责从而导致其财产损失的情况下，二审判决判令B证券公司承担返还责任于法无据，法院予以纠正。如马某有证据证明B证券公司等相关当事人违反法定义务导致其财产损失，可另行主张权利。

【一审、二审、再审法院审理思路对比总结】

类目	一审	二审	再审
裁判结果	驳回原告马某的诉讼请求。	1. 撤销吉林省长春市中级人民法院（2019）吉01民初88号民事判决。 2. 被上诉人A证券公司、被上诉人B证券公司于本判决生效之日起十日内返还上诉人马某202,450元。 3. 驳回上诉人马某的其他诉讼请求。	1. 撤销吉林省高级人民法院（2019）吉民终473号民事判决。 2. 维持吉林省长春市中级人民法院（2019）吉01民初88号民事判决。
争议焦点	1. 马某诉请返还案涉三只股票是否超过诉讼时效。 2. 马某主张A证券公司向其返还三只股票依据是否充分。 3. A证券公司和B证券公司应否赔偿马某损失202,450元并支付利息。	马某要求行使取回权是否符合法律规定。	1. 马某要求行使取回权是否符合法律规定。 2. B证券公司是否需要承担返还责任。
回应	1. 否。一般取回权是以所有权或他物权为基础的具有物权属性的权利，而诉讼时效是对债权请求权的限制，故二被告以马某之诉请已超过诉讼时效为由进行抗辩于法有悖，不予支持。 2. 否。权利人行使取回权须满足两个法律要件：一是争议财产处于债务人占有之下，二是债务人对该财产	符合。账户内股票本为马某所有的财产权益，在2001年5月8日，当A证券公司未经马某授权，办理指定交易到王某资金账户下时，马某即失去了对该财产的控制，且由王某的10××××××资金账户认定为配资账可见，A证券公司在该时间即取得了对涉案财产的占有，并且，该占有结果的发生，并非基于双方对合同约定之履行。虽然在A证券公	1. 否。根据《企业破产法司法解释（二）》第三十条的规定，如果标的物在破产申请受理前已经被违法转让给第三人，且该第三人已善意取得所有权，则原权利人不能再行使取回权，其因财产损失形成的债权只能作为普通债权清偿。即便转让取回权标的物所得的价金可以由原权利人取回，也应满足该价金尚未交付给债务人，或者虽已交付给债务

续表

类目	一审	二审	再审
	不享有所有或占有的事实及法律上的原因。本案中，案涉三只股票已于2001年5月11日前被售出，马某行使一般取回权的前提已不存在，故其诉请取回该三只股票缺乏事实根据，一审法院亦不予支持。 3. 否。马某如认为A证券公司上述行为侵害其合法权益，应当就其权益损失向A证券公司管理人申报债权，但马某至今未就本案所主张的损失向A证券公司申报债权；B证券公司对A证券公司证券业务及所属证券营业部进行托管，案涉三只股票早于托管期间被处置，故马某诉请由B证券公司赔偿损失依据不足。	司占有行为实施的当时，该财产为股票，但该股票所对应的货币数额已经确定，且该货币数额与三只股票的指向关系亦为特定，因此，应当认定A证券公司占有了不属于其的财产权益，该财产的权利人马某依照前述法律规定要求对202,450元行使取回权于法有据。B证券公司为A证券公司的托管方，其实际掌控着包括涉案资金在内的财产，因此，其亦负有返还义务。	人但能与债务人财产予以区分这一前提条件。 2. 否。在马某未举证证明B证券公司在托管A证券公司期间存在违反上述《证券公司风险处置条例》规定的法定职责从而导致其财产损失的情况下，二审判决判令B证券公司承担返还责任于法无据，法院予以纠正。

（二）实务问题讨论

代偿取回权，是指当取回权的标的财产被非法转让或消灭时，该财产的权利人有权取回转让其财产所得到的对待给付财产或补偿金，[1] 即代偿取回权的取回标的物因被债务人或管理人不当转让，或因自然原因、第三人责任等情况发生了毁损、灭失，此时一般取回权就没有行使的空间，[2] 所以需要权利人依法对取回

① 参见王欣新：《破产法》（第4版），中国人民大学出版社2019年版，第179页。

② 一般取回权是以取回标的物仍然存在于债务人处为基础而成立并行使的。

标的物的代偿财产行使取回权。① 从上述描述可以看出代偿取回权是对一般取回权制度的必要补充。

在学界，对代偿取回权的看法主要分为三类，其不同之处主要在取回权的行使是否可以延伸到代偿财产之上以及可以延伸到何种代偿财产之上。第一种观点是完全不承认代偿取回权，认为取回权的行使必须以取回权标的财产的存在为前提；第二种观点承认代偿取回权的存在，但认为其只能适用于权利人的财产被债务人或者管理人转让，且受让人未支付价金的情形；② 第三种观点认为代偿取回权行使的标的物的范围比较宽泛，不仅包括请求债务人或管理人转让对受让人的请求权的权利，也包括请求管理人转让已经接受的对待给付财产的权利。③

纵观我国的《企业破产法》，其中并没有代偿取回权的规定，对此《企业破产法司法解释（二）》第三十二条确定了权利人代偿性取回权行使的相关规定及限制，其规定："债务人占有的他人财产毁损、灭失，因此获得的保险金、赔偿金、代偿物尚未交付给债务人，或者代偿物虽已交付给债务人但能与债务人财产予以区分的，权利人主张取回就此获得的保险金、赔偿金、代偿物的，人民法院应予支持。保险金、赔偿金已经交付给债务人，或者代偿物已经交付给债务人且不能与债务人财产予以区分的，人民法院应当按照以下规定处理：（一）财产毁损、灭失发生在破产申请受理前的，权利人因财产损失形成的债权，作为普通破产债权清偿；（二）财产毁损、灭失发生在破产申请受理后的，因管理人或者相关人员执行职务导致权利人损害产生的债务，作为共益债务清偿。债务人占有的他人财产毁损、灭失，没有获得相应的保险金、赔偿金、代偿物，或者保险金、赔偿物、代偿物不足以弥补其损失的部分，人民法院应当按照本条第二款的规定处理。"相较于2002年我国颁布的《关于审理企业破产案件若干问题的规定》第七十二条④而言，代偿取回权的规定取得了巨大进步。比如在《关于审理企业破

① 参见孙向齐：《破产代偿取回权研究》，载《法学杂志》2008年第2期，第149－152页。

② 参见吴合振主编：《企业破产清算》，人民法院出版社2002年版，第210页。

③ 参见王欣新：《破产法》（第4版），中国人民大学出版社2019年版，第179页。

④ 《关于审理企业破产案件若干问题的规定》第七十二条规定："本规定第七十一条第（一）项所列的财产，财产权利人有权取回。前款财产在破产宣告前已经毁损灭失的，财产权利人仅能以直接损失额为限申报债权；在破产宣告后因清算组的责任毁损灭失的，财产权利人有权获得等值赔偿。债务人转让上述财产获利的，财产权利人有权要求债务人等值赔偿。"

产案件若干问题的规定》中，法律规定的是财产在破产宣告前已经毁损灭失的，财产权利人仅能以直接损失额为限申报债权；在破产宣告后因清算组的责任毁损灭失的或者是债务人转让上述财产获利的，财产权利人有权获得等值赔偿。但不论是对直接损失申报债权的权利还是获得等值赔偿的权利在性质上仍然属于债权，这使得对取回权人利益的保护力度明显不足。

同时这就涉及一个问题，即代偿取回权与赔偿请求权的关系是什么，两者之间是否可以互相替代？首先，代偿取回权是物权行使的特殊方式，具有优先效力，但赔偿请求权仅是普通破产债权，和其他无担保的债权享有同等的清偿地位；其次，代偿取回权以一般取回权为基础，具有填补一般取回权功能漏洞的作用，并防范债务人的侵权与欺诈，但赔偿请求权不具有此种功能；再次，代偿取回权的标的财产是取回权标的物的转化形式，本就不属于破产财产，加之其可以与破产财产相区分，所以不同于个别清偿，取回不会对其他债权人造成不公平的清偿后果，但赔偿请求权的标的是原标的财产因毁损、灭失或者被转让而造成的损失，此时的赔偿标的只能是不具有特定性的货币，从破产财产中分配；最后，就代偿取回权的标的而言，多少是事实判断，它取决于原标的财产的转化物的客观价值，但赔偿请求权标的之多少是一个价值判断，通常要考虑受害人损失、加害人过错等因素。① 所以说代偿取回权与赔偿请求权该两种制度只能并存，不可以互相替代。

就代偿取回权的标的而言，学界虽存在争议，但已基本达成共识，即能否行使代偿取回权的标准，不是代偿财产是种类物或者是特定物，也不是代偿物是否已经交付给债务人，关键在于该财产是否可以与债务人的财产相区分。② 由此我们可以将代偿取回权的标的大致分为三类，第一类为特定物，既包括原财产被转让后，受让人支付给债务人或者管理人的作为对价的特定物，也包括第三人赔偿的特定物。第二类为货币等种类物，包括原财产被转让或者发生毁损、灭失而由

① 参见最高人民法院民事审判第二庭编著：《最高人民法院关于企业破产法司法解释理解与适用》，人民法院出版社2013年版，第359页。

② 参见纪欣桐：《论破产法上代偿取回权的意义及其制度完善——基于我国代偿取回权的破产立法现状与问题》，载《上海法学研究》集刊2021年第22卷，第113－122页；王欣新：《破产法》（第4版），中国人民大学出版社2019年版，第181页；孙向齐：《破产代偿取回权研究》，载《法学杂志》2008年第2期，第149－152页。

受让人、保险公司、第三人针对该财产而支付的价金、保险金、补偿金、赔偿金等。[①] 第三类为原财产被债务人或管理人转让，在受让人尚未支付对价时债务人破产，权利人可以要求管理人移转对受让人之请求权，即要求管理人作出移转的意思表示和发出作为对抗要件的债权转让通知。[②]

司法实践中，我们可以通过一个案例来详细了解代偿取回权成立的条件。在（2016）沪民终 362 号案[③]中，法院主要分为两大部分进行讨论，即关于委托理财产生的资金与股票能否取回的问题以及关于本案财产（关于投资账户内的资金与投资账户内对应的股票账户变动）是否能够“特定化”的问题。

一是关于委托理财产生的资金与股票能否取回的问题。证券公司破产案件存在特殊性。首先是证券公司既管理客户交易结算资金（保证金），亦接受客户资金进行委托理财，两者均可能发生被挪用情形。其次是资金账户中的资金用于买卖股票后，两者会产生形态上的变化，故在取回权方面应允许代偿性取回权。为了解决上述问题，司法实践中已经形成以下规则：（1）在独立封闭证券账户和资金账户内运作的委托资产，能与证券公司的自有资产及其他客户资产相区别的，委托理财账户内资产应归属于委托人所有，委托人可以行使取回权；（2）被挪用的情况下，若被挪用后的委托资产与其他客户资产发生混同，但独立于受托人自有资产的，委托人与其他客户可以按照资产比例享有取回权；（3）如果证券公司违规挪用客户资金和证券，关系清楚、财产并未混同，管理人追回后，可由相关权利人行使代偿性取回权；（4）如果已经形成资金混同，债权人不能行使取回权，而应当通过申报债权的方式处理。二是关于本案财产是否能够“特定化”的问题。此部分法院分别对投资账户内的资金与投资账户内对应的股票账户变动进行讨论。

综上所述，法院认为，B 公司因委托理财所开立的 B 投资账户及其下挂的股票账户，可以取回。上述账户虽有资金流出及股票划出，但未发生混同情形，因此 B 公司有权向 A 证券公司取回。那么代偿取回权成立符合的条件可以概括为：

---

① 参见孙向齐：《破产代偿取回权研究》，载《法学杂志》2008 年第 2 期，第 149－152 页。

② 参见［日］伊藤真等：《破产法》，刘荣军、鲍黄振译，中国社会科学出版社 1995 年版，第 188 页。

③ A 证券公司与 B 公司一般取回权纠纷上诉案，上海市高级人民法院（2016）沪民终 362 号民事判决书。

第一，财产权属清晰，没有争议；第二，财产虽已灭失，但有相应的代偿物且可以区分。[①]

四、债权申报与破产取回权行使的冲突

（一）导引案例分析

某煤矿、A公司--般取回权纠纷再审审查与审判监督民事裁定书/最高人民法院/（2020）最高法民申3415号[②]

【裁判要点】

依照《企业破产法司法解释（二）》第二条第二项“下列财产不应认定为债务人财产：（二）债务人在所有权保留买卖中尚未取得的财产”、第二十六条“权利人依据企业破产法第三十八条的规定行使取回权，应当在破产财产变价方案或者和解协议、重整计划草案提交债权人会议表决前向管理人提出。权利人在上述期限后主张取回相关财产的，应当承担延迟行使取回权增加的相关费用”，从该条文内容可知，破产取回权的权利人行使取回权的时间应为从人民法院受理破产开始至破产程序终结，不受破产管理人是否已经将破产财产变价方案或者和解协议、重整计划草案提交债权人会议讨论等时间节点的限制，只是若在相关节点后行使取回权，应当承担相关增加的费用。

【基本案情】

2012年9月11日，A公司与某煤矿签订《工业品买卖合同》，约定某煤矿向A公司采购价值2314.81万元的采煤设备一套，合同第七条约定：“标的物所有权自货物到使用现场时起转移，但买受人未履行支付价款义务的，标的物属于出卖人所有”。事后，某煤矿向A公司支付了463万元的价款，剩余1851.81万元未支付。2016年5月23日，债权人贵州贵能投资股份有限公司以某煤矿明显缺乏清偿债务能力为由申请对其进行破产清算，该院于2016年11月29日作出

① 参见最高人民法院民事审判第二庭编著：《最高人民法院关于企业破产法司法解释理解与适用》，人民法院出版社2013年版，第374－375页。

② 相关案件：A公司与某煤矿一般取回权纠纷一审民事案，贵州省六盘水市中级人民法院（2018）黔02民初167号民事判决书；A公司与某煤矿一般取回权纠纷二审民事案，贵州省高级人民法院（2019）黔民终465号民事判决书。

(2016）黔02破2号民事裁定书，裁定受理贵州贵能投资股份有限公司对某煤矿的破产清算申请，并于2016年12月20日作出（2016）黔02破2号决定书，决定指定贵州六盘水立信会计师事务所作为破产管理人。

2017年3月1日，A公司向某煤矿申报债权，申报债权金额1851.81万元，已受偿金额463万元。2017年8月21日，某煤矿审查初步核定A公司债权为1851.81万元。2017年11月22日，该院作出（2016）黔02破2－1号民事裁定书，确认贵州贵能投资股份有限公司等185位债权人的债权，其中A公司审核确定的金额为1851.81万元，A公司于2018年5月28日签收该民事裁定书。2018年6月15日，某煤矿管理人召集召开第五次债权人会议，就某煤矿整体竞买方案等事项进行表决，并在六盘水日报刊登《某煤矿整体出让公告》。后A公司向某煤矿管理人发函要求对某煤矿综采成套设备所有权收回，2018年7月19日某煤矿管理人回复A公司驳回该公司的取回申请。现A公司要求行使买卖标的物取回权，诉至该院。

【一审判决结果】

驳回A公司的诉讼请求。

【一审判决思路】

本案是针对债务人进入法院破产审理程序后，对于债务人占有的不属于债务人的财产，财产所有权人行使取回权而引起的纠纷，故本案立案案由为普通破产债权确认纠纷不当，案由应为一般取回权纠纷。

关于争议焦点一，本案中A公司享有两种诉权：其一为主张债权，即请求某煤矿支付未履行的标的物价款；其二为根据合同约定的所有权保留条款要求返还标的物。但该院于2016年11月29日作出（2016）黔02破2号民事裁定书，裁定受理B公司对某煤矿的破产清算申请，2017年3月1日，A公司向某煤矿申报债权1851.81万元，2017年11月22日该院作出（2016）黔02破2－1号民事裁定书，裁定确认贵州贵能投资股份有限公司等185位债权人的债权，其中A公司审核确定的金额为1851.81万元，A公司于2018年5月28日签收该民事裁定书。以上申报债权并确认债权是A公司作为债权人在某煤矿破产程序中对自己维权方式作出的自主选择，在整个破产清算阶段，A公司均以普通债权人的身份对自己的债权进行处分，并经人民法院生效的民事裁定书予以确认其债权金额，故A公司的债权应在破产程序中从破产财产中公平受偿。对A公司要求取回2012年9

月11日签订的《工业品买卖合同》标的物的诉讼请求，该院不予支持。

关于争议焦点二，《企业破产法》第四十二条规定："人民法院受理破产申请后发生的下列债务，为共益债务：（一）因管理人或者债务人请求对方当事人履行双方均未履行完毕的合同所产生的债务；（二）债务人财产受无因管理所产生的债务；（三）因债务人不当得利所产生的债务；（四）为债务人继续营业而应支付的劳动报酬和社会保险费用以及由此产生的其他债务；（五）管理人或者相关人员执行职务致人损害所产生的债务；（六）债务人财产致人损害所产生的债务。"共益债务，是指人民法院受理破产申请后，在破产清算或重整程序中，为了全体债权人的共同利益以及破产程序顺利进行而发生的债务。基于债权平等原则，共益债务须是发生在人民法院受理破产申请之后，因继续履行合同产生的债务，不应包括在受理破产申请之前已经产生而未支付给相对人的债务，否则会构成优惠清偿，对其他债权人不公平。A公司在本案中所主张的1851.81万元发生在该院受理破产申请之前，不属于共益债务范畴。

【二审判决结果】

1. 撤销贵州省六盘水市中级人民法院（2018）黔02民初167号民事判决；

2. 确认某煤矿拖欠A公司的采煤设备款1851.81万元作为某煤矿的共益债务；

3. 驳回A公司的其他诉讼请求。

【二审判决思路】

1. 关于第一个争议焦点即A公司是否享有对案涉采煤设备的取回权的问题。

法院认为，《企业破产法》第三十八条"人民法院受理破产申请后，债务人占有的不属于债务人的财产，该财产的权利人可以通过管理人取回。但是，本法另有规定的除外"之规定是破产取回权的基础性规定。本案中，A公司主张对案涉采煤设备享有取回权的请求能否成立，需要从以下几个方面进行分析：

（1）本案是否满足取回权行使的前提条件。法院认为，A公司是否享有对2012年9月11日签订的《工业品买卖合同》中的标的物的所有权是确定其能否行使取回权的前提。取回权的基础来源于民法规定的物上返还请求权，是权利人基于其所有或者占有物的事实以及法律上的原因，请求无权占有人返还其所有物或者占有物，以恢复其所有或者占有状态的权利。只要债务人（财产占有人）的破产申请被人民法院受理，无论其占有是否合法或者期限是否届满，财产权利人都可以行使取回权取回自己的财产。具体到本案中而言，根据法院审理查明的事实可知，双方在《工业品买卖合同》约定某煤矿向A公司采购价值2314.81万元的采煤设备一套，合同第七条约定，“标的物所有权自货物到使用现场时起转移，但买受人未履行支付价款义务的，标的物属于出卖人所有”，并结合《合同法》第一百三十三条“标的物的所有权自标的物交付时起转移，但法律另有规定或者当事人另有约定的除外”，第一百三十四条“当事人可以在买卖合同中约定买受人未履行支付价款或者其他义务的，标的物的所有权属于出卖人”之规定①，A公司与某煤矿的买卖合同中明确约定了所有权保留条款，而审理查明的事实可知，某煤矿就案涉合同仅向A公司支付了463万元的价款，剩余1851.81万元未支付，故某煤矿并未完成支付货款的合同义务，A公司依约仍然享有对合同标的的所有权，即本案满足取回权行使的前提条件。

（2）本案中A公司行使取回权是否符合法定程序。首先，关于A公司行使取回权的时间是否符合法律规定。法院认为，依照《企业破产法司法解释(二)》第二条第二项“下列财产不应认定为债务人财产：（二）债务人在所有权保留买卖中尚未取得的财产”、第二十六条“权利人依据企业破产法第三十八条的规定行使取回权，应当在破产财产变价方案或者和解协议、重整计划草案提交债权人会议表决前向管理人提出。权利人在上述期限后主张取回相关财产的，应当承担延迟行使取回权增加的相关费用”，从该条文内容可知，破产取回权的权利人行使取回权的时间应为从人民法院受理破产开始至破产程序终结，不受破产管理人是否已经将破产财产变价方案或者和解协议、重整计划草案提交债权人会议讨论等时间节点的限制，只是若在相关节点后行使取回权，应当承担增加的相关费用。结合审理查明的事实可知，某煤矿管理人在2018年6月15日主持召开第五次债权人会议并表决通过了某煤矿的财产变价方案，而A公司主张其曾于2018年6月14日向某煤矿管理人夏生荣当场递交取回权申请书，但A公司并未提交相关证据证实，在某煤矿管理人对此予以否认的情况下，结合A公司2018年7月3日才向某煤矿管理人发函要求取回案涉采煤设备的事实，A公司

① 《民法典》第六百四十一条规定：“当事人可以在买卖合同中约定买受人未履行支付价款或者其他义务的，标的物的所有权属于出卖人。出卖人对标的物保留的所有权，未经登记，不得对抗善意第三人。”

行使取回权的时间符合法律规定，但依法应当承担延迟行使取回权增加的相关费用。

其次，A公司在法院受理破产后向破产管理人申报普通债权及一审法院裁定确认的事实是否可以认定为放弃取回权。法院认为，依照《企业破产法》第十八条第一款“人民法院受理破产申请后，管理人对破产申请受理前成立而债务人和对方当事人均未履行完毕的合同有权决定解除或者继续履行，并通知对方当事人。管理人自破产申请受理之日起二个月内未通知对方当事人，或者自收到对方当事人催告之日起三十日内未答复的，视为解除合同”之规定，结合法院审理查明的事实可知，某煤矿管理人在一审法院受理B公司提出的破产申请后，没有依照对于某煤矿与A公司在2012年9月11日签订的《工业品买卖合同》是决定解除或者继续履行，也没有在二个月内通知A公司，依法应视为某煤矿管理人决定解除某煤矿与A公司在2012年9月11日签订的《工业品买卖合同》，则A公司依法享有解除合同后的标的物返还请求权。本案中管理人未正确区分破产财产与他人财产，在选择解除合同后仍然通知A公司申报债权，A公司在收到破产管理人的通知后填写债权申报表的行为，是债权人的合理反应，不能因此而认定A公司选择放弃取回权。而且，在某煤矿破产清算程序中召开的第一次至第四次债权人会议及投票表决资料中，均没有发现A公司同意将案涉采煤设备款作为普通债权进行处理的意见，并且A公司在第五次债权人会议中明确表示不同意将其1851.81万元案涉采煤设备款纳入某煤矿财产变价方案之中。A公司虽在破产开始时向破产管理人申报债权并经一审法院作出的（2016）黔02破2－1号民事裁定书予以确认，但结合前面的论述可知，A公司在申报债权后作出了明确相反的意思表示要求行使取回权，按照二审法院前面的论述，其行使取回权的时间符合法律的规定，故综合一审法院在破产程序中所作出的确认裁定，应是对破产管理人核对后的债权数额及性质进行的进一步确认，在取回权人作出相反的意思表示后，应当在本案中对其是否享有取回权进行实体判断，不能苛责A公司对自身权利行使的不准确而作出其放弃更有利的权利行使方式的判断，剥夺当事人行使取回权的权利。

综上，一审判决以“A公司以普通债权人的身份对自己的债权进行处分，并经人民法院生效的民事裁定书予以确认其债权金额”为由，否定A公司对案涉采煤设备享有的取回权，属适用法律错误，法院予以纠正。

2. 关于第二个争议焦点即能否将 A 公司对某煤矿的剩余货款 1851.81 万元债权确认为共益债务的问题。法院认为，依照《企业破产法司法解释（二）》第三十七条第二款、第三款“买受人管理人无正当理由未及时支付价款或者履行完毕其他义务，或者将标的物出卖、出质或者作出其他不当处分，给出卖人造成损害，出卖人依据民法典第六百四十一条等规定主张取回标的物的，人民法院应予支持。但是，买受人已支付标的物总价款百分之七十五以上或者第三人善意取得标的物所有权或者其他物权的除外。因本条第二款规定未能取回标的物，出卖人依法主张买受人继续支付价款、履行完毕其他义务，以及承担相应赔偿责任的，人民法院应予支持。对因买受人未支付价款或者未履行完毕其他义务，以及买受人管理人将标的物出卖、出质或者作出其他不当处分导致出卖人损害产生的债务，出卖人主张作为共益债务清偿的，人民法院应予支持”之规定，结合审理查明的事实，案涉采煤设备在内的某煤矿整体资产已于 2019 年 1 月 23 日转让给 B 公司，因此，A 公司已不能行使对采煤设备的取回权，另结合本案实际情况，A 公司将案涉采煤设备交付给某煤矿使用至今已达七年并仅支付了 463 万元的货款，某煤矿拖欠 A 公司的案涉采煤设备价款 1851.81 万元应依照前引法律之规定作为共益债务由某煤矿予以清偿，但如前所述，A 公司在实际受偿时须扣除其应当承担的延迟行使取回权增加的相关费用，由于某煤矿没有提出相关抗辩，管理人可在清偿时将因 A 公司延迟行使取回权而增加的费用进行抵扣。

【再审判决结果】

驳回水城县某河边煤矿的再审申请。

【再审判决思路】

法院审查认为，某煤矿的再审申请事由及理由均不能成立。具体评析如下：

关于 A 公司是否放弃取回权而成为普通破产债权的问题。首先，某煤矿管理人在法院受理破产申请后，并未依据破产法相关规定对案涉《工业品买卖合同》决定解除或者继续履行，也没有在二个月内通知 A 公司，依法应视为某煤矿管理人决定解除某煤矿与 A 公司在 2012 年 9 月 11 日签订的《工业品买卖合同》，则 A 公司依法享有解除合同后的标的物返还请求权。其次，本案中管理人未正确区分破产财产与他人财产，在选择解除合同后仍然通知 A 公司申报债权，A 公司在收到破产管理人的通知后填写债权申报表的行为，是债权人的合理反应，不能因此而认定 A 公司选择放弃取回权。最后，如申请人所述，某煤矿第一次至第四次债权人会议中并无针对A公司采煤设备作为普通债权进行处理的决议，自不能认定A公司同意将其采煤设备作为普通债权进行处理，而第五次债权人会议将案涉采煤设备纳入某煤矿财产变价方案，A公司更是明确表示“不同意”。原审相关认定不缺乏事实和法律依据。

关于A公司是否应受债权人会议约束或只能请求法院撤销债权人会议决议的问题。依照《企业破产法司法解释（二）》第二条第二项“下列财产不应认定为债务人财产：（二）债务人在所有权保留买卖中尚未取得的财产”、第二十六条“权利人依据企业破产法第三十八条的规定行使取回权，应当在破产财产变价方案或者和解协议、重整计划草案提交债权人会议表决前向管理人提出。权利人在上述期限后主张取回相关财产的，应当承担延迟行使取回权增加的相关费用”之规定可知，破产取回权的权利人行使取回权的时间应为从人民法院受理破产开始至破产程序终结，不受破产管理人是否已经将破产财产变价方案或者和解协议、重整计划草案提交债权人会议讨论等时间节点的限制，只是若在相关节点后行使取回权，应当承担增加的相关费用。据此，A公司仍可主张取回权，但依法应当承担延迟行使取回权增加的相关费用。某煤矿的相关申请事由不能成立。

关于原审适用法律是否正确的问题。某煤矿管理人并未依法决定案涉合同解除或者继续履行，也没有在二个月内通知A公司，亦未区分破产财产与他人财产通知A公司申报债权，在A公司主张取回权后仍处分相关设备，原审适用相关司法解释的规定支持A公司的取回权适用法律并无不当。

关于共益债务的认定问题。案涉采煤设备在内的某煤矿整体资产已于2019年1月23日转让给B公司，A公司已无法行使对采煤设备的取回权。而《企业破产法司法解释（二）》第三十七条第三款规定，“因本条第二款规定未能取回标的物，出卖人依法主张买受人继续支付价款、履行完毕其他义务，以及承担相应赔偿责任的，人民法院应予支持。对因买受人未支付价款或者未履行完毕其他义务，以及买受人管理人将标的物出卖、出质或者作出其他不当处分导致出卖人损害产生的债务，出卖人主张作为共益债务清偿的，人民法院应予支持”，原审据此再结合本案设备使用时间、价款支付比例等实际情况，将案涉采煤设备价款1851.81万元作为共益债务由某煤矿予以清偿，且明确管理人可在清偿时将因A公司延迟行使取回权而增加的费用进行抵扣，适用法律亦无不当。

【一审、二审、再审法院审理思路对比总结】

类目	一审	二审	再审
裁判结果	驳回A公司的诉讼请求。	1. 撤销贵州省六盘水市中级人民法院（2018）黔02民初167号民事判决。 2. 确认某煤矿拖欠A公司的采煤设备款1851.81万元作为某煤矿的共益债务。 3. 驳回A公司的其他诉讼请求。	驳回某煤矿的再审申请。
争议焦点	1. A公司是否享有2012年9月11日签订的《工业品买卖合同》标的物的取回权。 2. A公司的损失1851.81万元可否确认为某煤矿的共益债务。	1. A公司是否享有对案涉采煤设备的取回权。 2. 能否将A公司对某煤矿的剩余货款1851.81万元债权确认为共益债务。	1. 关于A公司是否放弃取回权而成为普通破产债权的问题。 2. 关于A公司是否应受债权人会议约束或只能请求法院撤销债权人会议决议的问题。 3. 关于原审适用法律是否正确的问题。 4. 关于共益债务的认定问题。
回应	1. 否。申报债权并确认债权是A公司作为债权人在某煤矿破产程序中对自己维权方式作出的自主选择，在整个破产清算阶段，A公司均以普通债权人的身份对自己的债权进行处分，并经人民法院生效的民事裁定书予以确认其债权金额，故A公司的债权应在	1. 是。（1）本案满足取回权行使的前提条件。标的物的所有权是确定其能否行使取回权的前提。A公司与某煤矿的买卖合同中明确约定了所有权保留条款，而审理查明的事实可知，某煤矿就案涉合同仅向A公司支付了463万元的价款，剩余1851.81万元未支付，故某煤矿并未完成支付货款的合同义务，A公司依约仍然享有对合同标的的所有权，即本案满足取回权行使的前提	1. 否。首先，根据案件事实，A公司依法享有解除合同后的标的物返还请求权。其次，本案中管理人未正确区分破产财产与他人财产，在选择解除合同后仍然通知A公司申报债权，A公司在收到破产管理人的通知后填写债权申报表的行为，是债权人的合理反应。最后，在第一次至第四次债权人会议中并无针对A公司采煤设备作为普通债权进行处理的

续表

类目	一审	二审	再审
	破产程序中从破产财产中公平受偿。对A公司要求取回2012年9月11日签订的《工业品买卖合同》标的物的诉讼请求，该院不予支持。 2. 否。共益债务须是发生在人民法院受理破产申请之后，因继续履行合同产生的债务，不应包括在受理破产申请之前已经产生而未支付给相对人的债务，否则会构成优惠清偿，对其他债权人不公平。A公司在本案中所主张的1851.81万元发生在该院受理破产申请之前，不属于共益债务范畴。	条件。(2)本案中A公司行使取回权符合法定程序。首先，关于A公司行使取回权的时间符合法律规定。从法律条文内容可知，破产取回权的权利人行使取回权的时间应为从人民法院受理破产开始至破产程序终结，不受破产管理人是否已经将破产财产变价方案或者和解协议、重整计划草案提交债权人会议讨论等时间节点的限制，只是若在相关节点后行使取回权，应当承担增加的相关费用。其次，A公司在法院受理破产后向破产管理人申报普通债权及一审法院裁定确认的事实不能认定为放弃取回权。一审法院在破产程序中所作出的确认裁定，应是对破产管理人核对后的债权数额及性质进行的进一步确认，在取回权人作出相反的意思表示后，应当在本案中对其是否享有取回权进行实体判断，不能苛责A公司对自身权利行使的不准确而作出其放弃更有利的权利行使方式的判断，剥夺当事人行使取回权的权利。 2. 是。根据《企业破产法司法解释（二）》第三十七条第二款、第三款规定，案涉采煤设备在内的某煤矿整体资产已于2019年1月23日	决议，第五次债权人会议将案涉采煤设备纳入某煤矿财产变价方案，A公司更是明确表示“不同意”。 2. 否。根据《企业破产法司法解释（二）》第二条第二项、第二十六条的规定，破产取回权的权利人行使取回权的时间应为从人民法院受理破产开始至破产程序终结，不受破产管理人是否已经将破产财产变价方案或者和解协议、重整计划草案提交债权人会议讨论等时间节点的限制，只是若在相关节点后行使取回权，应当承担相关增加的费用。据此，A公司仍可主张取回权，但依法应当承担延迟行使取回权增加的相关费用。 3. 是。根据查明的案件事实，原审适用相关司法解释的规定支持A公司的取回权适用法律并无不当。 4. 属于共益债务。根据《企业破产法司法解释（二）》第三十七条第三款规定，原审据此再结合本案设备使用时间、价款支付比例等实际情况，将案涉采煤设备价款1851.81万元作为共益债务由某煤矿予以清偿，且明确管理人可在清偿时将因A公司

续表

类目	一审	二审	再审
		转让给B公司，因此，A公司已不能行使对采煤设备的取回权，另结合本案实际情况，A公司将案涉采煤设备交付给某煤矿使用至今已达七年并仅支付了463万元的货款，某煤矿拖欠A公司的案涉采煤设备价款1851.81万元应依照前引法律之规定应当作为共益债务由某煤矿予以清偿。	延迟行使取回权而增加的费用进行抵扣，适用法律亦无不当。

（二）实务问题讨论

就上述案例而言，各级法院对出卖人申报债权可否被视为放弃行使取回权有着各自鲜明的观点。其中一审法院认为原告享有两种诉权：一是主张债权，即请求被告支付未履行的标的物价款；二是根据合同约定的所有权保留条款请求返还标的物。原告在破产清算阶段已经向破产管理人申报了债权并确认债权意味着原告已经对自己的维权方式作出自主选择，故不支持其取回标的物的诉讼请求。而贵州省高级人民法院则认为被告在解除合同后并未正确区分破产财产与别人财产，仍通知原告申报债权，原告在收到破产管理人通知后填写债权申报表的行为是债权人的合理反应，不能因此认定原告放弃取回权。最高院在再审中与二审法院裁判观点保持相同看法。与该案再审判决类似的看法还有（2013）粤高法民二破终字第2号①案，在该案中，法院就A公司在以普通债权人身份接受两次破产财产分配后是否仍享有破产取回权的问题进行了讨论。取回权系物权依法享有的权利，在权利人明确表示放弃以前，不应以其尚未主张而推定其放弃自己的取回权。A公司在自己账户中的双哈股票已不存在的情况下，对其所有的双哈股票进行了普通债权申报并接受破产财产分配，是其最大限度地保护自己权益的选择，但这并不意味着A公司放弃了取回权的行使。

① 取回权纠纷案，广东省高级人民法院（2013）粤高法民二破终字第2号民事判决书。

另外，这也不意味着当债权申报与破产取回权行使发生竞合时，法院都认为同时申报债权与行使取回权均属于权利人的合理反应，进而认为行使其中一种权利并不是对另一种权利的漠视放弃。如在（2017）新民终115号①案中，一审法院认为，当事人可以在买卖合同中约定买受人未履行支付价款或者其他义务的，标的物的所有权属于出卖人，但本案中A公司通过向B公司破产管理人申报债权的方式，要求支付全部货款。A公司申报债权主张全部货款的行为应当视为不再保留合同项下标的物的所有权，合同项下标的物的所有权已转移到B公司。现A公司再次主张标的物所有权的请求，不符合法律规定。二审法院认为，根据《企业破产法》第三十八条的规定可知，权利人行使取回权的基础是物上返还请求权，财产的取回取决于原物的存在并事实上能够返还或经济上合理。本案中，A公司出卖的设备已由B公司安装使用，成为B公司主厂房的组成部分，设备与主厂房已形成添附，强行拆除将导致主厂房无法正常使用，同时亦破坏A公司要求取回的财产本身的价值，A公司请求取回财产在经济上不合理，会造成社会财产的损失和浪费，一审法院未予支持并无不当。该案中，一审法院认定原告申报债权的行为意味着对取回权的放弃，而二审法院并未从债权申报与取回权行使的冲突角度论证，而是通过添附物的所有权来解决该案的取回权纠纷。

对此，笔者认为应当分两种情况讨论：一种是出卖人在管理人行使选择权之前申报债权；另一种是出卖人在管理人选择解除合同后申报债权。对于第一种情况，出卖人在申报债权时并不知晓破产管理人是否会选择继续履行合同，申报债权只是权宜之计，但当出卖人知道破产管理人选择解除合同时，当然有权选择最有利的方式保护自己的利益，两者并不冲突。针对第二种情况，当管理人选择解除合同后，出卖人面对两种维权路径而选择申报债权就可以判定其放弃取回权。

本专题小结

破产法上的取回权分为一般取回权与特别取回权。一般取回权的基础权利主

---

① A公司与B公司破产管理人一般取回权纠纷案，新疆维吾尔自治区高级人民法院（2017）新民终115号民事判决书。

要是物权，也是物权效力在破产程序中的延伸，指的是在管理人接管的债务人财产中有他人财产时，该财产的权利人有权不依破产程序直接向管理人要求取回的权利。①

在实践中，除了权利人债权申报与破产取回权行使可能发生竞合，行使破产取回权的请求和要求继续履行的请求也可能发生竞合，但当此类请求同时主张时，法院一般不予支持。比如在（2020）鲁13民终2828号案②中，某起重搬运装卸公司向一审法院起诉请求为：请求人民法院依法确认某起重搬运装卸公司具有财产取回权，并依法判令某工业品总公司、某房地产公司返还某起重搬运装卸公司价值3200万元的房产，即一般取回权的诉讼请求。2016年4月12日重审立案后，某起重搬运装卸公司又增加两个诉讼请求：（1）请求贵院依法认定某起重搬运装卸公司与某房地产公司签订的《国有土地使用权转让合同》、某起重搬运装卸公司与某工业品总公司签订的《房地产买卖契约》合法有效；（2）判令某工业品总公司、某房地产公司依法履行合同义务、将合同涉及的房屋及其附属物所占用的土地使用权一并转移给某起重搬运装卸公司。增加的诉讼请求一个是确认合同有效，即本案的如上论述的第一个争议的焦点问题：“合同效力问题。”增加的第二个诉讼请求是合同继续履行请求权问题。以上初审时某起重搬运装卸公司的诉讼请求取回权与重审时第二个诉讼请求——合同继续履行请求权，存在冲突。本案的《国有土地使用权转让合同》、《房地产买卖契约》、四方《协议书》系涉2038.93平方米的国有土地使用权转让、涉建筑面积为6085.23平方米的房屋所有权转让、涉面积约1100平方米尚未办理房屋权属证明的钢结构建筑物所有权转让合同。某起重搬运装卸公司主张其享有取回权，假设其主张的取回权成立，将表明上述房地产虽然是由某工业品总公司、某房地产公司占有，但不属于某工业品总公司、某房地产公司所有的财产，而归某起重搬运装卸公司所有，某起重搬运装卸公司系上述财产的所有人，其方能享有取回该财产的权利。也说明上述三个转让合同已得到实际全面履行，某工业品总公司、某房地产公司已向其进行了实物交付、产权变更登记交付，上述合同得到全面履行后，债权才能转化

---

① 参见冀彩芳：《出卖人破产取回权解析》，载《牡丹江教育学院学报》2011年第4期，第152－153页。

② 某起重搬运装卸有限公司、某工业品总公司取回权纠纷案，山东省临沂市中级人民法院（2020）鲁13民终2828号民事判决书。

为物权。上述某起重搬运装卸公司主张其取得了所有权、享有了取回权，也说明上述《国有土地使用权转让合同》、《房地产买卖契约》、四方《协议书》已得到全面履行，无须对合同继续履行，即某起重搬运装卸公司主张的第二个诉讼请求是不成立的。也就是说，某起重搬运装卸公司主张的第一个诉讼请求取回权成立，其重审增加的第二个合同继续履行的诉讼请求将不成立；反之亦然。该两个诉讼请求存在对立、存在矛盾。法院应向当事人释明其诉讼请求的矛盾之处，并告知要求当事人在矛盾的诉讼请求之间作出选择。当然也可诉讼后作出选择。

附：本专题纠纷所涉高频法条索引

《企业破产法》

第三十八条：

人民法院受理破产申请后，债务人占有的不属于债务人的财产，该财产的权利人可以通过管理人取回。但是，本法另有规定的除外。

第三十九条：

人民法院受理破产申请时，出卖人已将买卖标的物向作为买受人的债务人发运，债务人尚未收到且未付清全部价款的，出卖人可以取回在运途中的标的物。但是，管理人可以支付全部价款，请求出卖人交付标的物。

第四十二条：

人民法院受理破产申请后发生的下列债务，为共益债务：

（一）因管理人或者债务人请求对方当事人履行双方均未履行完毕的合同所产生的债务；

（二）债务人财产受无因管理所产生的债务；

（三）因债务人不当得利所产生的债务；

（四）为债务人继续营业而应支付的劳动报酬和社会保险费用以及由此产生的其他债务；

（五）管理人或者相关人员执行职务致人损害所产生的债务；

（六）债务人财产致人损害所产生的债务。

《企业破产法司法解释（二）》

第二十七条：

权利人依据企业破产法第三十八条的规定向管理人主张取回相关财产，管理人不予认可，权利人以债务人为被告向人民法院提起诉讼请求行使取回权的，人民法院应予受理。

权利人依据人民法院或者仲裁机关的相关生效法律文书向管理人主张取回所涉争议财产，管理人以生效法律文书错误为由拒绝其行使取回权的，人民法院不予支持。

第二十八条：

权利人行使取回权时未依法向管理人支付相关的加工费、保管费、托运费、委托费、代销费等费用，管理人拒绝其取回相关财产的，人民法院应予支持。

第二十九条：

对债务人占有的权属不清的鲜活易腐等不易保管的财产或者不及时变现价值将严重贬损的财产，管理人及时变价并提存变价款后，有关权利人就该变价款行使取回权的，人民法院应予支持。

第三十条：

债务人占有的他人财产被违法转让给第三人，依据民法典第三百一十一条的规定第三人已善意取得财产所有权，原权利人无法取回该财产的，人民法院应当按照以下规定处理：

（一）转让行为发生在破产申请受理前的，原权利人因财产损失形成的债权，作为普通破产债权清偿；

（二）转让行为发生在破产申请受理后的，因管理人或者相关人员执行职务导致原权利人损害产生的债务，作为共益债务清偿。

第三十一条：

债务人占有的他人财产被违法转让给第三人，第三人已向债务人支付了转让价款，但依据民法典第三百一十一条的规定未取得财产所有权，原权利人依法追回转让财产的，对因第三人已支付对价而产生的债务，人民法院应当按照以下规定处理：

（一）转让行为发生在破产申请受理前的，作为普通破产债权清偿；

（二）转让行为发生在破产申请受理后的，作为共益债务清偿。

第三十二条：

债务人占有的他人财产毁损、灭失，因此获得的保险金、赔偿金、代偿物尚未交付给债务人，或者代偿物虽已交付给债务人但能与债务人财产予以区分的，权利人主张取回就此获得的保险金、赔偿金、代偿物的，人民法院应予支持。

保险金、赔偿金已经交付给债务人，或者代偿物已经交付给债务人且不能与债务人财产予以区分的，人民法院应当按照以下规定处理：

（一）财产毁损、灭失发生在破产申请受理前的，权利人因财产损失形成的债权，作为普通破产债权清偿；

（二）财产毁损、灭失发生在破产申请受理后的，因管理人或者相关人员执行职务导致权利人损害产生的债务，作为共益债务清偿。

债务人占有的他人财产毁损、灭失，没有获得相应的保险金、赔偿金、代偿物，或者保险金、赔偿物、代偿物不足以弥补其损失的部分，人民法院应当按照本条第二款的规定处理。

第三十三条：

管理人或者相关人员在执行职务过程中，因故意或者重大过失不当转让他人财产或者造成他人财产毁损、灭失，导致他人损害产生的债务作为共益债务，由债务人财产随时清偿不足弥补损失，权利人向管理人或者相关人员主张承担补充赔偿责任的，人民法院应予支持。

上述债务作为共益债务由债务人财产随时清偿后，债权人以管理人或者相关人员执行职务不当导致债务人财产减少给其造成损失为由提起诉讼，主张管理人或者相关人员承担相应赔偿责任的，人民法院应予支持。

破产抵销权纠纷

专题九

破产抵销权是指债权人在破产申请受理前对债务人即破产人负有债务的，无论是否已经到清偿期限、标的是否相同，均可在破产财产最终分配确定前向管理人主张相互抵销的权利。① 抵销制度体现了公平与正义观念，具有便利清偿与担保的功能。② 破产抵销权制度的规范意旨，一是为了简化当事人之间的相互给付关系，防免无意义诉讼，二是为了防止出现在债务人企业被宣告破产后，债权人对破产企业的债务要全额履行，而所享有的债权则只能按比例受偿的不公平现象。③

但是在破产衍生诉讼中，破产抵销权纠纷的解决还存在很多问题。比如有学者统计，自2012年起至2021年3月，有关以商业银行为主体的扣款抵债纠纷案件达212起，其中126起案件进入二审终审程序，60起案件被二审法院改判，二审改判率竟高达47%。④ 从上述数据可以看出，在与破产抵销权有关的案件纠纷中，尚未形成统一的裁判思路，同案不同判的问题严重。本专题将从破产衍生诉讼中，破产抵销权现存问题入手，对破产抵销权的构成要件进行详解以解

---

① 参见王欣新：《破产法》（第4版），中国人民大学出版社2019年版，第184页。

② 参见许德风：《破产视角下的抵销》，载《法学研究》2015年第2期，第137－157页。

③ A公司与李某、刘某破产抵销权纠纷案，山东省东营市广饶县人民法院（2021）鲁0523民初883号民事判决书；A公司与B公司等合同纠纷案，最高人民法院（2016）最高法民再404号民事判决书。

④ 参见乔博娟：《破产法视野下商业银行扣款抵债的效力认定与法律构成》，载《苏州大学学报（法学版）》2021年第3期，第130－141页。

决破产抵销权的认定问题，除此之外，还具体分析了法律禁止的不得抵销的情形，并且对管理人提起抵销无效之诉时的当事人双方的诉讼逻辑进行拆解，另外，选取商业银行此特殊主体进行详细论述，对其主张扣款抵债抵销权的效力认定问题进行解释，最后选取破产抵销权中典型抵销标的，比如房地产的延迟交付违约金、破产债务人股东的未缴出资、股权等与破产债务人的债务进行抵销做特殊说明。

一、破产抵销权的认定

（一）导引案例分析

B公司、A公司管理人破产抵销权纠纷二审民事判决书/安徽省高级人民法院/（2020）皖民终1156号①

【裁判要点】

债权人行使破产抵销权法定构成要件包括：（1）债权人对债务人享有债权，取得债权人地位，债权人与债务人互负债务；（2）抵销债务形成于破产申请受理前；（3）主张抵销权的债权人主观上无恶意。三者缺一不可。

【基本案情】

2016年1月27日，A公司与A公司债权委员会理事会签订《A发展有限责任公司企业经营权委托合作管理协议》一份，为履行上述协议，B公司于2016年4月13日在某银行开立账户。此后该账户陆续收到A公司的租金收益，截至2019年7月23日，该账户仍有租金收益1,261,026.44元。因A公司名下资产不足以清偿全部债务，法院于2018年12月21日裁定受理对A公司的破产清算申请，并于2019年1月10日指定某律师事务所担任A公司管理人。

A公司管理人接管A公司后，向B公司发出书面通知，告知其交还财产权属于A公司的尚余租金收益。2019年11月5日，B公司向A公司管理人邮寄落款日期为2019年11月1日的《告知函》，认为：根据《租金收益权质押合同》的约定，B公司对A公司有处分权的租金收益享有优先受偿权，同时对B公司收

① 相关案件：A公司管理人与B公司破产抵销权纠纷案，安徽省合肥市中级人民法院（2020）皖01民初532号民事判决书。

取租金账户上的 1, 261, 026. 44 元部分，为 A 公司依据生效法律文书对 B 公司的个别清偿。假定个别清偿无效，B 公司收取租金账户上的 1, 261, 026. 44 元，B 公司主张与（2016）皖 0111 民初 4328 号生效判决中 A 公司未履行的给付义务进行抵销。2019 年 11 月 22 日，B 公司又向 A 公司管理人邮寄落款日期为 2019 年 11 月 21 日的《催告函》，再次要求对受托账户上实际结余款项与 A 公司欠 B 公司的债务进行抵销。

【一审判决结果】

确认 B 公司分别以落款日期为 2019 年 11 月 1 日的《告知函》、落款日期为 2019 年 11 月 21 日的《催告函》的形式向 A 公司管理人主张的债务抵销无效。

【一审判决思路】

本案的争议焦点为 B 公司向 A 公司管理人主张债务抵销是否无效。针对 B 公司在 A 公司进入破产程序后向 A 公司管理人提出的债务抵销的主张，分析如下：

1. A 公司对 B 公司是否负有债务。A 公司进入破产程序后，B 公司依据安徽省合肥市包河区人民法院（2016）皖 0111 民初 4328 号民事判决书向 A 公司管理人申报债权，并经管理人及该院（2019）皖 01 破 01 号之一民事裁定书确认 B 公司的债权为 8, 394, 362. 83 元，故 B 公司依法取得债权人地位，对 A 公司享有债权。

2. B 公司对 A 公司是否负有债务。双方对 B 公司账户中租金的性质，存有争议。而判断租金的性质，首先要明确 B 公司保管租金的合同依据。A 公司管理人认为是基于 A 公司与 A 公司债权委员会理事会于 2016 年 1 月 27 日签订的《企业经营权委托合作管理协议》的约定内容，即“托管经营期间，公司的产权隶属关系保持不变，公司资产依法归甲方所有”，B 公司认为是基于 A 公司与 B 公司签订的《租金收益权质押合同》的约定。该院认为《租金收益权质押合同》不能作为 B 公司保管 A 公司租金的合同依据。《企业经营权委托合作管理协议》约定“托管经营期间，公司的产权隶属关系保持不变，公司资产依法归甲方所有”，B 公司代收的租金属于 A 公司的资产，所有权人归属于 A 公司。因 B 公司占有上述账户租金，A 公司享有要求 B 公司返还所有权属于 A 公司的上述账户中的租金收入与孳息，A 公司对 B 公司享有的是物权请求权，而不是债权请求权。

3. A公司与B公司就涉案租金收益不存在债权债务关系，故本案债权人B公司与债务人A公司之间并不互负债务，B公司向A公司管理人主张行使破产抵销权，不符合“互负债务”的法定构成要件。

【二审判决结果】

驳回上诉，维持原判。

【二审判决思路】

本案二审的争议焦点为B公司向A公司管理人主张债务抵销是否有效，主要涉及以下两个问题：B公司单独作为债权人行使破产抵销权主体是否适格；B公司与A公司之间是否互负债务。围绕上述争议焦点，综合分析评判如下：

1. 根据《企业破产法》第四十条的规定，债权人行使破产抵销权的前提和基础是债权人和债务人互负债务，且债权人对债务人负担债务发生在破产申请受理前。双方当事人存在分歧的是B公司对A公司是否负有债务，而尾号16××的受托账户上租金能否认定为B公司对A公司负担的债务成为解决本案纠纷的关键。涉案《企业经营权委托合作管理协议》约定“托管经营期间，公司的产权隶属关系保持不变，公司资产依法归甲方所有”，即B公司代收代管的租金属于A公司的资产，所有权人仍为A公司。且B公司陈述的租金用于支付A公司经营费用与该约定亦相印证。根据上述约定，对于B公司占有的上述账户租金，A公司有权予以收回，A公司对B公司享有的是物权请求权，而非债权请求权。B公司提出A公司管理人只能依据债权请求权请求返还同等数额的钱款的上诉理由，没有事实和法律依据，不能成立。A公司与B公司之间就涉案租金收益不存在债权债务关系。综上，本案债权人B公司与债务人A公司之间并不互负债务，即便互负债务，B公司对A公司所负债务亦发生在破产申请受理之后，B公司向A公司管理人主张行使破产抵销权不符合法律规定，应属无效。

2. 涉案《企业经营权委托合作管理协议》系甲方A公司与左某、张某等六人代表的乙方，即“A发展有限责任公司债权人理事会”所签订，B公司并非协议的一方独立主体。如前所述，B公司按约代为收取A公司的租金并暂存于以B公司名义开立的代管账户，系上述协议中乙方的履约行为，B公司并不因此取得该协议的一方当事人地位。因此，原审判决认定B公司并不是该协议的独立相对方，其作为债权人单独就代管账户的尚余租金收益行使破产抵销权，主体不适格，并无不当。

【一审、二审法院审理思路对比总结】

类目	一审	二审
裁判结果	A公司管理人的诉讼请求有事实和法律依据，依法应予支持。	裁定驳回上诉，维持原判。
争议焦点	B公司向A公司管理人主张债务抵销是否无效。	B公司向A公司管理人主张债务抵销是否有效，主要涉及以下两个问题： （1）B公司单独作为债权人行使破产抵销权主体是否适格； （2）B公司与A公司之间是否互负债务。
回应	无效。 1. A公司对B公司负有债务。 2. 但B公司对A公司不负有债务。 3. B公司并不是托管协议独立的一方当事人，B公司单独作为债权人行使破产抵销权，债权人的主体不适格。	无效。 （1）不适格。B公司并不是《企业经营权委托合作管理协议》中的任意一方当事人，不具备债权人的主体地位； （2）并不互负债务。尾号1608的受托账户上租金不能被认定为B公司对A公司负担的债务。

（二）实务问题讨论

破产抵销权的认定可以从实体要件和程序要件两方面进行总结概括（可参见图9-1破产抵销权认定的构成要件分析）。在实体方面，根据《企业破产法》第四十条的规定“债权人在破产申请受理前对债务人负有债务的，可以向管理人主张抵销”可知，行使破产抵销权需要满足以下构成要件：（1）债权人对债务人享有债权，取得债权人地位，债权人与债务人互负债务；（2）抵销债务形成于破产申请受理前；（3）主张抵销权的债权人主观上无恶意。

就破产抵销权认定中，和实体有关的第一个认定要件“债权人对债务人享有债权，取得债权人地位，债权人与债务人互负债务”又可以继续进行拆分，进而在案件中衍生出不同的争议焦点。通常表现在具体的案件中可分为以下几点。

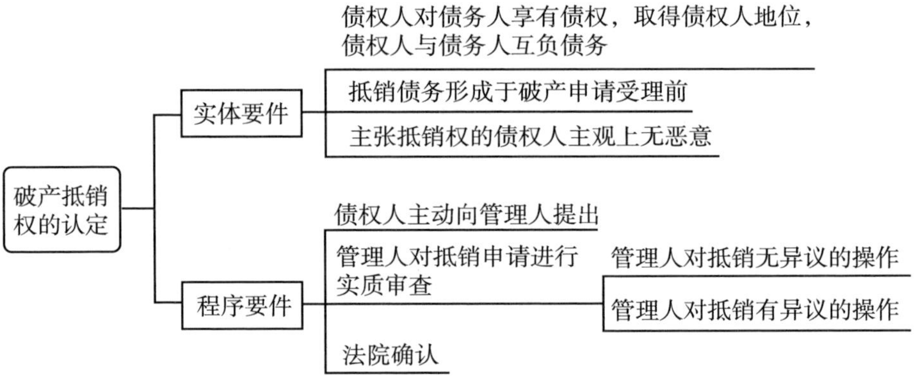

图9-1 破产抵销权认定的构成要件分析

1. 破产抵销权的申请人资格确定

根据《企业破产法》第四十条的规定，债权人在破产申请受理前对债务人负有债务的，可以向管理人主张抵销。换言之，行使破产抵销权的主体只能是债权人。① 因为抵销意味着用债务人财产优先清偿对债务人负有债务的债权人，必然会造成破产财产价值的减少，如果此时是管理人主动提出抵销，实际上就是管理人主动放弃债务人请求债权人履行债务的权利，这样的管理人显然不是称职的管理人。② 但也存在特殊情况，管理人主动适用破产抵销制度的情况，根据《企业破产法司法解释（二）》第四十一条第二款的规定：“管理人不得主动抵销债务人与债权人的互负债务，但抵销使债务人财产受益的除外。”

在管理人可以主张破产抵销权的这种除外情形中，主要分为两种情况。其一，债权人和债务人均被宣告破产或被裁定开始破产程序，且管理人主张抵销对债务人有利或者对全体债权人有利时。③ 其二，破产分配方案已经产生，根据该方案，债权人可清偿债权比例已经确定，此时管理人可以以此确定的可清偿债权数额为限抵销该债权人对债务人所负债务。因为此时不仅不会减少可供债权人清偿的债务人财产，反而还可以简化破产清偿程序，从而节约相应的清偿成本。④

---

① 吴某、A公司破产抵销权纠纷案，浙江省金华市中级人民法院（2020）浙07民终1723号民事判决书。

② 参见李曙光：《破产法中的抵销权》，载《法制日报》2007年9月16日，第1版。

③ 参见罗欢平：《论破产抵销权的限制》，载《河北法学》2015年第1期，第90-97页。

④ 参见王帅：《论破产抵销权的利益权衡》，载《社科纵横（新理论版）》2011年第1期，第121-122页。

2. 互负债务的认定

破产抵销权行使的前提是“债权人在破产申请受理前对债务人负有债务”，即债权人和债务人之间互负债务。在（2020）皖民终 1156 号案①中，因为 A 公司对 B 公司负有债务，但 B 公司对 A 公司并不负有债务导致当事人主张的破产抵销权并不能成立。因为不同案例中，债权与债务的性质不同，所以还需要对是否属于债权或者债务进行认定。比如，在（2020）苏 02 民终 4620 号案②中，双方的争议焦点为 A 公司在某农商行的存款是否属于 A 公司对某农商行享有的债权。一审法院和二审法院均认为，存款与贷款的属性不同，储户对存款享有绝对支配权，与债权请求权不同，不属于可以与银行借款进行抵销的财产。储户存款在存取款自由、存款安全、存款保险及诉讼时效等方面受到的保障力度明显有别于银行借款，不属于可进行破产抵销的债权。

但需要注意的是，根据《企业破产法司法解释（二）》第四十三条“债权人主张抵销，管理人以下列理由提出异议的，人民法院不予支持：（一）破产申请受理时，债务人对债权人负有的债务尚未到期；（二）破产申请受理时，债权人对债务人负有的债务尚未到期；（三）双方互负债务标的物种类、品质不同”之规定可知，这里的互负债务不管清偿期限是否均已届满、均未届满或者一方届满另一方尚未届满，也不管债务的标的物种类和品质是否相同，只要是货币性债务或者是可以货币化的债务，均可以主张抵销。

3. 债权人主体身份的确认

《企业破产法》第四十条规定：“债权人在破产申请受理前对债务人负有债务的，可以向管理人主张抵销。”也就是说，抵销权只能由债权人行使，当事人若想行使抵销权，必须首先获得债权人的地位，而债权人地位的获得需要经过一定的程序来确保债权人地位无瑕疵。

在（2015）高民（商）终字第 1171 号案③中，按照《企业破产法》第四十

---

① B 公司、A 公司管理人破产抵销权纠纷案，安徽省高级人民法院（2020）皖民终 1156 号民事判决书。

② 某农商银行支行与 A 公司破产抵销权纠纷案，江苏省无锡市中级人民法院（2020）苏 02 民终 4620 号民事判决书。

③ A 公司与 B 公司对外追收债权纠纷案，北京市高级人民法院（2015）高民（商）终字第 1171 号民事判决书。

八条、第五十七条和第五十八条的规定，取得债权人地位必须经过以下法定程序，即破产债权人的身份要通过债权申报、管理人审查、编制债权表、债权人会议核查、人民法院裁定确认等法定程序才能最终确认。而在本案中，A 公司并没有向 B 公司管理人申报债权，之后的管理人审查、编制债权表、债权人会议核查、人民法院裁定确认等法定程序自然亦未进行，故 A 公司不具备破产案件中债权人的地位，当然无权要求行使抵销权。

二、不得抵销的情形的认定

（一）导引案例分析

A 公司管理人、B 公司、C 公司等破产撤销权纠纷二审民事案/浙江省杭州市中级人民法院/（2018）浙 01 民终 10001 号①

【裁判要点】

具有以下三种情形之一的，破产抵销无效：（1）债务人的债务人在破产申请受理后取得他人对债务人的债权的；（2）债权人已知债务人有不能清偿到期债务或者破产申请的事实，对债务人负担债务的；但是，债权人因为法律规定或者有破产申请一年前所发生的原因而负担债务的除外；（3）债务人的债务人已知债务人有不能清偿到期债务或者破产申请的事实，对债务人取得债权的；但是，债务人的债务人因为法律规定或者有破产申请一年前所发生的原因而取得债权的除外。

【基本案情】

A 公司因不能清偿到期债务，且资产不足以清偿全部债务，经债权人的申请，杭州市萧山区人民法院于 2017 年 5 月 5 日作出（2017）浙 0109 破申 24 号民事裁定书受理 A 公司破产清算案，指定某律师事务所担任管理人。经管理人调查和某会计师事务所进行破产专项审计，发现以下事实：2017 年 2 月 21 日，A 公司与 B 公司、C 公司、D 公司、E 公司签署《五方抵账协议》，各方确认截至 2016 年 12 月 31 日对应合同项下的各方债权债务关系。各方均同意以 63, 626, 348 元金额的债权冲抵相同金额的债务，并调整了财务账目。管理人认为，A 公司上

① 相关案件：A 公司管理人与 B 公司破产抵销权纠纷案，浙江省杭州市萧山区人民法院（2019）浙 0109 民初 12621 号民事判决书之一。

述抵销行为系个别清偿行为，为维护广大债权人的利益，主张该抵销无效。

【一审判决结果】

确认A公司与B公司于2017年2月21日签订的《五方抵账协议》项下人民币63,626,348元债权债务的抵销无效。

【一审判决思路】

《五方抵账协议》抵销的债权债务是否属于《企业破产法》第四十条第二项、第三项规定的禁止抵销情形。《企业破产法》第四十条规定，债权人在破产申请受理前对债务人负有债务的，可以向管理人主张抵销。但是，有下列情形之一的，不得抵销：……（二）债权人已知债务人有不能清偿到期债务或者破产申请的事实，对债务人负担债务的；（三）债务人的债务人已知债务人有不能清偿到期债务或者破产申请的事实，对债务人取得债权的。B公司是债务人A公司的债权人，其在知道A公司已经无法清偿到期债务的情况下，通过五方抵账的方式获得C公司对于A公司的债务，上述行为属于《企业破产法》第四十条第二项规定的情形。而C公司作为A公司的债务人，同样在知道A公司无法清偿到期债务的情况下，获得B公司对于A公司的债权，上述行为属于《企业破产法》第四十条第三项规定的情形。经过五方相互抵销之后，A公司应付风电B公司的到期债务归零，风电B公司事实上获得了足额的个别清偿。

《五方抵账协议》相关当事人是否已知A公司有不能清偿到期债务的情形。关于“已知”，作为一种主观状态，只能通过其他事实予以推定。结合协议各方当事人之间因投资而存在的相互之间的关联关系，协议各方主体相对比较其他与A公司无投资关系的业务单位，对A公司的经营状况、财务情况的信息更加容易取得，可以推定协议各方主体签订协议时，已知A公司不能清偿到期债务的事实。

【二审判决结果】

驳回上诉，维持原判。

【二审判决思路】

本案的争议焦点在于破产情形下相关抵销行为的效力，案由应为破产抵销权纠纷。根据我国《企业破产法》第四十条之规定，债权人已知债务人有不能清偿到期债务或者破产申请的事实，对债务人负担债务的，不得主张抵销。本案中，B公司作为A公司债权人，明知A公司已经无法清偿到期债务，仍然通过五方抵账的方式负担C公司对A公司的债务，并将债权债务予以抵销，该行为属于前述法律规定不得抵销之情形，原审法院认定该抵销行为无效合法有据。本案中，《五方抵账协议》当事人之间均存在关联关系，订立协议之时也均已知晓A公司存在对B公司的到期债务未能清偿的事实，尤其是根据当事人的陈述，C公司与A公司存在紧密的业务往来，且C公司与A公司对接风电业务的职能部门本身就在A公司经营场所办公，其对于A公司的经营状况应当知晓，原审判决认定其知道A公司有不能清偿到期债务的事实，并无不妥。

【一审、二审法院审理思路对比总结】

类目	一审	二审
裁判结果	确认A公司与B公司于2017年2月21日签订的《五方抵账协议》项下债权债务的抵销无效。	裁定驳回上诉，维持原判。
争议焦点	1. A公司管理人起诉是否超过三个月除斥期间。 2. 《五方抵账协议》抵销的债权债务是否属于《企业破产法》第四十条第二项、第三项规定的禁止抵销情形。 3. 《五方抵账协议》相关当事人是否已知A公司有不能清偿到期债务的情形。	破产情形下相关抵销行为的效力。
回应	1. 未超过。实行诉前登记制度的起诉，起诉时间以起诉人向法院递交起诉材料之日为准。 2. 属于。B公司是债务人A公司的债权人，属于《企业破产法》第四十条第二项规定的情形；C公司作为A公司的债务人，属于《企业破产法》第四十条第三项规定的情形。 3. 已知。作为一种主观状态，可以通过其他事实予以推定。	无效。债权人已知债务人有不能清偿到期债务或者破产申请的事实，对债务人负担债务的，不得主张抵销。B公司作为A公司债权人，明知A公司已经无法清偿到期债务，仍然通过五方抵账的方式负担C公司对A公司的债务，并将债权债务予以抵销，该行为属于法律规定不得抵销之情形。

（二）实务问题讨论

《企业破产法》第四十条规定有以下三种情形之一的，不得抵销：“（一）债务人的债务人在破产申请受理后取得他人对债务人的债权的；（二）债权人已知债务人有不能清偿到期债务或者破产申请的事实，对债务人负担债务的；但是，债权人因为法律规定或者有破产申请一年前所发生的原因而负担债务的除外；（三）债务人的债务人已知债务人有不能清偿到期债务或者破产申请的事实，对债务人取得债权的；但是，债务人的债务人因为法律规定或者有破产申请一年前所发生的原因而取得债权的除外。”笔者将对上述情形进行详细解释。

就第一种情形而言，这种债权虽成立于破产申请受理之前，属于破产债权，但对债务人来说，其取得却在破产申请受理后。在债权转手后禁止抵销，是因为在债权转手过程中会出现损害其他破产债权人利益的行为。① 关于破产人的债务人对破产债权的取得是在其不知道破产事实的情况下而善意取得的，或是出于法定的原因而取得的，是否允许抵销的问题在学界尚存争议。② 在我国司法实践中，即使存在上述情形，也不允许作为例外，如（2018）鲁 10 民初 107 号案③、（2013）粤高法民二破终字第 1 号案④等。

就第二种情形而言，此条为对破产抵销中相关主体是否知情的限制。⑤ 债权人在已知相关破产情事的前提下还对债务人负担债务，其动机就是值得怀疑的。如果不禁止这种行为的发生，就会出现债权人恶意购买破产企业的财产，却不对其进行清偿，等到债务人进入破产程序后再用其不能够获得完全清偿的破产债权进行全额抵销，从中渔利。⑥ 但如果所负债务是基于破产申请一年前所发生的原因，以致债权人对债务人负担了债务，因为债权人没有恶意，所以应该将其视为被允许的抵销。

就第三种情形而言，此种情形实际是对第一种情形的扩展，将禁止的时间扩

---

① 参见王欣新：《破产法》（第 4 版），中国人民大学出版社 2019 年版，第 190 页。

② 参见王欣新：《破产法》（第 4 版），中国人民大学出版社 2019 年版，第 190 页。

③ A 公司管理人与 B 公司破产抵销权纠纷案，山东省威海市中级人民法院（2018）鲁 10 民初 107 号民事判决书。

④ A 银行、B 银行等与 C 公司破产抵销权纠纷案，广东省高级人民法院（2013）粤高法民二破终字第 1 号民事判决书。

⑤ 参见罗欢平：《论破产抵销权的限制》，载《河北法学》2015 年第 1 期，第 90－97 页。

⑥ 参见王欣新、王中旺：《论破产抵销权》，载《甘肃社会科学》2007 年第 3 期，第 161－165 页。

展至“已知债务人有不能清偿到期债务或者破产申请的事实”，禁止抵销的理由与第一种情形基本相同，但法律规定了除外情形，即“债务人的债务人因为法律规定或者有破产申请一年前所发生的原因而取得债权的除外”。①

第二种和第三种禁止抵销的情形，除因为法律规定或者有破产申请一年前所发生的原因而负担债务或者取得债权的外，均需判断债权人或者债务人的债务人是否存在恶意，这属于主观上的判断，需要结合客观事实来加以推定。若案件中出现的涉案企业之间是关联企业，存在母子公司或者股权投资关系、公司之间存在紧密的业务往来、企业职能部门之间在同一经营场所中办公、② 债权人或者债务人的债务人曾在破产企业中任负责人③等则很难推定债权人或者债务人的债务人与破产企业之间进行抵销是善意的。

三、抵销权异议处理

（一）导引案例分析

A 公司管理人、某银行与破产有关的纠纷再审民事判决书/浙江省高级人民法院/（2018）浙民再 70 号④

【裁判要点】

《企业破产法司法解释（二）》第四十四条规定的法定期限为除斥期间，不发生中止、中断和延长。但该条款适用的前提须是债务人与债权人以抵销方式对个别债权人的清偿，若没有发生以抵销方式对涉案款项进行的清偿，或者案涉行为不构成法定的抵销，则不适用本条规定的法定期限。

【基本案情】

2013 年 11 月 15 日，法院受理 B 公司对 A 公司的破产清算申请。2013 年 12

① 罗欢平：《论破产抵销权的限制》，载《河北法学》2015 年第 1 期，第 90－97 页。

② A 公司管理人、B 公司、C 公司等破产撤销权纠纷案，浙江省杭州市中级人民法院（2018）浙 01 民终 10001 号民事判决书。

③ 林某、A 公司管理人破产抵销权纠纷案，四川省高级人民法院（2018）川民再 732 号民事判决书。

④ 相关案件：某银行等诉 A 公司管理人请求撤销个别清偿行为纠纷案，浙江省高级人民法院（2015）浙商民申字第 3301 号民事判决书；B 公司与 A 公司申请破产清算纠纷上诉案——破产申请受理前银行按约定抵扣还贷的效力判定，浙江省温州市中级人民法院（2015）浙温商终字第 1588 号民事判决书；A 公司管理人诉某银行请求撤销个别清偿行为纠纷案，浙江省瑞安市人民法院（2014）温瑞商初字第 3579 号民事判决书。

月11日，指定某律师事务所担任A公司的管理人。

某银行于2013年6月8日、6月21日、7月2日、9月21日分别对A公司账户中的存款予以扣划，用于清偿两份流动资金借款合同项下的欠款。两份合同均约定：A公司未按照约定偿还本合同项下到期债务的，某银行有权从借款人开立在贷款人或该银行其他分支机构的所有本外币账户中扣收相应款项用以清偿，直至借款人在本合同项下的所有债务全部清偿完毕为止。

某银行申报债权时向A公司提供的《债权申报登记表》中未明确提出上述四笔所还款项与A公司所欠借款相互抵销。在本案诉讼中，某银行提出A公司与某银行同时存在储蓄合同关系、借贷合同关系，互负债权债务，故上述所还款项与A公司所欠借款相互抵销。A公司认为某银行的主张不符合《企业破产法》第四十条的规定，诉请确认某银行的抵销行为无效。

【一审判决结果】

驳回A公司管理人的诉讼请求。

【一审判决思路】

关于抵销行为是否有效的问题。根据《企业破产法司法解释（二）》第四十四条之规定，破产申请受理前6个月内，债务人有《企业破产法》第二条第一款规定的情形，债务人与个别债权人以抵销方式对个别债权人清偿，其抵销的债权债务属于《企业破产法》第四十条第二项、第三项规定的情形之一，管理人在破产申请受理之日起3个月内向人民法院提起诉讼，主张该抵销无效的，人民法院应予支持。本案中，A公司于2012年12月已不能清偿欠某银行的到期借款，故应推定为某银行在A公司被裁定受理破产清算前已知A公司有不能清偿到期债务的事实，但某银行对A公司负担债务是因案外第三人的汇款而产生，其负担债务是被动的，并非主观恶意，不符合《企业破产法》第四十条第二项规定的“债权人已知债务人有不能清偿到期债务的事实，对债务人负担债务的”即债权人恶意对债务人负担债务的情形。且A公司管理人也未能举证证明A公司在破产申请受理前六个月内已具有《企业破产法》第二条第一款规定的“资产不足以清偿全部债务或者明显缺乏清偿能力”的情形。故A公司管理人诉请要求确认A公司破产申请受理前与某银行以抵销方式进行个别清偿行为无效，于法无据，不予支持。

【二审判决结果】

1. 撤销瑞安市人民法院（2014）温瑞商初字第3579号民事判决书；

2. 撤销A公司于2013年6月8日、6月21日、7月2日、9月21日分别清偿某银行16,900.48元人民币、1.44美元、57,551.96美元、0.88美元的行为；

3. 某银行于判决生效之日起十日内一次性支付A公司16,900.48元人民币及57,554.28美元。

【二审判决思路】

本案的争议焦点为某银行于2013年6月8日、6月21日、7月2日、9月21日分别扣划A公司16,900.48元人民币、1.44美元、57,551.96美元、0.88美元的行为是否应予撤销。

涉案两份流动资金借款合同中关于“A公司未按照约定偿还本合同项下到期债务的，某银行有权从借款人开立在贷款人或该银行其他分支机构的所有本外币账户中扣收相应款项用以清偿，直至借款人在本合同项下的所有债务全部清偿完毕为止”之约定应属委托代扣条款，而某银行的上述扣划款项的行为本质上即是A公司清偿其所负某银行债务的行为，某银行关于其涉案四笔扣款行为属行使抵销权的主张，没有事实与法律依据，不予支持。

A公司的涉案四笔清偿行为均发生于瑞安市人民法院裁定受理麦某某公司对A公司的破产清算申请之前6个月内，且该些清偿行为并未使A公司财产受益，而A公司于2012年12月已不能清偿欠某银行的到期借款，直至瑞安市人民法院于2013年11月15日受理申请人麦某某公司对A公司的破产清算申请之时，A公司仍不能偿还，足以认定A公司于2012年12月份即已具备破产原因。同时，A公司并未对上述清偿行为所涉债务以自有财产设定担保物权。根据《企业破产法》第三十二条“人民法院受理破产申请前六个月内，债务人有本法第二条第一款规定的情形，仍对个别债权人进行清偿的，管理人有权请求人民法院予以撤销。但是，个别清偿使债务人财产受益的除外”及《企业破产法司法解释（二）》第十四条第一款“债务人对以自有财产设定担保物权的债权进行的个别清偿，管理人依据企业破产法第三十二条的规定请求撤销的，人民法院不予支持”之规定，一审法院认定某银行的上述四笔扣划款项的行为不应予以撤销有误，依法予以纠正。

【再审判决结果】

维持温州市中级人民法院（2015）浙温商终字第1588号民事判决书。

【再审判决思路】

关于被申请人主张抵销无效有无超过法定期限的问题。某银行一审中则抗辩，其扣划四笔款项属于行使抵销权。被申请人管理人据此变更诉请为确认某银行的抵销行为无效。

最高人民法院《企业破产法司法解释（二）》第四十四条规定，破产申请受理前6个月内，债务人有企业破产法第二条第一款规定的情形，债务人与个别债权人以抵销方式对个别债权人清偿，其抵销的债权债务属于企业破产法第四十条第二项、第三项规定的情形之一，管理人在破产申请受理之日起3个月内向人民法院提起诉讼，主张该抵销无效的，人民法院应予支持。该3个月属于除斥期间，不发生中止、中断和延长。但该条款适用的前提须是债务人与债权人以抵销方式对个别债权人的清偿。结合本案，在A公司管理人起诉前，A公司并未与债权人某银行以抵销方式对案涉款项进行清偿，且某银行的扣划行为亦不构成法定的抵销，因此本案不适用最高人民法院《企业破产法司法解释（二）》第四十四条规定的法定期限。

某银行系在一审诉讼中才提出抵销的抗辩，被申请人管理人据此提出抵销无效的诉请。因此，根据最高人民法院《企业破产法司法解释（二）》第四十二条的规定，被申请人A公司管理人提起本案的诉讼未超过三个月的除斥期间。某银行提出的该再审理由不能成立。

【一审、二审、再审法院审理思路对比总结】

类目	一审	二审	再审
裁判结果	驳回A公司管理人的诉讼请求。	1. 撤销瑞安市人民法院（2014）温瑞商初字第3579号民事判决。 2. 撤销A公司清偿某银行的行为。 3. 某银行于判决生效之日起十日内一次性支付A公司16,900.48元人民币及57,554.28美元。	维持温州市中级人民法院（2015）浙温商终字第1588号民事判决书。

续表

类目	一审	二审	再审
争议焦点	1. 涉案清偿行为是否构成民法上的抵销。 2. 抵销行为是否有效。	某银行分别扣划A公司人民币及美元的行为是否应予撤销。	1. 某银行扣划A公司的四笔款项是否构成破产抵销权。 2. 被申请人主张抵销无效有无超过法定时效。
回应	1. 构成。当事人互负到期债务，该债务的标的物种类、品质相同的，任何一方可以将自己的债务与对方的债务抵销。 2. 有效。A公司虽于2012年12月已不能清偿欠某银行的到期借款，但某银行对A公司负担债务是因案外第三人的汇款而产生，其负担债务是被动的，并非主观恶意，不符合《企业破产法》第四十条第二项的规定。	应予撤销。 1. 涉案两份流动资金借款合同相关条款属于委托代扣条款，不属于行使抵销权。 2. A公司于2012年12月即已具备破产原因，同时，A公司并未对上述清偿行为所涉债务以自有财产设定担保物权。	1. 不构成。A公司对某银行扣收款项行为有相应的预期，与A公司主动实施的个别清偿行为对债权人整体的公平清偿利益的损害有相同的效果，应认为符合《企业破产法》第三十二条规定的偏颇性清偿行为的构成要件。 2. 没有超过法定时效。 （1）某银行的扣划行为不构成法定的抵销，因此不适用3个月的除斥期间期限； （2）某银行系在一审诉讼中才提出抵销的抗辩，被申请人管理人据此提出抵销无效的诉请，因此被申请人A公司管理人提起本案的诉讼未超过3个月的除斥期间。

（二）实务问题讨论

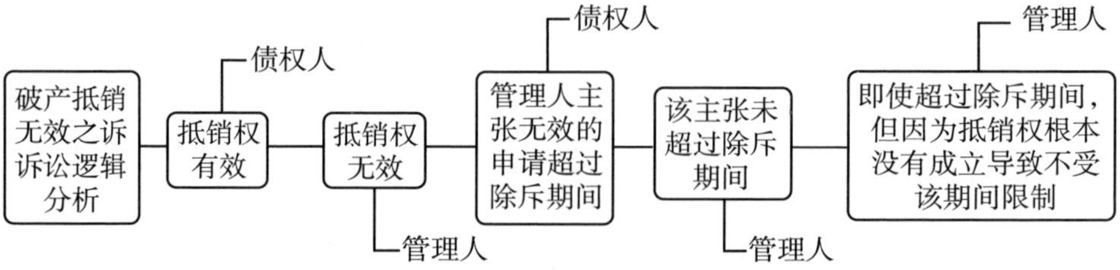

图9－2　破产抵销无效之诉诉讼逻辑分析

总结破产抵销权无效之诉的破产衍生诉讼案件可得出通常情况下该诉的诉讼逻辑（可参见图9－2破产抵销无效之诉诉讼逻辑分析），对此笔者总结如下：管理人主张破产抵销权无效是因为债权人在案件中主张了当事人双方互付债权债务，存在可以抵销的情形，具体论证可参考本专题问题一中关于破产抵销权的认定，从实体构成要件和程序构成要件分别入手。当管理人依据《企业破产法司法解释（二）》的第四十四条，从反面对破产抵销权的构成要件进行拆解后，债权人则会进一步根据《企业破产法司法解释（二）》的第四十二条第二款"管理人对抵销主张有异议的，应当在约定的异议期限内或者自收到主张债务抵销的通知之日起三个月内向人民法院提起诉讼。无正当理由逾期提起的，人民法院不予支持"，主张管理人主张破产抵销权无效的请求超过了除斥期间。而管理人可以从该主张未超过除斥期间或者即使超过除斥期间但因为债权人所主张的抵销权根本没有成立所以导致不受该期间限制两方面入手进行防守。接下来笔者将对破产抵销无效之诉中的具体问题进行分析。

1. 该主张未超过除斥期间——撤销权异议处理中有关时间判断标准

《企业破产法司法解释（二）》第四十二条规定"管理人应当自收到主张债务抵销的通知之日起三个月内向人民法院提起诉讼"，那么就需要确定何时为"收到通知之日"，也需要判断何时为"起诉之日"，正确判断上述时间才可以准确计算是否超过三个月的除斥期间。在（2020）皖02民初27号案①中法院对"收到通知"做出了解释，该条明确规定债权人主张债务抵销应发出"通知"，该"通知"应以明确的方式发出，而非在《债权申报表》中予以说明。在（2018）浙01民终10001号案②中，法院认为实行诉前登记制度的起诉，起诉时间以起诉人向法院递交起诉材料之日为准。并且，破产撤销权是破产法为保护全体债权人的公平清偿利益而赋予管理人的一项职权，因而该权利应存在于管理人的职权行使期间。③

① A公司管理人与B公司破产抵销权纠纷案，安徽省芜湖市中级人民法院（2020）皖02民初27号民事判决书。

② B公司、A管理人、C公司等破产撤销权纠纷案，浙江省杭州市中级人民法院（2018）浙01民终10001号民事判决书。

③ 李某与A公司管理人请求撤销个别清偿行为纠纷案，江苏省镇江市中级人民法院（2020）苏11民终312号民事判决书。

2. 即使超过除斥期间也因为债权人所主张的抵销权根本没有成立所以不受该期间限制

债权人主张根据《企业破产法司法解释（二）》的第四十二条认定其在提出抵销后，管理人未在规定期限内提出异议，所以抵销权成立，该条是对债权人破产抵销权的行使和救济的规定，那么权利行使和救济的前提是债权人存在破产抵销权，否则无法谈及对权利的行使和救济。[①]

抵销权的成立可以从实体和程序两个方面来进行论证，抵销权未成立同样可以从实体和程序两个方面来进行拆解，其主要法律依据为《企业破产法司法解释（二）》的第四十四条，比如存在法律禁止抵销的情形，在（2018）陕0928民初1601号案[②]中，债权人已知债务人有不能清偿到期债务或破产申请的事实，对债务人负担债务的，不得抵销，与此类似的还有（2021）苏0508民初4237号案、[③]（2015）苏民终字第00658号案[④]等。

关于破产程序中抵销权的成立是否必须要求债权申报在理论上是有争议的，归纳起来主要有三种观点，分别为积极说、[⑤] 消极说[⑥]与折中说[⑦]。其他国家的立法和司法实践也并不统一，[⑧] 比如旧的德国破产法采取了消极说，[⑨] 而在日本则采取了折中说。[⑩]

从司法实践中看，我国更加倾向于积极说。在（2021）皖1702民初2011号案[⑪]

---

① A公司与B公司破产抵销权纠纷二审民事案，福建省厦门市中级人民法院（2016）闽02民终907号民事判决书。

② A公司管理人与B公司请求撤销个别清偿行为纠纷案，陕西省旬阳县人民法院（2018）陕0928民初1601号民事判决书。

③ A公司管理人与B公司破产抵销权纠纷案，江苏省苏州市姑苏区人民法院（2021）苏0508民初4237号民事判决书。

④ A公司与B公司租赁合同纠纷案，江苏省高级人民法院（2015）苏民终字第00658号民事判决书。

⑤ 积极说认为，债权人行使抵销权必须先经破产程序申报债权并接受调查确认后，始可行使。

⑥ 消极说认为，破产债权人无须依破产程序申报债权，即能有效行使抵销权。

⑦ 折中说认为，在破产债权人行使抵销权而与破产人就破产债权的存在及数额等问题有争议时，债权人始有申报债权的必要。若破产人就抵销权的行使无异议，抵销即有效成立，更无申报之必要。

⑧ 参见于莹、杨立：《破产程序中抵销规则的解释论考察》，载《甘肃社会科学》2014年第5期，第179－183页。

⑨ 参见李永军：《破产法——理论与规范研究》，中国政法大学出版社2013年版，第297页。

⑩ 参见吴传颐：《比较破产法》，商务印书馆2013年版，第316页。

⑪ A公司、B公司破产抵销权纠纷案，安徽省池州市贵池区人民法院（2021）皖1702民初2011号民事判决书。

中，由于债权人未按照程序确立债权人地位所以无法行使抵销权。因为债权如果没有经过管理人确认，其对债务人所拥有的债权是否存在、数额多少都是不确定的状态，未经诉讼程序确定就可能会损害其他债权人的合法权益。[①] 根据《企业破产法》第四十四条、第四十八条第一款和第五十六条第二款可知，从破产法的体系上解释，只要不是职工债权，所有的债权都应申报。

四、商业银行主张扣款抵债抵销权的效力认定

（一）导引案例分析

某农商银行与A公司破产抵销权纠纷二审民事案/江苏省无锡市中级人民法院/（2020）苏02民终4620号[②]

【裁判要点】

存款与贷款的属性不同，储户对存款享有绝对支配权，不属于可以与银行借款进行抵销的财产。储户存款在存取款自由、存款安全、存款保险及诉讼时效等方面受到的保障力度明显有别于银行借款，不属于可进行破产抵销的债权。

【基本案情】

2018年4月9日，A公司与某农商银行签订借款合同一份，主要约定A公司向某农商银行借款3000万元，借款期限为2018年4月9日至2019年3月28日。2018年4月10日，某农商银行支付A公司3000万元。2019年1月21日，一审法院裁定受理B公司对A公司的破产清算申请，同日指定管理人。

A公司在某农商银行开立的账号在2019年1月21日的账户余额分别为71,948.41元、100万元。2019年1月23日，管理人向某农商银行送达了一审法院的通知书，通知A公司在某农商银行的账户，只许进账，除一审法院批准外不得出账。2019年3月7日，某农商银行向管理人发出通知书，将A公司账号的存款余额71,948.41元、100万元抵销结欠某农商银行同等金额的借款本金。2019年4月19日，管理人对某农商银行进行回函，认为抵销主张不符合法律规定，因

① A公司、B公司与C公司管理人请求撤销个别清偿行为纠纷案，湖南省长沙市中级人民法院（2015）长中民四终字第08665号民事判决书。

② 相关案件：A公司与某农商银行破产抵销权纠纷案，江苏省江阴市人民法院（2019）苏0281民初17061号民事判决书。

此不予同意。并通知某农商银行：（1）立即将A公司账户中的存款转至管理人账户。（2）就错误抵销的债权补充申报债权，承担审查和确认补充申报债权的费用。次日，某农商银行收到回函。2019年5月29日，管理人将本案所涉纠纷诉至一审法院，因原告主体不适格，一审法院于2019年11月25日驳回起诉。

【一审判决结果】

1. 某农商银行于2019年3月7日对A公司账户存款1,071,948.41元行使抵销权的行为无效；

2. 某农商银行于判决发生法律效力之日起10日内返还A公司存款本金1,071,948.41元及利息。

【一审判决思路】

一审法院认为，双方的争议焦点为A公司在某农商银行的存款是否属于A公司对某农商银行享有的债权。某农商银行依法占有A公司的存款，但不代表其拥有存款的所有权。存款与贷款的属性不同，存款为存款人所有，存款人对存款具有绝对的支配权，与债权请求权不同。一审法院裁定受理对A公司的破产清算申请后，支配权由管理人接管，A公司被宣告破产后，存款为破产财产，应用于破产分配，依法公平清偿破产债权，不属于某农商行对A公司所负债务。抵销权行使的必要条件为双方互负到期债务，现某农商银行对A公司享有债权，但并不负担债务，不符合行使的抵销权的必要条件，故其于2019年3月7日对A公司所有的存款1,071,948.41元行使抵销权的行为无效，应返还A公司存款本金1,071,948.41元及相应利息。

【二审判决结果】

驳回上诉，维持原判。

【二审判决思路】

法院认为，某农商银行无权行使所谓的破产抵销权，对其所称扣划A公司两账户存款余额的行为系行使破产抵销权的意见，法院不予支持。

1. 存款与贷款的属性不同，储户对存款享有绝对支配权，不属于可以与银行借款进行抵销的财产。我国法律规定对储户存款的保障力度与对银行借款的保障力度大有不同。《商业银行法》第二十九条规定，商业银行办理个人储蓄存款业务，应当遵循存款自愿、取款自由、存款有息、为存款人保密的原则。

第三十条规定，对单位存款，商业银行有权拒绝任何单位或者个人查询，但法律、行政法规另有规定的除外；有权拒绝任何单位或者个人冻结、划扣，但法律另有规定的除外。《存款保险条例》第二条规定，在中华人民共和国境内设立的商业银行、农村合作银行、农村信用合作社等吸收存款的银行业金融机构，应当依照本条例的规定投保存款保险。最高人民法院《关于审理民事案件适用诉讼时效制度若干问题的规定》第一条规定，当事人可以对债权请求权提出诉讼时效抗辩，但对支付存款本金及利息的债权请求权提出诉讼时效抗辩的，人民法院不予支持。由此可见，储户存款在存取款自由、存款安全、存款保险及诉讼时效等方面受到的保障力度明显有别于银行借款，不属于可进行破产抵销的债权。

2. 某农商银行所称行使破产抵销权的行为也不符合破产抵销权的行使特征。抵销权本质特征为不存在实际的履行，债务不进行现实的交付行为，双方一致的意思表示一经作出，则双方间的相应债权债务关系即告消灭。本案中，某农商银行扣款抵债的过程中，该抵销并非不进行任何现实的交付，某农商银行仍然要从A公司所有的账户上将相应存款扣划入某农商行自有账户，改变A公司账户中的相应信息记载，以此来改变相应款项的归属，实现相应债务的清偿。事实上，某农商银行仍需要实施职权行为来达到抵扣的目的。

3. 某农商银行在主张所谓抵销时，A公司的两账户系被其他法院查封状态，此时某农商银行亦无权私自处置账户内资金。

【一审、二审法院审理思路对比总结】

类目	一审	二审
裁判结果	1. 某农商银行于2019年3月7日对A公司账户存款1,071,948.41元行使抵销权的行为无效。 2. 某农商银行于判决发生法律效力之日起10日内返还A公司存款本金1,071,948.41元及利息。	裁定驳回上诉，维持原判。
争议焦点	A公司在某农商银行的存款是否属于A公司对某农商银行享有的债权。	某农商银行是否有权行使破产抵销权。

续表

类目	一审	二审
回应	否。存款与贷款的属性不同，存款为存款人所有，存款人对存款具有绝对的支配权，与债权请求权不同。	无权。 1. 存款与贷款的属性不同。 2. 某农商银行所称行使破产抵销权的行为不符合破产抵销权的行使特征。抵销权本质特征为不存在实际的履行，债务不进行现实的交付行为，而本案中某农商行扣款抵债的过程中，该抵销并非不进行任何现实的交付。 3. 某农商银行在主张抵销时，A 公司的两账户系被其他法院查封状态，其无权私自处置账户内资金。

（二）实务问题讨论

在破产衍生诉讼中，金融债权人往往是企业的主要债权人，因为金融债权人行使抵销权导致的抵销权纠纷占据了此类型诉讼案件相当大的比重，所以特地以金融债权人行使抵销权为例进行详细分析。基于类案分析可知，当前司法实践对于破产程序中银行扣款抵债行为的性质和效力认定存在较大分歧，大致可分为抵销肯定说与抵销否定说两种类别。

1. 抵销肯定说

抵销肯定说即为法院肯定银行直接扣划行为属于行使抵销权的行为。遵循民法抵销的基本原理，认为银行动用存款人的存款与其对存款人的债权相抵销符合法理，即银行与存款人双方互负金钱债务、债务标的物的种类和品质相同，在法律无明确禁止性规定的情况下，应当允许抵销，① 论证银行扣款行为抵销成立主要从以下两方面进行论证：

（1）符合抵销权的构成要件，无禁止抵销的情形。认为银行债权人与破产企业之间就涉案款项成立储蓄存款合同关系，从符合抵销权成立的实体性要件和程序性要件进行说明。实体上，双方存在互负债权债务关系，时间上债权人应当是

① 参见乔博娟：《破产法视野下商业银行扣款抵债的效力认定与法律构成》，载《苏州大学学报（法学版）》2021 年第 3 期，第 130－141 页。

在破产申请受理前对债务人企业负有债务，并且对于特定期限内成立的债务，债权人主观上需无恶意。[①] 破产抵销权行使的程序条件是债权人据以主张抵销的债权在破产程序中必须依法申报并最终经人民法院裁定确认，但需要注意的是虽程序上存在尚未经法院裁定确认的瑕疵，但在该笔债权已经破产管理人审查确认，其真实性、合法性和准确性能得到保障且债权数额远大于所欲抵销的债务数额的情况下，程序瑕疵尚不构成破产抵销权行使的实质性障碍。[②]

（2）虽属个别清偿，但使债务人财产受益。在（2019）浙03民终4843号案[③]中，一审法院认为A公司于2017年6月30日清偿9万元的行为，是借新还旧的行为，本质上是延长对原有债务的清偿期限，不属于可撤销的单独清偿行为。二审法院将争议焦点确定为涉案清偿行为是否使A公司受益，认为涉案清偿行为有利于A公司申请借新还旧的贷款业务，使A公司受益，会计师事务所以涉案清偿行为关于个别清偿行为主张予以撤销，缺乏事实和法律依据，不予支持。

2. 抵销否定说

在抵销否定说中，法院否定银行直接扣划行为属于行使抵销权的行为。通过总结实务中的案例，我们可以发现法院否定此种行为为抵销行为的原因主要有以下几点：

（1）不符合撤销权行使的构成要件。银行的扣划行为欠缺主张法定抵销的前提或约定抵销的合意，且“先斩后奏”并不符合破产抵销权的程序条件，其本质上属于清偿行为而非债务抵销，分别从清偿行为的发生时间、清偿当时债务人是否具备破产原因、清偿行为是否属于使债务人财产受益的例外情形三方面予以论

① A公司管理人与B公司破产抵销权纠纷案，江苏省高级人民法院（2018）苏民申3685号民事判决书；A公司破产管理人与B公司破产抵销权纠纷案，浙江省高级人民法院（2014）浙商终字第27号民事判决书；B公司与A公司管理人破产抵销权纠纷上诉案，辽宁省高级人民法院（2017）辽民终157号民事判决书；A公司与B公司管理人请求撤销个别清偿行为纠纷上诉案，山东省威海市中级人民法院（2014）威商终字第318号民事判决书；A公司破产管理人与B公司破产抵销权纠纷案，浙江省宁波市镇海区人民法院（2016）浙0211民初3692号民事判决书。

② A公司破产管理人与B公司破产抵销权纠纷案，浙江省高级人民法院（2014）浙商终字第27号民事判决书。

③ A公司、某会计师事务所请求撤销个别清偿行为纠纷案，浙江省温州市中级人民法院（2019）浙03民终4843号民事判决书。

证，认定银行的扣划行为符合个别清偿行为的构成要件。[①]

（2）存款物权说。通过《商业银行法》第二十九条[②]、第三十条第一款[③]、《存款保险条例》第二条[④]、最高人民法院《关于审理民事案件适用诉讼时效制度若干问题的规定》第一条[⑤]等可知，存款与贷款的性质不同，储户存款在存取款自由、存款安全、存款保险及诉讼时效等方面受到的保障力度明显有别于银行借款，不属于可进行破产抵销的债权。破产企业将款项存入其在银行开立的账户中，并未将款项所有权让渡给银行，因此，破产企业对银行享有的是物上请求权，而非债权请求权，故存款不属于银行对存款人所负的债务。银行依法占有存款人账户内的存款，并将存款用于放贷，其本质上是在存款之上设立用益物权的行为。在银行扣划存款之前，银行不欠破产企业任何债务，故银行没有行使破产抵销权的权利基础。[⑥]

（3）扣款属于现实交付，而非观念交付。债务抵销是一种观念交付行为，即

---

① A公司等诉B公司管理人请求撤销个别清偿行为纠纷案，浙江省高级人民法院（2016）浙民终523号民事判决书；A公司、B公司管理人破产抵销权纠纷案，河南省高级人民法院（2020）豫民终40号民事判决书；某农商行与A公司破产抵销权纠纷案，江苏省无锡市中级人民法院（2020）苏02民终4620号民事判决书；A公司、某会计师事务所请求撤销个别清偿行为纠纷案，浙江省温州市中级人民法院（2020）浙03民终2294号民事判决书；A公司、某会计师事务所请求撤销个别清偿行为纠纷案，浙江省绍兴市中级人民法院（2020）浙06民终3856号民事判决书；A公司、B公司管理人请求撤销个别清偿行为纠纷案，浙江省湖州市中级人民法院（2019）浙05民终1765号民事判决书。

② 《商业银行法》第二十九条规定："商业银行办理个人储蓄存款业务，应当遵循存款自愿、取款自由、存款有息、为存款人保密的原则。对个人储蓄存款，商业银行有权拒绝任何单位或者个人查询、冻结、扣划，但法律另有规定的除外。"

③ 《商业银行法》第三十条规定："对单位存款，商业银行有权拒绝任何单位或者个人查询，但法律、行政法规另有规定的除外；有权拒绝任何单位或者个人冻结、扣划，但法律另有规定的除外。"

④ 《存款保险条例》第二条第一款规定："在中华人民共和国境内设立的商业银行、农村合作银行、农村信用合作社等吸收存款的银行业金融机构（以下统称投保机构），应当依照本条例的规定投保存款保险。"

⑤ 最高人民法院《关于审理民事案件适用诉讼时效制度若干问题的规定》第一条规定："当事人可以对债权请求权提出诉讼时效抗辩，但对下列债权请求权提出诉讼时效抗辩的，人民法院不予支持：（一）支付存款本金及利息请求权；（二）兑付国债、金融债券以及向不特定对象发行的企业债券本息请求权；（三）基于投资关系产生的缴付出资请求权；（四）其他依法不适用诉讼时效规定的债权请求权。"

⑥ 某农商行与A公司破产抵销权纠纷案，江苏省无锡市中级人民法院（2020）苏02民终4620号民事判决书；A公司、B公司管理人破产抵销权纠纷案，山东省高级人民法院（2020）鲁民终1848号民事判决书。

互付债务的一方，将债务抵销的意思通知对方，双方之间的债务即告抵销，但银行所规定的扣划条款，是银行扣划破产企业公司账户内款项用于归还贷款债务，该扣划行为属于现实交付行为，不符合债务抵销的观念交付特征。①

（4）双方属于委托关系，因此行为属于个别清偿行为。中国工商银行借款合同约定：借款人不按本合同的规定归还贷款本息、违约金、赔偿金的，贷款人有权从借款人在贷款人及其分支机构处开立的所有账户上直接扣收。除此之外，《中国农业银行担保借款合同示范文本（试行）》②《中国建设银行最高额保证合同》③ 等均作出了类似约定。该类条款的性质是债务人在其应还贷款本息金额范围内委托被告划收其账户存款还贷的委托还款约定，该行为属于破产企业的个别清偿行为。④

（5）未做到平等保护全体债权人的集体利益。破产法律制度以公平清偿债务作为立足点，无论是适用破产抵销权，还是适用民法上的抵销权，都不应该与平等保护债权人的集体利益相冲突。银行与破产企业约定的扣划条款并没有创设优先权，但却因为扣划行为使得普通债权获得了优先受偿的地位，侵害了其他普通债权人的利益。⑤

综上，作为商业银行，应该在依法维护金融债权过程中，制定合理合规的风险控制和资产保全措施，充分评估《企业破产法》有关破产撤销权、抵销权的规定

---

① A公司与某律师事务所等请求撤销个别清偿行为纠纷上诉案，浙江省绍兴市中级人民法院（2017）浙06民终2918号民事判决书；A公司管理人、B公司与破产有关的纠纷案，浙江省高级人民法院（2018）浙民再70号民事判决书。

② 《中国农业银行担保借款合同示范文本（试行）》约定："贷款人依照本合同收回或提前收回贷款本息，均可直接从借款人账户中扣收，并可在必要时商请其他金融机构代为扣收。"

③ 《中国建设银行最高额保证合同》约定："对于甲方（保证人）在本合同项下的全部应付款项，乙方（债权人）有权从甲方（保证人）在中国建设银行系统开立的账户中划收人民币或其他币种的相应款项，且无须提前通知甲方（保证人）。"

④ A公司管理人诉B公司破产抵销权纠纷案，浙江省杭州市萧山区人民法院（2017）浙0109民初4983号民事判决书；A公司管理人诉B公司破产抵销权纠纷案，浙江省杭州市萧山区人民法院（2017）浙0109民初4984号民事判决书；A公司管理人、B公司与破产有关的纠纷案，浙江省高级人民法院（2018）浙民再70号民事判决书；A公司、某会计师事务所请求撤销个别清偿行为纠纷案，浙江省温州市中级人民法院（2020）浙03民终2294号民事判决书。

⑤ 某律师事务所与A公司破产撤销权纠纷案，浙江省湖州市中级人民法院（2015）浙湖商终字第668号民事判决书；A公司、某会计师事务所请求撤销个别清偿行为纠纷案，浙江省温州市中级人民法院（2020）浙03民终2294号民事判决书。

对其相关风险控制和资产保全措施的影响，避免相关措施因违反《企业破产法》的规定而在债务人进入破产程序后被人民法院依法撤销情形的发生。[①] 在银行行使抵销权具有正当性的前提下，法院应着眼于破产抵销权构成要件地审查，确保银行行权符合法定的实体条件和程序条件，避免滥用抵销权获得优于其他债权人的超额利益，毕竟银行的特殊主体地位，使其在扣款还贷方面具有先天优势。

五、破产抵销权中典型抵销标的的特殊说明

（一）导引案例分析

许某锋与A公司与破产有关的纠纷一审民事判决书/浙江省淳安县人民法院/（2018）浙0127民初68号

【裁判要点】

购房者主张将剩余购房款与开发商逾期交房违约金进行抵销的前提是双方购房合同并未解除，购房者在符合抵销权法定构成要件且不存在禁止抵销的情形的情况下可以将剩余购房款与逾期交房违约金进行抵销。

【基本案情】

2009年3月25日，许某锋、A公司签订两份浙江省商品房买卖合同，约定许某锋向A公司购买由其开发的两幢别墅，总价款6,584,054.29元，合同约定交房时间均为2009年12月31日。2009年3月25日，许某锋及许某芳、许某林、孙某与A公司签订了购房付款协议，约定许某锋及许某芳、许某林、孙某向A公司购买某度假村的房子，房款付清方式为合同签订后即支付2000万元，2009年4月25日前付1300万元，余款在房屋竣工验收后15天内付清。许某锋及许某芳、许某林、孙某按照2009年3月25日的购房付款协议的约定支付购房款3300万元。2012年3月19日，许某锋向该院起诉要求A公司支付逾期交房违约金。2017年9月11日，该院裁定受理B公司对A公司的破产清算申请，并指定管理人。2017年11月25日，许某锋向A公司管理人申报债权，管理人对已付购房款本金予以确认，债权性质为普通债权。

---

① A公司管理人、B公司与破产有关的纠纷案，浙江省高级人民法院（2018）浙民再70号民事判决书。

【判决结果】

驳回许某锋的诉讼请求。

【判决思路】

关于许某锋能否行使抵销权的问题。《企业破产法》第四十条规定，债权人在破产申请受理前对债务人负有债务的，可以向管理人主张抵销，但有法律禁止抵销的情形的除外。本案中，在涉案商品房买卖合同未解除的情况下，许某锋对A公司负有债务，依法可以向管理人主张抵销，且许某锋对A公司的债权债务不属于法律规定不得抵销的情形，故许某锋可以行使抵销权。

（二）实务问题讨论

此部分是关于破产抵销权中典型抵销标的的特殊说明，因为《企业破产法司法解释（二）》第四十三条只对双方互负债务在标的物种类、品质不同时可以进行抵销进行了说明，但标的物种类十分繁杂，不同标的物的性质也各不相同，不是所有的标的物都可以在双方互负债务时进行抵销。笔者选取了几类较为典型的标的物种类进行说明。

1. 房地产的延迟交付违约金

当购房者签订房屋买卖合同后，开发商进入破产程序可能会导致延迟交房，此时就会产生延迟交房的违约金。当购房者主张将剩余购房款与开发商逾期交房违约金进行抵销时，前提是双方购房合同并未解除，并且购房者在符合抵销权法定构成要件且不存在禁止抵销的情形的情况下才可以将剩余购房款与逾期交房违约金进行抵销。但在司法实践中，需要对禁止抵销的情形进行解释。比如，在（2017）浙09民终28号案①中，法院认为债务人A公司作为一家房地产开发企业，进入破产清算程序后，从最大限度的保护购房户利益角度出发，管理人选择继续履行商品房买卖合同，通过重新筹集资金完成后续工程。合同继续履行后，被告作为购房户，所应支付剩余房款的义务属破产申请受理后对债务人负有的新的义务，被告主张违约金债权与支付房款的债务抵销，不符合破产法关于破产抵销的规定，即可以理解为该债务是破产程序中新发生的债务，属于禁止抵

① A公司管理人与王某破产抵销权纠纷案，浙江省舟山市中级人民法院（2017）浙09民终28号民事判决书。

销的情形。①

除此之外，也可以基于公平原则考虑禁止将剩余购房款与开发商的逾期交房违约金进行抵销。破产清算程序是对债务人所涉债务的集中清偿程序，同等性质的债权公平受偿是其核心价值和原则，若允许债权债务适用破产抵销，则对于其他已全额付款的购房户来说，同样的债权可能得不到相同的清偿，违背了破产程序中同类债权获同等保护的基本原则。②

2. 破产债务人股东的未缴出资

债务人的股东对债务人享有合法债权，就其在破产受理前已经对债务人负有的债务，可以依法行使抵销权。但是，《企业破产法》对债务人股东这类特定债权人行使破产抵销权也存在限制。在《企业破产法司法解释（二）》第四十六条中规定：债务人股东因欠缴债务人的出资或者抽逃出资对债务人所负的债务，或债务人股东滥用股东权利或者关联关系损害公司利益对债务人所负的债务，该股东不得以其对债务人企业的债权向管理人主张抵销前述两类负债。

3. 股权

在（2017）晋民终566号案③中，法院将股权可否与债务进行抵销单独作为一个争议焦点进行分析。破产抵销是互负债务的抵销，即相互抵销的前提是双方互负债务，而B公司在A公司的股权是因出资形成的，出资进入公司后不能擅自退出，只能经法定程序通过公司股权转让等方式进行股权转让。股权与因合同形成的债权是两种不同的民事法律权利，与A公司对B公司所负债务性质不同，不能进行抵销，故A公司主张抵销无效。

4. 抵销权不能对抗成立在先的应收账款质权

在破产程序中，债务人企业资金往往无法清偿全部债务，若此时应收账款质权与破产抵销权发生冲突，法律优先保护应收账款质权还是破产抵销权，将会直

---

① 岳某等诉A公司破产抵销权纠纷案，安徽省宣城市中级人民法院（2016）皖18民终1008号民事判决书；邵某与A公司管理人破产抵销权纠纷上诉案，浙江省舟山市中级人民法院（2016）浙09民终448号民事判决书。

② A公司管理人与王某破产抵销权纠纷案，浙江省舟山市中级人民法院（2017）浙09民终28号民事判决书；邵某与A公司管理人破产抵销权纠纷上诉案，浙江省舟山市中级人民法院（2016）浙09民终448号民事判决书。

③ A公司与B公司管理人、C公司管理人破产抵销权纠纷案，山西省高级人民法院（2017）晋民终566号民事判决书。

接影响质权人和应收账款债务人的利益。在司法实践中已形成裁判规则：如果应收账款质权设立时间在先，且出质人的债务人未提出合理抗辩，应优先于法定抵销权受偿。①

本专题小结

破产抵销权规定在《企业破产法》第四十条，而我国《民法典》中也有关于抵销权的相关规定，了解二者之间的关系对于更加深入解决破产衍生诉讼中破产抵销权纠纷有着深刻的意义。

通说认为，破产抵销权并非破产法独创的权利，该制度源于民法中的抵销权。② 有观点认为破产抵销权是民法抵销权在债务人破产情形下的扩张适用；③ 也有观点认为破产抵销权是对民法抵销权加以适当的扩张或限制，一方面，破产抵销权不适用民法中对抵销权关于未到期、附期限、附条件、标的物种类等限制，此为扩张；但另一方面，破产抵销权为保障抵销的公平，规定有禁止抵销的条款，此为限制。④ 但也有观点认为破产抵销权是民法抵销权的延伸，但并未扩张适用民法中的抵销权，而是对抵销权进行了限制，二者是包含与被包含的关系。⑤

同时，破产抵销权与破产法上的其他权利之间也存在明显的差别。相较于破产别除权而言，破产抵销权具有一定程度上的优先性，因为别除权在权利建立之初便确定了债权人将来优先受偿的标的，但随着时间上的推移，无法保证将来权利实现时担保物不出现贬值或者缺失的情况。而抵销权不存在损失风险，因而从保护债权人利益的角度来看，抵销权的作用更加明显。⑥ 正是因为破产抵销权在

---

① A公司与B公司等应收账款质权纠纷再审案，最高人民法院（2012）民申字第1019号民事判决书；A公司管理人与B公司破产抵销权纠纷案，广东省深圳市中级人民法院（2016）粤03民初2685号民事判决书。

② 参见张丽平、李杰：《建筑企业重整中抵销权的限制——以“单个项目单独清偿”为视角》，载《建筑》2021年第22期，第49－53页。

③ 参见严加武：《破产抵销权问题研究》，载《法律适用》2005年第11期，第20－23页。

④ 参见王欣新、王中旺：《论破产抵销权》，载《甘肃社会科学》2007年第3期，第161－165页。

⑤ 参见蓝邓骏、杜敏丽：《破产抵销权新论》，载《河北法学》2004年第2期，第121－125页。

⑥ 王欣新：《企业破产法中的别除权、取回权与抵销权》，载《法学评论》1988年第4期，第26－30页。

便利安排的基础上，又实现了公平与自然的正义，才使抵销权制度得以广泛行使。

附：本专题纠纷所涉高频法条索引

《企业破产法》

第三十条：

破产申请受理时属于债务人的全部财产，以及破产申请受理后至破产程序终结前债务人取得的财产，为债务人财产。

第四十条：

债权人在破产申请受理前对债务人负有债务的，可以向管理人主张抵销。但是，有下列情形之一的，不得抵销：

（一）债务人的债务人在破产申请受理后取得他人对债务人的债权的。

（二）债权人已知债务人有不能清偿到期债务或者破产申请的事实，对债务人负担债务的；但是，债权人因为法律规定或者有破产申请一年前所发生的原因而负担债务的除外。

（三）债务人的债务人已知债务人有不能清偿到期债务或者破产申请的事实，对债务人取得债权的；但是，债务人的债务人因为法律规定或者有破产申请一年前所发生的原因而取得债权的除外。

第五十六条：

在人民法院确定的债权申报期限内，债权人未申报债权的，可以在破产财产最后分配前补充申报；但是，此前已进行的分配，不再对其补充分配。为审查和确认补充申报债权的费用，由补充申报人承担。

债权人未依照本法规定申报债权的，不得依照本法规定的程序行使权利。

《企业破产法司法解释（二）》

第一条：

除债务人所有的货币、实物外，债务人依法享有的可以用货币估价并可以依法转让的债权、股权、知识产权、用益物权等财产和财产权益，人民法院均应认定为债务人财产。

第四十一条：

债权人依据企业破产法第四十条的规定行使抵销权，应当向管理人提出抵销主张。

管理人不得主动抵销债务人与债权人的互负债务，但抵销使债务人财产受益的除外。

第四十二条：

管理人收到债权人提出的主张债务抵销的通知后，经审查无异议的，抵销自管理人收到通知之日起生效。

管理人对抵销主张有异议的，应当在约定的异议期限内或者自收到主张债务抵销的通知之日起三个月内向人民法院提起诉讼。无正当理由逾期提起的，人民法院不予支持。

人民法院判决驳回管理人提起的抵销无效诉讼请求的，该抵销自管理人收到主张债务抵销的通知之日起生效。

第四十三条：

债权人主张抵销，管理人以下列理由提出异议的，人民法院不予支持：

（一）破产申请受理时，债务人对债权人负有的债务尚未到期；

（二）破产申请受理时，债权人对债务人负有的债务尚未到期；

（三）双方互负债务标的物种类、品质不同。

第四十四条：

破产申请受理前六个月内，债务人有企业破产法第二条第一款规定的情形，债务人与个别债权人以抵销方式对个别债权人清偿，其抵销的债权债务属于企业破产法第四十条第（二）、（三）项规定的情形之一，管理人在破产申请受理之日起三个月内向人民法院提起诉讼，主张该抵销无效的，人民法院应予支持。

第四十六条：

债务人的股东主张以下列债务与债务人对其负有的债务抵销，债务人管理人提出异议的，人民法院应予支持：

（一）债务人股东因欠缴债务人的出资或者抽逃出资对债务人所负的债务；

（二）债务人股东滥用股东权利或者关联关系损害公司利益对债务人所负的债务。

专题十 别除权纠纷

在破产衍生诉讼中，别除权是指债权人因其债权设有物权担保或享有法定特别优先权，而在破产程序中就债务人特定财产享有优先受偿的权利。[1] 一般情况下，债权人在破产衍生诉讼中行使别除权，有以下两种方式：一是担保权人可以就特定担保财产与管理人达成协议，以该特定财产折价归担保权人以优先受偿；二是通过委托管理人拍卖或者变卖的方式将该特定财产变价，在扣除管理人对财产的管理等费用后，担保权人从卖得价款中优先受偿。[2] 因为从权利来源看，别除权并非为破产法所创设，所以适用别除权首先要对其权利基础有所了解。笔者通过案例搜集与学说汇总，将别除权的基础性权利来源划分为以下三类（可参见图10－1别除权的基础性权利）：担保物权、法定特别优先权以及非典型担保物权。除此之外，也对购房者请求权以及定金担保的性质进行了分析，并就别除权之间的清偿顺序问题根据性质不同，划分为同一性质的别除权间的清偿顺序问题，以及不同性质的别除权之间的清偿顺序问题，在此部分下详细论述了担保物权之间，担保物权与非典型担保物权之间，担保物权、非典型担保物权与法定优先权之间以及建设工程优先权与购房者请求权发生竞合时的清偿顺序问题。

① 参见王欣新：《破产法》（第4版），中国人民大学出版社2019年版，第355页。

② 参见刘子平：《破产别除权的认定标准及其行使》，载《法律适用》2007年第11期，第59－62页。

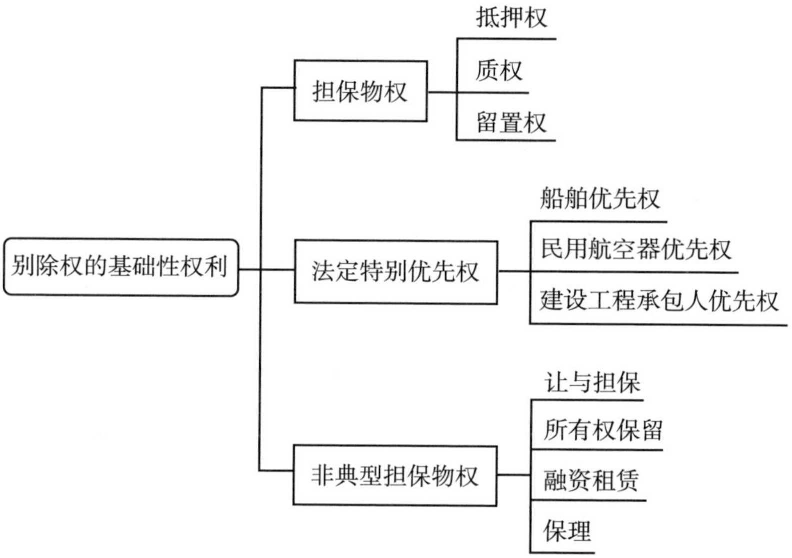

图 10－1　别除权的基础性权利

一、以担保物权为基础性权利的别除权纠纷

（一）导引案例分析

A 公司、B 公司别除权纠纷民事二审民事案/江苏省泰州市中级人民法院/（2021）苏 12 民终 2614 号①

【裁判要点】

从《民法典》四百一十二条效力及于孳息的立法目的分析，当抵押人不履行到期债务或者发生应实现抵押权之情形，因抵押权人行使抵押权致使抵押财产被法院依法查封、扣押，就意味着抵押权进入了实现程序，若此时抵押财产的孳息仍由抵押人收取，会使抵押人为收取孳息而拖延处理抵押物，此时剥夺抵押人收取孳息的权利有利于抵押权的实现。所以抵押权人即使未通知应当清偿法定孳息义务人，也不影响抵押权的效力及于抵押物的孳息收益。

① 相关案件：B 公司与 A 公司、C 公司等金融借款合同纠纷案，江苏省江阴市人民法院（2018）苏 0281 民初 15383 号民事判决书。

【基本案情】

A公司因资金需要，于2013年1月31日与金融机构签订贷款合同，A公司用其名下部分动产设备进行抵押担保，并办理抵押登记。上述合同签订后，贷款人分别向A公司发放了相应金额的贷款，因A公司未能按约足额偿付贷款本息，2017年11月23日，B公司受让了上述金融机构对A公司享有的债权。因相关债务人未能履行偿付欠款本息义务，江阴市法院经审理后于2019年4月17日作出判决，要求A公司偿还B公司借款本息，B公司对A公司用于抵押的相关财产（包括土地、房产、机器设备等）折价、拍卖、变卖的价款享有优先受偿权等。一审法院于2019年12月26日作出（2019）苏1282破申11号民事裁定，裁定受理朱某提出的对A公司的破产清算申请。A公司用于抵押的涉案房产及机器设备，在A公司破产清算受理前后均对外进行了出租，A公司被一审法院裁定受理破产清算，管理人接管A公司后，A公司的部分不动产及机器设备至今仍对外出租中，管理人从承租人处收取了部分租金，并支付了部分抵押物的管理、维护费用，具体金额本案中暂无法进行确认。

【一审判决结果】

确认B公司对A公司的土地、房产、机器设备等抵押物的租金收益享有优先受偿权。

【一审判决思路】

本案争议焦点：B公司作为抵押权人是否对抵押物的租金（含使用费）收益享有优先受偿权，即抵押权的效力是否及于抵押物的孳息收益。对此具体分析如下：

1.《民法典》第四百一十二条第一款规定："债务人不履行到期债务或者发生当事人约定的实现抵押权的情形，致使抵押财产被人民法院依法扣押的，自扣押之日起，抵押权人有权收取该抵押财产的天然孳息或者法定孳息，但是抵押权人未通知应当清偿法定孳息义务人的除外。"抵押财产的孳息，是指由抵押财产所产生的收益，分为天然孳息和法定孳息，本案所涉抵押物的租金收益属于法定孳息的范畴。本案中，江阴市法院已于2018年11月5日对案涉抵押物中的房产及土地类不动产采取了查封措施、2019年1月25日对机器设备类抵押物采取了查封措施，但B公司作为抵押权人至今尚未通知法定孳息即案涉租金的清偿义务人（承租人、实际使用人）。

2. 在未通知情况下，抵押权效力是否及于法定孳息，要根据通知行为属于生效要件还是对抗要件进行判断。若通知行为系效力及于法定孳息的生效要件，未经通知，则抵押权的效力尚不及于案涉租金；若通知行为系效力及于法定孳息的对抗要件，则未通知的法律后果仅是不得主张清偿义务人所为之清偿无效，抵押权的效力应及于案涉租金。从《民法典》四百一十二条效力及于孳息的立法目的分析，抵押权系非占有性担保物权，抵押权设立后，抵押财产的占有、使用和收益权能仍由抵押人行使，因抵押财产的使用而产生的孳息亦由抵押人所有，但当抵押人不履行到期债务或者发生应实现抵押权之情形，因抵押权人行使抵押权致使抵押财产被法院依法查封、扣押，就意味着抵押权进入了实现程序，若此时抵押财产的孳息仍由抵押人收取，会使抵押人为收取孳息而拖延处理抵押物，此时剥夺抵押人收取孳息的权利有利于抵押权的实现，这方是《民法典》第四百一十二条抵押权的效力自扣押之日起及于孳息立法目的之所在。人民法院通过查封的方式对抵押财产施加以公权力之后，抵押人收取孳息的权利即应当被剥夺，抵押权人是否通知法定孳息的清偿义务人，并不影响该立法目的实现。法律规定抵押权人进行通知之目的，系因法定孳息由抵押关系当事人之外的第三人负责清偿，对法定孳息清偿义务人的通知，具有防止发生债务人为错误给付之目的。进言之，抵押财产被法院扣押后，即使抵押权人怠于通知，抵押权效力已经及于孳息。

【二审判决结果】

驳回上诉，维持原判。

【二审判决思路】

同一审法院观点。

【一审、二审法院审理思路对比总结】

类目	一审	二审
裁判结果	确认 B 公司对 A 公司的土地、房产、机器设备等抵押物的租金收益享有优先受偿权。	驳回上诉，维持原判。
争议焦点	抵押权的效力是否及于抵押物的孳息收益。	同一审一致。

续表

类目	一审	二审
回应	1.《民法典》第四百一十二条第一款规定："自扣押之日起，抵押权人有权收取该抵押财产的天然孳息或者法定孳息，但是抵押权人未通知应当清偿法定孳息义务人的除外。" 2. 在未通知情况下，抵押权效力是否及于法定孳息可以根据《民法典》第四百一十二条作出判断，此时剥夺抵押人收取孳息的权利有利于抵押权的实现，所以即使没有履行通知义务，抵押权的效力也及于抵押物的孳息收益。	同一审一致。

（二）实务问题讨论

别除权只包含一部分符合破产法规范的担保物权，而非所有的担保物权。学界通说认为别除权是担保物权和法定特别优先权在破产程序上的延续，① 但无论在实体法上对该物权的认定如何，它都必须经过破产规则的再次检验，只有不存在无效和撤销事由的一部分担保权才符合破产法上的对破产债权的要求。②

当别除权的基础权利为担保物权时，只有在担保物权有效的情况下，债权人才可以就特定财产享受优先受偿的权利，担保物权的有效有以主债权的有效为前提。《民法典》第三百八十八条第一款规定："设立担保物权，应当依照本法和其他法律的规定订立担保合同。担保合同包括抵押合同、质押合同和其他具有担保功能的合同。担保合同是主债权债务合同的从合同。主债权债务合同无效的，担保合同无效，但是法律另有规定的除外。"同时，《民法典》第四百条③和第四百二十七条④对当事人订立抵押合同和质押合同的条款作出了规定。在（2011）

① 参见韩长印主编：《破产法学》（第2版），中国政法大学出版社2016年版，第142－153页。

② 参见李忠鲜：《论担保权在破产中的别除机制》，载《河北法学》2019年第6期，第161－175页。

③《民法典》第四百条规定："设立抵押权，当事人应当采用书面形式订立抵押合同。抵押合同一般包括下列条款：（一）被担保债权的种类和数额；（二）债务人履行债务的期限；（三）抵押财产的名称、数量等情况；（四）担保的范围。"

④《民法典》第四百二十七条规定："设立质权，当事人应当采用书面形式订立质押合同。质押合同一般包括下列条款：（一）被担保债权的种类和数额；（二）债务人履行债务的期限；（三）质押财产的名称、数量等情况；（四）担保的范围；（五）质押财产交付的时间、方式。"

新民二终字第7号案①中，法院认为抵押权作为担保物权，以一定债权关系的存在为前提并且从属于主债权，因此抵押合同应当明确载明被担保的主债权的种类和数额。本案中，双方当事人签订的《乌鲁木齐市房地产抵押合同》，虽然约定将B商场在建工程作为B商场清偿工商银行贷款的抵押，并办理了抵押登记手续，但抵押合同并未载明主债权的种类与数额，合同内容存在重大缺失，且事后也未对所担保的债权进行明确，抵押权指向不明，故认定签订的抵押合同无效，所以A办事处就B商场的破产财产不享有抵押优先权。但在（2021）苏民再92号案②中，再审申请人提出《最高额抵押合同》约定被担保债权最高限额，并约定以该合同附件《抵押物清单》所列财产为抵押物，但《抵押物清单》并未记载抵押物，故抵押合同不成立，抵押权未设立就未得到法院支持。同时，再审申请人主张的A银行办理抵押登记时，《动产抵押登记书》所载“被担保债权数额”与抵押合同约定的债权数额不一致，故抵押登记不能发生对抗效力也未得到法院支持。虽然如此，但为了避免今后产生不必要的纠纷，债权人在与债务人或者担保人签订合同时，要严格按照法律法规对主债权债务合同以及担保合同的要求来制定相关条款，避免主债权债务合同无效或者担保行为存在效力瑕疵的情形。

另外，随着新兴交易结构的出现，法院需要对一些新兴现象做出灵活判断，不可固守僵化，如在（2020）湘民终1859号案③中，涉案借款及担保采取的是四方合同模式，即十七位自然人出借人与某起重公司、担保方某担保公司、中介方某民间资本投融资中介服务有限公司签订借款合同，某担保公司出具《担保函》提供保证担保，某置业公司以房产抵押提供反担保。虽然这种操作模式中，担保公司办理担保及反担保手续在前，民间融资中介机构对外发布融资需求在后，但这正是某置业公司与某担保公司为了履行借款合同、保障交易安全做出的一种交易安排。案涉合同的签订均系各方当事人真实意思表示，并未违反法律及行政法规的强制性规定，合法有效。尽管担保合同是从属于主合同的从合同，但担保合同的当事人可以约定对将来债务提供担保，法律并没有规定其担保的主债务必须

① A办事处与B商场别除权纠纷案，新疆维吾尔自治区高级人民法院（2011）新民二终字第7号民事判决书。

② B银行、A公司等别除权纠纷案，江苏省高级人民法院（2021）苏民再92号民事判决书。

③ 某置业有限公司、某投资担保有限公司别除权纠纷案，湖南省高级人民法院（2020）湘民终1859号民事判决书。

在担保合同成立时就已经存在。因此，某置业公司以案涉抵押担保合同早于借款合同为由否认双方的担保关系，法院不予支持。

综上所述，因为别除权可以担保物权为权利基础，所以别除权的行使应符合《民法典》中有关的一般规定，这是别除权行使的充分前提。① 比如，就同一性质的担保物权构成的别除权之间的清偿顺序问题，可以根据《民法典》第四百一十四条“同一财产向两个以上债权人抵押的，拍卖、变卖抵押财产所得的价款依照下列规定清偿：（一）抵押权已经登记的，按照登记的时间先后确定清偿顺序；（二）抵押权已经登记的先于未登记的受偿；（三）抵押权未登记的，按照债权比例清偿。其他可以登记的担保物权，清偿顺序参照适用前款规定”之规定确定清偿顺序。就不同性质的担保物权以及担保物权与法定优先权在同一标的物上发生竞合时的清偿顺序问题较为复杂，将在本专题第四部分“别除权之间的清偿顺序问题”作出详细解释。除此之外，关于特定财产担保的债权中担保物何时生效、② 主债权被分割或者部分转让时担保物权如何行使、③ 担保标的物可否转让或出租④等问题的，也一并参照《民法典》和相关司法解释关于担保物权的相关规定进行解释。

二、以法定优先权为基础性权利的别除权纠纷

（一）导引案例分析

A公司与B公司别除权纠纷二审民事案/江西省萍乡市中级人民法院/（2020）赣03民终527号⑤

【裁判要点】

装饰装修工程的承包人，请求装饰装修工程价款就该装饰装修工程折价或者

---

① 参见徐晓：《论破产别除权的行使》，载《当代法学》2008年第4期，第73页。

② 《民法典》第四百零二条、第四百零三条、第四百二十九条。

③ 《民法典担保制度司法解释》第三十九条规定：“主债权被分割或者部分转让，各债权人主张就其享有的债权份额行使担保物权的，人民法院应予支持，但是法律另有规定或者当事人另有约定的除外。主债务被分割或者部分转移，债务人自己提供物的担保，债权人请求以该担保财产担保全部债务履行的，人民法院应予支持；第三人提供物的担保，主张对未经其书面同意转移的债务不再承担担保责任的，人民法院应予支持。”

④ 《民法典》第四百零五条、第四百零六条。

⑤ 相关案件：B公司与A公司别除权纠纷案，江西省萍乡市湘东区人民法院（2020）赣0313民初487号民事判决书。

拍卖的价款优先受偿的，人民法院应予支持，装饰装修工程同样属于建设工程范围，装饰装修工程的承包人可以主张建设工程优先权。为保护装修施工人员的合理劳动报酬，在破产程序中以公司装修款中的人工工资优先受偿为宜。

【基本案情】

2017 年 1 月 3 日，B 公司与 A 公司签订《装修施工合同》，合同约定由 B 公司承包 A 公司办公楼房屋的室内墙面、地面、电气等装修工程，并约定了其他事项。合同签订后，B 公司按照合同履行装修义务，后因 A 公司该工程于 2017 年 3 月左右停工，至今未竣工。2019 年 8 月 30 日，A 公司被一审法院裁定宣告破产。2019 年 10 月 14 日，B 公司与 A 公司原法定代表人结算，装修款为 323, 675. 7 元，2019 年 10 月 18 日，A 公司管理人核定 B 公司的债权为 323, 675. 7 元（其中人工工资 103, 150. 3 元）。2020 年 3 月 25 日，B 公司向 A 公司对装修款 361, 297. 7 元（含案外人装修款 37, 622 元）主张优先受偿权，2020 年 4 月 30 日，A 公司管理人回复认为 B 公司主张的优先受偿权不成立。

【一审判决结果】

1. 确认 B 公司对申报的 323, 675. 7 元债权中人工工资 103, 150. 3 元就其施工的 A 公司办公楼装修工程享有优先受偿权；

2. 驳回 B 公司的其他诉讼请求。

【一审判决思路】

本案双方当事人签订的《装修施工合同》虽约定了工程竣工时间，但涉案工程因 A 公司停工，至今未竣工，应当认定为在建工程，不受优先权行使期限的限制，现没有证据证明在工程停工后至法院受理破产申请前，双方签订的施工合同已经解除或终止履行；也没有证据证明在法院受理破产申请后，破产管理人决定继续履行合同。根据《企业破产法》第十八条之规定，涉案施工合同在法院受理破产申请后已实际解除，本案工程无法正常竣工。B 公司与 A 公司原法定代表人对装修款结算的时间是 2019 年 10 月 14 日，承包人行使优先受偿权的期限应自 2019 年 10 月 14 日装修款结算之日起计算。B 公司提出的优先受偿权未超过 6 个月期限，故 B 公司提出的优先受偿权的诉讼请求，一审法院予以支持。A 公司提出本案不属于建设工程施工合同工程款优先受偿权的范围，不属于建设工程施工合同，即使属于建设工程施工合同范围，B 公司的主张也过了 6 个月期间的答辩意见及即使 B 公司主张优先受偿权未超过 6 个月的除斥期间，装饰装修工程款的优先受偿权仅限于因装饰装修而使建筑物增加的价值范围之内的抗辩意见，与事实和法律不符，一审法院不予支持。

A公司经整体评估价值为2988.33万元，其中办公楼的评估价值为369,681.84元；A公司整体拍卖处置价格为1200万元。但A公司办公楼及B公司装修工程的处置价格无法确定。综合本案的实际情况，为保护装修施工人员的合理劳动报酬，一审法院认为以B公司装修款中的人工工资103,150.3元优先受偿为宜。

【二审判决结果】

上诉人A公司的上诉请求不成立，予以驳回。

【二审判决思路】

《审理建设工程施工合同纠纷案件司法解释（二）》第十八条规定：装饰装修工程的承包人，请求装饰装修工程价款就该装饰装修工程折价或者拍卖的价款优先受偿的，人民法院应予支持。A公司与B公司签订的《装修施工合同》第二条约定：工程装修内容为房屋室内棚面、墙面、地面、电气等装饰工程。该工程装修内容系与工程相关的设施的装配，属于装饰装修工程，依法有权就装饰装修工程价款在该装饰装修工程折价或者拍卖的价款内优先受偿。上诉人提出本案装饰装修工程不属于建设工程范围的意见，与事实、法律规定不符，法院不予支持。

关于上诉人提出被上诉人主张的优先受偿权已过6个月的除斥期间，以及被上诉人也仅限于因装饰装修而使该建筑物价值增加的范围之内享有优先受偿权的意见。经审理查明，建设工程合同解除的原因，是违约责任应当解决的问题，而与优先受偿权的行使期限无关。较多合同解除或者终止履行的时间早于合同约定的付款期限及工程竣工之日，即合同解除时工程尚未完工，合同约定的工程价款结算条件尚未成就。《审理建设工程施工合同纠纷案件司法解释（二）》第二十二条规定：承包人行使建设工程价款优先受偿权的期限为6个月，自发包人应当给付建设工程价款之日起算。关于本案应付工程价款之日的确定，本案的涉案工程因A公司停工，而B公司与A公司原法定代表人对装修款结算的时间是2019年10月14日，双方就合同解除后的工程价款的支付另行达成合意，应当尊重当事人的意思自治，将双方结算的时间认定为应当给付建设工程价款之日起算时间。B公司行使优先受偿权的期限应自2019年10月14日装修款结算之日起计算。

【一审、二审法院审理思路对比总结】

类目	一审	二审
裁判结果	1. 确认B公司对申报人工工资就其施工的装修工程享有优先受偿权。 2. 驳回B公司的其他诉讼请求。	驳回上诉，维持原判。
争议焦点	被告可否就原告所欠装修款在破产财产中优先受偿。	1. 装饰装修工程是否属于建设工程范围。 2. 优先受偿权是否已过6个月的除斥期间。
回应	为保护装修施工人员的合理劳动报酬，以B公司装修款中的人工工资优先受偿为宜。	1. 属于。法律依据为《审理建设工程施工合同纠纷案件司法解释（二）》第十八条的规定。 2. 未超过。法律依据为《审理建设工程施工合同纠纷案件司法解释（二）》第二十二条的规定。

（二）实务问题讨论

在民法理论上，优先权的概念有广义和狭义之分，广义上的优先权包括优先受偿权、优先购买权、优先承佃权、优先承租权、优先继承权等，狭义的优先权仅指优先受偿权。① 在狭义的优先受偿权中，又可以根据权利行使的方式将其划分为一般优先权与特别优先权。破产衍生诉讼中，有关别除权的纠纷，涉及的与优先权有关的权利基础只能是特别优先权。因为一般优先权以债务人不特定财产受偿，特别优先权以债务人特定财产受偿，正因为一般优先权没有设立于特定财产之上，所以从本质上讲，一般优先权就不是破产法上的别除权。②

特殊优先权与一般优先权的区别在于，以破产费用为典型的一般优先权通常是为了债权人的集体利益而产生的，对其受偿并不受到时间限制，可以在破产财产中随时清偿，但是特殊优先权必须通过破产管理人的变价处分工作，才得以就

---

① 参见崔建远：《我国物权法应选取的结构原则》，载《法制与社会发展》1995年第3期，第24-32页。

② 参见［日］石川明：《日本破产法》，何勤华、周桂秋译，中国法制出版社2000年版，第74-84页。

特定的财产优先受偿。[①] 别除权行使期限制度，是保证别除权的及时有效行使和保证破产清算程序高效有序进行的一项重要制度。[②]《民法典建设工程司法解释（一）》第四十一条规定，承包人应当在合理期限内行使建设工程价款优先受偿权，但最长不得超过18个月，自发包人应当给付建设工程价款之日起算。《民法典建设工程司法解释（一）》与《审理建设工程施工合同纠纷案件司法解释（二）》（现已失效）比较，建设工程价款优先受偿权期限从6个月到18个月，除斥期间上调明显，但优先受偿权起算时间均未发生变化，都为从发包人应当给付建设工程价款之日起开始起算。但何为“应当给付建设工程价款之日”，可以参照《民法典建设工程司法解释（一）》第二十七条[③]有关利息款项计算中关于“应付工程价款之日”开始计付的规定。判断“应当给付建设工程价款之日”应当遵循以下四步：（1）当事人之间有约定的按照约定“支付工程价款的时间”进行起算；[④]（2）当事人之间未约定，建设工程已交付的，交付之日为“支付工程价款之日”；（3）当事人之间未约定，建设工程也没有交付的，为提交竣工结算文件之日；[⑤]（4）若上述时间点均不具备，则起诉之日作为“应当给付建设工程价款之日”。除此之外，最高人民法院指导案例七十三号[⑥]指出，根据《企业破产法》第十八条的规定，若涉案建设工程施工合同在法院受理破产申请后已实际解除，建设工程无法正常竣工，按照最高人民法院全国民事审判工作会议纪要精神，因发包人的原因，合同解除或终止履行时已经超出合同约定的竣工日期的，承包人行使优先受偿权的期限自合同解除之日起计算。

在以建设工程优先权此种法定优先权为基础性权利的别除权纠纷中，还有一

---

① 参见李忠鲜：《论担保权在破产中的别除机制》，载《河北法学》2019年第6期，第161－175页。

② 参见杨春平：《我国“别除权”立法及理论研究》，载《河北法学》2010年第3期，第102－106页。

③《民法典建设工程司法解释（一）》第二十七条规定：“利息从应付工程价款之日开始计付。当事人对付款时间没有约定或者约定不明的，下列时间视为应付款时间：（一）建设工程已实际交付的，为交付之日；（二）建设工程没有交付的，为提交竣工结算文件之日；（三）建设工程未交付，工程价款也未结算的，为当事人起诉之日。”

④ A公司与B公司别除权纠纷案，江西省萍乡市中级人民法院（2020）赣03民终527号民事判决书；A公司、李某等别除权纠纷案，江西省抚州市中级人民法院（2021）赣10民终336号民事判决书。

⑤ A公司、B公司装饰装修合同纠纷案，最高人民法院（2019）最高法民终1861号民事判决书。

⑥ 指导案例73号：A公司诉B公司别除权纠纷案，安徽省高级人民法院（2014）皖民一终字第00054号民事判决书。

个极易引起当事人双方争议的焦点即建设工程的实际施工人可否作为主张建设工程优先权的主体。对此问题，实践中存在两大类观点。第一种观点认为，实际施工人可以作为主张建设工程优先权的主体；第二种观点认为，建设工程价款优先受偿权系专属于承包人的权利，实际施工人无权主张建设工程价款优先受偿权。(可参见图 10－2)

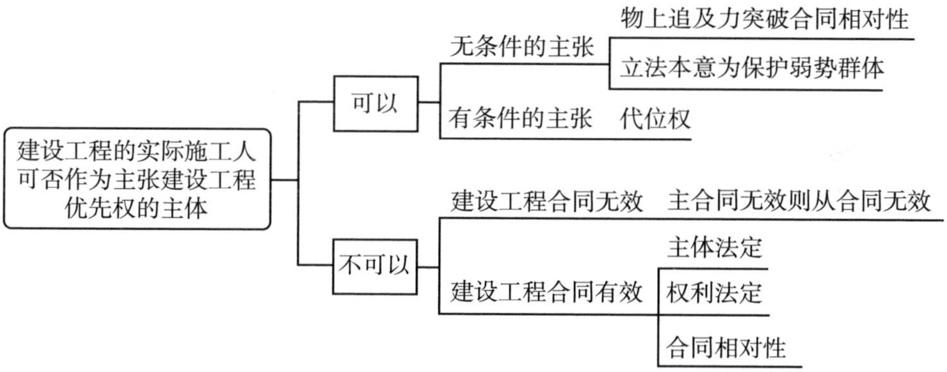

图 10－2　建设工程的实际施工人可否作为主张建设工程优先权的主体

在第一大类下又分为两种情况，一种是无条件的主张，也就是即使承包人没有怠于向发包人行使到期债权或者与该债权有关的从权利，或者在建设施工合同存在《民法典建设工程司法解释（一）》第一条①规定的合同无效的情形下②，实际施工人也可以主张建设工程的优先受偿权。同样，即使实际施工人缺乏相应的资质，但在建设工程合格的情况下，实际施工人因合同无效而丧失获得工程款项的理由则丧失说服力，工程验收合格即在一定程度上代表了法律的认可。③ 同时，保护弱势群体的立法本意也是支撑该主张的理由之一。《民法典建设工程司

① 《民法典建设工程司法解释（一）》第一条规定："建设工程施工合同具有下列情形之一的，应当依据民法典第一百五十三条第一款的规定，认定无效：（一）承包人未取得建筑业企业资质或者超越资质等级的；（二）没有资质的实际施工人借用有资质的建筑施工企业名义的；（三）建设工程必须进行招标而未招标或者中标无效的。承包人因转包、违法分包建设工程与他人签订的建设工程施工合同，应当依据民法典第一百五十三条第一款及第七百九十一条第二款、第三款的规定，认定无效。"

② A 公司、杨某建设工程施工合同纠纷再审审查与审判监督案，最高人民法院（2017）最高法民申 4000 号民事判决书。

③ A 公司与伍某及 B 公司案外人执行异议之诉申请再审案，最高人民法院（2013）民申字第 283 号民事判决书。

法解释（一）》第四十三条第二款规定实际施工人以发包人为被告主张权利的，人民法院应当追加转包人或者违法分包人为本案第三人。发包人只在欠付工程价款范围内对实际施工人承担责任。该司法解释是为保护农民工的合法权益所作出的特殊规定，但需注意只有在欠付劳务分包工程款导致无法支付劳务分包关系中农民工工资时，才可以要求发包人在欠付工程价款范围内对实际施工人承担责任，不能随意扩大发包人责任范围。① 另一种是只有在承包人怠于行使工程价款优先受偿权时，就其承建的工程在发包人欠付工程价款范围内主张优先受偿权。根据《民法典建设工程司法解释（一）》第四十四条“实际施工人依据民法典第五百三十五条规定，以转包人或者违法分包人怠于向发包人行使到期债权或者与该债权有关的从权利，影响其到期债权实现，提起代位权诉讼的，人民法院应予支持”② 的规定可知，在此情况下实际施工人提起别除权诉讼法院可予支持，与该司法解释精神相类似，各地也出台了相应的指导意见。③ 但需注意实际施工人代位权的行使应结合民法中有关代位权行使的规定。④

第二大类依据建设施工程合同是否有效区分为两种情况。当建设工程合同无效时，驳回实际施工人别除权的理由通常为建设工程的优先权具有从属性，主债权无效自然其之上的从权利也无效；当建设工程合同有效时，否认实际施工人具有别除权的理由通常为建设工程价款优先权为法定的优先权，因其具有优于普通

---

① 陈某、A公司、B公司别除权纠纷案，福建省宁德市中级人民法院（2019）闽09民终385号民事判决书。

② 武某、A公司等建设工程合同纠纷案，山东省威海市中级人民法院（2021）鲁10民终2830号民事判决书；A公司、B公司等建设工程合同纠纷案，河南省周口市中级人民法院（2021）豫16民终6060号民事判决书；孙某与A公司、周某等建设工程施工合同纠纷案，广西壮族自治区梧州市中级人民法院（2021）桂04民终1000号民事判决书。

③ 河北省高级人民法院《建设工程施工合同案件审理指南》第三十三条规定：“建设工程施工合同无效、但建设工程质量合格，承包人主张建设工程价款就该工程折价或拍卖的价款优先受偿的，人民法院应予以支持；分包人或实际施工人在总包人或非法转包人怠于主张工程价款时，主张建设工程价款就该工程折价或拍卖的价款优先受偿的，人民法院应予支持。”安徽省高级人民法院《关于审理建设工程施工合同纠纷案件适用法律问题的指导意见》第十八条规定：“分包人或实际施工人完成了合同约定的施工义务且工程质量合格的，在总包人或非法转包人怠于主张工程价款优先受偿权时，就其承建的工程在发包人欠付的工程款范围内主张工程价款优先受偿权，可予支持。”

④ 《民法典》第五百三十五条规定：“因债务人怠于行使其债权或者与该债权有关的从权利，影响债权人的到期债权实现的，债权人可以向人民法院请求以自己的名义代位行使债务人对相对人的权利，但是该权利专属于债务人自身的除外。代位权的行使范围以债权人的到期债权为限。债权人行使代位权的必要费用，由债务人负担。相对人对债务人的抗辩，可以向债权人主张。”

债权和抵押权的权利属性，故对其权利的享有和行使必须具有明确的法律依据。[①] 根据《民法典》第一百一十六条的规定可知，物权的种类及内容由法律规定，享有建设工程优先受偿权的主体必须经过法律明确规定，而现有的法律及相关司法解释[②]都将建设工程价款优先受偿权的主体局限为建设工程承包人，而非实际施工人。[③] 当然，权利法定和主体法定的理由也可以应用于第二大类的第一种情形中以驳回实际施工人的建设工程优先受偿权。

关于建设工程主张优先受偿的范围问题，可根据《民法典建设工程司法解释（一）》第四十条第二款的规定“承包人就逾期支付建设工程价款的利息、违约金、损害赔偿金等主张优先受偿的，人民法院不予支持”得出结论。[④] 该司法解释嵌套入破产衍生诉讼中，并不存在矛盾。根据《企业破产法》第四十六条第二款的规定，“附利息的债权自破产申请受理时起停止计息”，因为建设工程优先权设立的主要目的是来优先保护劳动报酬，使弱势群体的权利得到保障。

三、以非典型担保物权为基础性权利的别除权纠纷

（一）导引案例分析

冯某、程某等与A公司、B公司别除权纠纷二审民事案/宁夏回族自治区高级人民法院/（2020）宁民终422号

【裁判要点】

商品房预售合同备案登记制度是一种行政管理制度，备案登记的合同具有债的效力，法律未规定备案登记具有准物权的效力，不能产生等同于商品房预告登记的“冻结不动产登记簿的效力”，对后来发生与该项请求权内容相同的不动产

---

① 马某与A公司等建设工程施工合同纠纷再审案，最高人民法院（2019）最高法民申2755号民事判决书。

② 《民法典建设工程司法解释（一）》第三十五条规定：“与发包人订立建设工程施工合同的承包人，依据民法典第八百零七条的规定请求其承建工程的价款就工程折价或者拍卖的价款优先受偿的，人民法院应予支持。”

③ 董某、A公司别除权纠纷案，河南省平顶山市中级人民法院（2021）豫04民终377号民事判决书；陈某、A公司建设工程施工合同纠纷再审审查与审判监督民事案，最高人民法院（2019）最高法民申2852号民事判决书。

④ A公司、B公司建设工程施工合同纠纷案，新疆维吾尔自治区高级人民法院伊犁哈萨克自治州分院（2021）新40民终2199号民事判决书；A公司、B公司建设工程施工合同纠纷案，山东省淄博市中级人民法院（2021）鲁03民终2557号民事判决书。

物权的处分行为也不具有排他效力。既未设定相应的担保物权，也未按照让与担保的形式转让至债权人名下，因此主张就涉案房屋构成让与担保并在破产程序中享有优先受偿权的理由不能成立。

【基本案情】

自2016年2月起，被上诉人A公司通过某融资平台向不特定的案外人借款。为降低借款风险，被上诉人B公司与某融资平台工作人员王某签订银川市商品房买卖合同（预售）13份，以房屋买卖的方式为借款提供抵押担保，均于2016年5月9日办理了商品房预售合同登记备案。

2018年5月11日至16日，上诉人冯某等人（王某除外，本段内同）及案外人王某悦为出借人，被上诉人A公司为借款人，被上诉人B公司为担保人，第三人某融资平台为居间人，分别签订9份《民间资金借款合同》。合同签订后，冯某等人及案外人王某悦将借款全额转账支付给A公司委托收款人李某林。2018年5月20日，冯某等人及案外人王某悦与B公司、案外人李某春、刘某签订《担保合同》1份，由B公司、案外人李某春、刘某为上述9笔共500万元借款承担连带责任保证担保。该合同13.2条“补充约定”下方空白栏处有手写“B公司同意将2016年2月1日、2016年5月9日备案在王某名下的13套房屋整体转让给出借人，作为借款担保”字样。当日，第三人王某为转让方、冯某等人为受让方、第三人某融资平台为居间人，共同签订《预售商品房转让合同》1份，约定王某将其与被告B公司签订的13套房屋买卖合同的权利义务整体转让给原告冯某等人；某融资平台在3日内向A公司、B公司通知房屋转让事宜；王某某融资平台保证在A公司还款前，不得就13套房产与任何第三方签署转让、租赁协议等，不会被再抵押、查封等；如A公司届期未还款，王某及某融资平台应配合冯某等人依据《民间资金借款合同》就实现13套房产抵押担保优先受偿权在各项法律文件、合同、声明上签字确认。后在借款合同履行期间，A公司未按约定支付利息，借款到期后亦未能还本付息。2018年12月28日，案外人王某悦将其债权转让给王某，并通知了A公司、B公司。

2018年8月14日，一审法院裁定受理A公司提出的破产重整申请，冯某等人分别向A公司管理人、B公司管理人申报债权，并主张将涉案13套房产从债务人破产财产中别除，由冯某等人享有优先受偿权。管理人经审查，认为原告冯某等人的债权系一般债权，不能就涉案13套房产享有优先受偿权。故引起本案诉讼。

【一审判决结果】

驳回原告的诉讼请求。

【一审判决思路】

一审法院认为，本案为别除权纠纷，应适用《企业破产法》及《担保法》的一般原则进行处理。本案中，冯某等人主张优先权的案涉13套房产存在以下情况：

1. 该13套房产由第三人王某与被告B公司签订银川市商品房买卖合同（预售），并办理了商品房预售合同备案登记。商品房预售合同备案登记制度是一种行政管理制度，备案登记的合同具有债的效力，法律未规定备案登记具有准物权的效力，不能产生等同于商品房预告登记的“冻结不动产登记簿的效力”，对后来发生与该项请求权内容相同的不动产物权的处分行为也不具有排他效力。

2. 冯某等人与第三人王某、某融资平台共同签订预售商品房转让合同，约定王某将其与被告B公司签订的13套房屋买卖合同的权利义务整体转让给原告冯某等人。该合同签订后，冯某等人并未就案涉13套房产至登记机关办理房屋预告登记。因此，原告冯某等人关于案涉13套房产不具备法律规定的让与担保的前提条件，即完成财产权利变动的公示、形式上将财产转让至债权人名下。冯某等人主张其债权为优先债权，并就涉案房屋行使别除权无事实及法律依据，对其诉讼请求依法不予支持。

【二审判决结果】

驳回上诉，维持原判。

【二审判决思路】

本案争议焦点是上诉人冯某等人对涉案13套房屋变卖、拍卖所得价款是否享有优先受偿权。因本案成诉于原审法院受理A公司和B公司破产申请后，故原审法院将本案定性为别除权纠纷正确。根据《企业破产法》第一百零九条的规定，别除权是指债权人因其债权设有物权担保，而就破产人特定的担保财产享有优先受偿的权利。具体到本案，涉案13套房屋既未设定相应的担保物权，也未按照让与担保的形式转让至债权人名下，因此上诉人冯某等人主张其就涉案房屋构成让与担保并享有优先受偿权的上诉理由不能成立，法院不予支持。

【一审、二审法院审理思路对比总结】

类目	一审	二审
裁判结果	驳回原告诉讼请求。	驳回上诉，维持原判。
争议焦点	原告对涉案13套房屋变卖、拍卖所得价款是否享有优先受偿权。	上诉人对涉案13套房屋变卖、拍卖所得价款是否享有优先受偿权。
回应	不享有。 1. 该13套房产由第三人王某与被告B公司签订银川市商品房买卖合同（预售），仅办理商品房预售合同备案登记，而未办理商品房预告登记。 2. 冯某等人与第三人王某、某融资平台共同签订预售商品房转让合同，但并未就案涉13套房产至登记机关办理房屋预告登记，不具备法律规定的让与担保的前提条件。	不享有。别除权是指债权人因其债权设有物权担保，而就破产人特定的担保财产享有优先受偿的权利。具体到本案，涉案13套房屋既未设定相应的担保物权，也未按照让与担保的形式转让至债权人名下，因此不享有优先受偿权。

（二）实务问题讨论

《民法典担保制度司法解释》第四部分是“关于非典型担保”的规定，其中涉及了所有权保留、融资租赁等非典型担保方式。该解释第六十三条规定：“债权人与担保人订立担保合同，约定以法律、行政法规尚未规定可以担保的财产权利设立担保，当事人主张合同无效的，人民法院不予支持。当事人未在法定的登记机构依法进行登记，主张该担保具有物权效力的，人民法院不予支持。”

由于在实践中非典型担保物权本身争议就较大，各级各地法院对于让与担保的态度各异，有时甚至态度暧昧、规避迂回、犹抱琵琶、讳莫如深。[①] 我国关于非典型担保物权的各项配套法律制度正在不断的构建与完善之中，所以以此权利为基础的别除权纠纷所涉问题更为复杂。以让与担保为例，让与担保是指债务人或第三人为担保债务人的债务，将担保标的物的权利转移于债权人，于债务清偿后，标的物应返还于债务人或第三人，于债务不履行时，担保权人可就该标的物

① 参见向逢春：《让与担保制度研究》，法律出版社2014年版，第125页。

优先受偿的权利。[①] 在以让与担保为基础性权利的别除权纠纷中，让与担保的形式判断即是否符合法定的让与担保构成要件至关重要。根据《民法典担保制度司法解释》第六十三条的规定“当事人未在法定的登记机构依法进行登记，主张该担保具有物权效力的，人民法院不予支持”可知，要使让与担保具有物权效力，需在法定的登记机构依法进行登记，就让与担保的登记形式问题在实践中争议较大，各法院认定不一。

通常情况下，仅完成合同备案不会被认为具有物权效力，无论该合同是商品房买卖合同[②]还是商品房预售合同。[③] 因为商品房买卖合同备案登记制度和商品房预售合同备案制度都是一种行政管理制度，备案登记的合同只具有债的效力，并不具有物权效力，更不具有担保物权效力。[④] 法律未规定备案登记具有准物权的效力，不能产生等同于商品房登记或者商品房预告登记的“冻结不动产登记簿的效力”，对后来发生与该项请求权内容相同的不动产物权的处分行为也不具有排他效力。

商品房网签登记是随着网络信息科技发展，在房地产主管部门力推下产生的，网签是指房地产开发企业利用房地产管理部门的网络化管理系统与交易方签订房屋买卖合同，并且在网上进行公布的行为，用户是可以通过网签号在网上进行查询，其针对的也是合同本身。就商品房网签登记而言，其效力认定在实践中尚存争议，有法院认为商品房网签登记效力不同于预告登记，商品房网签登记并不具有物权变动的性质，因为并没有取得案涉房产的不动产权证书，而是行政机关对于商品房买卖合同进行管理的一项措施，商品房网签登记并不直接产生不动产物权设立或变动的效力。购房人即使进行网签登记其对案涉房产也只是享有债权请求权，而非物权请求权。[⑤] 但有法院认为商品房网签登记和预告登记具有同等效力，均产生优先于普通债权的效力。[⑥]

---

① 参见梁慧星：《中国物权法草案建议稿：条文、说明、理由与参考立法例》，社会科学文献出版社2000年版，第83页。

② 吴某与樊某、A公司别除权纠纷案，辽宁省沈阳市中级人民法院（2020）辽01民初1996号民事判决书。

③ 冯某、程某等与A公司、B公司别除权纠纷案，宁夏回族自治区高级人民法院（2020）宁民终422号民事判决书。

④ 王某与A公司别除权纠纷案，辽宁省沈阳市中级人民法院（2020）辽01民初693号民事判决书。

⑤ 田某、A公司别除权纠纷案，山东省德州市中级人民法院（2021）鲁14民终517号民事判决书。

⑥ 叶某与A公司房屋买卖合同纠纷案，江苏省无锡市滨湖区人民法院（2018）苏0211民初2835号民事判决书。

在没有针对合同进行备案，又没有进行抵押登记，而是只进行了预告登记的情况下，是否发生担保效力，让与担保的权利人在债务人不履行债务时可否就标的物优先受偿在实践中存在不同的观点。学理普遍认为预告登记有权利保全、顺位保证、破产保护等效力，[①] 就本论题而言，在抵押权预告登记所产生的数个法律效力之中，在破产上具有意义的是其优先受偿效力，[②] 但是这种理论上的优先性在破产法和其他实体法中难觅踪迹，这种学理与立法的矛盾给司法审判业务带来了难题，不少法院直接否认了预告登记的破产保护效力。[③] 有法院认为，双方签订商品房买卖合同后，虽然尚未进行不动产转移登记，但已经办理预告登记，只要案涉房屋具备办理所有权证的条件时，即可完成所有权登记手续，因为预告登记进行了对外公示，取得涉案房屋的物权期待权，符合不动产让与担保的构成要件。[④] 而有的法院也会对抵押预告登记与抵押登记作出相反认定，虽设立的目的都是为债权人的债权得以实现提供担保，但两者的效力完全不同。抵押登记系能使不动产物权的设立、变更、转让和消灭发生效力的行为；而抵押预告登记，并不导致不动产物权的设立或变动，只是使登记申请人取得一种请求将来发生物权变动的请求权。抵押登记属于本登记，其登记具有终局效力；抵押预告登记属于预备登记，不具备终局的物权效力，具有临时性，待物权变动的条件具备后，权利人需积极行使该权利才能为本登记。抵押登记完成后设立的抵押权具有物权的支配性和排他性，抵押权人享有优先受偿权；而抵押预告登记针对的系将来发生的不动产物权，最终能否成为现实的物权尚存在不确定性。[⑤]

若希望让与担保物权在破产衍生诉讼中发生优先受偿的效力，最稳妥的方式是进行不动产登记。只有已经完成财产权利变动的公示转让至债权人名下，

① 参见王利明：《物权法研究》（上卷），中国人民大学出版社2013年版，第359－361页。

② 参见金可可：《预告登记之性质——从德国法的有关规定说起》，载《法学》2007年第7期，第119页。

③ 参见李忠鲜：《论担保权在破产中的别除机制》，载《河北法学》2019年第6期，第161－175页。

④ A公司、B公司别除权纠纷案，江苏省无锡市中级人民法院（2021）苏02民终5719号民事判决书。

⑤ 吴某与A公司别除权纠纷案，黑龙江省大庆市中级人民法院（2015）庆商终字第371号民事判决书；周某与A公司别除权纠纷案，黑龙江省大庆市中级人民法院（2015）庆商终字第372号民事判决书；刘某与A公司别除权纠纷案，黑龙江省大庆市中级人民法（2015）庆商终字第373号民事判决书。

债务人到期没有清偿债务，债权人请求参照法律关于担保物权的规定对财产拍卖、变卖、折价优先偿还其债权的，人民法院依法予以支持。因别除权系以担保物权为基础的权利，系就担保人特定财产设定的担保物权。以不动产为例，不动产担保物权的取得须以不动产物权登记为原则。不动产物权的设立、变更、转让和消灭，依照法律规定应当登记的，自记载于不动产登记簿时发生效力。①

就所有权保留这种非典型担保形式而言，《企业破产法司法解释（二）》第二条规定，债务人在所有权保留买卖中尚未取得所有权的财产不应被认定为债务人财产。因为根据别除权的性质而言，别除权是针对债务人的财产行使权利，如果当破产企业为买受人时，则出卖人无法对破产企业行使别除权。但当破产企业为出卖人时，买受人可以支付剩余价款而取得标的物的所有权，如果买受人不支付剩余价款，破产管理人则可以将买受人已经支付的价款返还，收回标的物的所有权，作为破产财产处理。② 我国司法机关倾向于将所有权保留的担保权属性界定为本质属性，而立足于其形式上的所有权归属关系，将所有权保留确定为破产取回权的权利基础。③

四、别除权之间的清偿顺序问题

（一）导引案例分析

A银行、D公司等别除权纠纷再审民事案/江苏省高级人民法院/（2021）苏民再92号④

【裁判要点】

《物权法》虽未对同一动产上同时设立质权、抵押权的清偿顺序问题作出规定，但质权、抵押权均属于担保物权，本身并无先后之分。区别在于两者的公示

---

① 吴某与樊某、A公司别除权纠纷案，辽宁省沈阳市中级人民法院（2020）辽01民初1996号民事判决书。

② 参见［日］石川明：《日本破产法》，何勤华、周桂秋译，中国法制出版社2000年版，第77页。

③ 参见汪铁山：《论破产别除权的权利基础及其裁判规则的选择》，载《南京社会科学》2015年第3期，第102－107页。

④ 相关案件：A银行与D公司、C公司别除权纠纷案，江苏省无锡市中级人民法院（2018）苏02民终3775号民事判决书。

方法不同，质权以交付作为生效要件及公示方法，抵押权以登记作为公示方法，故在质权、抵押权均完成公示的情况下，根据各自完成公示时间来确定其清偿顺序更为合理、可行。

【基本案情】

2015 年 12 月 2 日，一审法院受理对 C 公司的破产清算申请。A 银行与 B 银行向管理人申报债权，A 银行主张对 C 公司的质押财产优先受偿，B 银行主张对 C 公司的抵押财产优先受偿。2017 年 6 月 29 日，管理人向 A 银行发出通知，认为对于 C 公司的存货，B 银行的抵押权优先于 A 银行的质权。

【一审判决结果】

驳回 A 银行的诉讼请求。

【一审判决思路】

一审法院认为，D 公司享有抵押权。B 银行与 C 公司签订抵押合同，对最高额抵押担保作出真实一致的意思表示，虽然抵押合同对抵押财产的约定空缺，但是双方于抵押合同签订当日办理了抵押登记，并在登记事项中明确抵押财产内容，且除登记的最高债权数额不一致以外，其余登记内容与抵押合同约定内容一致。其后，该院受理对 C 公司的破产清算申请，B 银行向管理人申报债权后，又将涉案主债权及从权利转让给 D 公司，故 D 公司取得抵押权。

因 A 银行设立的质权对应的质押物同时是 D 公司享有的抵押权对应的抵押物，A 银行与 D 公司、C 公司对优先实现质权还是优先实现抵押权发生争议。按照《担保法解释》第七十九条的规定，同一财产法定登记的抵押权与质权并存时，抵押权人优先于质权人受偿。按照该条规定，D 公司的抵押权优先于 A 银行的质权优先受偿。虽然在后颁布实施的《物权法》规定债务人以原材料、半成品、产品抵押的，抵押权自抵押合同生效时设立，实际上与《担保法》第四十一条作出不同的规定，明确抵押合同的效力不以登记为要件，但《担保法解释》第七十九条的规定并没有因此失效。

【二审判决结果】

驳回上诉，维持原判。

【二审判决思路】

B 银行与 C 公司签订的抵押合同虽然对抵押财产的约定空缺，但双方合同签订当天至工商部门办理了抵押物登记手续，在登记事项中明确了抵押财产内容，故对最高额抵押担保系双方一致的意思表示，根据《物权法》的规定，以原材料、半成品、产品抵押的，抵押权自抵押合同生效时设立。

A 银行设立的质权相对应的质押物即为 B 银行抵押权对应的抵押物，双方对优先实现质权还是优先实现抵押权发生争议。《担保法解释》第七十九条规定，同一财产法定登记的抵押权与质权并存时，抵押权人优先于质权人受偿，故 B 银行的抵押权优先于 A 银行的质权受偿，担保法司法解释的规定并没有失效。一审法院受理对 C 公司的破产清算申请后，B 银行将涉案主债权及从权利转让给 D 公司，故 D 公司取得本案的抵押权，一审认定 D 公司的抵押权优先于 A 银行的质权受偿并无不当。

【再审判决结果】

1. 撤销江苏省无锡市中级人民法院（2018）苏 02 民终 3775 号民事判决书、江苏省宜兴市人民法院（2017）苏 0282 民初 8383 号民事判决书及诉讼费承担部分；

2. 确认 A 银行的质权优先于 D 公司的抵押权受偿。

【再审判决思路】

再审争议焦点为：A 银行享有的质权是否优先于 D 公司的抵押权受偿。

A 银行的质权优先于 D 公司的抵押权受偿。

（1）D 公司的抵押权已设立。尽管 B 银行、C 公司签订的抵押合同附件《抵押物清单》空白，但抵押合同对浮动抵押作出了约定，且工商局《动产抵押登记书》载明"抵押物：抵押人持有的全部原材料、半成品以及产品"，B 银行、C 公司在《动产抵押登记书》上盖章，可以视为双方当事人对抵押物范围作出了补充约定，故抵押权已依法设立。

（2）尽管抵押合同约定债权最高额 9600 万元，《动产抵押登记书》载明"被担保债权 8000 万元"，两者对债权数额的约定不同，但上述情形仅影响被担保的债权数额，对抵押权的设立并无影响。

（3）《物权法》第一百八十一条规定，经当事人书面协议，企业、个体工商户、农业生产经营者可以将现有的以及将有的生产设备、原材料、半成品、产品抵押，债务人不履行到期债务或者发生当事人约定的实现抵押权的情形，债权人有权就实现抵押权时的动产优先受偿。根据上述法律规定，抵押权自抵押合同签订时设立，并不以抵押权人是否善意为要件。故A银行主张B银行主观上具有过错，不能善意取得抵押权，与上述规定不符。

（4）一审法院受理C公司破产申请后，C公司管理人从某物流公司处接管了剩余质物。该批质物上同时设立了A银行的质权和D公司的抵押权，双方现就清偿顺序发生争议。法院认为，《物权法》虽未对同一动产上同时设立质权、抵押权的清偿顺序问题作出规定。但质权、抵押权均属于担保物权，本身并无先后之分。区别在于两者的公示方法不同，质权以交付作为生效要件及公示方法，抵押权以登记作为公示方法，故在质权、抵押权均完成公示的情况下，根据各自完成公示时间来确定其清偿顺序更为合理、可行。该原则与《物权法》第一百九十九条规定的精神亦相吻合。

本案中，A银行的质权设立于2014年1月17日，早于D公司的抵押权设立（公示）时间（2014年7月25日），故A银行的质权应当优先于D公司的抵押权受偿。原审判决认定D公司的抵押权优先于A银行的质权受偿错误，法院予以纠正。

【一审、二审、再审法院审理思路对比总结】

类目	一审	二审	再审
裁判结果	驳回A银行诉讼请求。	驳回上诉，维持原判。	1. 撤销江苏省无锡市中级人民法院（2018）苏02民终3775号民事判决书、江苏省宜兴市人民法院（2017）苏0282民初8383号民事判决书及诉讼费承担部分。 2. 确认A银行的质权优先于D公司的抵押权受偿。
争议焦点	1. D公司是否享有抵押权。 2. A银行与D公司、C公司对优先实现质权还是优先实现抵押权发生争议。	同一审。	A银行享有的质权是否优先于D公司的抵押权受偿。

续表

类目	一审	二审	再审
回应	1. 享有。B银行与C公司签订的抵押合同虽然对抵押财产的约定空缺，但双方合同签订当天至工商部门办理了抵押物登记手续，在登记事项中明确了抵押财产内容，故对最高额抵押担保系双方一致的意思表示。 2. 优先实现抵押权。根据《担保法解释》第七十九条的规定，同一财产法定登记的抵押权与质权并存时，抵押权人优先于质权人受偿，故B银行的抵押权优先于A银行的质权受偿，担保法司法解释的规定并没有失效。	同一审。	优先。 1. A银行质权设立时间为2014年1月17日。 2. A银行的质权优先于D公司的抵押权受偿。 （1）D公司的抵押权已设立； （2）抵押合同与《动产抵押登记书》两者对债权数额的约定不同，但上述情形仅影响被担保的债权数额，对抵押权的设立并无影响； （3）抵押权自抵押合同签订时设立，并不以抵押权人是否善意为要件； （4）质权、抵押权均属于担保物权，本身并无先后之分，在质权、抵押权均完成公示的情况下，根据各自完成公示时间来确定其清偿顺序更为合理。 3. 原审判决适用《担保法解释》第七十九条第一款的规定错误。

（二）实务问题讨论

根据法律规定，在同一标的物上可以设定多个内容不相冲突的担保物权，且基于法定事由，在已经设定担保物权的标的物上还可能产生法定特别优先权。[①] 因此在破产衍生诉讼中，在行使别除权时，必须解决别除权之间的清偿顺序问题。

1. 同一性质的别除权间的清偿顺序

就同一标的物上存在多个抵押权的情形而言，可以根据《民法典》第四百一

① 参见杨以生：《破产别除权制度相关问题研究》，载《法律适用》2007年第10期，第8－11页。

十四条第一款“同一财产向两个以上债权人抵押的，拍卖、变卖抵押财产所得的价款依照下列规定清偿：（一）抵押权已经登记的，按照登记的时间先后确定清偿顺序；（二）抵押权已经登记的先于未登记的受偿；（三）抵押权未登记的，按照债权比例清偿”的规定确定清偿顺序。就同一标的物上存在多个质权的情形而言，因为动产质权以实际占有标的物为要件，所以在此种情况下不太容易出现同一标的物上存在多种质权的情况，但当标的物为不以交付权利凭证为设定条件的质权时，就需要也依照设定时间先后来确定，法律依据则为《民法典》第四百一十四条第二款的规定，即“其他可以登记的担保物权，清偿顺序参照适用前款规定”。留置权同理，因为其以合法占有留置物为要件，所以也不太容易出现同一标的物上存在多种留置权的情况。

《民法典》第四百一十四条第一款规定的顺位规则在房地分别抵押时也同样适用。我国虽然实行房地一体主义，即《民法典》第三百九十七条规定“以建筑物抵押的，该建筑物占用范围内的建设用地使用权一并抵押。以建设用地使用权抵押的，该土地上的建筑物一并抵押。抵押人未依照前款规定一并抵押的，未抵押的财产视为一并抵押”，但此规定并不影响抵押人将房、地分别抵押，此原则的适用前提是抵押人将依法可以抵押的不动产进行抵押。[①] 对此，《民法典担保制度司法解释》第五十一条第三款规定：“抵押人将建设用地使用权、土地上的建筑物或者正在建造的建筑物分别抵押给不同债权人的，人民法院应当根据抵押登记的时间先后确定清偿顺序。”依据该条款的规定，在房、地分别抵押的情形下，各个抵押权并不因此无效，而是依据抵押登记的先后顺序确定其清偿顺序。

2. 不同性质别除权间的清偿顺序

（1）担保物权之间、担保物权与非典型担保间的清偿顺序

从《民法典》第四百一十四条第二款的规定来看，其不仅可以解决抵押权竞存时的顺位问题，也可以解决有关可登记的动产抵押、权利质押，以及可以登记的所有权保留、融资租赁、保理等担保权发生竞存时的权利顺位问题，即在各种可登记的担保权发生冲突时，可以依据该条规定明确权利顺位规则。[②] 该条解决

① A公司、B公司别除权纠纷案，辽宁省大连市中级人民法院（2020）辽02民终3093号民事判决书。

② 参见王利明：《登记的担保权顺位规则研究——以〈民法典〉第414条分析为中心》，载《比较法研究》2021年第2期，第13-24页。

了抵押权与可以登记的权利质权冲突问题，也厘清了典型担保与非典型担保之间的顺位关系。

（2）担保物权与法定优先权间的清偿顺序

法定优先权的权利内容、形成要件均由专门法律作出特别规定，[①] 关于担保物权与民事特别优先权之间的清偿顺序，世界各国通行惯例是，特别优先权的受偿优先于抵押权、质权和留置权。[②] 对此，我国有以下相关规定：《海商法》第二十五条规定，“船舶优先权先于船舶留置权受偿，船舶抵押权后于船舶留置权受偿”；《民用航空法》第二十二条规定，“民用航空器优先权先于民用航空器抵押权受偿”；《民法典建设工程司法解释（一）》第三十六条规定，“承包人根据民法典第八百零七条规定享有的建设工程价款优先受偿权优于抵押权和其他债权”。

（3）建设工程优先权与购房者请求权间的清偿顺序

将购房者请求权单独列为一类权利的原因是现行法律中没有关于购房者优先权的明确规定，因为从理论上说，法定优先权应由法律直接创设并作出明确规定，所以笔者在此将称呼此种权利为购房者请求权。《建设工程价款优先受偿权问题批复》（现已失效）第二条规定，“消费者交付购买商品房的全部或者大部分款项后，承包人就该商品房享有的工程价款优先受偿权不得对抗买受人”。在实践中就购房者请求权的行使要件存在较大分歧，笔者通过查阅相关案件，将其总结为四大类型。

第一大类，购房者交付购买商品房的全部或者大部分款项。其实此类型关键在于何为“大部分款项”，根据最高人民法院《关于人民法院办理执行异议和复议案件若干问题的规定》第二十九条关于购房人权利对抗执行债权的规定，“金钱债权执行中，买受人对登记在被执行的房地产开发企业名下的商品房提出异议，符合下列情形且其权利能够排除执行的，人民法院应予支持：（一）在人民法院查封之前已签订合法有效的书面买卖合同；（二）所购商品房系用于居住且买受人名下无其他用于居住的房屋；（三）已支付的价款超过合同约定总价款的百分之五十”，实践中通常将已支付的价款超过合同约定总价款的50%作为交付

① 参见杨以生：《破产别除权制度相关问题研究》，载《法律适用》2007年第10期，第8－11页。
② 参见刘子平：《破产别除权的认定标准及其行使》，载《法律适用》2007年第11期，第59－62页。

购买商品房大部分款项的判断条件。[①] 比如，在（2020）冀民申158号[②]案件中，根据商品房买卖合同的约定，赵某首付价款为涉案商品房总金额的50%，应认定为支付了大部分款项。同时，《建设工程价款优先受偿权问题批复》并未将购买商业用途的商品房的情形排除在外。结合在债权人会议中对绝大部分全款购买商业门市的购房者的房款已认定为优先债权且已全部分配完毕的事实，法院认定购房户的房款享有优先受偿权。

第二大类，交付购买商品房的全部或者大部分款项，且购房者为自然人。本类型的关键在于"消费者"身份的判断。《消费者权益保护法》第二条规定，消费者为生活消费需要购买、使用商品或者接受服务，其权益受本法保护。从国际惯例和对消费者权益给予特殊保护的角度出发，消费者应仅限于自然人。[③] 在（2016）最高法民监25号案[④]中，法院认为《消费者权益保护法》所规定的消费者，应为自然人，不能为法人或其他组织，所以本案中的信用社作为购房主体不受优先权的保护。

第三大类，在第二大类的基础上，进一步地要求购房者的购房目的，即虽主体符合消费者的要求，但是否为了生存所需购买商品房需要进行判断。在（2019）浙0604民初94号[⑤]案件中，法院从保护目的看《建设工程价款优先受偿权问题批复》第二条系为解决承包人建筑工程价款利益与购房消费者权益之间的利益冲突，确定承包人利益退居消费者权益之次，系经营利益在与生存利益衡平后作出的退让，目的是保护消费者生存权益，故将批复第二条规定的"购房消费者"界定为为生活居住需要购房才符合其权益保护的根本目的。如在袁某等与A公司等合作开发房地产合同纠纷再审案[⑥]中，最高人民法院最后认定，袁某等八人购买的是商业用房，认为《建设工程价款优先受偿权问题批复》第一条、第二

① 黄某等诉A公司破产债权确认纠纷案，浙江省杭州市余杭区人民法院（2017）浙0110民初3690号民事判决书。

② A银行、B公司破产债权确认纠纷案，河北省高级人民法院（2020）冀民申158号民事判决书。

③ 参见王毓莹：《论〈消费者权益保护法〉的适用范围》，载《法律适用》2013年第2期，第76－80页。

④ A公司与B信用社等商品房预售合同纠纷案，最高人民法院（2016）最高法民监25号民事判决书。

⑤ 邹某与A公司破产债权确认纠纷案，浙江省绍兴市上虞区人民法院（2019）浙0604民初94号民事判决书。

⑥ 袁某等与A公司等合作开发房地产合同纠纷案，最高人民法院（2009）民提字第78号民事判决书。

条的立法本意旨在保护自住购房消费者的权利，而投资性质或商业用房购买人不被保护。但当购买的商铺承载着购房人生存需要时，比如商铺的价值及预期经营收益承载了购房者及其家人的生存保障功能，[①] 或者购房者购买该商铺倾尽其所有积蓄并多方举债的情况下，[②] 可以认为购房者享有优先权。

在此种类型中，有一种典型情况为“以房抵债”。在（2020）冀0402民初986号案[③]中，法院认为根据《建设工程价款优先受偿权问题批复》第二条以及《消费者权益保护法》第二条的规定，购房消费者享有优先受偿权。从本案购房协议书签订的时间、经过、目的及当事人真实意思表示的角度来看，曹某、史某与A公司签订的《购房权协议书》系由其二人与B公司的借款合同转化而来，购房的目的在于实现对B公司的债权，实质系以房抵债，故曹某、史某不属于消费性购房者，不享有优先受偿权，其债权应为普通债权。与此案类似的还有（2021）苏09民终1516号案。[④] 但在（2020）冀0402民初1399号案[⑤]中，法院基于《房屋抵顶工程款协议》的合同关系，认为周某取得了购房者身份，不能因韩某以房抵债而否认周某通过真实交易属于购房消费者的事实。

第四大类，是要求最为严格的一类，即不仅对购房款、购房者主体以及购房者购房目的作出限制，而且还要求此套房屋为购房者名下唯一房产。如在（2019）桂05民初205号[⑥]案件中，法院认为涉案房屋虽是开发商名下的现房，但两原告已支付了全部购房款，房地产公司亦已将该房屋交付两原告使用至今，且两原告目前在北海市并无其他居住用房，仅购买了涉案一套房屋，故两原告作为消费者享有的生存居住权不应受到影响。

---

① 吕某等与A公司等破产债权确认纠纷案，安徽省高级人民法院（2016）皖民终688号民事判决书。

② A公司等与B公司等破产债权确认纠纷案，安徽省高级人民法院（2017）皖民终249号民事判决书。

③ 曹某、史某、A公司别除权纠纷案，河北省邯郸市邯山区人民法院（2020）冀0402民初986号民事判决书。

④ 戴某与A公司别除权纠纷案，江苏省盐城市中级人民法院（2021）苏09民终1516号民事判决书：“即使被上诉人认可上诉人的购房合同，上诉人也无法取得消费者购房优先权，法律明确规定消费者购房一是满足购房需要，而非用于经营，本案的涉案房屋是商用不是居住用房。”

⑤ 周某、A公司别除权纠纷案，河北省邯郸市邯山区人民法院（2020）冀0402民初1399号民事判决书。

⑥ A公司、吴某、谭某房屋买卖合同纠纷案，广西壮族自治区北海市中级人民法院（2019）桂05民初205号民事判决书。

当建设工程价款优先权与购房者的请求权发生冲突时，哪种权利更为优先。最高人民法院《建设工程价款优先受偿权问题批复》规定，消费者交付购买商品房的全部或者大部分款项后，承包人就该商品房享有的工程价款优先受偿权不得对抗买受人。因为消费者购买房屋居住的权利属于生存权，应当受到特殊保护。在（2018）苏0211民初2835号①案件中，法院认为受偿顺序上购房者的购买请求应在建设工程价款优先受偿权和担保债权之前，优先受偿额以购房者支付的购房款为限，不包括损失补偿在内。

在（2017）最高法民再194号②案件中，法院认为消费者实体权益可以对抗法定优先权当然也可以对抗普通债权。根据《建设工程价款优先受偿权问题批复》的规定，抵押权优先于一般债权，而建设工程价款优先权优先于抵押权和其他债权，但建设工程价款优先权不能对抗已经交付全部或者大部分所购商品房价款的消费者。因此，抵押权和一般债权的行使也不能对抗购房的消费者。在审理涉及消费者购买商品房的案件中，应当对消费者以居住为目的购房的权益予以特殊保护，消费者对房屋所享有的权益在顺位上应当优先于其他债权。但在（2017）最高法民终959号案件中，法院认为房屋已出售不构成阻却抵押权实现的事由。③ 因为主张购房消费者权利优于抵押权并无法律依据，《建设工程价款优先受偿权问题批复》仅就承包人对商品房享有的工程价款优先受偿权与买受人的购买权进行了比较，而未将购房消费者的权利与抵押权等担保物权进行比较，并且房产商以商品房已出售为由阻却抵押权实现若获支持，还会诱发道德风险，有违诚信原则。

本专题小结

关于优先权内涵问题，可谓见仁见智，理论中主要有以下三种观点：第一种观点认为，民事优先权是依照当事人之间的约定或者根据法律的直接规定，在不

① 叶某与A公司房屋买卖合同纠纷案，江苏省无锡市滨湖区人民法院（2018）苏0211民初2835号民事判决书。

② 周某等与A公司执行异议之诉再审案，最高人民法院（2017）最高法民再194号民事判决书。

③ A公司与B公司等抵押权纠纷案，最高人民法院（2017）最高法民终959号民事判决书。

同性质的民事权利发生矛盾的时候，一种民事权利比另外的民事权利优先受偿的权利。[①] 按照这种观点，笼统地认为只要与“优先”二字有联系的权利都是优先权。第二种观点认为，优先权又称为优先受偿权，是指法律所规定的特定债权就债务人全部财产或特定财产优先受偿的权利。[②] 这种观点把优先权与优先受偿权看作具有一样效力的权利，而抵押权、质权、留置权也具有优先受偿的效力，优先权和这些担保物权之间的区别并没有从该观点中表达出来。第三种观点认为，优先权是指特殊债权优先于一般债权，或者特殊债权优先于一般债权甚至担保物权，即优先权是指特殊债权的一种效力。[③] 第四种观点认为，优先权是指特定债权人基于法律的直接规定而享有的就债务人的总财产或者特定动产、不动产的价值优先受偿的权利。[④] 本专题以破产衍生诉讼中别除权纠纷为主题，详细介绍了别除权的各项基础权利，其可以以担保物权、法定特别优先权或者非典型担保物权为基础，使债权人在破产程序中就债务人特定财产优先受偿。

在实践中，还有一种担保形式因可否作为债权人在破产衍生诉讼中行使别除权的权利基础而备受争议。在（2018）川 0525 民初 2582 号[⑤]案件中，其中一个争议焦点为可否就履约保证金享有优先权。法院认为因履约保证金属于债的担保方式，与建设工程本身没有直接的关系，在工程竣工验收后是要按约定全部退还给承包人的，并非工程款的范畴，也不是为了工程实际支出费用，不属于法律规定的建筑工程款优先权的范围。与此类似，有学者也认为定金担保不应属于别除权。[⑥] 原因主要在于两点：其一，定金以货币作为担保物，是种类物而非特定物，这与抵押、质押等直接设定在特定物上的担保不同，不符合别除权的概念以及性质；其二，定金的实际担保作用与其他担保存在区别，定金的给付方与收受方都可能因不履行合同成为债务人，而抵押权等别除权的基础性权利仅由债务人单方面提供担保，所以综上所述，不宜将定金担保赋予别除权的性质。

---

① 参见蔡福华：《民事优先权新论》，人民法院出版社 2002 年版，第 50 – 109 页。

② 参见陈本寒：《担保法通论》，武汉大学出版社 1998 年版，第 128 页。

③ 参见史尚宽：《物权法论》，台北，荣泰印书馆 1979 年版，第 230 页。

④ 参见崔建远：《我国物权法应选取的结构原则》，载《法制与社会发展》1995 年第 3 期，第 24 – 32 页；申卫星：《我国优先权制度立法研究》，载《法学评论》1997 年第 6 期，第 62 – 67 页。

⑤ A 公司与 B 公司别除权纠纷案，四川省古蔺县人民法院（2018）川 0525 民初 2582 号民事判决书。

⑥ 参见王欣新：《破产法》（第 4 版），中国人民大学出版社 2019 年版，第 364 页。

附：本专题纠纷所涉高频法条索引

《民法典》

第三百八十六条：

担保物权人在债务人不履行到期债务或者发生当事人约定的实现担保物权的情形，依法享有就担保财产优先受偿的权利，但是法律另有规定的除外。

第三百九十四条：

为担保债务的履行，债务人或者第三人不转移财产的占有，将该财产抵押给债权人的，债务人不履行到期债务或者发生当事人约定的实现抵押权的情形，债权人有权就该财产优先受偿。

前款规定的债务人或者第三人为抵押人，债权人为抵押权人，提供担保的财产为抵押财产。

第四百一十条：

债务人不履行到期债务或者发生当事人约定的实现抵押权的情形，抵押权人可以与抵押人协议以抵押财产折价或者以拍卖、变卖该抵押财产所得的价款优先受偿。协议损害其他债权人利益的，其他债权人可以请求人民法院撤销该协议。

抵押权人与抵押人未就抵押权实现方式达成协议的，抵押权人可以请求人民法院拍卖、变卖抵押财产。

抵押财产折价或者变卖的，应当参照市场价格。

第四百一十二条：

债务人不履行到期债务或者发生当事人约定的实现抵押权的情形，致使抵押财产被人民法院依法扣押的，自扣押之日起，抵押权人有权收取该抵押财产的天然孳息或者法定孳息，但是抵押权人未通知应当清偿法定孳息义务人的除外。

前款规定的孳息应当先充抵收取孳息的费用。

第四百一十四条：

同一财产向两个以上债权人抵押的，拍卖、变卖抵押财产所得的价款依照下列规定清偿：

（一）抵押权已经登记的，按照登记的时间先后确定清偿顺序；

（二）抵押权已经登记的先于未登记的受偿；

（三）抵押权未登记的，按照债权比例清偿。

其他可以登记的担保物权，清偿顺序参照适用前款规定。

《企业破产法》

第十八条:

人民法院受理破产申请后,管理人对破产申请受理前成立而债务人和对方当事人均未履行完毕的合同有权决定解除或者继续履行,并通知对方当事人。管理人自破产申请受理之日起二个月内未通知对方当事人,或者自收到对方当事人催告之日起三十日内未答复的,视为解除合同。

管理人决定继续履行合同的,对方当事人应当履行;但是,对方当事人有权要求管理人提供担保。管理人不提供担保的,视为解除合同。

第一百零九条:

对破产人的特定财产享有担保权的权利人,对该特定财产享有优先受偿的权利。

《消费者权益保护法》

第二条:

消费者为生活消费需要购买、使用商品或者接受服务,其权益受本法保护;本法未作规定的,受其他有关法律、法规保护。

《民法典建设工程司法解释(一)》

第三十五条:

与发包人订立建设工程施工合同的承包人,依据民法典第八百零七条的规定请求其承建工程的价款就工程折价或者拍卖的价款优先受偿的,人民法院应予支持。

第三十六条:

承包人根据民法典第八百零七条规定享有的建设工程价款优先受偿权优于抵押权和其他债权。

第四十一条:

承包人应当在合理期限内行使建设工程价款优先受偿权,但最长不得超过十八个月,自发包人应当给付建设工程价款之日起算。

第四十三条:

实际施工人以转包人、违法分包人为被告起诉的,人民法院应当依法受理。

实际施工人以发包人为被告主张权利的,人民法院应当追加转包人或者违法分包人为本案第三人,在查明发包人欠付转包人或者违法分包人建设工程价款的数额后，判决发包人在欠付建设工程价款范围内对实际施工人承担责任。

第四十四条：

实际施工人依据民法典第五百三十五条规定，以转包人或者违法分包人怠于向发包人行使到期债权或者与该债权有关的从权利，影响其到期债权实现，提起代位权诉讼的，人民法院应予支持。

《民法典担保制度司法解释》

第六十三条：

债权人与担保人订立担保合同，约定以法律、行政法规尚未规定可以担保的财产权利设立担保，当事人主张合同无效的，人民法院不予支持。当事人未在法定的登记机构依法进行登记，主张该担保具有物权效力的，人民法院不予支持。

专题十一 撤销权纠纷

破产撤销权是指由于债务人在破产宣告之前的临界法定期间内作出有害于债权人整体利益的行为，破产管理人请求法院撤销该行为，并使因该行为产生的财产利益回归破产财产的权利。撤销权设置的目的是纠正债务人不当处分财产的行为，恢复其责任财产，防止债权人的利益受到非法损害。撤销权构成的前提是存在因债务人的可撤销行为，使债权人受偿利益受到损害的客观事实。① 《企业破产法》第三十一条规定的破产撤销权，通过否定破产债务人在破产程序开始前法定期间内的不当财产处分行为的合法性，使破产债务人出于欺诈、偏颇之意而对财产和权利所进行的处分行为自始归于无效，从而将相应财产归入破产财产，并向全体债权人依法定顺序公平清偿。②

无论是从规范分析还是从实务操作的角度看，破产撤销权制度运作中都存在许多较为复杂的理论和司法难题。③ 笔者以《企业破产法》第三十一条为依托，将本专题分为六个部分对其进行一一说明。首先从主观要件和客观要件入手，对撤销权的构成要件进行分析，然后针对《企业破产法》第三十一条中规定的五类可撤销行为进行详细论述。在“无偿转让财产的行为”中，主要讲述了该行为的概念，并在以股权转让为背景的情况下，分析了其与“以明显不合理的价格进行

① 某律师事务所与A公司破产撤销权纠纷案，江苏省苏州市中级人民法院（2019）苏05民终4249号民事判决书。

② B公司、C公司管理人破产撤销权纠纷案，湖南省高级人民法院（2018）湘民终848号民事判决书。

③ 参见韩长印：《破产撤销权行使问题研究》，载《法商研究》2013年第1期，第136－143页。

交易的行为”的区别，除此之外，还对公益性捐赠行为在破产法中是否可以被认定为无偿转让财产行为、是否所有无偿转让财产的行为都需要归还等问题进行了阐述；在“以明显不合理的价格进行交易的行为”部分，笔者主要介绍了各国对该行为的界定，以及我国对合理价格的认定方法，同时对界定合理价格时应考虑的各种综合因素进行了列举与分析；“对没有财产担保的债务提供财产担保的行为”部分最为复杂，笔者详细介绍了其与无偿转让财产行为之间的关系，该行为是仅指债务人为自有债务提供担保还是也包括债务人为他人债务提供担保，借新还旧行为中为新债提供担保的行为可否撤销，保证可否作为该项所规定的对债务提供担保的行为方式进行撤销，该行为是仅指对没有财产担保的债务新设财产担保的情形还是也包括对已有财产担保的债务增加提供财产担保的情形等问题；在“对未到期的债务提前清偿的行为”部分，笔者主要对实践中的一常见现象进行了分析，即银行等金融机构在放贷时为防范金融风险、保障金融安全，通常会在协议中规定加速到期条款，那么此条款是否有效，该条款的性质为何，以及银行根据条款扣划时对债务人的通知与否是否会对提前还款的认定产生影响，进而影响破产撤销权的实现结果进行了分析；在“放弃债权的行为”部分，笔者对“放弃”是否包括消极放弃进行讨论，并且对执行程序中达成放弃全部或部分债权的和解协议是否会阻碍破产撤销权实现进行了论证。

一、撤销权构成要件

（一）导引案例分析

某银行分行破产撤销权纠纷二审民事案/上海市第三中级人民法院/（2021）沪03民终9号

【裁判要点】

破产撤销权制度设立的目的，在于维护债权人的整体利益，实现公平清偿的价值。通过对债务人相关行为的撤销，以保护债务人的责任财产，维护债权人之间的实质平等，实现破产财产在全体债权人之间的公平分配。由于偏颇性清偿会损害其他债权人的利益，故《企业破产法》第三十一条，对于债务人放弃期限利益，就未到期的债务进行提前清偿的行为作出了明确规定。从该条文理解，撤销对未到期债务提前清偿的行为其中一构成要件，即债务人与债权人之前约定的履行期限尚未到来，是债务人实施了清偿行为。

【基本案情】

2016年4月29日，被告某分行向其支行发出审批通知书，同意B公司流动资金贷款500万元的申请，期限12个月，利率执行7%，还款方式为按月付息，一次性归还本金，由C公司为其提供连带责任担保。要求经办业务部门和经办人员：(1)严格监督企业，确保资金用于支付货款，核准贸易用途，不得挪作他用；(2)办妥钟某林夫妻及成年子女个人连带责任保证担保，可在半个月内办妥；(3)办妥保证担保手续……

2016年12月26日，某支行出具《关于B公司的贷款情况说明》，其中载明：B公司于2016年5月20日在我行提款500万元整，到期日为2017年5月19日，根据批复要求追加法人钟某林、配偶及其成年子女，出账当时由于成年子女在国外读书暂时无法进行落实，原企业承诺在一个月内补齐成年子女个人担保，因此我行在全面考虑风险可控状态下给予先行放款，由于企业迟迟未履行成年子女担保，因此提前收回贷款控制风险，经过协商，目前B公司的500万贷款已经全部结清，特此说明。

2017年1月3日，一审法院作出(2017)沪0114破5号民事裁定书，内容涉及：申请人A公司以被申请人B公司无力偿还到期债务为由，向一审法院申请对被申请人进行破产清算；一审法院经审查后，裁定受理申请人对被申请人的破产清算申请。2017年1月19日，一审法院指定律师事务所担任B公司的管理人。

2019年8月8日，原告起诉至一审法院要求撤销B公司于2016年12月26日向某支行返还借款500万元的提前清偿行为，并要求某支行返还500万元。同年11月15日，原告申请撤诉，一审法院于同年11月18日裁定准许。

会计师事务所接受B公司管理人的委托，审计了B公司破产清算受理裁定日即2017年1月3日的财务状况。2019年1月14日，会计师事务所出具《专项审计报告》。另查明，B公司的股东及法定代表人为钟某林，公司类型为有限责任公司(自然人独资)。

【一审判决结果】

驳回原告律师事务所全部诉讼请求。

【一审判决思路】

就钟某林通过某分行支付的500万元是否可以撤销而言，法院认为：破产撤销权制度设立的目的，在于维护债权人的整体利益，实现公平清偿的价值。通过对债务人相关行为的撤销，以保护债务人的责任财产，维护债权人之间的实质平等，实现破产财产在全体债权人之间的公平分配。由于偏颇性清偿会损害其他债权人的利益，故《企业破产法》第三十一条，对于债务人放弃期限利益，就未到期的债务进行提前清偿的行为作出了明确规定。从该条文理解，撤销对未到期债务提前清偿的行为其中一构成要件，即债务人与债权人之前约定的履行期限尚未到来，是债务人实施了清偿行为，而本案中并非B公司提前清偿了未到期的债务。理由如下：（1）钟某林虽系B公司的法定代表人和一人股东，但B公司的《审计报告》清晰地记载着与钟某林之间的往来款项及资金流向，B公司的财务管理对股东与公司的资金也已作严格的区分，故钟某林与B公司的财产并不存在混同的情形。（2）2016年12月26日之前在钟某林账户上几乎没多少自有资金，500万元系案外人钟某东转入的，资金来源并非B公司。（3）本案系争款项500万元，也是钟某林直接转入某支行内部账户，而货币作为特殊动产及种类物，自交付起所有权即发生转移。后续的还款路径，即使中间存在B公司存款账户到贷款账户的情形，也仅是银行还贷的一个操作流程，不能改变上述款项的性质。因此，原告主张本案系争款项系钟某林向B公司还款后由公司提前清偿银行贷款的观点明显与事实不符，一审法院不予采信。此外，第三人钟某林作为借款合同的连带责任保证人，其向被告归还借款之行为亦未损害B公司其他债权人的利益。

【二审判决结果】

驳回上诉，维持原判。

【二审判决思路】

关于贷款合同提前终止的原由以及相应履行情况对本案的影响，法院认为《企业破产法》第三十一条规定，存在两个关键要件，即对未到期的债务提前清偿以及债务人为实施清偿行为的主体，前者要件具体表现为放弃合同的期限利益，损害其他债权人的权益。结合本案，贷款合同的提前终止行为是由于贷款人迟迟未履行承诺过的成年子女担保，放款银行为了防范风险主张提前回收贷款而经双方协商提前终止（见一审审查认定事实“某支行出具《关于B公司的贷款情况说明》，其中载明：B公司于2016年5月20日在我行提款500万元整，到期日为2017年5月19日，根据批复要求追加法人钟某林、配偶及其成年子女，出账当时由于成年子女在国外读书暂时无法进行落实，原企业承诺在一个月内补齐成年子女个人担保，因此我行在全面考虑风险可控状态下给予先行放款，由于企业迟迟未履行成年子女担保，因此提前收回贷款控制风险，经过协商，目前B公司的500万贷款已经全部结清，特此说明”）。可见，贷款人的违约行为导致违约责任，贷款合同提前协商解除，且贷款予以提前回收，因此决定该事实的意志主体是放款银行，而非债务人，即非债务人的主观意志所能决定或者左右，与债务人主动放弃期限利益，提前偿还的主动行为有实质区别。

最后，从破产撤销权的立法本意来综合分析，该权利的设立目的是保护全体债权人的利益，实现公平受偿。本案第三人实施了代偿行为，B公司的债务并没有减少，只是债权人主体发生了变更，且基于协商终止，违约责任得以免除，从某种意义上说，B公司的债务没有增加，反而减少，因此没有给全体债权人的利益造成侵害。

【一审、二审法院审理思路对比总结】

类目	一审	二审
裁判结果	驳回原告律师事务所全部诉讼请求。	驳回上诉，维持原判。
争议焦点	钟某林通过天津银行卢湾支行向某分行支付的500万元是否可以撤销。	1. 上诉人行使的破产撤销权是否已满除斥期间。 2. 关于贷款合同，提前终止的原由以及相应履行情况对本案的影响。 3. 偿还贷款的主体以及资金来源及归属性。 4. 假设偿还贷款的主体为第三人，非上诉人B公司，双方之间是否存在混同或者恶意串通。
回应	否。 1. 撤销对未到期债务提前清偿的行为其中一构成要件，即债务人与债权人之前约定的履行期限尚未到来，是债务人实施了清偿行为，而本案中并非B公司提前清偿了未到期的债务。	1. 未满。法院认为破产撤销权是民法行为撤销权、合同撤销权在破产程序中的拓展和延伸，《企业破产法》未明文规定除斥期间，但不能理解为没有，也不能简单参照有关前述“一年”和“五年”的规定，更不能理解为适用诉讼时效，应理解为始于破产程序的开始即受理之日，终于破产程序的终结。（针对管理人，另针对债权人，还可以延长至破产终

续表

类目	一审	二审
	2. 第三人钟某林作为借款合同的连带责任保证人，其向被告归还借款之行为亦未损害B公司其他债权人的利益。	结后二年，因不在本案讨论范围，故也略）因此，结合本案，B公司主张破产撤销权，除斥期间未届满，故被上诉人的除斥期间已满之抗辩，法院不予认可。 2. 法院认为《企业破产法》第三十一条规定，存在两个关键要件，即对未到期的债务提前清偿以及债务人为实施的清偿行为的主体，前者要件具体表现为放弃合同的期限利益，损害其他债权人的权益。本案属于贷款人的违约行为导致违约责任，贷款合同提前协商解除，且贷款予以提前回收，因此决定该事实的意志主体是放款银行，而非债务人，即非债务人的主观意志所能决定或者左右，与债务人主动放弃期限利益，提前偿还的主动行为有实质区别。 3. 无论是从贷款还款的缘由说起，还是从偿还的能力来看，或者从B公司财务账册记载、审计报告以及第三人的申报债权来分析，或是从款项的划款路径来分析，该款项为第三人对银行的代偿款，至于第三人的代偿行为是基于保证人责任，还是其自愿地债务加入，均不影响本案的定论，故法院不再深入剖析。法院认为，针对款项的划款轨迹研究，必须全面地、动态地、综合地来认定，而非割裂地、静态地断章取义，否则容易形成“飞矢不动”的谬论，故银行的解释符合行业惯例和行业规范，予以采信，而B公司提出的“占有说”“控制论”，法院不予采信。 4. 不存在混同或恶意串通。B公司的所贷款项与第三人所偿款项非同一笔，结合本案其他事实，目前暂无证据证明三者之间存在恶意串通或通谋。

（二）实务问题讨论

美国一位著名的破产法权威教授——麦克拉兰对于破产撤销权制度给予了这样的评价："破产法上的可撤销制度，是对商事法律的一种贡献，真正体现了破产法律的基本价值取向、公平受偿原则，有助于商事活动的开展。"① 破产衍生诉讼中，管理人提出的撤销权之诉，若希望得到法院的支持，那么必须满足撤销权的构成要件。在有的案件中，法院根据《企业破产法》第三十一条的规定认为债务人的行为构成可撤销的行为必须具备行为要件、期限要件及主观要件，具体而言：第一，必须是在人民法院受理破产申请前一定期限内所实施的行为；第二，必须是有害于破产债权人利益的行为；第三，必须是债务人主观上有过错的行为。② 另外，还有的法院认为符合可撤销行为的构成要件仅需两项内容即可，如在（2021）赣07民终539号案③和（2019）苏06民终4825号案④中，法院认为若支持行为撤销，则需满足时间要件和实质要件。但在大部分有关撤销权纠纷的案件中，法院并没有给出明确的可撤销行为的判断标准，笔者认为有必要厘清标准，这样在管理人请求撤销某项行为或者债权人提出反对意见时有抓手可依。

可撤销行为分为破产欺诈行为和偏颇性行为（可参见图11－1可撤销行为），其中危机期间的个别清偿行为将在"撤销个别清偿行为纠纷"专题中详细说明，本专题主要介绍的是"撤销权纠纷"。笔者接下来将对撤销权的构成要件进行详细分析，首先可以将其分为客观构成要件与主观构成要件。

在撤销权的客观构成要件中，首先在行为上，要求债务人存在损害债权人利益的行为，并且该种行为继续有效存在。《企业破产法》第三十一条和第三十二条中就详细列举了损害债权人利益的行为，诸如在法律规定的期间内无偿转让财产、以明显不合理的价格进行交易、对没有财产担保的债务提供财产担保、对未

---

① 石静遐：《跨国破产的法律问题研究》，武汉大学出版社1999年版，第268页。

② A公司管理人、B公司破产撤销权纠纷案，广东省广州市中级人民法院（2020）粤01民终19729号民事判决书。

③ 某银行、A公司破产撤销权纠纷案，江西省赣州市中级人民法院（2021）赣07民终539号民事判决书。

④ 某律师事务所与曹某、吴某等破产撤销权纠纷案，江苏省南通市中级人民法院（2019）苏06民终4825号民事判决书。

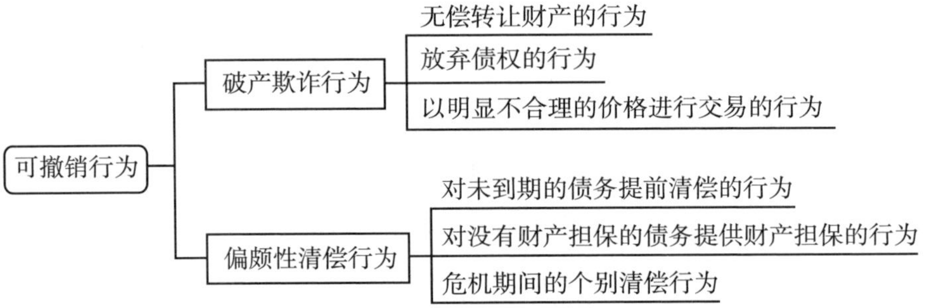

图 11－1　可撤销行为

到期的债务提前清偿或者是放弃债权等。以对没有财产担保的债务提供财产担保为例，在（2021）赣07民终539号案①中，法院就涉案行为是否属于《企业破产法》第三十一条第三项规定的可撤销范围进行了认定。一审法院认为A公司主张撤销某银行与A公司2013年2月4日设立的抵押行为，符合我国《企业破产法》的相关规定。其中，本案设立的抵押权是可以排除一般债权人平等受偿权的"财产担保"。虽然其抵押担保的债务（2000万元）在案涉抵押登记之前已有抵押物（房他字第11001号）的存在，但该抵押物（房他字第11001号）担保金额并不足额。其后追加的本案抵押物与原先既存的财产担保亦无清偿的先后顺序的差别。因此债权人在行使担保物权时有排除一般债权人平等受偿权的权利，以致损害了普通债权人受偿的权利，因此符合"对没有财产担保的债务提供财产担保"这一条件，属于可撤销的范围。另外，在撤销权纠纷中，除需要具备《企业破产法》第三十一条所列举的行为之一，且该行为损害了债权人的利益外，还需要注意的是在行使撤销权时该种行为继续有效存在。② 若该行为未成立、为无效行为或嗣后失去效力，均无行使撤销权之必要，如果某一行为在成立时对债权人有害，但在行使撤销权时危害性已经消失，则也没有了行使撤销权的意义。如在（2021）沪03民终9号案③中，法院就需要认定债务人与银行之间或者债务人、第三人与银行之间是否存在恶意串通。法院认为，虽然本案的纠纷为破产撤销权

① 某银行、A公司破产撤销权纠纷案，江西省赣州市中级人民法院（2021）赣07民终539号民事判决书。

② 参见王欣新：《破产法》（第4版），中国人民大学出版社2019年版，第138页。

③ 某分行破产撤销权纠纷案，上海市第三中级人民法院（2021）沪03民终9号民事判决书。

纠纷，但破产企业管理人主张破产撤销权诉讼的前提为自认是有效行为，而排除无效认定。

其次，满足撤销权行使的条件，还需要在客观要件中满足该行为发生在破产程序开始前的法定可撤销期间内。根据《企业破产法》第三十一条可知，案涉行为必须发生在人民法院受理破产申请前一年内，管理人才有权请求人民法院予以撤销。如在（2021）赣07民终539号案、[①]（2019）苏06民终4825号案[②]中，法院均将破产受理时间与债务人进行损害债权人利益行为的时间进行了比较。在实践中，需要我们注意的是破产撤销权一年撤销期间的起算点是否包括“破产受理当日”。在（2017）浙05民终1228号案[③]中，法院给予了我们一个答案。法院认为，德清县人民法院于2016年10月24日受理关于B公司的破产申请，依据《企业破产法》第三十一条第一款第三项之规定，破产管理人有权依法请求法院撤销受理破产申请前一年内破产债务人对没有财产担保的债务提供财产担保的行为。关于一年法定期间的计算方式，上诉人主张依据最高人民法院《关于贯彻执行〈民法通则〉若干问题的意见（试行）》第一百九十八条之规定，以一年为三百六十五天的自然计算法计算，被上诉人则主张依据《民法通则》第一百五十四条之规定，按照历法计算法计算，即以到期月的对应日为期间届满日。对此，法院认为，《企业破产法》第三十一条规定的一年期间为法定期间，虽然《民法通则》第一百五十四条规定了“民法所称的期间按照公历年、月、日、小时计算”，但其未区分法定期间和约定期间，亦未进一步明确该期间依历法计算法予以计算，鉴于最高人民法院《关于贯彻执行〈民法通则〉若干问题的意见（试行）》第一百九十八条进一步规定了约定期间以自然计算法计算，在法定期间并无明确计算方式的情况下，可以参照约定期间的计算方式，故该一年期间应以三百六十五天为限。关于上述一年法定期间在本案中的开始时间，上诉人戴某认为，根据《企业破产法司法解释（二）》第

---

① 某银行、A公司破产撤销权纠纷案，江西省赣州市中级人民法院（2021）赣07民终539号民事判决书。

② 某律师事务所与曹某、吴某等破产撤销权纠纷案，江苏省南通市中级人民法院（2019）苏06民终4825号民事判决书。

③ 戴某、B公司管理人破产撤销权纠纷案，浙江省湖州市中级人民法院（2017）浙05民终1228号民事判决书。

十条的规定①，行政清理程序或强制清算程序转入破产程序时，《企业破产法》第三十一条和第三十二条规定的可撤销行为的起算点应为行政监管机构作出撤销决定之日或人民法院裁定受理强制清算申请之日，故该条文实为间接明确了上述一年法定期间应从破产受理日当天起算。对此，从《企业破产法司法解释（二）》第十条的文义看，可以认为间接规定破产撤销权的一年期间以破产受理日为"起算点"，但"起算点"的表述并非特有的法律概念，结合《企业破产法》第三十一条中"受理破产申请前一年内"的表述，文义上有以受理日为一年期间的起算日和以受理日为基准向前起算一年期间两种理解。因此，由于《民法通则》（已失效）第一百五十四条第二款明确规定"按照日、月、年计算期间的，开始的当天不算入，从下一天开始计算"，且其法律效力位阶上要高于作为司法解释的《企业破产法司法解释（二）》，上述"起算点"的表述应采纳以破产受理日为基准向前起算一年期间该种理解。因此，鉴于2016年系历法上的闰年，其二月有二十九天，故本案中关于B公司破产申请受理前一年内的期间应为2015年10月25日至2016年10月23日。A公司于2015年8月20日至9月1日向上诉人戴某借款240万元，B公司于2015年10月25日与A公司、戴某签订《借款及抵押协议》为上述借款本息提供抵押担保，并于次日办理抵押登记，订立抵押合同及办理抵押登记均在上述一年破产临界期间内，且系B公司为他人既存债务提供财产抵押担保。因此，B公司在其破产申请受理前一年内为A公司与戴某伟间的既存债务提供抵押担保，属于《企业破产法》第三十一条第一款第三项所规定的可撤销行为。

再次，撤销权要在法定期间内行使。这就涉及民法上的撤销权与破产法上的撤销权的不同之处。在（2021）粤19民终4986号案②中，被上诉人辩称《企业破产法》并未规定行使破产撤销权的诉讼时效或除斥期间。破产撤销权和普通民事撤销权的构成要件并不一致，不能一概参考民事撤销权关于时效或期间的规

---

① 《企业破产法司法解释（二）》第十条规定："债务人经过行政清理程序转入破产程序的，企业破产法第三十一条和第三十二条规定的可撤销行为的起算点，为行政监管机构作出撤销决定之日。债务人经过强制清算程序转入破产程序的，企业破产法第三十一条和第三十二条规定的可撤销行为的起算点，为人民法院裁定受理强制清算申请之日。"

② A公司与B公司破产撤销权纠纷案，广东省东莞市中级人民法院（2021）粤19民终4986号民事判决书。

定，只要可撤销的行为发生在破产受理前一年且该行为继续有效存在即可撤销。在（2021）沪03民终9号破产撤销权纠纷二审民事案[①]中，法院认为，撤销权可分为民事行为撤销权、合同撤销权和破产撤销权，而这三种不同的撤销权在除斥期间上存在区别。第一，关于民事行为撤销权，《民法典》第一百五十二条规定“有下列情形之一的，撤销权消灭：（一）当事人自知道或者应当知道撤销事由之日起一年内、重大误解的当事人自知道或者应当知道撤销事由之日起九十日内没有行使撤销权；（二）当事人受胁迫，自胁迫行为终止之日起一年内没有行使撤销权；（三）当事人知道撤销事由后明确表示或者以自己的行为表明放弃撤销权。当事人自民事法律行为发生之日起五年内没有行使撤销权的，撤销权消灭”。第二，关于合同撤销权，《民法典》第五百四十一条规定“撤销权自债权人知道或者应当知道撤销事由之日起一年内行使。自债务人的行为发生之日起五年内没有行使撤销权的，该撤销权消灭”。[②] 第三，关于破产撤销权，主要分为提前清偿之破产撤销权与个别清偿之破产撤销权。提前清偿之破产撤销权见《企业破产法》第三十一条规定，个别清偿之破产撤销权因本章不涉及，故略。法院认为破产撤销权是民法行为撤销权、合同撤销权在破产程序中的拓展和延伸，《企业破产法》未明文规定除斥期间，但不能理解为没有，也不能简单参照有关前述“一年”和“五年”的规定，更不能理解为适用诉讼时效（破产撤销权本质上属于形成权），应理解为始于破产程序的开始即受理之日，终于破产程序的终结。但在特殊情况下，还可以延长至破产终结后二年，因不在本书讨论范围内，故略。[③]

---

① 某银行分行破产撤销权纠纷案，上海市第三中级人民法院（2021）沪03民终9号民事判决书。

② 《合同法》第五十四条规定：“下列合同，当事人一方有权请求人民法院或者仲裁机构变更或者撤销：（一）因重大误解订立的；（二）在订立合同时显失公平的。一方以欺诈、胁迫的手段或者乘人之危，使对方在违背真实意思的情况下订立的合同，受损害方有权请求人民法院或者仲裁机构变更或者撤销。”《合同法》第七十四条规定：“债务人以明显不合理的低价转让财产，对债权人造成损害，并且受让人知道该情形的，债权人也可以请求人民法院撤销债务人的行为。”（《民法典》第一百四十七条至第一百五十一条也分别规定了不同的予以撤销的情形）《合同法》第七十五条规定：“撤销权自债权人知道或者应当知道撤销事由之日起一年内行使。自债务人的行为发生之日起五年内没有行使撤销权的，该撤销权消灭。”

③ 《企业破产法》第一百二十三条规定：“自破产程序依照本法第四十三条第四款或者第一百二十条的规定终结之日起二年内，有下列情形之一的，债权人可以请求人民法院按照破产财产分配方案进行追加分配：（一）发现有依照本法第三十一条、第三十二条、第三十三条、第三十六条规定应当追回的财产的；（二）发现破产人有应当供分配的其他财产的。有前款规定情形，但财产数量不足以支付分配费用的，不再进行追加分配，由人民法院将其上交国库。”

最后，在《企业破产法》中，法条并没有直接规定有关撤销权的主观构成要件。所以在可撤销行为的构成要件中，对主观要件有要求吗？从实践来看，鲜有法院在撤销权纠纷中对实施行为时的主观状态进行认定。从文意上解释，《企业破产法》中的可撤销行为的成立不需要当事人具有主观恶意，同时当事人也不能以主观善意抵抗撤销权的行使。但也存在例外情况，法院有时也会基于多重考虑对相应法条作出解释。如在（2020）最高法民再314号案①的一审审理过程中，法院认为根据某分行的陈述结合会议纪要，A公司于2014年10月至12月涉及重大法律纠纷、生产经营出现严重困难甚至停产、财务状况发生不可逆转的恶化，某分行系在明知债务人存在资不抵债甚至破产可能性的情况下实施划款行为，在主观上存在恶意。而且，该分行在A公司濒临破产的情况下在不到两个月时间内即从A公司银行账户划扣资金高达2亿多元，导致A公司丧失流动资金和生产经营必需的资金而无法存续经营，大大削弱企业重整的可能性，其结果违背破产法集体清偿、保护债权人和债务人利益以及公平清偿债权的原则，无法实现企业破产的目的，故对扣划的部分款项予以撤销。现行的破产撤销权制度不以债务人或第三人的主观恶意作为行使撤销权的要件，其缘由是破产企业财务会计制度未必健全、经营信息记录未必完善、事后很难核查等，在破产清算程序进行过程中，要求破产管理人举出能够证明行为当事人的主观恶意的证据的确并非易事。② 但立法不能因噎废食，恶意举证难，可以通过倒置给第三人证明其善意，将举证责任交给抗辩方，由第三人对其行为的善意承担举证责任。③ 笔者认为需要注意的是，《企业破产法》第三十一条和第三十二条因其适用前提不同，对行为人实施行为时的主观状态要求也应存在细微差别，即在适用第三十一条的情况下，行为人是在进行法律不被倡导的行为，其在民法上也属于被禁止的行为，因为其在行使时具有明显的偏袒意图，但第三十二条适用的前提是对到期债务的清偿，该行为毕竟是债务人的法定义务，破产撤销权的立法目的也仅仅是限制债务人的不当清偿行为，以保护其整体债权人的利益。所以在对《企业破产法》第三十一条的行为进行撤销时，可不考虑行为人是否恶意，但在对《企业破产法》第

① 某银行、A公司破产撤销权纠纷案，最高人民法院（2020）最高法民再314号民事判决书。

② 参见李曙光：《破产试点中应注意的几个问题》，载《法学》1995年第4期，第38－40页。

③ 参见祝伟荣：《破产撤销权制度的反思与重构——以利益衡平理念为视角》，载《法律适用》2012年第5期，第72－76页。

三十二条的行为进行撤销时，行为人的善意可以作为反对行使撤销权的抗辩理由。

二、无偿转让财产的行为

（一）导引案例分析

A公司、朱某等破产撤销权纠纷民事二审民事判决书/福建省龙岩市中级人民法院/（2021）闽08民终1706号①

【裁判要点】

只有属于《企业破产法》第三十一条第二项规定的以明显不合理的价格进行交易的情形，才需要对转让时的股权价值进行评估来确定转让价格是否合理。如果是以0元价格转让企业股权时，属于无偿转让财产的行为，属于《企业破产法》第三十一条第一项规定的无偿转让财产的情形，不适用第三十一条第二项规定。

【基本案情】

2021年1月27日，龙岩市中级人民法院依法作出（2021）闽08破申12号民事裁定书，裁定受理A公司破产清算案，并于同日作出裁定将该案交由漳平市人民法院审理。2021年2月2日，漳平市人民法院依法作出（2021）闽0881破6号决定书，指定郑某担任A公司管理人。管理人在履职过程中得知A公司将其对B公司25%股权以0元价格转让给朱某后，于2021年4月12日诉至一审法院要求撤销，但因A公司的债权人未缴纳案件受理费，经一审法院审查后于2021年4月22日裁定按撤回起诉处理。2021年5月11日，A公司管理人再诉至一审法院。

【一审判决结果】

1. 撤销A公司转让其所持有B公司25%的股权给朱某的股权转让行为；
2. 朱某应协助A公司将B公司25%的股权变更登记到A公司名下。

【一审判决思路】

《企业破产法》第三十一条规定："人民法院受理破产申请前一年内，涉及

---

① 相关案件：A公司、朱某等破产撤销权纠纷案，漳平市人民法院（2021）闽0881民初1014号民事判决书。

债务人财产的下列行为，管理人有权请求人民法院予以撤销：（一）无偿转让财产的；（二）以明显不合理的价格进行交易的；（三）对没有财产担保的债务提供财产担保的；（四）对未到期的债务提前清偿的；（五）放弃债权的。”本案中，A公司在龙岩市中级人民法院受理其破产清算案前一年内，将其享有的B公司的25%股权以0元价格转让给朱某，该股权转让行为明显不具有合理性，违反《企业破产法》第三十一条第一款第一项规定，造成实际用于清偿普通债权的财产减少，损害了A公司债权人的合法权益，据此，A公司管理人有权要求撤销上述无偿转让股权的行为。B公司辩称其自成立到A公司转让股权时未进行生产且A公司未实际出资，故A公司的股权不具有价值，A公司行为不属于无偿转让或不合理价格交易并申请评估转让时的股权价值，不予采纳。上述股权转让行为被撤销之后，朱某应将受让的B公司的25%股权恢复登记至A公司名下，并协助A公司进行股权变更登记。

【二审判决结果】

驳回上诉，维持原判。

【二审判决思路】

2021年1月27日，法院依法裁定受理A公司破产清算案。在此之前一年内，即2020年4月5日，A公司与朱某达成协议，将其持有的B公司25%股权以0元转让给朱某，并于2020年4月22日办理了股东变更登记。对此情节，朱某辩称A公司将其持有的没有价值的B公司25%股权以0元的价格转让，不存在减少A公司财产的问题，不属于明显不合理无偿转让财产或以明显不合理的价格进行交易的行为，不存在不合理性问题，不会侵害A公司的债权人利益。对于朱某的辩称理由，法院认为，虽然B公司刚成立，且A公司作为股东尚未缴纳出资，但是公司股权价值与公司注册资本不是等价关系，公司股权价值包含股权结构、公司发展前景等无形价值，并将随公司经营状况而发生变化。因此朱某的抗辩理由不成立，法院不予采信。朱某还主张应评估转让时的股权价值来确定转让价格是否合理。法院认为，只有属于《企业破产法》第三十一条第二项规定的以明显不合理的价格进行交易的情形，才需要对转让时的股权价值进行评估来确定转让价格是否合理。而本案A公司在人民法院受理破产申请前一年内，以0元价格转让B公司25%股权，属于《企业破产法》第三十一条第一项规定的无偿转让财产的情形，不适用第三十一条第二项规定。故朱某主张应评估转让时的股权价值来确定转让价格亦不能成立。现管理人请求撤销该转让行为符合《企业破产法》第三十一条第一项规定，法院予以支持。

【一审、二审法院审理思路对比总结】

类目	一审	二审
裁判结果	1. 撤销A公司转让其所持有B公司25%的股权给朱某的股权转让行为。 2. 朱某应协助A公司将B公司25%的股权变更登记到A公司名下。	驳回上诉，维持原判。
争议焦点	A公司将B公司的股权转让给朱某的行为是否应予撤销。	同一审。
回应	应予以撤销。 A公司在龙岩市中级人民法院受理其破产清算案前一年内，将其享有的B公司的25%股权以0元价格转让给朱某，该股权转让行为明显不具有合理性，违反《企业破产法》第三十一条第一款第一项规定，造成实际用于清偿普通债权的财产减少，损害了A公司债权人的合法权益，据此，A公司管理人有权要求撤销上述无偿转让股权的行为。	应予以撤销。 1. 公司股权价值与公司注册资本不是等价关系，公司股权价值包含股权结构、公司发展前景等无形价值，并将随公司经营状况而发生变化，所以不能认为A公司将其持有的没有价值的B公司25%股权以0元的价格转让，不存在减少A公司财产的问题，不属于明显不合理无偿转让财产或以明显不合理的价格进行交易的行为。 2. 该行为是否合理不需要通过评估转让价格来进行判断。因为只有属于《企业破产法》第三十一条第二项规定的以明显不合理的价格进行交易的情形，才需要对转让时的股权价值进行评估来确定转让价格是否合理，而本行为属于无偿转让财产。

（二）实务问题讨论

无偿转让财产的行为指无对价或实质上无对价的转让财产行为，[①] 这直接侵害了破产债权人等相关利害关系人的合法权益。对于无偿转让财产行为，各国破

① 参见王欣新：《破产法》（第4版），中国人民大学出版社2019年版，第152页。

产法律均规定，不用考虑受让人和转让人之间的主观心态是否存在恶意，属于当然可撤销的行为。[①] 在举证责任的分配上，根据“谁主张，谁举证”的原则，应由主张行使撤销权的主体即管理人承认举证义务，若财产的受让人希望对此提出抗辩，则可以从撤销无偿转让财产行为的构成要件入手，各个击破，如（2020）川民终239号案[②]中，上诉人诉称，《企业破产法》第三十一条第一项规定应当包含“无偿”和“转让财产”两个要件，但本案中A公司的行为因可取得对外的追偿权而不符合“无偿”的构成要件；或者在（2021）粤03民初3004号案[③]中，被告需要对债权受让生效的时间进行确认，若该时间发生在法院受理破产案件时的一年之前，就足以抗辩。但关于债权转让的生效时间，应当考虑原债权人是否已经通知债务人。A公司于2020年3月25日向涉案债权的债务人B公司发送通知，此时，债权转让才对债务人生效，生效时间在A公司破产案件受理前一年内，符合《企业破产法》第三十一条规定的撤销期间。

结合（2021）闽08民终1706号案[④]和（2020）沪01民终8594号案[⑤]来看，就发生在法院受理破产案件一年之内的股权转让行为来看，是属于《企业破产法》第三十一条第一项“无偿转让财产”的行为还是属于《企业破产法》第三十一条第二项“以明显不合理的价格进行交易”的行为，需要以股权转让时的具体对价来进行合理判断。倘若以0元价格转让企业股权，那么就属于无偿转让财产的行为；倘若以极低的价格来进行股权交易，比如说1元，那么就属于“以明显不合理的价格进行交易”的情形，如在（2020）沪01民终8594号案中，法院认为A公司注册资本4530万元，A公司擅自处分股东的财产权利，且是以1元价格处分70%股份，该价格显不合理；合同又就股份代持约定了高达300万元的代持费用，然未见B公司在该合同项下负有参与决策管理公司等匹配该对价的义务，该价格亦不合理。综上，A公司管理人请求撤销该《股权转让及股权代持协

① 参见唐军：《论破产撤销权》，载《社会科学研究》2013年第1期，第91-94页。

② 某银行、A公司清算组破产撤销权纠纷案，四川省高级人民法院（2020）川民终239号民事判决书。

③ A公司管理人、B公司等破产撤销权纠纷案，广东省深圳市中级人民法院（2021）粤03民初3004号民事判决书。

④ A公司、朱某等破产撤销权纠纷案，福建省龙岩市中级人民法院（2021）闽08民终1706号民事判决书。

⑤ A公司与B公司股权转让纠纷案，上海市第一中级人民法院（2020）沪01民终8594号民事判决书。

议》，符合前述法律规定。

关于公益性捐赠行为在破产法中是否可以被认定为无偿转让财产行为进而认定为可撤销行为的问题尚需解释。《民法典》第六百五十八条规定“赠与人在赠与财产的权利转移之前可以撤销赠与。经过公证的赠与合同或者依法不得撤销的具有救灾、扶贫、助残等公益、道德义务性质的赠与合同，不适用前款规定”，从本条规定来看貌似不可以将公益捐赠性行为认定为可撤销行为，但如果在相关人员的公益捐赠行为存在欺诈性的情况下，依然不可以进行撤销，则对债权人合法权益的保护造成威胁。

另外，是否所有的无偿转让行为，只要在临界期限内受让人就负有返还义务，这主要看各国破产法律的具体规定，如德国破产法就规定，如果无偿转让的财产，金额相对小，且属于传统礼仪上的需要发生的无偿转让行为，不属于可撤销的行为，比较典型的例子是宴会、婚礼的赠礼。①我国破产法在此方面还没有做出具体规定。

三、以明显不合理的价格进行交易的行为

（一）导引案例分析

B公司、A公司管理人破产撤销权纠纷二审民事判决书/广东省深圳市中级人民法院/（2020）粤03民终1260号

【裁判要点】

当债权转让款明显不合理已经构成《企业破产法》第三十一条第一款第二项规定的“以明显不合理的价格进行交易的”行为时，该行为客观上造成了破产企业破产财产的不当减少，损害了全体债权人的合法权益，依法应予撤销。

【基本案情】

2017年12月12日，A公司与B公司签署《借款合同》1份，约定A公司向B公司借款30万元，借款用途为A公司用于公司生产经营，借款期限为6个月（2017年12月13日至2018年6月12日），月息3%，借款期限届满一次性归还本息，并约定A公司的法定代表人庞某以个人财产承担连带担保责任及另行签订

① 参见唐军：《论破产撤销权》，载《社会科学研究》2013年第1期，第91－94页。

《债务保证协议书》。同年12月13日，B公司向借款合同指定的收款人A公司转账支付了30万元。A公司及其法定代表人庞某在中国银行的付款回单上盖章及签字确认收到上述借款。2018年7月1日，A公司与B公司签署《债权转让协议书》1份，约定A公司把其对C公司享有的《ALED显示屏合同书》项下的全部债权以及由该债权产生的违约金、利息等一并转让给B公司，债权转让对价为25万元并从B公司的借款本金里直接冲抵。合同还约定在本协议签署之日起七日内A公司必须将持有的债权文件原件移交B公司。B公司主张其于2018年7月5日向C公司送达了《债权转让通知书》。2019年10月8日，A公司管理人诉至宝安法院，请求撤销A公司与B公司于2018年7月1日签署《债权转让协议书》。

另查，经D公司同意，宝安法院于2018年6月19日作出（2018）粤0306执4122号决定书，以A公司不能清偿到期债务为由，决定将A公司移送进行破产审查。宝安法院于2018年9月3日裁定受理A公司的破产清算申请，并于2018年10月12日作出决定书。又查，《ALED显示屏合同书》为A公司与C公司于2015年8月3日签订，约定A公司根据C公司的要求提供LED电子显示屏屏体、控制系统软件和其他设备，合同总价款为219万元。再查，2017年2月5日，C公司以质量问题为由诉至江苏省泗洪县人民法院，要求A公司返还价款71.3万元及自行拆走涉案电子大屏，案号为（2017）苏1324民初1246号。2018年9月7日，B公司以未付款为由诉至宝安法院，要求C公司支付案涉《ALED显示屏合同书》的尚欠货款54.75万元及利息，案号为（2018）粤0306民初22377号。上述两个案件仍在审理中。还查，B公司庭审中确认：其持有部分涉案债权的债权文件原件，包括《ALED显示屏合同书》、生产记录、产品合格证、送货单、验收报告。

【一审判决结果】

1. 撤销A公司与被告B公司于2018年7月1日签署的《债权转让协议书》；

2. 被告B公司于本判决生效之日起十日内向原告A公司管理人交付已收取的债权文件原件资料，包括编号为×××的《ALED显示屏合同书》、生产记录、产品合格证、验收报告。

【一审判决思路】

首先，从时间点上看，B公司与A公司签订《债权转让协议书》的时间在破产案件受理前一年内。根据上述法律规定，B公司与A公司签订《债权转让协议书》的行为，符合《企业破产法》第三十一条规定的时间节点。

其次，从债权转让的价格来看，债权转让款为25万元债权转让的涉案《ALED显示屏合同书》的合同总价款为219万元，B公司以债权受让人身份向宝安法院另案起诉C公司要求C公司支付尚欠货款为54.75万元，债权转让款明显不合理。

最后，从是否损害其他债权人利益角度分析，涉案债权系A公司对C公司应收账款的请求权，A公司已被宝安法院裁定宣告破产，A公司将该债权以不合理的价格转让给B公司，从而使其破产后可供分配的财产减少，损害了其他债权人可获清偿的利益。

综上所述，A公司对C公司的债权转让给B公司的行为符合《企业破产法》第三十一条第二项规定的可撤销的情形，应当予以撤销。A公司管理人依据《企业破产法》第三十一条和第三十二条的规定提起诉讼，请求撤销A公司于2018年7月1日与被告B公司签署的《债权转让协议书》，宝安法院予以支持。

B公司作为A公司的债权人，依法应在A公司破产清算后向清算组进行债权申报，债权转让协议书被撤销后，B公司无权保留涉案债权文件原件资料，其应立即归还A公司管理人。B公司庭审中自认其持有《ALED显示屏合同书》、生产记录、产品合格证、验收报告的原件，A公司管理人要求B公司予以返还，宝安法院予以支持。其他涉案债权文件原件资料因无法确认是否为B公司持有，A公司管理人要求B公司予以返还，宝安法院不予支持。

【二审判决结果】

驳回上诉，维持原判。

【二审判决思路】

本案为破产撤销权纠纷。被上诉人A公司管理人根据《企业破产法》第三十一条第一款第二项之规定，请求撤销A公司于2018年7月1日与上诉人B公司签署的《债权转让协议书》，并交付已收取的债权文件原件资料。宝安法院于2018年9月3日裁定受理A公司破产清算案，A公司于2018年7月1日转让债权的行为已落入“人民法院受理破产申请前一年内”这一期间，故本案争议焦点为该转让行为是否属于“以明显不合理的价格进行交易的”行为。涉案《债权转让协议书》转让的标的为A公司对C公司享有的《ALED

显示屏合同书》项下的全部债权以及由该债权产生的违约金、利息等，总价款为219万元，双方约定的转让价格为25万元，明显低于转让标的的价值。上诉人主张该债权存在诉讼风险，但并未举证证明是何种诉讼风险足以使受让债权的价值从219万元降至25万元，因此，原审认定该债权转让已经构成《企业破产法》第三十一条第一款第二项规定的“以明显不合理的价格进行交易的”行为，并无不当。A公司与B公司的上述债权转让行为客观上造成了A公司破产财产的不当减少，损害了全体债权人的合法权益，依法应予撤销。

上诉人主张其对A公司借款发生于破产受理前10个月，到期后本金、利息均没有支付的问题，上诉人可以依法在破产程序中主张权利，但不能因此获得优先于其他债权人的清偿。上诉人主张该债权转让即便构成破产受理前6个月的个别清偿，也符合《企业破产法司法解释（二）》第十六条第一项、第二项的规定，属于保障A公司基本生产的问题，由于原告起诉撤销债权转让所依据的法律规定为《企业破产法》第三十一条，原审法院亦依据上述法律规定作出判决，故而上诉人针对其不构成《企业破产法》第三十二条规定的可撤销行为的上诉理由，不属于本案审理范围，依法不予处理。此外，上诉人还主张其债权转让价格经过双方20多天多次协商才最终定价，其不清楚也不可能知悉A公司存在资不抵债情况等事由，均与本案无关，依法不予支持。

【一审、二审法院审理思路对比总结】

类目	一审	二审
裁判结果	1. 撤销A公司与被告B公司于2018年7月1日签署的《债权转让协议书》。 2. 被告B公司于本判决生效之日起十日内向原告深圳市A科技有限公司管理人交付已收取的债权文件原件资料。	驳回上诉，维持原判。
争议焦点	将A公司对C公司的债权转让给B公司的行为，是否属于我国《企业破产法》规定的可撤销行为。	该转让行为是否属于“以明显不合理的价格进行交易的”行为。

续表

类目	一审	二审
回应	是。 1. 从时间点上看，B 公司与 A 公司签订《债权转让协议书》的时间在破产案件受理前一年内，符合法律规定的时间节点。 2. 从债权转让的价格来看，债权转让款为 25 万元债权转让的涉案《ALED 显示屏合同书》的合同总价款为 219 万元，B 公司以债权受让人身份向宝安法院另案起诉 C 公司要求 C 公司支付尚欠货款为 54.75 万元，债权转让款明显不合理。 3. 从是否损害其他债权人利益角度分析，涉案债权系 A 公司对 C 公司应收账款的请求权，A 公司已被宝安法院裁定宣告破产，A 公司将该债权以不合理的价格转让给 B 公司，从而使其破产后可供分配的财产减少，损害了其他债权人可获清偿的利益。	是。 总价款为 219 万元，双方约定的转让价格为 25 万元，明显低于转让标的的价值。上诉人主张该债权存在诉讼风险，但并未举证证明是何种诉讼风险足以使受让债权的价值从 219 万元降至 25 万元。且 A 公司与 B 公司的上述债权转让行为客观上造成了 A 公司破产财产的不当减少，损害了全体债权人的合法权益，依法应予撤销。

（二）实务问题讨论

“以明显不合理的价格进行交易”是指在破产程序开始之前法律规定的期限内，债务人以过低价格与他人进行交易而诈害债权人的行为。① 以明显不合理的价格进行交易行为的可撤销性，重点在于存在交易行为，此种交易行为的交易价格明显背离市场价值，即破产债务人以明显高于市场价格买入相对人的财产或者破产债务人以明显低于市场价格将自己的财产转让给相对人，存在受让人获取超额利益，转让人利益严重受损，最终侵害其他债权人权益的可能。② 而该规定存在的问题是，如果不涉及价格的不正当交易则极容易让相关人员逃离法律的规制，所以我国立法可以借鉴其他国家的立法规定，将“明显不合理的价格”修改

① 参见李永军：《破产法律制度》，中国法制出版社 2000 年版，第 271 页。
② 参见唐军：《论破产撤销权》，载《社会科学研究》2013 年第 1 期，第 91－94 页。

为“非正常交易行为”。①

《英国破产法》中将“低价交易”定位为“公司与该人进行交易的金钱或非金钱对价严重低于公司提供的金钱或非金钱对价的价值”。② 美国的一些案例中则认为“非正常交易价格”一般是指转让价格低于正常市场价格的70%，毕竟每次转让都能够充分实现财产价值是不可能的。③ 虽然我国在破产法上对于何为“不合理的价格”未作出详细解释，但是我国在其他法律规范中对何为“不合理的价格”作出了解释，我们可以加以参考，辅助理解“不合理的价格”。如《民法典》第五百三十九条规定：“债务人以明显不合理的低价转让财产、以明显不合理的高价受让他人财产或者为他人的债务提供担保，影响债权人的债权实现，债务人的相对人知道或者应当知道该情形的，债权人可以请求人民法院撤销债务人的行为。”《全国法院贯彻实施民法典工作会议纪要》第九条规定：“对于民法典第五百三十九条规定的明显不合理的低价或者高价，人民法院应当以交易当地一般经营者的判断，并参考交易当时交易地的物价部门指导价或者市场交易价，结合其他相关因素综合考虑予以认定。转让价格达不到交易时交易地的指导价或者市场交易价百分之七十的，一般可以视为明显不合理的低价；对转让价格高于当地指导价或者市场交易价百分之三十的，一般可以视为明显不合理的高价。当事人对于其所主张的交易时交易地的指导价或者市场交易价承担举证责任。”该条规定同已失效的最高人民法院《关于适用〈合同法〉若干问题的解释（二）》第十九条规定有异曲同工之处。④ 虽然学者在对认定何为“不合理的价格”时尚存争论，如有学者认为对于围绕客观价格上下浮动20%的主观价格原则上应认为是合理价格，对于超出20%幅度的主观价格应定性为“明显”的

① 王欣新：《破产法》（第4版），中国人民大学出版社2019年版，第157页。

② 《英国破产法》，丁昌业译，法律出版社2003年版，第176页。

③ 参见王欣新：《破产法》（第4版），中国人民大学出版社2019年版，第157页。

④ 最高人民法院《关于适用〈中华人民共和国合同法〉若干问题的解释（二）》第十九条规定：“对于合同法第七十四条规定的‘明显不合理的低价’，人民法院应当以交易当地一般经营者的判断，并参考交易当时交易地的物价部门指导价或者市场交易价，结合其他相关因素综合考虑予以确认。转让价格达不到交易时交易地的指导价或者市场交易价百分之七十的，一般可以视为明显不合理的低价；对转让价格高于当地指导价或者市场交易价百分之三十的，一般可以视为明显不合理的高价。债务人以明显不合理的高价收购他人财产，人民法院可以根据债权人的申请，参照合同法第七十四条的规定予以撤销。”

不合理价格,[1] 但在司法实践中基本以在市场价格上下浮动30%以内的价格为标准，此幅度范围内被认为是“合理价格”。[2]

另外，在考虑何为合理价格时，也应该综合考虑各种因素，正如《全国法院贯彻实施民法典工作会议纪要》第九条中所言，人民法院应当以交易当地一般经营者的判断，并参考交易当时交易地的物价部门指导价或者市场交易价，结合其他相关因素综合考虑予以认定。何为其他相关因素？比如还应当参考债务人与相对人的关系、债务人的交易动机和目的、交易是否为债务人的经营范围等其他因素。[3] 还有的法院在实践中考虑到了相关交换商品因经受物理磨损和自然磨损等原因造成的价值下降，进而计算折旧价格，将交换商品的原购买价格、现出售价格与因折旧而降低的价值进行综合考虑，得出现出售价格是否合理的结论。如在（2020）湘12民终894号案[4]中，法院参考《企业所得税法实施条例》第六十条第四项规定[5]的车辆的折旧年限判断车辆的价格是否合理。

当然，如果法院在审判中面对一般理性人即可判断此价格为“明显不合理的价格”时，也可以直接进行判断。在（2016）冀1128民初1241号案[6]中，A公司于2012年9月3日与张某签订借款协议，用面积8632平方米土地抵押借款10万元，期限四个月，并约定到期偿还不了借款土地归第三人所有。但A公司于2012年9月从账上直接核减价值89.76万元的8632平方米土地，即A公司在借款到期之前用上述土地直接清偿了张某的10万元借款本息，将土地证直接交给张某持有。由于上述抵押土地未办理抵押权登记，抵押权依法不生效。A公司与

---

① 参见房绍坤、王洪平：《试析破产管理人撤销权行使的实体条件——以我国〈破产法〉第31条为分析对象》，载《商业经济与管理》，2008年第9期，第75－80页。

② 肖某、谢某明与谢某霞、A公司破产撤销权纠纷案，湖南省永州市中级人民法院（2019）湘11民终2511号民事判决书。

③ 上海高院研究室：《〈上海法院类案办案要件指南〉系列丛书导读第44期：〈破产案件办案要件指南之债务人财产〉》，载中国上海司法智库2022年1月5日。

④ A公司管理人、易某破产撤销权纠纷案，湖南省怀化市中级人民法院（2020）湘12民终894号民事判决书。

⑤ 《企业所得税法实施条例》第六十条规定：“除国务院财政、税务主管部门另有规定外，固定资产计算折旧的最低年限如下：（一）房屋、建筑物，为20年；（二）飞机、火车、轮船、机器、机械和其他生产设备，为10年；（三）与生产经营活动有关的器具、工具、家具等，为5年；（四）飞机、火车、轮船以外的运输工具，为4年；（五）电子设备，为3年。”

⑥ B公司与A公司破产撤销权纠纷案，河北省阜城县人民法院（2016）冀1128民初1241号民事判决书。

张某的上述交易，属于明显不合理的价格交易，且发生在人民法院受理A公司破产申请前一年之内。由于破产管理人未依法行使撤销权，原告请求撤销被告与第三人根据2012年9月3日借款协议书进行的明显不合理价格交易，并将追回的被告公司的土地8632平方米归入破产企业财产的诉讼请求，合理合法，应予支持。

四、对没有财产担保的债务提供财产担保的行为

（一）导引案例分析

B公司、C公司管理人破产撤销权纠纷二审民事判决书/湖南省高级人民法院/（2018）湘民终848号①

【裁判要点】

在认定破产债务人的行为是否属于《企业破产法》第三十一条第三项规定的“对没有财产担保的债务提供财产担保”的情形时，应注意把握两点：第一，“没有财产担保的债务”仅限于破产债务人自有的没有财产担保的债务，而不包括他人的债务；第二，“提供财产担保”仅限于破产债务人提供的物权担保，不包括非物权的保证担保、定金担保等。

【基本案情】

2014年11月18日，A公司与B公司签订二代光纤生产基地建设项目施工《协议书》，B公司按照《协议书》的内容向A公司支付工程预约金1300万元。后因A公司没有施工项目给B公司承建，双方遂协商退款并陆续退还部分款项。A公司于2016年10月20日向B公司出具《还款承诺书》，承诺于2017年3月底前分三次偿还B公司本息及违约金合计人民币12,958,550元，其中本金665万元，利息及违约金6,308,550元。同日，C公司就A公司与B公司之间的债务向B公司出具《还款担保书》，承诺以公司资产为A公司与B公司之间的债务（本金及利息违约金）予以担保。2016年10月21日，C公司及符某华的妻子朱某通过银行转账的方式支付了B公司担保款120万元。另查明，A公司是C公司的股东，A公司法定代表人符某华与C公司的法定代表人符某阳系兄妹关系。

① C公司管理人与B公司、A公司破产撤销权纠纷案，湖南省常德市中级人民法院（2017）湘07民初183号民事判决书。

法院于2017年7月19日裁定受理C公司破产重整案，并指定管理人。重整期间，该院认为C公司的经营状况和财产状况继续恶化，已无挽救可能，且C公司也以无法融资到位为由，请求终止重整程序，该院遂于2017年9月13日终止C公司重整程序，宣告C公司破产。

【一审判决结果】

1. 撤销C公司于2016年10月20日作出的为B公司与A公司之间的债务提供担保的《还款担保书》；

2. B公司于本判决生效后十日内返还C公司款项120万元。

【一审判决思路】

《企业破产法》第三十一条规定，受理破产申请前一年内，债务人对自身所负的没有财产担保的债务提供财产担保的，管理人有权请求撤销，那么对于他人没有财产担保的债务提供财产担保则更不符合立法原意，更应予以撤销。本案中，C公司于2016年10月20日向B公司出具《还款担保书》，承诺是以其公司资产为A公司与B公司之间的债务偿还进行担保。而法院裁定受理C公司破产重整的时间为2017年7月19日，由重整程序转为破产程序的时间为2017年9月13日，可以认定C公司提供担保的行为发生在法院受理破产申请前一年内，其支付120万元款项的时间也发生在法院受理破产申请前一年以内，符合《企业破产法》第三十一条第三项规定的"对没有财产担保的债务提供财产担保的"情形。因此，C公司管理人享有对上述《还款担保书》的撤销权。

虽然C公司曾在《代付款证明》中强调了2016年7月1日之后再向B公司支付的款项均是代A公司退还的工程预约金，且C公司不得以任何理由向B公司追偿其代A公司退还给B公司预约金的责任。但是，因C公司于2016年10月20日作出《还款担保书》是在符某华涉嫌合同诈骗被刑事拘留后所出具的，而120万元正是在出具《还款担保书》的次日由C公司向B公司支付的。本案中，直接应当返还预约金款项的责任主体是A公司，而C公司和A公司是两个不同主体的公司，不能认定C公司曾经代A公司偿还过工程预约金，就必然认定上述120万元也是C公司代A公司偿还的款项。因此，上述涉案120万元应当认定系C公司履行《还款担保书》而支付的担保款项而非直接代A公司偿还的工程预约金。即使上述120万元款项系C公司代A公司偿还的工程预约金，也属于无偿转让行为，损害了其他债权人的利益，根据《企业破产法》第三十一条第一项

“无偿转让财产的”的规定，C公司也应当依法返还。

【二审判决结果】

1. 撤销湖南省常德市中级人民法院（2017）湘07民初183号民事判决；

2. 驳回C公司管理人的全部诉讼请求。

【二审判决思路】

关于《还款担保书》是否应予撤销的问题。法院认为，《企业破产法》第三十一条第三项规定“对没有财产担保的债务提供财产担保的”，管理人有权请求人民法院予以撤销，是因为破产债务人为原先没有财产担保的债务提供担保，将让破产债务人的特定债权人取得原先没有的优先受偿地位，获得更多的清偿，违反了破产法集体清偿、公平清偿的原则。由此，在认定破产债务人的行为是否属于该条第三项规定的“对没有财产担保的债务提供财产担保”的情形时，应注意把握两点：第一，“没有财产担保的债务”仅限于破产债务人自有的没有财产担保的债务，而不包括他人的债务。当破产债务人为他人债务提供担保时，不适用该项规定予以撤销。因为破产债务人为自身债务提供担保，其在承担担保责任后，无法再进行追偿，实际上使得自身破产财产减少；而当破产债务人系为他人债务提供担保时，债务的终极承担者是主债务人而非破产债务人，破产债务人在承担担保责任后即从法律上取得了对主债务人的追偿权，并将追偿的财产纳入破产财产，所以并不影响自己的破产债权人之间的公平清偿。如果适用该项规定，将与破产撤销权的立法目的相冲突。第二，该条第三项所指的“提供财产担保”，仅限于破产债务人提供的物权担保，不包括非物权的保证担保、定金担保等。当破产债务人提供保证担保时，不适用该项规定予以撤销。因为非物权财产担保在破产程序中不享有优先受偿权，设立非物权财产担保后，特定债权人并不能由此取得优先受偿地位，不违反破产法集体清偿、公平清偿的原则。本案中，C公司向B公司出具《还款担保书》，承诺以其公司资产为A公司的债务提供担保。虽然该行为发生在人民法院受理C公司破产申请前一年内，但该债务并非C公司自身的债务，而是A公司的债务，且C公司为其提供的并非物权担保，而是保证担保，因此，C公司的上述行为不属于《企业破产法》第三十一条第三项规定的“对没有财产担保的债务提供财产担保”的情形。现C公司管理人以此为由请求撤销《还款担保书》，没有法律和事实依据，法院不予支持。一审法院认为“债务人对自身所负的没有财产担保的债务提供财产担保的，管理人有权请求撤销，那么对于他人没有财产担保的债务提供财产担保则更不符合立法原意，更应予以撤销”，属于理解和适用法律错误，法院予以纠正。

关于涉案的120万元的性质以及B公司是否应当返还的问题。双方争议的焦点主要是120万元到底是C公司履行《还款担保书》的行为还是代A公司还款的行为。对此，法院认为，《还款担保书》意思表示明确、真实，不违反法律法规的强制性规定，合法有效。B公司接受了C公司出具的《还款担保书》，并在《谅解书》中对C公司的担保行为予以认可，应视为同意C公司为A公司的债务提供担保。C公司在之前的《代付款证明》中称“今后我公司再向贵公司支付的款项都是代A公司向贵公司退还的工程预约金”，并不能否认之后双方达成担保的合意。从《还款承诺书》《还款担保书》《谅解书》出具的时间及内容、公安机关的询问笔录以及各方当事人陈述可以证明，在A公司法定代表人符某华因涉嫌合同诈骗罪被公安机关拘留期间，为取得受害人B公司的谅解，让符某华免于刑事追究，C公司向B公司出具《还款担保书》，为A的债务提供了保证担保，并且按照B公司要求和《还款承诺书》《还款担保书》的约定，支付了第一笔欠款120万元。因此，支付该120万元既是为了取得谅解而为之，也具有履行《还款担保书》的性质，两者并不矛盾。至于120万元系C公司和朱某两个不同主体支付，系因为C公司法定代表人符某阳与朱某是姻亲关系，二者均是为了帮助符某华而付款。由于支付该120万元系根据《还款担保书》作出，而根据前述分析，C公司提供担保的行为不属于管理人可根据《企业破产法》第三十一条第三项而撤销的行为，也无法律规定的其他可以撤销的情形，因此，C公司管理人主张返还120万元缺乏法律和事实依据，法院不予支持。B公司上诉主张120万元不应返还给C公司管理人，虽然理由不正确，但请求合法，法院予以支持。至于一审法院认为支付该120万元属于《企业破产法》第三十一条第一项规定的“无偿转让财产”行为，对此，法院认为，“无偿转让财产”的前提是破产债务人本身对受让人没有债务，其出于逃废本身债务之目的而为之，损害了全体债权人利益。本案中，根据前述分析，支付120万元系C公司履行担保义务的行为，C公司对受让人B公司本身存在担保之债。其履行担保责任后，可以向主债务人A公司追偿，因此该行为并未造成破产财产的减少，不损害全体债权人利益。另外，支付120万元也是为了取得B公司对符某华（C公司最大股东的法定代表人、C公司法定代表人之兄）骗取预付款行为的谅解，使其免受刑事追究。因此，C公司支付上述款项并非无偿行为，不属于第三十一条第一项规定的情形。一审法院理解和适用法律错误，法院予以纠正。

【一审、二审法院审理思路对比总结】

类目	一审	二审
裁判结果	1. 撤销C公司于2016年10月20日作出的为B公司与A公司之间的债务提供担保的《还款担保书》。 2. B公司于本判决生效后十日内返还C公司款项120万元。	1. 撤销湖南省常德市中级人民法院（2017）湘07民初183号民事判决。 2. 驳回C公司管理人的全部诉讼请求。
争议焦点	1. 是否应当撤销C公司于2016年10月20日作出的为B公司与A公司之间的债务提供担保的《还款担保书》。 2. B公司是否应当返还C公司款项120万元。	1.《还款担保书》是否应予撤销。 2. 涉案的120万元的性质是什么，B公司是否应当返还。
回应	1. 是。根据《企业破产法》第三十一条的规定，受理破产申请前一年内，债务人对自身所负的没有财产担保的债务提供财产担保的，管理人有权请求撤销，那么对于他人没有财产担保的债务提供财产担保则更不符合立法原意，更应予以撤销。本案符合《企业破产法》第三十一条第三项规定的"对没有财产担保的债务提供财产担保的"情形。因此，C公司管理人享有对上述《还款担保书》的撤销权。 2. 是。 （1）涉案120万元应当认定系C公司履行《还款担保书》而支付的担保款项而非直接代A公司偿还的工程预约金； （2）即使上述120万元款项系C公司代A公司偿还的工程预约金，也属于无偿转让行为，损害了其他债权人的利益，根据《企业破产法》第三	1. 否。认定破产债务人的行为是否属于《企业破产法》第三十一条第三项规定的"对没有财产担保的债务提供财产担保"的情形时，应注意把握两点：第一，"没有财产担保的债务"仅限于破产债务人自有的没有财产担保的债务，而不包括他人的债务。第二，"提供财产担保"仅限于破产债务人提供的物权担保，不包括非物权的保证担保、定金担保等。因为本案中债务并非C公司自身的债务，而是A公司的债务，且C公司为其提供的并非物权担保，而是保证担保，因此，C公司的上述行为不属于《企业破产法》第三十一条第三项规定的"对没有财产担保的债务提供财产担保"的情形。 2. 是履行担保义务行为，不属于"无偿转让财产的行为"，不应返还。 （1）支付该120万元既是为了取得谅解而为之，也具有履行《还款担保书》

续表

类目	一审	二审
	十一条第一项“无偿转让财产的”的规定，C公司也应当依法返还。	的性质，两者并不矛盾； (2)“无偿转让财产”的前提是破产债务人本身对受让人没有债务，其出于逃废本身债务之目的而为之，损害了全体债权人利益。本案中，根据前述分析，支付120万元系C公司履行担保义务的行为，C公司对受让人B公司本身存在担保之债。其履行担保责任后，可以向主债务人A公司追偿，因此该行为并未造成破产财产的减少，不损害全体债权人利益。另外，支付120万元也是为了取得B公司对符某华的谅解，使其免受刑事追究，也并非无偿行为。

（二）实务问题讨论

《上海法院类案办案要件指南》对没有财产担保的债务提供财产担保的认定中写道：“根据《企业破产法》第三十一条第三项规定，债务人的该种行为应予撤销。该行为的构成要件为：(1) 可撤销的担保是指为债务人自有债务提供财产担保，不包括为他人债务提供的担保；(2) 可撤销的担保是为已有债务提供担保，包括对已有的不足额担保追加担保的部分，而非为新设债务提供担保；(3) 可撤销的担保是在破产申请受理前一年内设立的担保物权，而非担保合同订立。”①但在实践中，有关“对没有财产担保的债务提供财产担保的行为”的理解尚存很多争论，包括但不限于上述要件中提及的对没有财产担保的债务提供财产担保的行为可否包括为他人债务提供担保的行为，以及对没有财产担保的债务提供财产担保的行为是仅指对没有财产担保的债务新设财产担保的情形，还是也包括对已有财产担保的债务增加提供财产担保的情形等问题。笔者对该部分争论作了整理（可参见图11－2“对没有财产担保的债务提供财产担保的行为”的理解），下边

① 上海高院研究室：《〈上海法院类案办案要件指南〉系列丛书导读第44期：〈破产案件办案要件指南之债务人财产〉》，载中国上海司法智库2022年1月5日。

将对尚存争论进行一一分析。

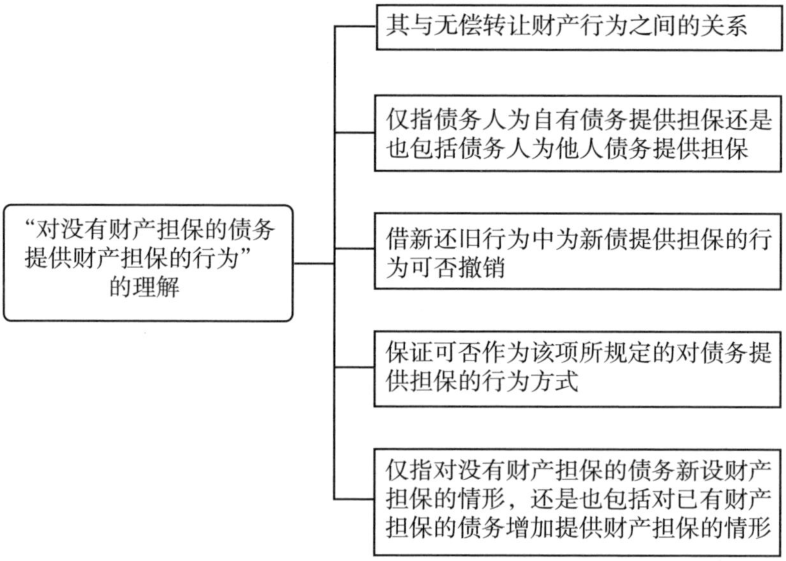

图 11－2　“对没有财产担保的债务提供财产担保的行为”的理解

第一，就“对没有财产担保的债务提供财产担保的行为”与“无偿转让财产行为”之间的关系需要讨论，是因为实践中对于为第三人没有财产担保的债务提供财产担保的行为可能会与无偿转让财产行为之间产生竞合，当然产生竞合的前提是法院承认“对没有财产担保的债务提供财产担保的行为”包括为自有没有财产担保的债务提供担保与为他人没有财产担保的债务提供担保这两种情况。在最高人民法院（2021）最高法民申 2231 号案①中，我们可以从一审、二审以及再审法院对涉案行为的定性以及法律适用方面，发现《企业破产法》第三十一条第一项与第三项之间关系匪浅。在本案的一审判决中，法院认为 A 公司为 B 公司所负债务而提供财产担保，虽然物的担保不等同于物的转让，但担保物权人一旦行使担保权，则必然涉及物的转让和处分，两者在相关规则上存在一致性。在担保物权实现后，破产债务人虽从法律上取得了对主债务人的追偿权，但通常而言，追偿程序的行使，往往是由债务人不清偿债务或缺乏清偿能力所致，此时破产债务人的追偿权只是一个没有担保且可能难以实现的债权，这与财产的无偿转

① A 公司、B 公司管理人破产撤销权纠纷案，最高人民法院（2021）最高法民申 2231 号民事判决书。

让行为并无实质性区别。故也可适用“无偿转让财产”的规定予以撤销。[①] 在本案二审中，法院更加倾向于运用《企业破产法》第三十一条第三项规定的情形来为债务人的行为进行定性。[②] 最终，本案经历了再审，最高院认为A公司在破产申请前一年内，为他人提供担保且无相应对价，因此A公司为他人提供担保与《企业破产法》第三十一条第一项“无偿转让财产”的情形无本质区别。虽然二审法院适用《企业破产法》第三十一条第三项确有不当[③]，但是判决结果正确，同时一审法院认为本案符合破产法撤销权设立的立法目的，据此判断管理人享有撤销权并无不当。[④]

笔者认为，综合各种类似案例可以得出结论，在法律规定的破产临界期内，当破产企业为他人没有财产担保的债务无偿提供担保时，无论是运用《企业破产法》第三十一条的第一项还是《企业破产法》第三十一条的第三项，都可以得出该项行为应该被撤销的结论，这也是法院倾向于得出的结论。从管理人履职角度来看，当为第三人没有财产担保的债务提供财产担保的行为与无偿转让财产行为之间产生竞合时，即当第三人为债务人提供财产担保时，实质上是满足“无偿转让财产”构成要件的，管理人可以同时将《企业破产法》第三十一条的第一项与第三项作为请求权基础提起诉讼，以此诉讼策略起诉更能保障破产企业全体债权人的清偿利益不被侵犯。

第二，就“对没有财产担保的债务提供财产担保的行为”是仅指债务人为自有债务提供担保还是也包括债务人为他人债务提供担保的争论不绝于耳。对于债务人为自有债务提供的财产担保是否属于“对没有财产担保的债务提供财产担保的行为”的观点，无论是实务界还是理论界均无较大争议。因为结合《企业破产法》第一百零九条规定“对破产人的特定财产享有担保权的权利人，对该特定财产享有优先受偿的权利”可知，该行为实际上是让众多债权人中的部分人获得了

---

① A公司管理人、B公司请求撤销个别清偿行为纠纷案，浙江省金华市中级人民法院（2020）浙07民初3号民事判决书。

② 某资产公司、A公司管理人请求撤销个别清偿行为纠纷案，浙江省高级人民法院（2020）浙民终639号民事判决书。

③ 这种不当是源于法院“对没有财产担保的债务提供财产担保的”是否包括“对已有财产担保的债务增加提供财产担保的”情形的认识不同，二审法院认为此种情形属于《企业破产法》第三十一条第三项规制的情形，但再审法院认为不慎恰当。

④ A公司、B公司管理人破产撤销权纠纷案，最高人民法院（2021）最高法民申2231号民事判决书。

特别的优先权，直接侵害了其他债权人的公平受偿的权利。《企业破产法》将其列入可以撤销的范畴是符合《企业破产法》基本法理的，在司法实务中，不考虑破产债务人是否得到了担保收益。[①]

在实践中，存在较大争议的是对于后者的看法，即债务人为他人没有财产担保的债务提供担保的行为是否属于“对没有财产担保的债务提供财产担保的行为”。我们可以将此种情况再分为两种类型：其一，对外为他人提供有偿担保；其二，对外为他人提供无偿担保。就对外为他人提供无偿担保的情况，结合前述所论，法院无论是将其认定为“无偿转让财产”的行为还是“对没有财产担保的债务提供财产担保的行为”均属于可撤销的行为。

当然也有学者认为此种担保可以在将来某个时间行使追偿权，实际上被认为是有偿的，不属于可以撤销的行为。[②] 在（2018）湘民终848号案[③]中，法院认为当破产债务人为他人债务提供担保时，不适用《企业破产法》第三十一条第三项规定予以撤销。当破产债务人系为他人债务提供担保时，债务的终极承担者是主债务人而非破产债务人，破产债务人在承担担保责任后即从法律上取得了对主债务人的追偿权，并将追偿的财产纳入破产财产，所以并不影响自己的破产债权人之间的公平清偿。但对于在理论上享有追偿权，实际上担保行为作出时其追偿权并无充分保障的，建议按照可以撤销的行为处理。如在（2020）川民终239号案[④]中，A公司自身已停产一年多、B公司尚欠A公司巨额货款未偿还的情形下，A公司为B公司的既存债务提供追加担保且未获得任何对价，应当推定A公司明知B公司无力偿还仍然为其债务提供担保，其担保行为具有无偿性。虽A公司享有理论上的追偿权，但担保行为作出时其追偿权并无充分保障，实际难以实现。A公司为他人债务提供担保的行为实质上属于无偿转让财产，将导致A公司全体债权人所获清偿的减少，应当适用《企业破产法》第三十一条第一项的规定予以撤销。

除将对外作出担保行为的追偿权解释为有偿行为外，对其他对外为他人提

---

① 参见唐军：《论破产撤销权》，载《社会科学研究》2013年第1期，第91－94页。

② 参见王欣新、尹正友主编：《破产法论坛》（第5辑），法律出版社2010年版，第71－78页。

③ B公司、C公司管理人破产撤销权纠纷案，湖南省高级人民法院（2018）湘民终848号民事判决书。

④ 某银行、A公司清算组破产撤销权纠纷案，四川省高级人民法院（2020）川民终239号民事判决书。

供的有偿担保，笔者建议如果此种有偿担保使得债务人获得了比担保财产更大的利益，应当属于不可撤销的行为，但是如果此种担保获得的利益远没有担保财产的价值大，那么此种担保应当被认为“明显不合理担保”，应被列入可撤销范畴。①

第三，我们接下来将对“借新还旧”行为中为新债提供担保的行为可否撤销的问题进行讨论。“借新还旧”通常是指贷款到期不能按时收回，金融机构又向原贷款人发放贷款用于归还原贷款的行为，② 此行为具有连贯性、即时性的特征。③ 首先需要明确，破产受理一年前产生的债务为“旧债务”，而在破产受理前一年内的债务为“新债务”。《上海法院类案办案要件指南》中写道：“以偿还债务为目的签订新借款合同，债务人为新借款合同提供物的担保，所偿还的债务没有担保物或虽有担保物但价值低于新借款合同担保物的，管理人可以依据《企业破产法》第三十一条关于‘为没有担保债务提供财产担保行为’的规定，对新设或增设担保主张撤销权。”④ 实务中，在“新债务”有担保，“旧债务”无担保的情况下，大部分案件都会支持应该对“新债务”的担保予以撤销的观点。如（2020）青民终162号案⑤中，一审法院认为，设置破产撤销权的立法本意是为了纠正债务人不当处分财产使其他债权人通过破产程序获得清偿比例减少的情况，本案借新还旧的目的是支持借款人解决财务困难，缓解借款人的经济危机，并非有意瓜分借款人的财产，而且借新还旧是通过消灭旧债设立新债的方式实现贷款展期，性质上属于债务更新，因此借款人向贷款人借新还旧所产生的债务应属于新债务，旧贷因借新还旧合同而消灭，案涉股权质押系对新债务的担保，故本案所涉股权质押不属于《企业破产法》第三十一条第三项规定的情形，不属于可撤销的范围。而二审法院认为从形式上看，案涉“借新还旧”行为确实涉及两

① 参见唐军：《论破产撤销权》，载《社会科学研究》2013年第1期，第91－94页。

② A公司管理人与某银行破产撤销权纠纷二审民事案，青海省高级人民法院（2020）青民终162号民事判决书。

③ A公司重整管理人与宁某1、B公司破产撤销权纠纷案，宁夏回族自治区高级人民法院（2021）宁民终11号民事判决书。

④ 上海高院研究室：《〈上海法院类案办案要件指南〉系列丛书导读第44期：〈破产案件办案要件指南之债务人财产〉》，载中国上海司法智库2022年1月5日。

⑤ A公司管理人与某银行破产撤销权纠纷二审民事案，青海省高级人民法院（2020）青民终162号民事判决书。

个借款关系，即发生新的借款关系和结束旧的借款关系，新贷代替了旧贷，但实际上贷款人与借款人之间的债权债务关系并未消除，贷款人与借款人之间的权利义务除延长了还款时间外，并无变化。客观上只是以新贷的形式延长了旧贷的还款期限，故案涉借新还旧贷款本质上是旧贷的一种特殊形式的展期。对“借新还旧”行为定性后，再结合行使破产撤销权的条件进行判断。首先，本案从时间点上看，上述行为均发生在法院受理破产申请前一年内。又因为双方签订的合同贷款应视为对之前合同贷款的一种特殊形式的展期，故案涉抵押合同应视为对展期的借款又进行了补充抵押担保。其次，本案中用破产企业所持有的另一家公司的40%的股权为新合同项下的债务提供质押担保使企业破产后可供分配的财产减少，该行为实际损害了其他债权人可获清偿的利益。而《企业破产法》第三十一条第三项的立法本意是对于在破产申请受理前的法定期间内损害全体债权人公平清偿的行为，管理人可以申请法院予以撤销，从而实现破产财产的公平分配，所以本案管理人基于法律规定的职责行使破产撤销权并无不当。

本案的一审与二审作出了相反的认定，在一审中法院认为设置破产撤销权的立法本意是纠正债务人不当处分财产使其他债权人通过破产程序获得清偿比例减少的情况，本案借新还旧的目的是支持破产企业解决财务困难，缓解破产企业的经济危机，并非有意瓜分破产企业的财产，而且借新还旧是通过消灭旧债设立新债的方式实现贷款展期，性质上属于债务更新，因此破产企业向银行借新还旧所产生的债务应属于新债务，旧贷因借新还旧合同而消灭，涉案股权质押系对新债务的担保，故本案所涉股权质押不属于《企业破产法》第三十一条第三项规定的情形，不属于可撤销的范围。① 同本案一审审理思路类似的还有（2020）最高法民再296号②案，法院认为123号《流动资金借款合同》项下1.99亿元为新的借款，银行与破产企业约定该1.99亿元借款的同时约定以1405号和1011号最高额抵押合同共同提供抵押担保，该新的借款1.99亿元在该两份最高额抵押合同约定的担保债权额度和期限之内。双方为该1.99亿元提供担保属于为新的债务提供担保，而不是为原本存在的无担保的债务额外提供担保。《企业破产法》第三

① A公司管理人与某银行破产撤销权纠纷一审民事案，青海省西宁市中级人民法院（2020）青01民初10号民事判决书。

② 某银行、A公司破产管理人破产撤销权纠纷案，最高人民法院（2020）最高法民再296号民事判决书。

十一条第三项规定破产管理人有权申请撤销的行为是在人民法院受理破产申请前一年内“对没有财产担保的债务提供财产担保的”行为，应当理解为对原没有财产担保的债务提供财产担保的一种偏颇清偿行为。作出该种理解的理由主要是：破产申请受理后，债务人的无财产担保债权只能作为破产债权受偿，如债务人在可撤销期间内为原无担保的债权人提供财产担保，将使该债权人在破产程序中对特定财产享有优先受偿权，得到个别优惠性清偿，故应予撤销；但债务人与债权人在可撤销期间内在签订主合同时一并签订抵押等财产担保从合同的，不在可撤销行为之列，因其不是对原无财产担保的债权提供担保，不具有改善某一债权人原有清偿地位的不公平性质，而且抵押等担保合同的签订往往是债权人决定签订主合同的对价利益和必要保障，即如果没有担保，债权人可能不愿签订主合同。鉴于1011号最高额抵押合同约定的抵押是为1.99亿元新的债务提供担保，而不是为破产申请受理前一年内原本存在的无担保的债务提供担保，1011号最高额抵押合同不应撤销。

第四，就保证可否作为该项所规定的对债务提供担保的行为方式的问题其实质是“对没有财产担保的债务提供财产担保的行为”中“提供财产担保”的理解。有学者认为“提供财产担保”仅限于破产债务人提供的物权担保，不包括非物权的财产担保，如保证担保、定金担保等，因为非物权财产担保在破产程序中不享有优先受偿权，①（2018）湘民终848号案②的观点也和此学者观点一致。另外，在（2019）鄂民终926号案③中也是如此，法院认为《企业破产法》第三十一条规定的财产担保是指债务人或第三人以其特定财产提供的债的担保。本案中，A公司作出的担保行为是在陈某的借条上作为担保人加盖了公章，A公司承担的担保责任系为陈某的债务提供连带责任保证，而非以自身特定财产为陈某的债务提供担保，不属于财产担保的情形。不属于《企业破产法》第三十一条第三项规定的情形，A公司管理人提出撤销A公司担保的请求无事实及法律依据，应予驳回。

但这并不意味着在破产临界期限内，债务人提供保证的行为不可以被撤销，

---

① 参见王欣新：《论“对没有财产担保的债务提供财产担保”行为的认定》，载《人民法院报》2016年1月27日，第7版。

② B公司、C公司管理人破产撤销权纠纷案，湖南省高级人民法院（2018）湘民终848号民事判决书。

③ 袁某、A公司管理人破产撤销权纠纷案，湖北省高级人民法院（2019）鄂民终926号民事判决书。

管理人可以将其理解为属于《企业破产法》第三十一条中“无偿转让财产的”行为进而对其进行撤销。如（2020）川民终239号案①中，A公司于2018年1月25日与某银行签订《最高额保证合同》，为B公司的8000万元借款本息等提供连带保证担保，即其提供连带保证担保的时间在法院2018年8月2日受理A公司破产申请前的一年内，该连带保证担保是否属于无偿转让财产的行为？因保证人在承担保证责任后，享有依照《担保法》第三十一条“保证人承担保证责任后，有权向债务人追偿”的规定获得追偿的权利，即法律赋予了保证人承担了保证责任后向债务人追偿的权利，而保证人能否基于该法定追偿权获得财产是认定破产债务人是否实质上无偿转让财产的基础。若被保证人（主债务人）不能清偿债务或缺乏清偿能力的，保证人（破产债务人）在承担保证责任后客观上不能行使追偿权，不能通过清偿行为获得追偿，实际是其在无对价的情况下将财产用于偿还他人的债务，其责任财产因此而不当减少，该保证行为应认定为无偿转让财产，应予撤销。本案中，认定A公司为B公司提供的连带责任保证担保的行为是否属于无偿转让行为，需审查B公司是否缺乏清偿债务的能力，A公司能否行使追偿权予以确定。

另一种希望破产企业提供保证的行为被撤销的方法是通过对《企业破产法》第三十一条中所列行为的特点进行总结，即通过其所表达的立法精神证明保证行为和其他可撤销的行为具有相似性，进而证明保证行为也属于可撤销的行为。如在（2018）浙0483民初4764号案②中，A公司为他人债务提供连带责任保证的行为发生在2017年8月28日，而法院于2018年4月17日裁定受理对A公司的破产清算申请，某事务所作为A公司的管理人在破产程序进行中提起本案诉讼，主张撤销A公司为B公司所欠汪某债务提供连带责任保证的行为，符合条款规定的破产撤销权的行使主体条件以及可撤销行为的发生期间条件。根据第三人汪某庭审陈述，涉案借款系汇入B公司账户或其指定账户，嗣后并无证据证明相关款项流入A公司，故法院对汪某有关“借款系用于C公司项目建设”这一说法不予采信。根据查明的事实，在A公司为B公司提供涉案担保之前，B公司已因

---

① 某银行、A公司清算组破产撤销权纠纷案，四川省高级人民法院（2020）川民终239号民事判决书。

② 某会计师事务所与B公司破产撤销权纠纷案，浙江省桐乡市人民法院（2018）浙0483民初4764号民事判决书。

涉嫌非法吸收公众存款被立案调查，且在执行案件中处于无财产可供执行的状态。由于在股东结构上存在交集，A公司理应知道B公司上述负面情况，却仍在自身经营极度困难的情况下，径自为B公司巨额债务向其债权人提供连带责任保证，这一单纯的负担行为客观上导致A公司的责任财产减少，与《企业破产法》第三十一条列举的五项行为对债务人财产的减损以及对全体一般债权人利益的损害在作用和性质上是一致的，违反了《企业破产法》所确立的公平清偿原则。

第五，我们将对"对没有财产担保的债务提供财产担保的行为"是仅包括对没有财产担保的债务新设财产担保的情形，还是也包括对已有财产担保的债务增加提供财产担保的情形进行讨论。在（2020）浙民终639案[①]中，法院从撤销权制度设立的目的入手，解释"对没有财产担保的债务提供财产担保的"不仅包括"对没有财产担保的债务新设财产担保的"情形，也包括"对已有财产担保的债务增加提供财产担保的"情形。可撤销的行为是指对债务人在破产申请受理前一定期限内所为的有害于破产债权人整体利益的行为予以撤销，使其失去效力的行为。在破产程序中，有财产担保的债权较之普通债权优先受偿，债务人在人民法院受理破产申请前一定期限内对没有财产担保的债务提供财产担保，或者对有财产担保的债务增加提供财产担保，意味着本应用于集体清偿的财产变成了有财产担保的债权人优先受偿的标的，从而使普通债权人通过破产程序所能够获得的清偿数额减少，这显然不符合通过破产程序实现公平清偿的目标。债权人的集中公平清偿是《企业破产法》的基本立法目的。《企业破产法》第一条即规定，"为规范企业破产程序，公平清理债权债务，保护债权人和债务人的合法权益，维护社会主义市场经济秩序，制定本法"。撤销权制度主要目的也在于对债务人法定期间内的财产处分行为的纠正以实现债权人的公平清偿。债务人对本来没有财产担保的债务提供财产担保，使债权人的普通债权成为有财产担保的债权，债权人可就担保财产优先受偿，实质上不正当减少了全体债权人的可分配财产，依照《企业破产法》第三十一条第三项，应予撤销。债务人对有财产担保的债务增加提供财产担保，扩大了债权人优先受偿权的范围，亦将导致全体债权人可分配财产的减少，应依法予以撤销。"对没有财产担保的债务提供财产担保的"包括对

---

① A公司、B公司管理人请求撤销个别清偿行为纠纷案，浙江省高级人民法院（2020）浙民终639号民事判决书。

已有财产担保的债务增加提供财产担保的情形，当然，增加担保的行为应当符合发生在法定期间内等撤销权行使要件。除此之外，（2021）宁民终 11 号案①也表示，对《企业破产法》第三十一条规定第三项，即“对没有财产担保的债务提供财产担保的”情形，不应作过于狭义的理解，而应包括三种情形：（1）债务之前没有设立任何财产担保；（2）债务之前业已设立财产担保但其价值不足以覆盖全部债务；（3）债务之前业已设立财产担保且价值已经足以覆盖全部债务。就第一种情形，应当予以撤销，当无疑义。对于第二种情形、第三种情形，均属于追加的财产担保，且第二种情形、第三种情形，本质上也会因债权人针对全部或部分财产行使担保权，而导致债务人责任财产减少，最终还是会损害全体债权人利益。

但是需要注意的是，无论是对没有财产担保的债务新设财产担保的情形，还是对已有财产担保的债务增加提供财产担保的情形，“对没有财产担保的债务提供财产担保的行为”都不包括事先担保或者同时担保，因为倘若提供财产担保的行为事先发生或者与债务人自身负担债务的行为同时发生，债务人提供财产担保的行为实际上是获得相应担保的对价，此时便不宜撤销。在（2021）苏 02 民终 488 号中法院认为《企业破产法》第三十一条规定“对没有财产担保的债务提供财产担保”，是因为有财产担保的债权在破产程序中享有优先受偿的顺位，如果允许债务人针对没有财产担保的债务提供财产担保，意味着可用于债务人的全体债权人集体清偿的财产变成了有财产担保债权人优先受偿的标的，使全体债权人尤其是普通债权人通过破产程序能够获得的清偿数额减少，违背了破产程序集中偿债、公平偿债的立法宗旨。《企业破产法》第三十一条规定的“对没有财产担保的债务提供财产担保的”，是指债务人对自身的既存债务追加财产担保的行为。如果债务人自身负担债务的行为与其提供财产担保的行为同时发生，则债务人提供财产担保的行为实际上获得相应担保对价，如银行贷款。本案中，A 公司在受理破产申请前一年内因 B 公司向银行 5000 万元贷款提供 23 套房产抵押，A 公司提供房产抵押的行为显然不是对 A 公司或者 B 公司既存债务追加的财产担保，而是事先担保或者同时担保，不适用《企业破产法》第三十一条规定的“对没

① A 公司重整管理人与宁某 1、B 公司破产撤销权纠纷案，宁夏回族自治区高级人民法院（2021）宁民终 11 号民事判决书。

有财产担保的债务提供财产担保的”可撤销情形。①

五、对未到期的债务提前清偿的行为

（一）导引案例分析

A公司管理人、某农村信用合作联社破产撤销权纠纷二审民事判决书/河南省平顶山市中级人民法院/（2020）豫04民终1140号②

【裁判要点】

在加速到期的约定系双方当事人的真实意思表示，不违反法律、行政法规的强制性规定的情况下，应为合法有效。当破产企业未能按照贷款协议约定履行还本付息义务的情况下，银行按照合同约定从破产企业的账户上扣划款项用于偿还借款的行为，符合合同约定，无违法之处，并非“提前清偿的行为”。

【基本案情】

2016年10月10日，某农信社、A银行、B银行与A公司签订《社团贷款协议》，约定贷款总金额为7500万元，其中某农信社向A公司出借金额为2000万元，结息方式：按月结息，结算日为每月的21日。贷款种类：担保贷款。借款用途：还旧借新。贷款期限：自2016年10月10日至2019年10月10日。贷款利率：按月利率7.2执行。《社团贷款协议》第十条第二项约定：“借款人未履行本协议规定的义务及所作的承诺、未能按协议规定支付利息和本金，贷款人有权要求借款人限期纠正违约行为、停止发放贷款、提前收回已放贷款、宣布借款人与贷款人签订的其他借款协议项下贷款立即到期或采取其他债权保全措施。由此造成的损失和费用由乙方承担。”贷款发放后，A公司于2016年10月26日支付利息5.28万元，于2016年11月21日支付利息1.92万元，于2017年3月30日支付利息1000元。2017年11月9日，某农信社从A公司的账户划扣200万元用以偿还上述借款本金。截至2017年11月8日，A公司尚欠某农信社借款本金1800万元及利息178.94万元未予清偿，故引起诉讼。另查明，平顶山市中级人

① 某银行与A公司管理人破产撤销权纠纷案，江苏省无锡市中级人民法院（2021）苏02民终488号民事判决书。

② 相关案件：A公司管理人与某农村信用合作联社破产撤销权纠纷案，河南省平顶山市新华区人民法院（2019）豫0402民初3781号民事判决书。

民法院于2018年3月27日作出（2018）豫04破申1号民事裁定书，依法受理A公司破产申请，并于同日指定A公司清算组担任破产管理人。

【一审判决结果】

驳回A制品股份有限公司管理人的诉讼请求。

【一审判决思路】

法院认为，本案系破产撤销权纠纷，本案中，某农信社向A公司发放的贷款的期限为2016年10月10日至2019年10月10日，某农信社在2017年11月9日从A公司的账户扣划200万元，庭审中A公司管理人主张该扣划行为属于《企业破产法》第三十一条规定的对人民法院受理破产申请前一年内债务人对未到期的债务提前清偿的行为，破产管理人有权请求人民法院予以撤销之情形。该院认为，某农信社2017年11月9日的扣划行为虽然发生在2019年10月10日贷款期满之前，但双方签订的《社团贷款协议》第十条第二项明确约定："借款人未履行本协议规定的义务及所作的承诺、未能按协议规定支付利息和本金，贷款人有权要求借款人限期纠正违约行为、停止发放贷款、提前收回已放贷款、宣布借款人与贷款人签订的其他借款协议项下贷款立即到期或采取其他债权保全措施，由此造成的损失和费用由乙方承担。"而截至2017年11月8日某农信社扣划时，A公司共欠某农信社本金2000万元、利息178.94万元。而A公司的逾期付息的期限及金额已达到了《社团贷款协议》第十条第二项约定的"提前收回已放贷款"之情形，故某农信社直接扣划的行为符合《社团贷款协议》的约定，而并非"提前清偿的行为"，故A管理人的该主张并无事实根据，不予支持。

【二审判决结果】

驳回上诉，维持原判。

【二审判决思路】

法院认为，根据《企业破产法》第三十一条的规定，对人民法院受理破产申请前一年内债务人对未到期的债务提前清偿的行为，破产管理人有权请求人民法院予以撤销。双方签订《的社团贷款协议》第十条第二项约定："借款人未履行本协议规定的义务及所作的承诺、未能按协议规定支付利息和本金，贷款人有权要求借款人限期纠正违约行为、停止发放贷款、提前收回已放贷款、宣布借款人与贷款人签订的其他借款协议项下贷款立即到期或采取其他债权保全措施，由此造成的损失和费用由乙方承担。"该约定系双方当事人的真实意思表示，不违反法律、行政法规的强制性规定，应为合法有效。在A公司未能按照贷款协议约定履行还本付息的情况下，某农信社按照上述合同约定从A公司的账户上扣划涉案款项用于偿还借款，符合上述合同约定，无违法之处，故一审法院驳回A管理人的诉讼请求并无不当，应予支持。

【一审、二审法院审理思路对比总结】

类目	一审	二审
裁判结果	驳回A制品股份有限公司管理人的诉讼请求。	驳回上诉，维持原判。
争议焦点	某农信社的扣划行为是否属于可撤销行为。	同一审。
回应	否。A公司的逾期付息的期限及金额已达到了《社团贷款协议》第十条第二项约定的“提前收回已放贷款”之情形，故某农信社直接扣划的行为符合《社团贷款协议》的约定，而并非“提前清偿的行为”，故A管理人的该主张并无事实根据，不予支持。	否。加速到期的约定系双方当事人的真实意思表示，不违反法律、行政法规的强制性规定，应为合法有效。在A公司未能按照贷款协议约定履行还本付息义务的情况下，某农信社按照上述合同约定从A公司的账户上扣划案涉款项用于偿还借款，符合上述合同约定，无违法之处，故一审法院驳回A管理人的诉讼请求并无不当，应予支持。

（二）实务问题讨论

《企业破产法》第三十一条第一款第四项规定，管理人有权请求人民法院对人民法院受理破产申请前一年内，破产企业对未到期的债务提前清偿的行为进行撤销。所谓“未到期”的债务，应是指在破产申请受理前尚未到期的、债务人未提供财产担保的债务。① 需要注意的是，对债务人提供财产担保的债务提前清偿并不在该项的撤销范围之内，因为该债务即使提前清偿，也不会影响到其他债权人的利益，其本身在破产财产的清偿顺序中就具有优先受偿地位。而在规定期限内允许管理人对未到期的债务提前清偿的行为进行撤销的原因在于，在债务人丧

① 参见王欣新：《破产撤销权研究》，载《中国法学》2007年第5期，第147－162页。

失清偿能力的情况下，其未到期的债务，如等到破产程序启动后依法视为到期再予以清偿，只能作为普通破产债权依破产分配比例得到部分清偿，甚至可能因财产不足而得不到清偿。债务人为使该债权人得到优惠待遇，在破产前夕对尚无清偿义务的未到期债务提前清偿，减少责任财产，损害了其他债权人的利益，故应予撤销。① 另外需要注意的是，如果在规定的破产期间内，对已经到期的合法债务进行清偿，是否可以予以撤销已经不属于《企业破产法》第三十一条的调整范围，具体可根据《企业破产法》第三十二条危机期间的个别清偿行为进行判断是否应予撤销。在此种情况下我国《企业破产法》规定的临界期为6个月内，而德国破产法律规定的破产临界期时间更短，其为破产申请前3个月内或破产申请后发生个别清偿行为均可以行使撤销权。②

在对未到期的债务提前清偿的可撤销情形下，实践中常见的一种司法难题为，银行等债权人依据协议中的加速到期条款提前收回贷款的行为可否被认定为《企业破产法》第三十一条所规定的“对未到期的债务提前清偿的”行为。商业银行在与企业签订贷款合同时，为防范市场风险，保障贷款安全，通常都会在合同中约定还款加速到期条款，③ 比如双方在协议中约定“借款人未履行本协议规定的义务及所作的承诺、未能按协议规定支付利息和本金，贷款人有权要求借款人限期纠正违约行为、停止发放贷款、提前收回已放贷款、宣布借款人与贷款人签订的其他借款协议项下贷款立即到期或采取其他债权保全措施，由此造成的损失和费用由乙方承担”④ 或者“本金在借款期限届满时一次性归还，如借款人未按约定及时偿还借款本息，或者发生对其正常经营、财务状况或偿债能力产生不利影响的情况的，贷款人有权宣布合同项下的借款本金提前到期，并要求借款人立即归还借款，或从借款人开立在上海浦东发展银行股份有限公司各分支机构的任一账户中扣划资金”⑤ 等类似条款。这类条款都会表达当借款人出现诸如违约

① 参见王欣新：《破产法》（第4版），中国人民大学出版社2019年版，第159页。

② 参见唐军：《论破产撤销权》，载《社会科学研究》2013年第1期，第91－94页。

③ 参见王欣新：《银行贷款合同加速到期清偿在破产程序中的效力研究》，载《法治研究》2015年第6期，第112－121页。

④ A公司管理人、某农村信用合作联社破产撤销权纠纷案，河南省平顶山市中级人民法院（2020）豫04民终1140号民事判决书。

⑤ 某会计师事务所等与某银行请求撤销个别清偿行为纠纷上诉案，浙江省温州市中级人民法院（2015）浙温商终字第2828号民事判决书。

行为、财务状况严重恶化、涉及或可能涉及重大经济纠纷、诉讼、仲裁等状况时，银行可以依据该条款使尚未到期的合同加速到期，从而提前收回贷款的核心意思。

实践中对银行等债权人依据协议中的加速到期条款提前收回贷款的行为可否被认定为《企业破产法》第三十一条所规定的"对未到期的债务提前清偿的"行为存在不同观点，但综合大量案例来看，大部分法院都认为在加速到期的约定系双方当事人的真实意思表示，不违反法律、行政法规的强制性规定的情况下，应为合法有效。当破产企业未能按照贷款协议约定履行还本付息义务的情况下，银行按照合同约定从破产企业的账户上扣划款项用于偿还借款的行为，属于对到期债务的清偿，并非"提前清偿的行为"。① 但对银行贷款加速到期条款的法律性质还存在争论，而对其法律性质的认定会影响债权人是否需要履行通知义务，进而影响撤销权的行使结果。

具体而言，一种观点认为，其为借贷双方约定的解除权条款，未到期贷款的提前归还属于发生违约情况后银行行使合同解除权的效力体现。② 根据《民法典》第五百六十五条第一款的规定可知："当事人一方依法主张解除合同的，应当通知对方。合同自通知到达对方时解除；通知载明债务人在一定期限内不履行债务则合同自动解除，债务人在该期限内未履行债务的，合同自通知载明的期限届满时解除。对方对解除合同有异议的，任何一方当事人均可以请求人民法院或者仲裁机构确认解除行为的效力。"所以在此种对加速到期条款法律性质的认定下，法院可能会因为银行未履行宣告借款提前到期的通知义务，而认为银行在扣划时贷款尚未到期。如在（2017）苏05民终2171号案③中，法院认为，某银行2015年10月21日扣划A公司账户资金行为的法律效果系清偿了A公司所负的未到期债务，且该行为发生于一审法院受理A公司破产申请前一年内，故对A公司主张撤销上述行为的请求，应予支持。某银行上诉主张双方约定了加速到期

---

① A公司管理人、某农村信用合作联社破产撤销权纠纷案，河南省平顶山市中级人民法院（2020）豫04民终1140号民事判决书。

② 丁锐：《银行贷款加速到期条款的法律性质及司法规制》，载《人民司法》2015年第15期，第95－98页。

③ 某银行等诉A公司破产撤销权纠纷案，江苏省苏州市中级人民法院（2017）苏05民终2171号民事判决书。

条款，其扣划属于偿还到期债务，但该行未向法院提交相应证据证实其在扣划前已向A公司宣布提前到期，故法院对其该主张不予采纳。因为无法证明银行在扣划时贷款尚未到期，所以无论是否存在提前收贷的约定，均不改变债务提前清偿的性质。虽然本案中存在加速到期的条款，但也没有阻碍撤销权的实现，但这结果的发生并不是因为加速到期条款本身的效力存在问题，而是因为银行作为债权人没有正确行使通知义务，导致无法证明银行在扣划时贷款已到期，无法使得该行为避免落入《企业破产法》第三十一条第四项规制的范围内，即如果债权人在解除合同时正确履行了通知义务，就可以证明银行在扣划时贷款已到期，裁判结果就会变得完全不同。

另一种观点认为，其为附条件的合同条款，此条款的生效以发生约定事实为条件，如借款方各种实际违约或预期违约情况。在（2016）最高法民终146号案①中，最高法院认为，金融借款合同中约定的债务提前到期条款，又称债务加速到期条款，应视为双方在合同中约定了附条件的合同变更条款，即当约定的条件成就时，还款期限变更为债权人主张提前收回贷款之日，借款人应提前还款。按照此种观点的理解，加速到期条款所约定的条件一旦成就，条款则生效，贷款人不需通知，借款人即应承担提前还款的义务。② 在（2020）豫04民终1189号案③中即为如此，法院认为，根据《企业破产法》第三十一条的规定，对人民法院受理破产申请前一年内债务人对未到期的债务提前清偿的行为，破产管理人有权请求人民法院予以撤销。本案双方在签订合同中，约定了具体的还款计划："2017年9月30日，金额10万元，2018年3月31日，金额10万元……"某联社于2017年11月9日从A公司在某联社设立的账户划收800万元用于清偿债务的行为，虽发生在法院受理破产申请前一年内，但实际上在本次划收前，A公司存在一笔未及时偿还款项，根据双方在合同中对违约责任的约定，某联社有权直接宣布全部借款到期，同时在无须通知的情况下，直接划收A公司在某联社账户

---

① A公司、B公司、C公司、D公司与E公司与某银行金融借款合同纠纷案，最高人民法院（2016）最高法民终146号民事判决书。

② 参见丁锐：《银行贷款加速到期条款的法律性质及司法规制》，载《人民司法》2015年第15期，第95－98页。

③ A公司管理人、某农村信用合作联社破产撤销权纠纷案，河南省平顶山市中级人民法院（2020）豫04民终1189号民事判决书。

上的资金。因此，某联社根据双方合同约定，从A公司在某联社设立的账户划收800万元用于清偿债务的行为并无不当，故一审法院对管理人要求撤销划收行为并返还资金的诉讼请求不予支持适当。

综上所述，只要银行等金融机构合理运用加速到期条款，并且及时正确履行通知义务，那么在债务人出现违约行为、财务状况严重恶化等状况时，银行可以依据该条款使尚未到期的合同加速到期，提前收回贷款且免于该行为被撤销，防范金融风险。

六、放弃债权的行为

（一）导引案例分析

某市自然资源和规划局、A公司破产撤销权纠纷民事二审民事判决书/河南省高级人民法院/（2021）豫民终869号①

【裁判要点】

尽管通过执行程序，以执行和解协议的方式在未支付合理对价的情况下免除全部违约金、利息、案件受理费，也属于放弃债权的行为。根据《企业破产法》第三十一条第一款第五项的规定，当该行为符合前述法律规定情形时，应予撤销。

【基本案情】

2010年10月18日，原某市国土资源局与A公司签订了《国有建设用地使用权出让合同》，将位于某市为2010－47的宗地出让给A公司作商业住房开发，该局应于2013年9月30日将宗地交付。A公司因未能按期接收土地，于2014年9月1日向一审法院提起诉讼。一审法院于2014年12月16日作出（2014）汴民初字第122号民事判决书，判决某市国土资源局于判决生效之日起十日内向A公司支付截至2014年7月20日的逾期交地违约金40,802,429元，此后每天按140,698元计算至交地日。因某市国土资源局未履行，A公司于2015年1月20日申请立案执行。

2017年7月20日，A公司与某市国土资源局在执行过程中达成执行和解协

① 相关案件：A公司、某市自然资源和规划局破产撤销权纠纷案，河南省开封市中级人民法院（2020）豫02民终2221号民事判决书。

议，约定："某市中级人民法院（2014）汴民初字第122号民事判决书，判决某市国土资源局于本判决生效之日起十日内向原告支付截至2014年7月20日的逾期交地违约金40,802,429元，此后每天按140,698元计算至交地日。如果未按本判决指定的期间履行给付金钱义务，应当按照《民事诉讼法》第二百六十条之规定，加倍支付迟延履行期间的利息。案件受理费245,812元由某市国土资源局承担。现A公司自愿放弃上述某市国土资源局应支付的全部违约金、利息、案件受理费。双方不再为此事发生纠纷。该案的土地经市规划委员会批准，已由商住用地调整为商业服务用地，本合同签订后，某市国土资源局按工作程序时限和法定要求为A公司办理土地用途变更手续。A公司土地交付使用延期主要是拆迁缓慢引起的，某市国土资源局对此没有直接责任。某市国土资源局作为土地监督管理政府工作部门积极推动市政府支持原告发展。本协议生效之日，A公司认可某市国土资源局对某市中级人民法院（2014）汴民初字第122号民事判决书履行完毕，法院即可报结此案。"

执行和解协议签订后，一审法院依据双方的执行和解协议将执行案件作结案处理。2017年11月28日，该院作出（2017）豫02破申2号民事裁定书，裁定受理A公司破产重整申请。2019年3月28日，某市国土资源局更名为某市自然资源和规划局。

【一审判决结果】

1. 撤销A公司与某市自然资源和规划局于2017年7月20日签订的执行和解协议；

2. 驳回A公司管理人其他诉讼请求。

【一审判决思路】

该案中，A公司与某市自然资源和规划局签订的执行和解协议，其放弃经生效判决确定的对某市自然资源和规划局享有的债权，虽协议中约定某市自然资源和规划局按工作程序时限和法定要求为A公司办理土地用途变更手续，积极推动市政府支持A公司发展。但其所约定事项是某市自然资源和规划局工作职责，不应视为放弃债权的对价。A公司在未获得对价的情况下放弃债权，且该行为发生在A公司被受理破产申请之前的一年内，故案涉协议应予撤销。关于是否继续履行该院（2014）汴民初字第122号民事判决书，不属于本诉审理范围，该案不予处理。

【二审判决结果】

驳回上诉，维持一审判决。

【二审判决思路】

本案中，A公司因国有土地使用权出让事宜，对某市自然资源和规划局享有经人民法院生效判决认定的债权。执行程序中，A公司以执行和解协议的方式在某市自然资源和规划局未支付合理对价的情况下免除了该局的全部违约金、利息、案件受理费，属于放弃债权的行为。2017年7月20日，A公司放弃对某市自然资源和规划局的债权；2017年11月28日，A公司的破产申请被受理；该行为符合前述法律规定情形，应予撤销。关于某市自然资源和规划局所称其加快了土地用途的变更、实现了土地增值、并非无偿放弃的主张，从查明事实来看，相关执行和解协议签订时，涉案土地用途的变更已经过规划审批，某市自然资源和规划局只是协助办理登记手续，且土地是否增值也缺乏证据证明，不能认定该局支付了相应对价，故对该主张不予支持。

【一审、二审法院审理思路对比总结】

类目	一审	二审
裁判结果	1. 撤销A公司与某市自然资源和规划局于2017年7月20日签订的执行和解协议。 2. 驳回A公司管理人其他诉讼请求。	驳回上诉，维持一审判决。
争议焦点	是否应对涉案和解协议予以撤销。	1. 关于执行和解协议性质的问题。 2. 关于A公司其他诉讼请求的处理。
回应	是。A公司与某市自然资源和规划局签订的执行和解协议，其放弃经生效判决确定的对某市自然资源和规划局享有的债权，虽协议中约定某市自然资源和规划局按工作程序时限和法定要求为A公司办理土地用途变更手续，积极推动市政府支持A公司发展。但其所约定事项是某市自然资源和规划局工作职责，不应视为放弃债	1. 执行和解协议并非人民法院作出的具有法律强制效力的文书，而是当事人对各自权利义务的自愿协商处分，其在性质上仍属于民事合同的范畴。 2. A公司因国有土地使用权出让事宜，对某市自然资源和规划局享有经人民法院生效判决认定的债权。2017年7月20日，A公司放弃对某市自然资源和规划局的债权；2017年11月28日，

续表

类目	一审	二审
	权的对价。A公司在未获得对价的情况下，放弃债权，且该行为发生在A公司被受理破产申请之前的一年内，故涉案协议应予撤销。	A公司的破产申请被受理；该行为符合前述法律规定的情形，应予撤销。 3. 本案系破产撤销权纠纷，对于A公司要求某市自然资源和规划局履行原生效民事判决及支付迟延履行金的请求，超出本案的审理范围，一审判决不予处理正确，法院予以维持。

（二）实务问题讨论

根据我国《企业破产法》的规定，在人民法院受理破产申请前一年内，破产企业存在放弃债权的行为，管理人有权根据《企业破产法》第三十一条请求人民法院予以撤销。但对该项的解释，有学者认为该项规定存在立法逻辑不够严谨的问题。[①]《企业破产法》第三十一条第一项"无偿"概念的外延未能包括所有应有选项，与其他规定的分类标准不一致，其不应将"放弃债权"这种同样是无偿性质的行为定性为一种独立的可撤销行为，而应纳入无偿行为的范围。

"放弃"存在积极放弃和消极放弃，在理论界，有学者认为撤销权行使的范围应该仅针对积极放弃，而不应该针对消极放弃，[②] 但是也有学者认为无论积极放弃还是消极放弃都应该包括在可撤销行为的范围内，当涉及消极放弃时，因行为的证明难度较高，所以需要举证责任倒置，由债务人证明其消极放弃债权的行为无恶意，而管理人则需证明债务人存在法定的作为义务。[③] 因为《企业破产法》上并无对放弃债权行为是否包括消极放弃这一行为的进一步解释，笔者建议参考《民法典》中有关撤销权制度的体系规范，以获启发。《民法典》第五百三十五条规定："因债务人怠于行使其债权或者与该债权有关的从权利，影响债权人的到期债权实现的，债权人可以向人民法院请求以自己的名义代位行使债务人对相对人的权利，但是该权利专属于债务人自身的除外。代位权的行使范围以债

① 参见王欣新：《民法典债权人无偿行为撤销权对破产撤销权的影响》，载《人民法院报》2020年9月24日，第7版。
② 参见唐军：《论破产撤销权》，载《社会科学研究》2013年第1期，第91－94页。
③ 参见王欣新：《破产撤销权研究》，载《中国法学》2007年第5期，第147－162页。

权人的到期债权为限。债权人行使代位权的必要费用，由债务人负担。相对人对债务人的抗辩，可以向债权人主张。”随及，《民法典》第五百三十八条规定：“债务人以放弃其债权、放弃债权担保、无偿转让财产等方式无偿处分财产权益，或者恶意延长其到期债权的履行期限，影响债权人的债权实现的，债权人可以请求人民法院撤销债务人的行为。”从这两项规定可知，在民法思维体系中，积极放弃的行为可成立撤销权，消极放弃的行为可成立代位权。如果将《企业破产法》规定的“放弃债权行为”与《民法典》中的规定作相同解释的话，那么只能得出结论，破产管理人对于破产债务人消极放弃债权的行为不能撤销。① 但如果存在消极放弃的行为，作为债权人应该如何保护自己的权利呢？有学者认为对于消极放弃的行为，为了债权人的利益得到合理保障，法律可以设计管理人的特别追回制度，将应当属于债务人的财产依法追回，列入破产财产。②

对于积极的放弃行为，如在（2021）粤0114民初13824号案③中，法院认为A公司关于B公司系合理承担因质量问题导致的部分损失的抗辩主张不能成立。第一，A公司提交的证据系其单方制作，无法证明B公司提供的货物存在质量问题，法院对该份证据不予采信；第二，B公司与A公司签署涉案结算协议时，B公司已进入清算程序，B公司的代表对此应是清楚知悉的，此时协议放弃对A公司的部分债权具有明显的故意。故此，B公司在《货款结算协议》中明确表示扣除质量等损失，将对C公司债权数额从331, 288元最终变更为200, 000元，客观上导致了B公司丧失了对C公司131, 288元的债权。上述行为可以认定对C公司131, 288元债权的放弃。同时，广州市中级人民法院受理B公司破产清算的时间为2020年4月24日，以上债权放弃行为发生在人民法院裁定受理B公司破产申请前一年内，故B公司管理人要求撤销该放弃债权的行为有事实和法律依据，法院予以支持。

实践中在放弃债权引起的撤销权纠纷中，放弃债权的经常表现形式之一为破产企业与其他第三人订立了和解协议。和解协议的性质该如何理解，若在执行程

① 参见房绍坤、王洪平：《试析破产管理人撤销权行使的实体条件——以我国〈破产法〉第31条为分析对象》，载《商业经济与管理》，2008年第9期，第75-80页。

② 参见唐军：《论破产撤销权》，载《社会科学研究》2013年第1期，第91-94页。

③ B公司管理人、A公司破产撤销权纠纷案，广东省花都区人民法院（2021）粤0114民初13824号民事判决书。

序中，破产企业以执行和解协议的方式放弃了部分或全部债权，进而损害了其他债权人的利益，可否因为执行程序而对破产撤销权期间内的撤销权行使造成阻挠。《民事诉讼法》第二百三十七条规定："在执行中，双方当事人自行和解达成协议的，执行员应当将协议内容记入笔录，由双方当事人签名或者盖章。申请执行人因受欺诈、胁迫与被执行人达成和解协议，或者当事人不履行和解协议的，人民法院可以根据当事人的申请，恢复对原生效法律文书的执行。"最高人民法院《关于适用〈民事诉讼法〉的解释》第四百六十六条规定："申请执行人与被执行人达成和解协议后请求中止执行或者撤回执行申请的，人民法院可以裁定中止执行或者终结执行。"第四百六十七条规定："一方当事人不履行或者不完全履行在执行中双方自愿达成的和解协议，对方当事人申请执行原生效法律文书的，人民法院应当恢复执行，但和解协议已履行的部分应当扣除。和解协议已经履行完毕的，人民法院不予恢复执行。"由此可见，执行和解协议本身不能直接排除生效法律文书的执行，而是由申请执行人行使诉讼权利，请求中止执行或撤回执行申请时才可以中止或终结执行程序；在恢复执行时也不能作为执行依据，而是恢复对原生效法律文书的执行；因此，执行和解协议并非人民法院作出的具有法律强制效力的文书，而是当事人对各自权利义务的自愿协商处分，其在性质上仍属于民事合同的范畴，这也是（2021）豫民终869号案①中的法院观点。

综上所述，我们可以看出，执行程序中达成的和解协议并不会当然阻碍破产撤销权实现，具体还要看是否符合破产撤销权的构成要件。

本专题小结

破产撤销权制度在纠正债务人不当财产处分行为、维护全体债权人利益、保障破产法宗旨实现以及维护诚实信用原则等方面具有不可替代的作用。② 相较于民法撤销权而言，破产撤销权既与其存在相同之处，也有特殊之处。民法撤销权

---

① 某市自然资源和规划局、A公司破产撤销权纠纷案，河南省高级人民法院（2021）豫民终869号民事判决书。

② 参见乔博娟：《论破产撤销权之行使——兼析〈最高人民法院关于适用（企业破产法）若干问题的规定（二）〉》，载《法律适用》2014年第5期，第43－49页。

与破产撤销权在法理基础上是相同的。不同的是，民法撤销权以债务人处分财产的行为对个别债权人造成损害为适用条件，而破产撤销权是以债务人在被认定或推定丧失清偿能力的法定期间处分财产权益行为损害全体债权人利益或损害公平清偿利益且破产案件为法院受理为适用条件。民法撤销权在破产程序中同样具有适用的空间与效力，并不因破产程序的启动而被排斥适用，但在其与破产撤销权竞合时，应优先适用破产撤销权。①《上海法院类案办案要件指南》中说道："破产申请受理后，管理人无法依照《企业破产法》第三十一条、第三十二条规定行使撤销权，管理人代表债务人依据《民法典》关于可撤销法律行为的规定请求撤销并追回财产的，人民法院应当受理。在管理人未提起撤销权诉讼的情况下，债权人可以在破产程序中行使《民法典》规定的撤销权，但必须遵守'入库规则'，即在起诉中说明'因此追回的财产归入债务人财产'。"

附：本专题纠纷所涉高频法条索引

《民法典》

第五百三十九条：

债务人以明显不合理的低价转让财产、以明显不合理的高价受让他人财产或者为他人的债务提供担保，影响债权人的债权实现，债务人的相对人知道或者应当知道该情形的，债权人可以请求人民法院撤销债务人的行为。

《企业破产法》

第三十一条：

人民法院受理破产申请前一年内，涉及债务人财产的下列行为，管理人有权请求人民法院予以撤销：

（一）无偿转让财产的；

（二）以明显不合理的价格进行交易的；

（三）对没有财产担保的债务提供财产担保的；

（四）对未到期的债务提前清偿的；

（五）放弃债权的。

---

① 王欣新：《民法典债权人无偿行为撤销权对破产撤销权的影响》，载《人民法院报》2020年9月24日，第7版。

第一百二十三条：

自破产程序依照本法第四十三条第四款或者第一百二十条的规定终结之日起二年内，有下列情形之一的，债权人可以请求人民法院按照破产财产分配方案进行追加分配：

（一）发现有依照本法第三十一条、第三十二条、第三十三条、第三十六条规定应当追回的财产的；

（二）发现破产人有应当供分配的其他财产的。

有前款规定情形，但财产数量不足以支付分配费用的，不再进行追加分配，由人民法院将其上交国库。

《全国法院贯彻实施民法典工作会议纪要》

第九条：

对于民法典第五百三十九条规定的明显不合理的低价或者高价，人民法院应当以交易当地一般经营者的判断，并参考交易当时交易地的物价部门指导价或者市场交易价，结合其他相关因素综合考虑予以认定。

转让价格达不到交易时交易地的指导价或者市场交易价百分之七十的，一般可以视为明显不合理的低价；对转让价格高于当地指导价或者市场交易价百分之三十的，一般可以视为明显不合理的高价。当事人对于其所主张的交易时交易地的指导价或者市场交易价承担举证责任。

《企业破产法司法解释（二）》

第九条：

管理人依据企业破产法第三十一条和第三十二条的规定提起诉讼，请求撤销涉及债务人财产的相关行为并由相对人返还债务人财产的，人民法院应予支持。

管理人因过错未依法行使撤销权导致债务人财产不当减损，债权人提起诉讼主张管理人对其损失承担相应赔偿责任的，人民法院应予支持。

第十条：

债务人经过行政清理程序转入破产程序的，企业破产法第三十一条和第三十二条规定的可撤销行为的起算点，为行政监管机构作出撤销决定之日。

债务人经过强制清算程序转入破产程序的，企业破产法第三十一条和第三十二条规定的可撤销行为的起算点，为人民法院裁定受理强制清算申请之日。

第十三条：

破产申请受理后，管理人未依据企业破产法第三十一条的规定请求撤销债务人无偿转让财产、以明显不合理价格交易、放弃债权行为的，债权人依据民法典第五百三十八条、第五百三十九条等规定提起诉讼，请求撤销债务人上述行为并将因此追回的财产归入债务人财产的，人民法院应予受理。

相对人以债权人行使撤销权的范围超出债权人的债权抗辩的，人民法院不予支持。

专题十二

损害债务人利益赔偿纠纷

破产衍生诉讼中，损害债务人利益赔偿纠纷是指债务人的有关人员不当执行职务或有破产法规定的损害债权人利益行为，造成债务人财产利益的损失，在破产程序中被要求承担损害赔偿责任而引发的纠纷。近年来，企业破产案件中债务人的董事、监事、高级管理人员、法定代表人等有关人员承担法律责任的案例数不胜数。如何有效地规制企业董事、监事、高级管理人员、法定代表人等有关人员的行为，遏制破产事件中不法行为的发生，以保护债权人利益，实现企业的有序清算和市场退出，已成为破产法领域内的重大课题之一。①

破产衍生诉讼中损害债务人利益赔偿纠纷可分为两大类：一类是相关人员的违法行为发生在受理破产申请前导致的损害债务人利益赔偿纠纷，另一类是相关人员的违法行为发生在受理破产申请后导致的损害债务人利益赔偿纠纷。发生在人民法院受理破产申请前的行为可以再分为两类：一类是《企业破产法》第一百二十五条规制的相关人员违法经营或过错的行为导致企业破产的情况；另一类是《企业破产法》第一百二十八条规定的相关人员实施了违反破产状态下所负特定法律义务的行为，导致破产财产不当减损的情况，在其项下又可以分为偏颇清偿行为和破产欺诈行为。发生在人民法院受理破产申请后的相关人员的违法行为为违反协助义务的行为。（见图 12－1）

① 参见张世君：《破产企业高管的公法责任》，载《中国矿业大学学报（社会科学版）》2014 年第 3 期，第 31－36 页。

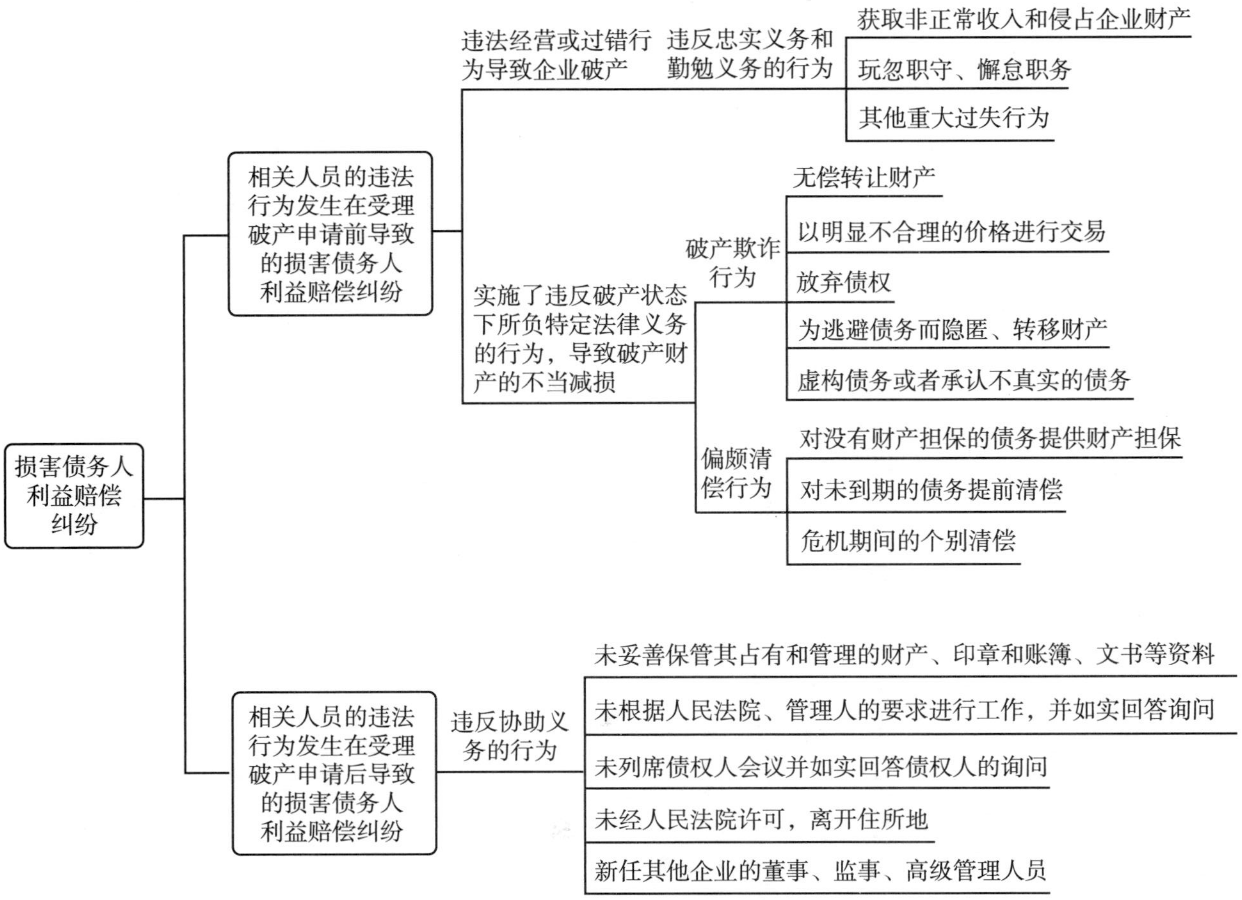

图12-1 损害债务人利益赔偿纠纷类型

我国现阶段追究破产企业董事、监事、高级管理人员、法定代表人等有关人员的个人民事责任，具有其特别的意义。债务人的董事、监事、高级管理人员、法定代表人等有关人员作为企业经营管理者，承担着维护企业正常运营的重要任务，若其在进行权力决策、监督、执行的过程中不当履职，必然会给企业财产造成损失，进而损害债权人的共同清偿利益。所以十分有必要对上述相关人员建立责任追究机制，在其存在违法行为时让其承担民事赔偿责任。诸多民事责任之中，损害赔偿又是比较重要和经常适用的责任形式，乃至有学者认为“损害赔偿之债在实务上最称重要，万流归宗，民法上之问题，实以此为核心”①。

一、损害债务人利益赔偿责任的承担主体

（一）导引案例分析

A公司、曾某等损害债务人利益赔偿纠纷案/广东省佛山市中级人民法院/（2021）粤06民终4241号②

【裁判要点】

配合清算义务的有关人员，是指企业的法定代表人；经人民法院决定，可以包括企业的财务管理人员和其他经营管理人员。妥善保管并不是股东的义务，所以出现未能妥善保管的现象也不应追究股东的责任。

【基本案情】

2019年1月24日，法院裁定受理黄某对A公司提出的破产清算申请，并指定某律师事务所为管理人。A公司的股东为张某、曾某升、曾某，法定代表人为曾某。

管理人向某会计师事务所发出《关于依法核查A公司财务资料相关情况的通知》，提请其就A公司提供审计资料的完整性、真实性及提供资料是否符合审计要求进行核查，并作书面回复。2019年3月22日，某会计师事务所出具《关于A公司财务资料相关情况的回复》，其中提及：因A公司未提供2010年9月至2014年的总分类账及明细分类账，且提供的2015年明细分类账未对客户及供应商进行明细核算，其无法就各客户及供应商明细金额进行确认。

---

① 王泽鉴：《民法学说与判例研究》（第1册），中国政法大学出版社1997年版，第320页。

② 相关案件：A公司、曾某、张某等其他案由一审执行案，广东省佛山市南海区人民法院（2020）粤0605民初18066号民事裁定书。

管理人2019年3月25日向A公司债权人发出《关于A公司应收债权、财务资料相关情况的报告》，称对审计报告列明的4笔应收债权，因无法核实具体债务人及欠款情况，建议放弃追收。债权人会议表决同意放弃追收4笔对外应收债权。2019年9月19日，该院以（2019）粤0605破10号之三民事裁定，确认A公司债权人会议通过的破产财产分配方案。

【一审判决结果】

1. 曾某应于本判决发生法律效力之日起10日内向A公司赔偿损失8, 145, 652. 91元。

2. 驳回A公司的其他诉讼请求。

【一审判决思路】

原告认为A公司的有关人员不当执行职务，有破产法规定的损害债权人利益的行为，造成A公司财产利益的损失，要求有关人员承担损害赔偿责任，故本案是损害债务人利益赔偿纠纷。《企业破产法》第十五条规定，“自人民法院受理破产申请的裁定送达债务人之日起至破产程序终结之日，债务人的有关人员承担下列义务：（一）妥善保管其占有和管理的财产、印章和账簿、文书等资料；（二）根据人民法院、管理人的要求进行工作，并如实回答询问……前款所称有关人员，是指企业的法定代表人；经人民法院决定，可以包括企业的财务管理人员和其他经营管理人员”。最高人民法院《关于债权人对人员下落不明或者财产状况不清的债务人申请破产清算案件如何处理的批复》规定，“债务人的有关人员不履行法定义务，人民法院可依据有关法律规定追究其相应法律责任；其行为导致无法清算或造成损失，有关权利人起诉请求其承担相应民事责任的，人民法院应依法予以支持”。根据上述规定，承担相应民事责任的有关人员是指企业的法定代表人、财务管理人员和其他经营管理人员。本案中，A公司的股东为张某、曾某升、曾某，法定代表人为曾某，若有关人员存在不配合清算的行为导致A公司财产利益损失，曾某作为A公司的法定代表人应承担损害赔偿责任，而张某、曾某升作为A公司的股东，在原告没有证据证明其二人同时也为A公司的财务管理人员或其他经营管理人员的情况下，原告主张其二人承担损害赔偿责任，没有事实和法律依据，法院不予支持。

【二审判决结果】

1. 撤销广东省佛山市南海区人民法院（2020）粤0605民初18066号民事裁

定书；

2. 驳回A公司的诉讼请求。

【二审判决思路】

关于张某、曾某升是否应当对A公司债权人未获受偿债权中剩余8,898,360.04元承担赔偿责任的问题。《企业破产法》第十五条规定："自人民法院受理破产申请的裁定送达债务人之日起至破产程序终结之日，债务人的有关人员承担下列义务：（一）妥善保管其占有和管理的财产、印章和账簿、文书等资料；（二）根据人民法院、管理人的要求进行工作，并如实回答询问；（三）列席债权人会议并如实回答债权人的询问；（四）未经人民法院许可，不得离开住所地；（五）不得新任其他企业的董事、监事、高级管理人员。前款所称有关人员，是指企业的法定代表人；经人民法院决定，可以包括企业的财务管理人员和其他经营管理人员。"上述规定是关于配合清算义务的规定，即负有妥善保管其占有和管理的财产、印章和账簿、文书等资料的配合清算义务人是企业的法定代表人及经法院决定的企业的财务管理人员和其他经营管理人员，其保管的目的是依据《企业破产法》第二十五条的规定向管理人移交，由管理人接管，即妥善保管并不是股东的义务，所以出现未能妥善保管的现象也不应追究股东的责任。本案中，A公司主张张某、曾某升未提供应收账款资料导致有应收账款未追回，要求张某、曾某升对未受偿的债权承担损害赔偿责任。经审查，张某、曾某升是A公司的股东，并非上述条文规定的配合清算义务人。在A公司没有举证证明两人是该公司的财务管理人员及其他经营管理人员的情况下，A公司主张因张某、曾某升未履行上述条文规定的配合清算义务，应当对A公司未受偿的债权承担连带赔偿责任缺乏理据，法院不予支持。

【一审、二审法院审理思路对比总结】

类目	一审	二审
裁判结果	1. 曾某应于本判决发生法律效力之日起10日内向A公司赔偿损失8,145,652.91元。 2. 驳回A公司的其他诉讼请求。	1. 上诉人A公司提出的上诉请求不能成立，应予驳回。 2. 上诉人曾某提出的上诉请求成立，法院依法予以支持。 3. 一审判决认定事实清楚，适用法律正确，处理结果不当，法院依法予以纠正。

续表

类目	一审	二审
争议焦点	1. 关于债务人的有关人员不履行法定义务，有关人员范围确定的问题。 2. 关于曾某的行为是否导致无法清算，造成A公司财产利益损失的问题。 3. 关于曾某承担损害赔偿责任范围的问题。	1. 张某、曾某升是否应当对A公司债权人未获受偿债权中剩余8,898,360.04元承担赔偿责任。 2. 曾某是否应当对A公司债权人未获得清偿的债权承担赔偿责任。
回应	1. 承担相应民事责任的有关人员是指企业的法定代表人、财务管理人员和其他经营管理人员。在原告没有证据证明张某、曾某升也为A公司的财务管理人员或其他经营管理人员的情况下，原告主张其二人承担损害赔偿责任，没有事实和法律依据。 2. 是。曾某的行为与上述4笔债权无法追收存在因果关系，至于A公司债权人会议因债权凭证不充分表决放弃追收及若追收债权能否实现均不影响对曾某的行为造成A公司财产利益损失的认定。 3. 曾某不能提供4笔金额合共8,145,652.91元的应收债权的原始债权凭证，致使相关债权未能实现，应对A公司的8,145,652.91元损失承担损害赔偿责任。	1. 否。妥善保管并不是股东的义务，所以出现未能妥善保管的现象也不应追究股东的责任。 2. 否。（1）配合清算义务人不履行法定义务，并导致无法清算或造成损失，且不履行法定义务的行为与无法清算或者造成损失之间存在因果关系，对于没有因果关系的，配合清算义务人不承担责任。本案中，A公司管理人无法提供证据证明无法清偿的债务损失与曾某未提交完整财务账册之间具有因果关系。（2）对于4笔应收债权是否真实存在，有无超过诉讼时效及有无实际受偿等A公司均未提供证据证明，在A公司管理人未进行追收且A公司债权人会议亦表决同意放弃追收该4笔应收债权的情况下，A公司要求曾某对该4笔债权对应款项的损失承担赔偿责任缺乏理据。

（二）实务问题讨论

我国《企业破产法》上的破产民事责任制度可以分为以下三个部分：首先是破产企业董事、监事、高级管理人员民事责任制度；其次是债务人法定代表人等直接责任人员民事责任制度；最后是破产管理人民事责任制度。[①] 由以上三个部分构成的民事责任制度可以理解为广义的破产民事责任制度，而由该法第一百二十五条和第一百二十八条所构成的民事责任制度则可理解为狭义的破产民事责任制度。[②] 具体到破产衍生诉讼中，损害债务人利益赔偿纠纷的诉讼，涉及的民事责任制度为狭义的破产民事责任制度，涉及的主要责任承担主体为债务人的董事、监事、高级管理人员、法定代表人等有关人员。也有些学者直接将上述人员概括为广泛意义上的高管人员。[③] 在各国立法上，经营者个人对企业破产的责任承担主体规定有较大差异，英国主要指公司董事和影子董事；澳大利亚仅指董事；新西兰包括董事、经理和公司秘书。[④]

根据《企业破产法》第二十五条、第一百二十五条和第一百二十八条的规定，结合最高人民法院《关于债权人对人员下落不明或者财产状况不清的债务人申请破产清算案件如何处理的批复》第三款“债务人的有关人员不履行法定义务，人民法院可依据有关法律规定追究其相应法律责任；其行为导致无法清算或者造成损失，有关权利人起诉请求其承担相应民事责任的，人民法院应依法予以支持”的规定可知，损害债务人利益赔偿纠纷是指债务人的董事、监事、高级管理人员、法定代表人等有关人员不当执行职务或有破产法规定的损害债权人利益行为，造成债务人财产利益的损失，在破产程序中被要求承担损害赔偿责任而引发的纠纷。另外需要明确的是，《企业破产法》第十五条中的“有关人员”中的“其他经营管理人员”以及第一百二十八条中的“其他直接责任人员”应当是行为的实际决策者或行为负责人，而非被雇佣的具体办事人员，[⑤] 而股东并不在上述人员的范围之内。所以当股东并不担任负有领导公司职责的高级官员时，股东并不对损害债务人利益赔偿纠纷承担损害赔偿责任。

---

① 参见甘培忠、赵文贵：《论破产法上债务人高管人员民事责任的追究》，载《政法论坛》2008 年第 2 期，第 114 – 121 页。

② 参见付翠英：《简论新〈破产法〉上的破产民事责任》，载《〈企业破产法〉国际研讨会论文集》，第 139 页。

③ 参见王欣新、王雷祥：《论企业高管人员对破产可撤销行为的民事赔偿责任》，载《法治研究》2013 年第 6 期，第 56 – 61 页；张世君：《破产企业高管的公法责任》，载《中国矿业大学学报（社会科学版）》2014 年第 3 期，第 31 – 36 页。

④ 参见韩长印：《经营者个人对企业破产的责任》，载《法学评论》2003 年第 1 期，第 28 – 35 页。

⑤ 参见付翠英：《简论破产民事责任》，载《浙江工商大学学报》2008 年第 1 期，第 23 页。

但根据《民法典》第七十条的规定，股东作为清算义务人，怠于履行清算义务，对公司股东、债权人的合法利益造成损害的，应当承担相应的法律责任。① 需注意的是，清算义务人的清算义务与债务人企业及其内部相关人员在破产清算中的义务不能混淆，这是两个不同的概念。前者以在企业存在解散原因时对破产程序的提起为义务的履行，后者以全面配合管理人完成破产清算工作为义务的履行，确认义务是否履行的法律依据是《企业破产法》中的各项相关规定。② 因为在破产清算中“妥善保管”并不是股东的义务，所以出现未能“妥善保管”的现象也不应追究股东的责任。

二、相关人员违法经营或过错行为导致企业破产

（一）导引案例分析

高某等诉A公司等损害债务人利益赔偿纠纷案/浙江省温州市中级人民法院/（2016）浙03民终816号③

【裁判要点】

企业董事、监事或者高级管理人员违反忠实义务、勤勉义务，致使所在企业破产的，依法承担民事责任。承担民事责任需要证明企业的董事、监事或者高级管理人员存在侵权行为、债务人利益受到损害、损害行为与损害结果之间存在因果关系，以及董事、监事或者高级管理人员在为侵权行为时存在故意或重大过失的心理状态。

【基本案情】

B公司等四公司与A公司就合伙经营国际转口贸易达成合意，于2011年11月5日签订了一份《合伙经营协议书》，并将投资款1500万元转入A公司法定代表人、执行董事、总经理高某账户。但是，高某、阮某（系A公司监事）却将

---

① 某制鞋厂与张某清算责任纠纷上诉案，福建省泉州市中级人民法院（2016）闽05民终5471号民事判决书；A公司等与某合伙企业股权转让纠纷案，北京市第三中级人民法院（2016）京03民终1283号民事判决书；A公司与B公司等借款合同纠纷案，北京市房山区人民法院（2019）京0111民初203号民事判决书。

② 参见王欣新：《论清算义务人的义务及其与破产程序的关系》，载《法学杂志》2019年第12期，第24－31页。

③ 相关案件：A公司与高某、阮某损害债务人利益赔偿纠纷案，浙江省瑞安市人民法院（2015）温瑞商初字第319号民事判决书。

应由公司操作的资金用于偿还阮某个人债务，损害了A公司的利益。高某、阮某的损害行为致使A公司负担了巨额债务，并直接导致A公司被债权人申请破产，因此，高某、阮某应承担损害赔偿责任。

【一审判决结果】

1. 高某、阮某于判决生效之日起10日内共同赔偿A公司经济损失1125万元及其利息；

2. 驳回A公司的其他诉讼请求。

【一审判决思路】

因四案外人与A公司已就合伙经营国际转口贸易达成合意，当C公司取得的贷款1500万元于2011年11月1日经D公司转入A公司法定代表人高某的账户之后，虽然该款项未直接转入A公司的银行账户，但亦应视为对A公司完成了投资款的观念交付，理由为：无论当时高某的银行卡是由高某实际使用，还是由阮某实际使用，由于高某系A公司的法定代表人、执行董事兼总经理，阮某系A公司的监事，该款项实际已经处于A公司的控制之下，况且，从A公司的法定代表人高某于2012年7月11日签署的决议书中记载的内容“A公司对现操作的1125万元”来看，A公司在事后对收到投资款的事实亦予以确认。A公司收到的投资款理应用于合伙经营国际转口贸易，但是高某、阮某（若如被告高某所言）却将应由公司操作的资金用于偿还阮某个人债务，已经损害了A公司的利益。退而言之，即使认定A公司未收到投资款，或者高某对投资款流向原先并不知情，则高某、阮某在A公司没有收到投资款也没有任何利益的情况下，于2012年7月11日仍然一致同意以A公司名义签署决议书，使A公司承担巨额债务，亦已违反了对A公司的忠实义务，损害了公司的利益。如果高某于2012年7月11日签署决议书是经股东会决议授权，则高某、阮某作为A公司的股东，作出让A公司承担巨额债务的决议也属于滥用股东权利损害公司利益的行为。综上，高某、阮某存在违反法定义务损害公司利益的行为。高某、阮某的损害行为致使A公司负担了巨额债务，并直接导致A公司被债权人申请破产。因此，高某、阮某应承担损害赔偿责任，赔偿的范围为A公司所遭受的经济损失，即（2012）温瑞商初字第3807号民事判决书所确定的A公司应承担的债务数额。

【二审判决结果】

驳回上诉，维持原判。

【二审判决思路】

上诉人高某作为A公司的法定代表人及执行董事，对A公司负有忠实勤勉义务。二审中各方当事人的争议焦点为：上诉人高某对A公司处置1125万元是否存在故意或重大过失以及是否应承担相应的赔偿责任。

上诉人认为A公司并未收到并实际控制涉案的1125万元，但生效的（2012）温瑞商初字第3807号民事判决已经认定A公司实际控制该1125万元并判决A公司清偿B公司等四案外人1125万元投资款及支付利息损失，上诉人没有提供充分的证据推翻生效判决所认定的事实，法院对其主张不予采信。《企业破产法司法解释（二）》第十八条规定："管理人代表债务人依据企业破产法第一百二十八条的规定，以债务人的法定代表人和其他直接责任人员对所涉债务人财产的相关行为存在故意或者重大过失，造成债务人财产损失为由提起诉讼，主张上述责任人员承担相应赔偿责任的，人民法院应予支持。"上诉人作为A公司的法定代表人，在A公司收到涉案的1125万元款项后，没有将该款项用于公司的生产经营等事项，反而将该款用于偿还A公司股东及监事阮某的个人债务，严重损害公司利益，应承担赔偿责任。上诉人主张其作为法定代表人未实际控制其名下的银行卡，公司实际控制人是阮某，但该主张并不免除其作为对公司负有忠实勤勉义务的法定代表人，应对相关行为存在故意或者重大过失承担的赔偿责任。

【一审、二审法院审理思路对比总结】

类目	一审	二审
裁判结果	1. 高某、阮某于判决生效之日起10日内共同赔偿A公司经济损失1125万元及其利息。 2. 驳回A公司的其他诉讼请求。	驳回上诉，维持原判。
争议焦点	1. 高某是否存在侵权行为。 2. A公司的利益是否受到损害。 3. 损害行为与损害结果之间是否存在因果关系。	1. 高某对A公司处置1125万元是否存在故意或重大过失。 2. 高某是否应承担相应的赔偿责任。

续表

类目	一审	二审
回应	1. 是。高某、阮某将应由公司操作的资金用于偿还阮某个人债务。 2. 是。此行为严重损害了 A 公司的利益。 3. 是。高某、阮某的损害行为，致使 A 公司负担了巨额债务，并直接导致 A 公司被债权人申请破产。	1. 是。上诉人作为 A 公司的法定代表人，在 A 公司收到涉案的 1125 万元款项后，没有将该款项用于公司的生产经营等事项，反而将该款用于偿还 A 公司股东及监事阮某的个人债务，存在明显故意或者重大过失。 2. 是。高某作为法定代表人未实际控制其名下的银行卡，公司实际控制人是阮某，不能作为法定代表人免除对公司负有忠实勤勉义务的理由。

（二）实务问题讨论

法院受理破产申请前，企业董事、监事或者高级管理人员违反忠实义务、勤勉义务，致使所在企业破产的，依法承担民事责任，此种损害债务人利益赔偿纠纷类型主要应用的法条有《企业破产法》第一百二十五条，并且通常和《公司法》中的第一百四十七条和第一百四十九条关联适用，其中关于董事等对公司负有忠实义务与勤勉义务的精神也是一脉相承。① 《企业破产法》第一百二十五条更多地被理解为针对导致公司陷入破产状态的责任，不包括已经陷入或者将要陷入破产状态后，减损公司财产，致使债权人损害的责任的行为。②

针对上述主体而言，构成该项民事责任的要件包括：(1) 主体系基于履行职务而产生的责任且这种责任在公司破产清算前未被公司或股东追究；(2) 产生该责任的原因是企业董事、监事或者高级管理人员在履行职务的过程中违反法律规定的其应遵守的忠实义务和勤勉义务，导致所在企业破产；(3) 责任产生于企业破产之前的经营管理过程之中，而非破产程序中。③ 从承担责任的方式来看，受

① 参见王卫国：《破产法精义》(第 2 版)，法律出版社 2020 年版，第 392 页。

② 参见张学文：《公司破产边缘董事不当激励的法律规制》，载《现代法学》2012 年第 6 期，第 93 - 103 页；胡晓静：《公司破产时董事对债权人责任制度的构建——以德国法为借鉴》，载《社会科学战线》2017 年第 11 期，第 230 - 239 页。

③ 参见杨森主编：《破产法学》，中国政法大学出版社 2008 年版，第 175 - 176 页。

害人可以针对企业董事、监事或者高级管理人员违反忠实义务和勤勉义务造成的损失要求承担返还财产、赔偿损失的民事责任。其中，承担责任的范围以其违法行为给受害人造成的损失为限。

《企业破产法》第一百二十五条中，要求企业董事、监事或者高级管理人员承担民事责任的前提为上述相关人员没有尽到忠实义务与勤勉义务，具有侵害债务人的行为。那么在实践中，企业的董事、监事和高级管理人员通常具有哪些行为才可以被认定为侵害了破产企业的利益，没有尽到忠实义务与勤勉义务呢？可以总结为以下几点：

1. 非正常收入和侵占企业财产的行为

《企业破产法》第三十六条规定："债务人的董事、监事和高级管理人员利用职权从企业获取的非正常收入和侵占的企业财产，管理人应当追回。"本条是管理人应当追回财产的规定。其中，非正常收入不包括上述人员依据劳动合同的规定从企业获得的正当工资、津贴、奖金等。在（2015）嘉善商初字第1431号案①中，被告吴某、周某系原告破产企业的董事长和总经理，在公司经营不善临近破产时利用职权将公司账款转入自己账户，该行为违反《企业破产法》及相关司法解释，对于该部分领款应予返还。但如果有关人员在经营过程中存在代为垫付工资、货款等情况，在管理人起诉其对债务人资产的侵占时，有关人员可以将代为垫付的部分与管理人主张侵占的部分进行比较，进而抵消。② 另外需要注意的是，若个人挪用公司资金、③ 将公司资金以其个人名义④或者以其他个人名义开立账户存储等行为属于正常执行职务的行为，则管理人的诉求可能不会得到支持。⑤

2. 玩忽职守、懈怠职务的行为

维护企业正常运作的董事、监事和高级管理人员玩忽职守、懈怠职务，必将

① A公司诉吴某等损害债务人利益赔偿纠纷案，浙江省嘉善县人民法院（2015）嘉善商初字第1431号民事判决书。

② A公司与阳某损害债务人利益赔偿纠纷案，重庆市铜梁区人民法院（2019）渝0151民初3627号民事判决书。

③ A公司与杨某、郭某损害债务人利益赔偿纠纷案，山东省威海经济技术开发区人民法院（2020）鲁1092民初940号民事判决书。

④ A公司与于某损害债务人利益赔偿纠纷案，广东省深圳市中级人民法院（2018）粤03民初1331号民事判决书。

⑤ A公司与阳某损害债务人利益赔偿纠纷案，重庆市铜梁区人民法院（2019）渝0151民初3627号民事判决书。

是导致企业破产的重要原因之一。比如（2017）京民终308号案[①]，本案未支持A公司破产管理人大部分诉讼请求，源于A公司高级管理人员刘某、侯某、韩某违反对公司的忠实、勤勉义务，未妥善保管A公司原始财务凭证的过错行为，侯某、韩某在答辩中亦明确承认本案产生的原因在于“账务处理、账务手续方面存在不规范，导致当期账务不当处理，造成账实不符，引发本案”。又如在（2021）粤2071民初122号案[②]中的争议焦点就在于潘某豪、潘某卿是否存在怠于履行法定义务并损害破产债务人利益的行为。

3. 其他重大过失行为

该项可以包括管理者的盲目投资行为脱离企业实际，导致企业破产；抑或董事、监事和高级管理人员违反竞业禁止义务，未经股东会或者股东大会同意，利用职务便利为自己或者他人谋取属于公司的商业机会，自营或者为他人经营与所任职公司同类的业务，导致公司利益遭受严重损失；或者是董事、监事和高级管理人员泄露商业秘密，特别是那些依靠企业独有秘密纵横市场的企业，比如可口可乐公司；另外也可以是违反公司章程的规定，未经股东会、股东大会或者董事会同意，将公司资金借贷给他人、以公司财产为他人提供担保或者是与本公司订立合同或者进行交易等行为。

另外需要明确的是，相关人员承担赔偿责任不止是具有非正常收入和侵占企业财产的行为、玩忽职守、懈怠职务等行为即可，在违法经营或过错行为导致公司破产需破产人员承担赔偿责任项下，损害结果、主观过错以及违法行为和损害结果之间的因果关系证明都缺一不可，否则将面临败诉风险，这也为管理人提出了较高的履职要求。比如在（2020）鲁1092民初940号案[③]中，被告虽承认已实际收到涉案货款，但已提供证据证实相应款项已用于偿还A公司的债务。A公司相应账簿记载内容与实际严重不符，被告将公司货款在账外使用的行为不当，但原告不能证实该宗款项由被告私自占有，则原告基于涉案货款要求被告承担赔偿

---

① A公司与韩某等损害债务人利益赔偿纠纷案，北京高级人民法院（2017）京民终308号民事判决书。

② A公司、潘某豪等损害债务人利益赔偿纠纷案，广东省中山市第一人民法院（2021）粤2071民初122号民事判决书。

③ A公司与杨某、郭某损害债务人利益赔偿纠纷案，山东省威海经济技术开发区人民法院（2020）鲁1092民初940号民事判决书。

责任，法院不予支持。

综上所述，只有在相关人员没有尽到忠实义务与勤勉义务，存在故意或重大过失侵害债务人利益的行为导致企业破产时，相关人员才会承担损害赔偿责任。

三、偏颇清偿行为

（一）导引案例分析

A公司诉张某杰、郑某平、张某迪损害债务人利益赔偿纠纷二审民事案/浙江省温州市中级人民法院/（2014）浙温商终字第839号①

【裁判要点】

破产企业法定代表人及其他责任人员若对身份不明的债权人进行个别清偿导致无法追索的后果存在故意或重大过失，应当承担相应的赔偿责任。

【基本案情】

A公司自2007年6月21日起变更为港资独资企业，股东为B公司，张某杰为法定代表人。

2012年9月19日，A公司以公司资产不足以清偿全部债务但仍有拯救生机为由申请重整，2012年9月26日该院作出（2012）温龙破（预）字第2号民事裁定书，依法裁定A公司重整；2012年10月10日该院作出（2012）温龙破字第2-1号决定书，指定浙江天经律师事务所担任A公司管理人；2013年5月20日该院作出（2012）温龙破字第2-1号民事裁定书，终止A公司重整程序，宣告A公司破产。经审计发现，A公司于2012年6月20日至2012年9月2日归还丁某借款金额合计3,318,910元。

【一审判决结果】

1. 被告张某杰于本判决生效之日起10日内赔偿原告A公司3,318,910元；
2. 驳回原告A公司的其他诉讼请求。

【一审判决思路】

由丁某出具的《领款凭证》，上面已注明系“收回借款”，丁某作为个别债

① 相关案件：A公司与张某杰、郑某平等损害债务人利益赔偿纠纷案，浙江省温州市龙湾区人民法院（2013）温龙开商初字第316号民事判决书。

权人，构成个别清偿。由于《领款凭证》形成于2012年6月20日至9月2日，而A公司已于2012年9月26日进入重整程序，故个别清偿行为确系发生在破产申请受理前6个月内，而且根据A公司出具的资产负债表，截至2012年6月10日该公司已经资不抵债，明显缺乏清偿能力。此时发生债务个别清偿，将破坏破产债权平等原则，损害其他债权人利益，并不能使债务人财产受益，因此，A公司对丁某的清偿属于《企业破产法》第三十二条规定的个别清偿行为。《企业破产法》第一百二十八条规定："债务人有本法第三十一条、第三十二条、第三十三条规定的行为，损害债权人利益的，债务人的法定代表人和其他直接责任人员依法承担赔偿责任。"《企业破产法司法解释（二）》第十八条规定："管理人代表债务人依据企业破产法第一百二十八条的规定，以债务人的法定代表人和其他直接责任人员对所涉债务人财产的相关行为存在故意或者重大过失，造成债务人财产损失为由提起诉讼，主张上述责任人员承担相应赔偿责任的，人民法院应予支持。"由于债务人即A公司对丁某的个别清偿，且张某杰未能提供领款人丁某的详细身份信息，其提供的丁某身份线索该院经公安人口信息查询后亦无法获得确认，导致A公司无法向丁某追偿已个别清偿的3,318,910元，造成A公司及其债权人相应的利益受损。张某杰作为A公司的法定代表人兼执行董事对A公司的个别清偿行为负有过错，在A公司无法向丁某追索的情况下应承担相应的赔偿责任，A公司要求其赔偿3,318,910元的诉讼请求该院予以支持。

郑某平作为A公司的会计，其做账行为系履行职务，没有证据证明郑某平担任A公司监事一职并存在过错，A公司要求其承担赔偿责任无事实与法律依据，该院不予支持。同时，亦没有证据证明张某迪担任A公司监事一职并存在过错，其介绍A公司向丁某借款的行为并不构成承担责任的法定理由，A公司要求其承担赔偿责任无事实与法律依据，该院不予支持。

【二审判决结果】

1. 撤销温州市龙湾区人民法院（2013）温龙开商初字第316号民事判决书；
2. 张某迪、张某杰于本判决生效之日起10日内赔偿上诉人A公司3,318,910元；
3. 郑某平对第二项判决款项在2,404,410元范围内承担共同赔偿责任。

【二审判决思路】

1. 关于被上诉人郑某平、张某迪与A公司关系的问题。2005年6月7日的章程第十二条针对的是股东出资效力的问题，并不影响章程的生效。第四十六条虽然规定本章程经全体股东签名、盖章，在公司注册后生效，但因公司经营管理不规范，对外以2007年4月26日签订的章程进行工商备案，未真实反映公司的客观情况。法院认为原审法院以章程未生效为由不予采纳应属不当，法院予以纠正。根据2005年6月7日章程第三十三条的内容，郑某平、张某迪分别担任A公司的监事长、监事。A公司的财务凭证反映郑某平系财务主管，其认为只是名义上的财务主管，缺乏依据，本案不予采信。

2. 关于被上诉人郑某平、张某迪是否应对A公司向丁某个别清偿的行为承担赔偿责任的问题。《企业破产法》第一百二十八条规定："债务人有本法第三十一条、第三十二条、第三十三条规定的行为，损害债权人利益的，债务人的法定代表人和其他直接责任人员依法承担赔偿责任。"《企业破产法司法解释（二）》第十八条规定："管理人代表债务人依据企业破产法第一百二十八条的规定，以债务人的法定代表人和其他直接责任人员对所涉债务人财产的相关行为存在故意或者重大过失，造成债务人财产损失为由提起诉讼，主张上述责任人员承担相应赔偿责任的，人民法院应予支持。"张某迪作为A公司的监事及股东，介绍丁某借款给A公司，并以自己的名义持丁某的凭证向A公司管理人申报债权，足见其与丁某关系特殊，但未能提供丁某的详细身份信息，导致A公司无法向丁某追讨个别清偿的3,318,910元，应承担赔偿责任。郑某平作为A公司的监事长以及财务主管，其对公司的财务行为应尽到勤勉义务。公司资产负债表显示A公司于2012年5月31日已资不抵债，鉴于2012年6月20日的614,500元、7月11日的300,000元领款凭证系张某杰审批，故郑某平对该两张收款收据合计914,500元不应承担赔偿责任。但在其他六张领款凭证均无任何审批，且公司财务也未核实丁某身份的情况下，对其个别清偿，郑某平作为财务主管又系张某迪持丁某向A公司管理人申报债权的受委托人，应承担赔偿责任。法院认为郑某平、张某迪应属A公司向丁某个别清偿的"其他直接责任人员"，但郑某平、张某迪均未能提供丁某的详细身份信息，导致A公司无法向丁某追讨个别清偿的3,318,910元，存在故意或重大过失，依法承担赔偿责任。

【一审、二审法院审理思路对比总结】

类目	一审	二审
裁判结果	1. 被告张某杰于本判决生效之日起10日内赔偿原告A公司3,318,910元。 2. 驳回原告A公司的其他诉讼请求。	1. 撤销温州市龙湾区人民法院（2013）温龙开商初字第316号民事判决书。 2. 张某迪、张某杰于本判决生效之日起10日内赔偿上诉人A公司3,318,910元。 3. 郑某平对第二项判决款项在2,404,410元范围内承担共同赔偿责任。
争议焦点	1. 关于是否构成个别清偿行为的问题。 2. 关于张某杰、郑某平、张某迪是否应该承担相应的赔偿责任的问题。	1. 关于被上诉人郑某平、张某迪与A公司关系的问题。 2. 关于被上诉人郑某平、张某迪是否应对A公司向丁某个别清偿的行为承担赔偿责任的问题。
回应	1. 构成。丁某是个别债权人，且该个别清偿行为确系发生在破产申请受理前6个月内，而且根据A公司出具的资产负债表，截至2012年6月10日该公司已经资不抵债，明显缺乏清偿能力。 2. 张某杰应承担赔偿责任，郑某平和张某迪不承担赔偿责任。张某杰作为A公司的法定代表人兼执行董事对A公司的个别清偿行为负有过错，且该行为造成A公司及其债权人相应的利益受损；但没有证据证明张某杰和郑某平存在过错。	1. 郑某平、张某迪分别担任A公司的监事长、监事。 2. 是。郑某平作为A公司的监事长以及财务主管，没有对公司的财务行为尽到勤勉义务。张某迪作为A公司的监事及股东，介绍丁某借款给A公司，并以自己的名义持丁某的凭证向A公司管理人申报债权，足见其与丁某关系特殊，但未能提供丁某的详细身份信息，导致A公司无法向丁某追讨个别清偿的款项，应承担赔偿责任。

（二）实务问题讨论

偏颇清偿行为又称优惠清偿行为，指债务人在法定期间内，以提前偿还未到期债务、对原无财产担保的债务人提供财产担保等方式，使特定债权人取得原先没有的优先受偿地位、获得更多清偿。[①] 简单对偏颇清偿的行为概括可分为三类：对未到期的债务提前清偿、对没有财产担保的债务提供财产担保以及危机期间的个别清偿行为。上述偏颇清偿行为均为可撤销行为，管理人有权请求人民法院予以撤销。《企业破产法》第一百二十八条中规定的赔偿责任是一种补充的责任，以有损害存在作为承担民事责任的构成要件，以填补损害作为承担责任的结果，以造成不能追回的财产损失为赔偿范围。债务人的法定代表人和其他直接责任人员承担赔偿责任的前提：一是在破产法规定的法定期间内从事了偏颇性转让的违反破产法规定的行为；二是管理人依诉讼方式撤销了以上行为，从而确定债务人的法定代表人和其他直接责任人员承担填补责任的范围。[②]

在实践中，根据偏颇清偿行为的类型不同，可能面对的诉讼难点也不同。比如在未到期债务提前清偿案件中，清偿债务的履行期届至与否；[③] 在对没有财产担保的债务提供财产担保的案件中，抵押担保的对象是否属于"没有财产担保的债务"；[④] 在企业危机期间进行个别清偿的案件中，"企业是否处于危机期间"等。[⑤] 另外，不同案件对《企业破产法》第一百二十八条中的"其他直接责任人员"的认定也存在分歧，有学者认为其他直接责任人员应当是行为的负责人和决策者而非被雇用的具体办事的人员，[⑥] 但在（2014）浙温商终字第839号案[⑦]中，直接责任人员不仅包括了企业的法定代表人、执行董事、监事长，而且包括了直接参与该行为的监事人员，即使该人员并非此行为的负责人和决策者，在（2018）甘01民初269号案[⑧]中也是如此，甚至将在企业中并未担任实际职务的股东作为直接责任人员，要求其承担赔偿责任。同样也有即使是与偏颇清偿行为

① 参见王欣新：《破产法》（第4版），中国人民大学出版社2019年版，第158页。

② 参见甘培忠、赵文贵：《论破产法上债务人高管人员民事责任的追究》，载《政法论坛》2008年第2期，第114－121页。

③ A公司破产撤销权纠纷案，上海市第三中级人民法院（2021）沪03民终9号民事判决书。

④ A公司管理人诉B公司破产撤销权纠纷案，广东省深圳市中级人民法院（2019）粤03民初259号民事判决书。

⑤ A公司诉张某杰、郑某平、张某迪损害债务人利益赔偿纠纷案，浙江省温州市中级人民法院（2014）浙温商终字第839号民事判决书。

⑥ 参见付翠英：《简论破产民事责任》，载《浙江工商大学学报》2008年第1期，第23页。

⑦ A公司诉张某杰、郑某平、张某迪损害债务人利益赔偿纠纷案，浙江省温州市中级人民法院（2014）浙温商终字第839号民事判决书。

⑧ A公司破产管理人与张某损害债务人利益赔偿纠纷案，甘肃省兰州市中级人民法院（2018）甘01民初269号民事判决书。

有关的负责人，但因为并未参与而不承担损害债务人利益赔偿责任的情况。①

总结有关人员对偏颇清偿行为承担破产责任的条件为：（1）时间上，企业已经进入无力清偿的状态；（2）行为上，进行了偏颇清偿的行为，具体为对未到期的债务提前清偿、对没有财产担保的债务提供财产担保或者危机期间的个别清偿行为；（3）主体上，债务人的法定代表人和其他直接责任人员，但其他直接责任人员的认定在实践中尚存在分歧；（4）心态上，明知或应知在有限的破产财产里进行偏颇清偿会导致其他债权人本应得到的分配额无法得到满足，但为了个人目的而故意为之；（5）结果上，实际损害了债权人的利益；（6）因果关系上，相关人员的偏颇清偿行为与债权人实际利益的损害具有直接因果关系。

四、破产欺诈行为

（一）导引案例分析

A公司、许某飞损害债务人利益赔偿纠纷再审审查与审判监督民事裁定书/安徽省高级人民法院/（2020）皖民申40号②

【裁判要点】

破产企业有关人员承担损害债务人利益赔偿纠纷的民事赔偿责任，具体到因为破产欺诈行为而承担的民事赔偿责任，需要证明有关人员存在《企业破产法》中第三十一条和第三十三条规定的相关破产欺诈行为，否则无法据此要求相关人员承担赔偿责任。

【基本案情】

2010年2月26日，原审被告许某飞、许某波出资设立A公司，许某飞担任执行董事（法定代表人）。2016年8月15日，法院裁定受理A公司破产重整申请，并指定管理人。管理人接管债务人公司财产以后，委托会计师事务所对该公司的财产进行审计，经审计发现，2010年3月11日至2010年10月29日，被告利用实际控制该公司且担任公司法定代表人及股东的职务便利，将公司资金9500

① A公司与江某1、江某2等损害债务人利益赔偿纠纷案，浙江省常山县人民法院（2016）浙0822民初2827号民事判决书。

② 相关案件：A公司与许某飞、许某波损害债务人利益赔偿纠纷一审民事案，安徽省池州市贵池区人民法院（2017）皖1702民初5457号民事判决书；A公司、许某飞损害债务人利益赔偿纠纷二审民事案，安徽省池州市中级人民法院（2018）皖17民终988号民事判决书。

万元转付与许某、B公司。

【一审判决结果】

判决驳回A公司的诉讼请求。

【一审判决思路】

原告认为被告滥用股东权利。所谓公司滥用股东权利，损害公司利益而产生的损害赔偿请求权，应当至少基于三点：一是股东利用的是股东的权利，二是该权利的使用构成滥用，三是损害了公司利益。何为股东权利？概括而言，股东权利包括财产权和管理参与权。财产权一般包括股份转让权、股息红利分配请求权、优先认购新股权等，管理参与权一般包括股东会临时召集请求权或自行召集权、出席股东会并行使表决权、对公司经营的建议和质询权。一般而言，股东财产权是一种请求权，很难构成滥用，股东管理参与权基于表决权，有可能构成对公司利益的损害。就本案而言，没有证据证明原审被告因为滥用股东权利而损害了公司利益，甚至没有证据证明两原审被告利用了股东权利，何来滥用。当然，法律不仅规定了公司股东不得滥用股东权利，同时规定了公司的控股股东、实际控制人以及董事、监事、高级管理人员不得利用其关联关系损害公司利益，后一种禁止行为基于原审原告请求，不属于本案审理之范围。

【二审判决结果】

驳回上诉，维持原判。

【二审判决思路】

本案中，A公司提供的证据仅能证明2010年3月11日至10月29日许某飞在任A公司法定代表人并持有A公司80%股权期间，A公司有陆续向许某、B公司汇款的行为，但其并未提供充分证据证明该汇款行为存在逃避债务或是虚构债务、承认不真实的债务的情形，而依据《企业破产法》第三十三条的规定，涉及债务人财产的下列行为无效：（一）为逃避债务而隐匿、转移财产的；（二）虚构债务或者承认不真实的债务的。第一百二十八条规定，债务人有本法第三十一条、第三十二条、第三十三条规定的行为，损害债权人利益的，债务人的法定代表人和其他直接责任人员依法承担赔偿责任。《企业破产法司法解释（二）》第十八条规定，管理人代表债务人依据企业破产法第一百二十八条的规定，以债务人的法定代表人和其他直接责任人员对所涉债务人财产的相关行为存在故意或者重大过失，造成债务人财产损失为由提起诉讼，主张上述责任人员承担相应赔偿责任的，人民法院应予支持。A公司上诉主张本案应该适用上述法律规定，但对其主张并未提供充分证据予以证明，应承担举证不能的法律后果。一审法院依据《民事诉讼法》第六十四条的规定驳回A公司的诉讼请求，并无不当。

【再审判决结果】

驳回A公司的再审申请。

【再审判决思路】

A公司提供的证据仅能证明2010年3月11日至10月29日许某飞在任A公司法定代表人并持有A公司80%股权期间，A公司有陆续向许某、B公司汇款的行为，但其并未提供充分证据证明该汇款行为存在逃避债务或是虚构债务、承认不真实的债务的情形，原审判决并无不当。

【一审、二审、再审法院审理思路对比总结】

类目	一审	二审	再审
裁判结果	判决驳回A公司的诉讼请求。	裁定驳回上诉，维持原裁定。	驳回A公司的再审申请。
争议焦点	被告是否存在滥用股东权利的行为。	汇款行为是否属于逃避债务或是虚构债务、承认不真实的债务的行为。	同二审一致。
回应	不存在。 1. 股东财产权是一种请求权，很难构成滥用，就股东管理参与权而言，没有证据证明被告因为滥用股东权利而损害了公司利益，甚至没有证据证明两被告利用了股东权利。 2. 如果从公司的控股股东、实际控制人以及董事、监事、高级管理人员不得利用其关联关系损害公司利益入手，该禁止行为基于原审原告请求，不属于本案审理之范围。	否。只能证明许某飞在任A公司法定代表人并持有A公司80%股权期间，A公司有陆续向许某、B公司汇款的行为，但其并未提供充分证据证明该汇款行为存在逃避债务或是虚构债务、承认不真实的债务的情形。	同二审一致。

（二）实务问题讨论

破产欺诈行为是指有关人员在破产程序开始前的法定期间内以及在企业处于无力清偿状态时，通过隐瞒真实情况或者制造虚假情况的行为，减少破产财产或者增加破产财产负担，或使破产财产状况不明，进而损害债权人利益的行为。[①]具体到《企业破产法》中体现在第三十一条第一款第一项、第二项和第五项，人民法院受理破产申请前一年内，涉及债务人财产的无偿转让财产行为、以明显不合理的价格进行交易的行为和放弃债权的行为，以及《企业破产法》第三十三条规定的为逃避债务而隐匿、转移财产的行为和虚构债务或者承认不真实债务的行为。这些违法行为对破产程序开始前的债务人进行加害，具有恶意欺诈性质，不仅影响破产案件的审理进程，而且还破坏债务的公平清偿，损害其他债权人的利益，扰乱市场经济秩序，所以必须坚决依法予以制裁。

破产欺诈行为与偏颇清偿行为不同，其不仅包括可撤销行为，还包括破产无效行为。破产行为无效制度和撤销权制度均是为了保护债权人的整体利益，纠正破产程序开始前的债务人加害行为，具有相同功能，但二者在权利性质与效力、行使权利的主体与方式、涉及行为的范围与权利除斥期间和实效期间均不同。[②]但欺诈行为与偏颇清偿行为的责任承担方式和赔偿范围一致，均是一种损害赔偿责任，以有损害存在作为承担民事责任的构成要件，同时以填补损害作为法定代表人承担责任的结果。该损失是指破产财产的减少以降低破产债权人的清偿。责任主体承担的赔偿范围以其行为造成不能追回的财产损失为限。[③]

五、违反协助义务的行为

（一）导引案例分析

A公司与王某等损害债务人利益赔偿纠纷民事一审案件民事判决书/上海市第三中级人民法院/（2021）沪03民初162号

【裁判要点】

拒不配合清算行为而导致损失，在行为性质上属于侵权行为，应当按照侵权

---

① 参见王艳华主编：《破产法学》，郑州大学出版社2009年版，第342页。

② 参见王欣新：《破产法》（第4版），中国人民大学出版社2019年版，第133－134页。

③ 参见付翠英：《简论破产民事责任》，载《浙江工商大学学报》2008年第1期，第24页。

责任的构成要件予以认定，即有关人员不配合清算的行为、主观过错、损害后果以及不配合清算的行为与损害后果之间具有法律上的因果关系。

【基本案情】

A公司于1995年7月12日登记设立，工商备案的公司法定代表人、执行董事为王某。经债权人申请，上海市第三中级人民法院于2020年8月3日裁定受理A公司破产清算并指定管理人。在破产程序中，管理人分别向王某的户籍地寄送民事裁定书、民事决定书等，要求其履行配合清算义务，但均遭退回。管理人又通过手机短信通知王某，要求其及时与管理人联系。但王某均未予以反馈，也未配合向管理人移交A公司的财产、印章和账簿、文书等资料。破产程序中，管理人调查A公司发现，A公司银行基本户自2015年起向王某转账资金超过1万元的有41笔，累计金额183万余元。转出理由大部分备注为“往来款”。

【判决结果】

被告王某应赔偿损失309,951.03元并归入债务人财产。

【判决思路】

破产债务人的有关人员不配合清算的行为导致债务人财产状况不明，致使管理人无法执行清算职务，给债权人利益造成损害，其应当承担相应民事责任。因拒不配合清算行为而导致损失，在行为性质上属于侵权行为，应当按照侵权责任的构成要件予以认定，即有关人员不配合清算的行为、主观过错、损害后果以及不配合清算的行为与损害后果之间具有法律上的因果关系。首先，王某作为债务人的法定代表人及执行董事，依照《企业破产法》第十五条的规定，负有保管财产、印章和账簿、文书等资料及如实回答法院、管理人、债权人询问的义务，但其在管理人多次通知其履行配合义务的情形下，仍拒不配合，主观故意明显。其次，根据破产程序中审核认定的债权表，A公司的债权人合计有309,951.03元未获清偿。最后，被告王某拒绝配合的行为致使管理人无法接管到债务人财产、印章和账簿、文书等资料，阻碍了管理人追收财产等工作的正常开展，管理人也无法彻底查清A公司财产状况以及A公司银行账户向王某银行账户多笔高额转账的行为是否存在有关人员侵害公司利益的情况。由此可见，被告王某的行为已致使管理人无法执行清算职务，并给债权人利益造成了损失。因此，被告王某应承担赔偿责任。

（二）实务问题讨论

《企业破产法》第十五条具体规定了有关人员违法协助义务的行为，其中包括了以下五种类型：（1）妥善保管其占有和管理的财产、印章和账簿、文书等资料；（2）根据人民法院、管理人的要求进行工作，并如实回答询问；（3）列席债权人会议并如实回答债权人的询问；（4）未经人民法院许可，不得离开住所地；（5）不得新任其他企业的董事、监事、高级管理人员。此类义务的承担主体第十五条也进行了规定，即包括企业的法定代表人，经人民法院决定，可以包括企业的财务管理人员和其他经营管理人员。

要求相关人员承担因违反协助义务的行为而导致的损害赔偿责任的法律依据仅有第十五条是不够的，在审判实务中，《企业破产法》第十五条通常和最高人民法院《关于债权人对人员下落不明或者财产状况不清的债务人申请破产清算案件如何处理的批复》第三款规定相结合。①

但需要注意的是《公司法司法解释（二）》第十八条以及《关于正确审理企业破产案件为维护市场经济秩序提供司法保障若干问题的意见》中，提及可以要求有限责任的股东、控股股东、实际控制人因违反协助义务而承担清偿责任，但《九民会议纪要》指出：人民法院在审理债务人相关人员下落不明或者财产状况不清的破产案件时，要避免不当突破股东有限责任原则。在判定债务人相关人员承担责任时，应当依照企业破产法的相关规定来确定相关主体的义务内容和责任范围，不得根据公司法司法解释（二）第十八条第二款的规定来判定相关主体的责任。结合《企业破产法》第十五条第二款，该责任的承担主体为企业法定代表人、企业的财务管理人员和其他经营管理人员，不宜将股东作为该责任的承担主体。

① A公司、某股份合作经济联合社等损害债务人利益赔偿纠纷案，广东省佛山市中级人民法院（2021）粤06民终5134号民事判决书；A公司管理人、钟某等损害债务人利益赔偿纠纷案，浙江省温岭市人民法院（2021）浙1081民初2850号民事判决书；A公司与马某等损害债务人利益赔偿纠纷案，北京市平谷区人民法院（2020）京0117民初4215号民事判决书；A公司、潘某豪等损害债务人利益赔偿纠纷案，广东省中山市第一人民法院（2021）粤2071民初122号民事判决书；A公司与王某等损害债务人利益赔偿纠纷案，上海市第三中级人民法院（2021）沪03民初162号民事判决书；A公司与高某损害债务人利益赔偿纠纷案，广东省深圳市龙岗区人民法院（2020）粤0307民初11148号民事判决书。

本专题小结

鉴于公司所有权和经营权相分离的特殊性，为保护股东和债权人的利益，要求企业相关人员承担相应的法律义务是非常必要的。[①] 就企业董事、监事、高级管理人员、法定代表人等有关人员承担企业破产民事责任的基础大致分为两类，即债权人利益保护理论和公司治理理论。

本专题主要详细地介绍了破产衍生诉讼中，损害债务人利益赔偿纠纷中有关人员的个人民事责任承担问题，但其实我国《企业破产法》不仅对企业董事、监事、高级管理人员、法定代表人等有关人员损害债务人利益的行为规定了民事责任的承担方式，而且还规定了刑事责任的承担方式。就刑事责任承担而言，我国《企业破产法》虽然对法律责任做了单独一章的规定，但和刑事责任有关的条款仅有一条，即第一百三十一条之规定："违反本法规定，构成犯罪的，依法追究刑事责任。"而和破产类犯罪有关的罪名则分散在刑法的各个章节中，比如：虚假破产罪，徇私舞弊造成破产亏损罪，隐匿、故意销毁会计凭证、会计账簿、财务会计报告罪以及《刑法修正案（六）》规定的破产欺诈罪。

确立经营者对债权人的个人责任实际上是基于对无担保债权人利益的考虑，因为无担保债权人在破产程序中的地位是比较低下的，破产清算程序的开始对无担保债权人而言不啻为"公共鱼塘"。[②] 为方便对企业董事、监事、高级管理人员、法定代表人等有关人员的民事责任进行追究，建议建立以管理人追究债务人相关人员民事责任的核心地位，《九民会议纪要》第一百一十八条也规定，管理人未主张上述赔偿，个别债权人可以代表全体债权人提起上述诉讼。在管理人能够主动履行职责的情况下，应排除债权人、债务人直接行使该项权利。管理人不履行该项职责的，债权人及债务人既可以向法院申请更换管理人，也可以经法院的同意直接行使追究债务人相关人员的民事责任的权利。此责任追究机制的建立

---

① 参见甘培忠、赵文贵：《论破产法上债务人高管人员民事责任的追究》，载《政法论坛》2008 年第 2 期，第 114 - 121 页。

② 参见韩长印：《经营者个人对企业破产的责任》，载《法学评论》2003 年第 1 期，第 28 - 35 页。

有助于防范债务人企业的高管滥用破产程序逃避债务，抑制负债企业的“跑路”现象，维护社会的基本诚信与道德秩序。①

附：本专题纠纷所涉高频法条索引

《企业破产法》

第十五条：

自人民法院受理破产申请的裁定送达债务人之日起至破产程序终结之日，债务人的有关人员承担下列义务：

（一）妥善保管其占有和管理的财产、印章和账簿、文书等资料；

（二）根据人民法院、管理人的要求进行工作，并如实回答询问；

（三）列席债权人会议并如实回答债权人的询问；

（四）未经人民法院许可，不得离开住所地；

（五）不得新任其他企业的董事、监事、高级管理人员。

前款所称有关人员，是指企业的法定代表人；经人民法院决定，可以包括企业的财务管理人员和其他经营管理人员。

第二十五条：

管理人履行下列职责：

（一）接管债务人的财产、印章和账簿、文书等资料；

（二）调查债务人财产状况，制作财产状况报告；

（三）决定债务人的内部管理事务；

（四）决定债务人的日常开支和其他必要开支；

（五）在第一次债权人会议召开之前，决定继续或者停止债务人的营业；

（六）管理和处分债务人的财产；

（七）代表债务人参加诉讼、仲裁或者其他法律程序；

（八）提议召开债权人会议；

（九）人民法院认为管理人应当履行的其他职责。

本法对管理人的职责另有规定的，适用其规定。

---

① 参见张世君：《破产企业高管对债权人损害赔偿的个人责任研究》，载《中国政法大学学报》2019年第5期，第65－75页。

第三十一条：

人民法院受理破产申请前一年内，涉及债务人财产的下列行为，管理人有权请求人民法院予以撤销：

（一）无偿转让财产的；

（二）以明显不合理的价格进行交易的；

（三）对没有财产担保的债务提供财产担保的；

（四）对未到期的债务提前清偿的；

（五）放弃债权的。

第三十二条：

人民法院受理破产申请前六个月内，债务人有本法第二条第一款规定的情形，仍对个别债权人进行清偿的，管理人有权请求人民法院予以撤销。但是，个别清偿使债务人财产受益的除外。

第三十三条：

涉及债务人财产的下列行为无效：

（一）为逃避债务而隐匿、转移财产的；

（二）虚构债务或者承认不真实的债务的。

第三十四条：

因本法第三十一条、第三十二条或者第三十三条规定的行为而取得的债务人的财产，管理人有权追回。

第三十六条：

债务人的董事、监事和高级管理人员利用职权从企业获取的非正常收入和侵占的企业财产，管理人应当追回。

第一百二十五条：

企业董事、监事或者高级管理人员违反忠实义务、勤勉义务，致使所在企业破产的，依法承担民事责任。

有前款规定情形的人员，自破产程序终结之日起三年内不得担任任何企业的董事、监事、高级管理人员。

第一百二十七条：

债务人违反本法规定，拒不向人民法院提交或者提交不真实的财产状况说明、债务清册、债权清册、有关财务会计报告以及职工工资的支付情况和社会保险费用的缴纳情况的，人民法院可以对直接责任人员依法处以罚款。

债务人违反本法规定，拒不向管理人移交财产、印章和账簿、文书等资料的，或者伪造、销毁有关财产证据材料而使财产状况不明的，人民法院可以对直接责任人员依法处以罚款。

第一百二十八条：

债务人有本法第三十一条、第三十二条、第三十三条规定的行为，损害债权人利益的，债务人的法定代表人和其他直接责任人员依法承担赔偿责任。

《公司法》

第二十条：

公司股东应当遵守法律、行政法规和公司章程，依法行使股东权利，不得滥用股东权利损害公司或者其他股东的利益；不得滥用公司法人独立地位和股东有限责任损害公司债权人的利益。

公司股东滥用股东权利给公司或者其他股东造成损失的，应当依法承担赔偿责任。

公司股东滥用公司法人独立地位和股东有限责任，逃避债务，严重损害公司债权人利益的，应当对公司债务承担连带责任。

第一百四十七条：

董事、监事、高级管理人员应当遵守法律、行政法规和公司章程，对公司负有忠实义务和勤勉义务。

董事、监事、高级管理人员不得利用职权收受贿赂或者其他非法收入，不得侵占公司的财产。

第一百四十九条：

董事、监事、高级管理人员执行公司职务时违反法律、行政法规或者公司章程的规定，给公司造成损失的，应当承担赔偿责任。

《企业破产法司法解释（二）》

第十八条：

管理人代表债务人依据企业破产法第一百二十八条的规定，以债务人的法定代表人和其他直接责任人员对所涉债务人财产的相关行为存在故意或者重大过失，造成债务人财产损失为由提起诉讼，主张上述责任人员承担相应赔偿责任的，人民法院应予支持。

《公司法司法解释（二）》

第十八条：

有限责任公司的股东、股份有限公司的董事和控股股东未在法定期限内成立清算组开始清算，导致公司财产贬值、流失、毁损或者灭失，债权人主张其在造成损失范围内对公司债务承担赔偿责任的，人民法院应依法予以支持。

有限责任公司的股东、股份有限公司的董事和控股股东因怠于履行义务，导致公司主要财产、账册、重要文件等灭失，无法进行清算，债权人主张其对公司债务承担连带清偿责任的，人民法院应依法予以支持。

上述情形系实际控制人原因造成，债权人主张实际控制人对公司债务承担相应民事责任的，人民法院应依法予以支持。

专题十三 管理人纠纷

我国《企业破产法》的立法目的主要是实现对债权人利益的终极保护和对债务人的必要挽救与救济，形成健康的财务危机处理机制和有序的市场主体退出机制。[①] 因此在破产程序中引入管理人制度具有显著的意义。破产管理人既要维护债务人、债权人的利益，又要减轻法院的负担，破产管理人的决定直接影响到破产双方法益及社会公共利益，破产程序能否在公正、公平、高效的基础上进行和终结，是紧紧地与破产管理人联系在一起的。[②] 但在司法实务中可以发现，我国的管理人制度自创设以来面临很多问题。在实践中，管理人胜诉率极高，但这并不是因为管理人履职丝毫不存在任何问题，而大多是因为起诉人起诉技术存在问题。通常因法院受理案件管辖、诉讼请求是否符合受理范围、起诉主体是否适格等问题而在程序阶段夭折，即使进入到实体审理阶段，也因为不存在不可挽回的损害结果等而维权失败。

可以毫不夸张地说，在破产衍生诉讼中，整个破产程序几乎围绕破产管理人展开，破产管理人是否勤勉尽责、忠实地履行职务将对破产程序可否顺利、公平地推进，各方当事人的利益可否得到及时、有效地维护有着重要的作用。明确破产衍生诉讼中管理人纠纷的审理法院管辖、管理人之诉受案范围、诉讼主体资格

---

① 参见韩长印主编：《破产法学》（第2版），中国政法大学出版社2016年版，第13－15页。

② 参见张军：《论破产管理人的法律地位》，载《武汉大学学报（哲学社会科学版）》2012年第4期，第77－81页。

确认、管理人履行忠实义务和勤勉尽责的判断条件，以及管理人民事赔偿责任的构成要件等问题，对完善我国破产管理人法律制度设计、减少破产程序中的阻力具有重要意义。

一、管辖权问题

（一）导引案例分析

A 公司与某律师事务所等管理人责任纠纷管辖权异议上诉案/江西省高级人民法院/（2018）赣民辖终 18 号①

【裁判要点】

管理人责任纠纷在性质上属于侵权责任纠纷，诉争的标的若属于债务人的财产，则这一诉讼与债务人存在关联，属于“有关债务人的民事诉讼”，因此如果管理人责任之诉发生在破产程序尚未终结前，理应由受理破产案件的人民法院管辖，在破产程序中一并处理。

【基本案情】

某律师事务所被江西省南丰县人民法院依法指定担任债务人 B 公司破产案件的管理人，A 公司以某律师事务所在破产重整方案或财产处分方案未经审议的情况下，擅自处分债务人 B 公司已抵押给其的房产，且将出售价款挪作他用，侵害其抵押优先权为由，诉请赔偿其损失 23, 649, 554. 07 元。

【一审判决结果】

本案移送江西省南丰县人民法院处理。

【一审判决思路】

债务人 B 公司破产重整案件被江西省南丰县人民法院受理后，目前尚未审理终结，原告 A 公司在破产重整案件尚未审结的情况下，以某律师事务所未善尽管理人职责侵害其抵押优先权为由，诉请四名被告赔偿其损失 23, 649, 554. 07 元，其诉争的抵押权标的属于债务人的财产，这一诉讼与债务人存在关联，属于“有关债务人的民事诉讼”。

---

① 相关案件：A 公司与某律师事务所、付某管理人责任纠纷案，江西省抚州市中级人民法院（2017）赣 10 民初 125 号民事判决书。

最高人民法院《关于破产清算组在履行职责过程中违约或侵权等民事纠纷案件诉讼管辖问题的批复》① 规定："企业被宣告破产后，清算组因履行清算职责对他人违约或者侵权引起的民事诉讼，发生在破产程序终结之前的，由受理破产案件的人民法院管辖，在破产程序中一并处理。"该批复于2004年6月公布施行，至今有效，当时有关企业破产法律规定的清算组职责已被现行《企业破产法》规定的管理人取代，由于A公司起诉某律师事务所的案由是管理人责任纠纷，故本案诉讼管辖应该适用该批复的规定。据此，本案应由江西省南丰县人民法院管辖，被告某律师事务所、付某、周某、饶某对管辖权提出的异议成立。

【二审判决结果】

驳回上诉，维持原裁定。

【二审判决思路】

管理人责任纠纷的主要依据是《企业破产法》第一百三十条关于管理人给债权人、债务人或者第三人造成损失的，依法承担赔偿责任的规定。因管理人民事责任的承担由其自身财产予以支付，与管理人管理的债务人财产无关，故管理人责任纠纷不符合《企业破产法》第二十一条规定的"有关债务人的民事诉讼"的适用条件。

最高人民法院《关于破产清算组在履行职责过程中违约或侵权等民事纠纷案件诉讼管辖问题的批复》规定："企业被宣告破产后，清算组因履行清算职责对他人违约或者侵权引起的民事诉讼，发生在破产程序终结之前的，由受理破产案件的人民法院管辖，在破产程序中一并处理。"该批复系对清算组在履行职责过程中的违约、侵权或由此引起的民事诉讼案件管辖的规定，虽施行于现行《企业破产法》之前，但至今仍有效。本案系债权人以管理人某律师事务所在履行管理人职责过程中侵犯其财产权益而引发的管理人责任纠纷，可以参照适用该批复，即管理人责任纠纷案件由受理破产案件的人民法院管辖。因此，本案应由受理债务人B公司破产案件的江西省南丰县人民法院管辖。

---

① 最高人民法院《关于破产清算组在履行职责过程中违约或侵权等民事纠纷案件诉讼管辖问题的批复》，法释〔2004〕5号。

【一审、二审法院审理思路对比总结】

类目	一审	二审
裁判结果	本案移送江西省南丰县人民法院处理。	裁定驳回上诉，维持原裁定。
争议焦点	关于本案管理人责任纠纷管辖权归属的问题。	1. 关于本案是否属于《企业破产法》第二十一条规定的“有关债务人的民事诉讼”的问题。 2. 关于本案管辖可否适用最高人民法院《关于破产清算组在履行职责过程中违约或侵权等民事纠纷案件诉讼管辖问题的批复》的问题。
回应	应移送管辖。法律依据为《企业破产法》第二十一条与最高人民法院《关于破产清算组在履行职责过程中违约或侵权等民事纠纷案件诉讼管辖问题的批复》。	1. 不属于。管理人民事责任的承担由其自身财产予以支付，与管理人管理的债务人财产无关。 2. 可以适用。该批复系对清算组在履行职责过程中的违约、侵权或由此引起的民事诉讼案件管辖的规定。本案系债权人以管理人在履行管理人职责过程中侵犯其财产权益而引发的管理人责任纠纷，可以参照适用该批复。

（二）实务问题讨论

需要明确的是，本书主要涉及实务分析为破产衍生诉讼，破产衍生诉讼根据其概念应该为破产程序启动后至法院裁定批准重整计划或裁定终结破产程序前涉及债务人法律关系调整所产生的诉讼，[①] 所以我们从时间上将管理人责任之诉划分为自破产程序启动后至法院裁定批准重整计划或者裁定终结破产程序前。在如此限定的情况下，争议将大大减少，无论其是根据《企业破产法》第二十一条的规定，还是根据最高人民法院《关于破产清算组在履行职责过程中违约或侵权等民事纠纷案件诉讼管辖问题的批复》，都可以确定破产衍生诉讼中的管理人之诉

① 参见马俊勇：《破产衍生诉讼界定及管辖问题初探》，载《法制与社会》2020年第28期，第58－60页。

应由审理破产案件的法院进行管辖。

但《企业破产法》第二十一条是关于破产申请受理后有关债务人的民事诉讼案件管辖的规定，其明确指出“有关债务人的民事诉讼”，才可以向受理破产申请的人民法院提起。但管理人责任纠纷存在债权人和管理人为当事人的情形，管理人民事责任的承担由其自身财产予以支付，与管理人管理的债务人财产无关，对此在（2018）赣民辖终18号案[①]中，一审法院与二审法院就本案是否为“有关债务人的民事诉讼”作出了截然相反的认定，二审法院认为本案不属于与债务人有关的民事诉讼，可见此问题在实务中尚存争议。在（2015）琼民二初字第7号案[②]中，人民法院认为本案属于管理人责任纠纷，有关管理人因履行管理职责而引发的责任纠纷案件应由受理该企业破产案件的北京一中院管辖。在此种情形下，需要解释何为“有关债务人的民事诉讼”。从最高人民法院作出的指定管辖通知来看，最高人民法院是将管理人责任纠纷划归于破产衍生诉讼，因为属于与企业破产有关的纠纷，所以适用《企业破产法》第二十一条。并且从域外立法体例来看，大多数国家的破产法都规定，破产衍生诉讼案件专属于破产法院管辖，[③] 破产衍生诉讼作为一种有关债务人的民事诉讼，向受理破产申请的人民法院提起，由受理破产申请的人民法院集中管辖，似乎更符合立法精神。[④] “有关债务人的民事诉讼”既包括债务人作为原告或被告的民事诉讼，还应包括诉讼标的物涉及债务人的民事诉讼，即使诉讼标的不属于受理破产申请的人民法院管辖，该法院也具有专属管辖权，而不受级别管辖规定的限制。[⑤]

就最高人民法院《关于破产清算组在履行职责过程中违约或侵权等民事纠纷案件诉讼管辖问题的批复》而言，该批复现已被2020年12月23日出台的最高人民法院《关于废止部分司法解释及相关规范性文件的决定》废止，更何况，其

---

① A公司与某律师事务所等管理人责任纠纷管辖权异议上诉案，江西省高级人民法院（2018）赣民辖终18号民事判决书。

② A公司等诉B公司等纠纷案，海南省高级人民法院（2015）琼民二初字第7号民事判决书。

③ 参见雷震、帅晓东：《破产派生诉讼若干法律问题探讨》，载《人民司法》2010年第17期，第52－57页。

④ 根据全国人大常委会法制工作委员会编写的《〈中华人民共和国企业破产法〉释义及实用指南》对《企业破产法》第二十一条的释义精神，由受理破产程序的法院审理衍生破产案件，更能节约司法资源、提高审判效率，更能把握问题的主要矛盾和次要矛盾，从全局全貌上对案件作出正确裁判。

⑤ 参见刘子平：《破产债权确认诉讼制度研究》，载《法律适用》2007年第10期，第16－20页。

原本针对的就是破产程序结束之前的破产清算组违约或者侵权发生的民事纠纷。但在实践中，很多法院将管理人在履行职责过程中侵犯财产权益引发的纠纷对该批复进行了参照适用。

相关负责人专门指出，“该批复只对破产程序结束之前此类纠纷的处理作出了规定。对于破产程序结束之后发现的清算组违约或者侵权发生的诉讼纠纷如何处理，最高人民法院正在研究”。[①] 那么如果管理人之诉发生在法院裁定批准重整计划后或者裁定终结破产程序后，管理人责任纠纷的管辖法院应该如何确定，我们也可以从审判实践中寻找答案。

以（2019）云06民终358号案[②]为例，该案为管理人之诉发生在法院裁定批准重整计划后的典型案例，虽然破产程序原则上不逆转，但此类纠纷毕竟涉及破产程序基础事实和法律适用，因此按照破产法集中管辖的规定确定管辖法院更为适宜。2016年11月22日，永善县人民法院受理破产申请，同年12月9日指定被上诉人为破产管理人。2017年9月14日，永善县人民法院裁定批准上诉人A公司重整计划，终结清算程序。因为重整计划由债务人负责执行，但永善县人民法院批准上诉人的重整计划后，被上诉人并没有移交已经接管的上诉人财产和营业事务，因此上诉人认为管理人行为违反了管理人的法定义务，侵害了上诉人的合法权益，构成侵权。根据《企业破产法》第二十一条，人民法院认为法院受理破产申请后，有关债务人的民事诉讼，即债务人的债权人或债务人就债务人财产与债务人发生争议需要提起诉讼，只能向受理破产申请的法院提出，不能向其他法院提出，所以管理人责任纠纷，仍应向永善县人民法院起诉。

（2020）粤民辖终250号案[③]为管理人之诉发生在裁定终结破产程序后的典型案例，因为破产程序已经终结，所以按照侵权责任的规定进行普通管辖更为适宜，并且《九民会议纪要》第一百一十三条规定“因重整程序终止后新发生的

---

① 参见人民法院出版社：《司法解释理解与适用全集·民事诉讼》（卷4），人民法院出版社2018年版。

② A公司、某律师事务所管理人责任纠纷案，云南省昭通市中级人民法院（2019）云06民终358号民事判决书。

③ 某律师事务所、某商行管理人责任纠纷案，广东省高级人民法院（2020）粤民辖终250号民事判决书。

事实或者事件引发的有关债务人的民事诉讼，不适用《企业破产法》第21条有关集中管辖的规定”。本案争议焦点为是否属于《企业破产法》第二十一条规定的集中管辖的案件，原审法院已于2020年6月3日以（2020）粤20破40号之二民事裁定确定终结某电子厂破产清算程序，而本案立案时间为2020年7月16日，因此，某商行在某电子厂破产清算程序终结后才提起本案诉讼，本案并不存在与某电子厂破产清算案件相协调的必要，所以不属于《企业破产法》第二十一条规定的破产衍生诉讼。因其在性质上属于侵权责任纠纷，所以应适用《民事诉讼法》第二十九条“因侵权行为提起的诉讼，由侵权行为地或者被告住所地人民法院管辖”的规定确定管辖。

二、管理人责任之诉受案范围

（一）导引案例分析

B公司管理人责任纠纷申诉、申请民事案/江苏省高级人民法院/（2019）苏民申7601号①

【裁判要点】

债权人仅请求管理人履行具体职责而未要求管理人承担赔偿责任的诉请不符合破产管理人责任之诉的受理条件。

【基本案情】

A公司于2015年1月19日被一审法院裁定受理破产清算，法院指定某律所作为管理人进行清算工作。2017年6月15日，管理人向法院及债权人出具《A公司破产财产分配方案（草案）》，查明并认定A公司可供分配的财产总额为204,222,416元，经法院裁定按照上述财产总额对所有债权人进行了财产分配。B公司发现A公司尚有部分对外债权未被查明、清收，亦未被列入破产财产，属于A公司应收未收的债权达277,274,231.56元。管理人未依照《企业破产法》的规定忠实勤勉履行职责，不及时清收前述财产，也未向债权人通报前述财产情况，导致B公司巨额财产损失。B公司作为债权人，依法受偿的权利应予维护。2018年12月，B公司向一审法院提起民事诉讼：请求法院依法判令某律师事务

① 相关案件：B公司管理人责任纠纷案，江苏省镇江市中级人民法院（2019）苏11民终1085号民事判决书。

所履行管理人职责，对清算过程中未查明的破产财产进行查实、清收，依法就未查明的破产财产制作分配方案提请债权人讨论且由人民法院裁定进行分配，并由其承担本案全部诉讼费用。

【一审判决结果】

对B公司的起诉，不予受理。

【一审判决思路】

公民、法人或者其他组织向人民法院提起民事诉讼，应当符合法定的起诉条件。管理人依照《企业破产法》的规定执行职务，向人民法院报告工作，并接受债权人会议和债权人委员会的监督。本案中，B公司起诉的实质是对破产管理人在履职过程中的具体要求，B公司认为管理人未依法履职，可以将相关情况向债权人会议反映。B公司起诉的事项不属于管理人责任之诉的受理范围。

【二审判决结果】

驳回上诉，维持原裁定。

【二审判决思路】

《民事诉讼法》第一百二十二条规定，提起民事诉讼应属于人民法院受理民事诉讼的范围和受诉人民法院管辖。《企业破产法》第一百三十条规定，管理人未依照本法规定勤勉尽责，忠实执行职务的，人民法院可以依法处以罚款；给债权人、债务人或者第三人造成损失的，依法承担赔偿责任。本案B公司起诉的内容是对破产管理人在履职过程中的具体要求，且诉讼请求中未涉及破产管理人赔偿责任事项，故不属于管理人责任之诉的受理范围。

【再审判决结果】

驳回B公司的再审申请。

【再审判决思路】

根据《民事诉讼法》第一百二十二条的规定，提起民事诉讼应属于人民法院受理民事诉讼的范围和受诉人民法院管辖。本案中，所涉破产案件破产程序尚未终结，B公司提起的本案诉讼事由，本质上是对某律师事务所作为破产管理人履行职责过程中的要求，可以在破产程序中通过行使其债权人权利进行主张，不符合破产管理人责任之诉的受理条件。一审法院对B公司的起诉，裁定不予受理，二审法院予以维持，并无不当。

【一审、二审、再审法院审理思路对比总结】

类目	一审	二审	再审
裁判结果	裁定驳回起诉。	裁定驳回上诉，维持原裁定。	裁定驳回B公司的再审申请。
争议焦点	仅就履行具体职责而未要求管理人承担赔偿责任的诉请是否属于管理人责任之诉的受理范围。	同一审一致。	同一审一致。
回应	不属于。该项诉请可以在破产程序中通过行使债权人权利进行主张，不符合破产管理人责任之诉的受理条件。	同一审一致。	同一审一致。

（二）实务问题讨论

根据《企业破产法》的相关规定，管理人在履行自己的法定职责时理应尽到忠实义务和勤勉尽责义务。债权人对管理人履职行为有意见和建议的，可以直接向管理人提出，或者通过债委会、债权人会议行使监督权，其直接起诉要求管理人履行职责并要求法院对管理人处以罚款的，不属于管理人责任纠纷案件审理的范围。A公司债权人委员会管理人责任纠纷申诉、申请民事案，① 王某管理人责任纠纷二审民事案，② 林某、A公司破产管理人责任纠纷二审民事案，③ 宁某、A公司管理人责任纠纷二审民事案④等都做出了同此案相似的判决。

所以，当事人向法院起诉维护其合法权益时一定要明确诉讼理由，根据审判实务经验，债权人或者第三人的诉讼请求涉及破产程序中的具体事项时，不认为其为《企业破产法》第一百三十条规定的情形，甚至会被认为不符合法院的案件受理范围。当事人的诉讼请求应该为要求管理人赔偿因其不当行为导致的损失。

① A公司债权人委员会管理人责任纠纷案，江苏省高级人民法院（2018）苏民申2427号民事判决书。

② 王某管理人责任纠纷案，北京市高级人民法院（2017）京民终442号民事判决书。

③ 林某、A公司破产管理人管理人责任纠纷案，河北省邯郸市中级人民法院（2019）冀04民终2457号民事判决书。

④ 宁某、A公司管理人管理人责任纠纷案，四川省乐山市中级人民法院（2019）川11民终521号民事判决书。

管理人民事赔偿责任在性质上属于侵权责任，所以当事人如果不希望通过直接向管理人提出，或者通过债委会、债权人会议行使监督权而使自己的权利得到救济，或者上述救济方式无效，则需要按照侵权责任的构成要件，管理人承担民事责任应以管理人故意或者过失地实施了违反勤勉尽责义务和忠实义务的行为，给债权人、债务人或第三人造成损失，且损失与管理人的行为之间存在因果关系为条件来使法院支持管理人的赔偿责任。

三、诉讼主体资格确认

（一）导引案例分析

A公司、B公司管理人责任纠纷再审民事案/最高人民法院/（2019）最高法民再198号①

【裁判要点】

在破产案件的审理过程中，债权人对管理人处置破产债务人的财产，个别债权人有权对管理人的财产处置行为提起诉讼，要求管理人在履行职务行为中进行财产损害赔偿。

【基本案情】

本案系A公司、B公司、王某、赵某四名债权人认为C公司管理人与D公司签订低价资产竞买合同，变卖酒店相关资产，未经债权人会议同意，损害债权人利益，请求C公司管理人赔偿债权人因未勤勉履责造成的经济损失227,589,040元以及因不当诉讼给A公司、B公司、王某、赵某造成的损失292,440元，同时由C公司管理人承担本案的诉讼费用。该纠纷属于与企业破产有关的纠纷，应当按照企业破产程序处理。

【一审判决结果】

裁定驳回A公司、B公司、王某、赵某的起诉。

【一审判决思路】

一审法院认为，C公司管理人变卖酒店相关资产的行为属于执行职务的行为。由于破产程序中债权人之间存在利益冲突和意见分歧，为保障管理人依法行

① 相关案件：A公司、B公司债权人撤销权纠纷再审审查与审判监督案，最高人民法院（2019）最高法民申4565号民事判决书。

使职权、推进破产程序的顺利进行，破产法赋予债权人通过债权人会议对管理人职务行为予以监督的权利，如债权人会议认为管理人不能依法、公正执行职务或者有其他不能胜任职务情形的，可以申请人民法院予以更换。债权人认为管理人执行职务行为不当而给其造成损失，亦可通过债权人会议诉请赔偿。但债权人个人无权直接干涉管理人执行职务的行为。

【二审判决结果】

驳回上诉，维持原裁定。

【二审判决思路】

二审法院认为，本案债权人对管理人处置破产企业财产行为无权提起诉讼，请求财产损害赔偿，理由如下：

1. A公司、B公司、王某、赵某上诉主张其享有本案诉权，所依据的法律规定主要为：《企业破产法》第二十七条、第一百三十条，《企业破产法司法解释（二）》第九条第二款、第二十三条第三款、第三十三条，综观以上法律规定，没有明确规定债权人个人可以对管理人履行职务过程中财产处置行为提起赔偿的诉讼，上述法律规定的内容均与本案事实不相符，并非规定本案的情形，不是A公司、B公司、王某、赵某对本案享有诉权的规定，均不适用本案。

2. 《企业破产法司法解释（三）》第十五条规定："管理人处分企业破产法第六十九条规定的债务人重大财产的，应当事先制作财产管理或者变价方案并提交债权人会议进行表决，债权人会议表决未通过的，管理人不得处分。管理人实施处分前，应当根据企业破产法第六十九条的规定，提前十日书面报告债权人委员会或者人民法院。债权人委员会可以依照企业破产法第六十八条第二款的规定，要求管理人对处分行为作出相应说明或者提供有关文件依据。债权人委员会认为管理人实施的处分行为不符合债权人会议通过的财产管理或变价方案的，有权要求管理人纠正。管理人拒绝纠正的，债权人委员会可以请求人民法院作出决定。人民法院认为管理人实施的处分行为不符合债权人会议通过的财产管理或变价方案的，应当责令管理人停止处分行为。管理人应当予以纠正，或者提交债权人会议重新表决通过后实施。"该条款明确规定了管理人处置破产财产的操作程序及救济途径，管理人存在处分财产不当行为时应当按照该条规定的程序进行救济，依据该条规定，能够在管理人财产处置不当时主张权利的主体为债权人委员会，并未赋予个别债权人独立的诉权，且本案A公司、B公司、王某、赵某也并未获得债权人会议的授权或债权人委员会的委托可以代表债权人委员会行使权利，因此，A公司、B公司、王某、赵某不是本案的适格主体，无权提起本案诉讼。

3. 管理人的财产处置行为属于执行职务的行为。由于破产程序中债权人之间往往存在利益冲突和意见分歧，为保障管理人依法行使职权、推进破产程序的顺利进行，破产法赋予债权人通过债权人会议对管理人履行职务行为予以监督之权，如债权人会议认为管理人不能依法、公正执行职务或者有其他不能胜任职务情形的，可以申请人民法院予以更换或按上述《企业破产法司法解释（三）》第十五条的规定由债权人委员会进行救济解决，但债权人个人无权直接干涉管理人执行职务的行为。

4. A公司、B公司、王某、赵某要求管理人赔偿经济损失22,758.904万元，并对此诉讼请求进行解释：该款项系归于所有的债权人，再由所有债权人按照所占债权比例受偿。但诉讼中，A公司、B公司、王某、赵某没有提交证据证明该诉讼系所有债权人授权，或者得到所有债权人追认。在没有得到所有债权人授权的情形下，A公司、B公司、王某、赵某作为众多债权人中的四名债权人，无权代表所有债权人提起本案诉讼。

【再审判决结果】

1. 撤销云南省高级人民法院（2019）云民终344号民事裁定书及云南省大理白族自治州中级人民法院（2018）云29民初39号民事裁定书。

2. 指令云南省大理白族自治州中级人民法院对本案进行审理。

【再审判决思路】

关于本案是否符合起诉条件的问题。《民事诉讼法》第一百二十二条规定的起诉条件为：原告是与本案有直接利害关系的公民、法人和其他组织；有明确的被告；有具体的诉讼请求和事实、理由；属于人民法院受理民事诉讼的范围和受诉人民法院管辖。《企业破产法》第一百三十条规定，“管理人未依照本法规定勤勉尽责，忠实执行职务的，人民法院可以依法处以罚款；给债权人、债务人或者第三人造成损失的，应当依法承担赔偿责任”。本案中，A公司、B公司、王某、赵某均是C公司的债权人，与破产资产的处理具有直接利害关系，且有明确的被告和诉讼请求，本案应当属于民事案件的受案范围。A公司、B公司、王某、赵某在C公司破产清算期间虽与C公司签订了《和解协议书》和《对账凭证》，但债权人与债务人之间达成清偿协议，并不妨碍债权人行使对管理人的赔偿请求权，且上述和解协议并未得到人民法院的裁定许可，因此相应的和解协议及清偿行为尚未产生法律效力，C公司管理人据此主张A公司、B公司、王某、赵某已丧失债权人身份及本案原告主体资格没有法律依据。

关于四名再审申请人能否代表全体债权人请求赔偿或请求管理人向债务人赔偿的问题。《企业破产法司法解释（二）》第九条、第三十三条赋予了债权人在管理人因过错未行使撤销权导致债务人财产不当减损，因故意或重大过失导致他人损害产生共益债务的赔偿请求权；第三十二条赋予个别债权人在管理人拒绝追收次债务人债务时，代表全体债权人向次债务人或次债务人的出资人主张向债务人清偿的诉讼权利。法律和司法解释虽然对个别债权人能否代表全体债权人向管理人提起赔偿请求未作规定，但根据上述司法解释的原理，应当视为个别债权人能够代表全体债权人向管理人请求赔偿，赔偿所得纳入破产财产。

关于债权人能否对管理人的财产处置行为提起诉讼的问题。《企业破产法司法解释（三）》第十五条规定，并未否定债权人针对管理人处置资产不当提起赔偿的权利。管理人处置资产的行为与管理人实施的其他执行职务的行为并无区别，若管理人在处置资产过程中未勤勉尽责、忠实执行职务，给债权人造成损失，债权人仍有权主张赔偿。破产管理人虽扮演“法定受托人”的角色，但仍需对其行为过失承担责任。C公司管理人主张债权人无权通过外部救济途径提起本案诉讼的理由不成立。

【一审、二审、再审法院审理思路对比总结】

类目	一审	二审	再审
裁判结果	裁定驳回起诉。	裁定驳回上诉，维持原裁定。	裁定撤销一审、二审裁定书，指令云南省大理白族自治州中级人民法院对本案进行审理。

续表

类目	一审	二审	再审
争议焦点	关于债权人个人有无权利直接干涉管理人执行职务的行为的问题。	关于本案债权人对管理人处置破产企业财产有无权利提起诉讼请求要求财产损害赔偿的问题。	1. 关于本案是否符合起诉条件的问题。 2. 关于四名再审申请人能否代表全体债权人请求赔偿或请求管理人向债务人赔偿的问题。 3. 关于债权人能否对管理人的财产处置行为提起诉讼的问题。
回应	无权。管理人处分资产的行为属于执行职务的行为，债权人个人无权直接干涉管理人执行职务的行为。	无权。 （1）没有明确规定债权人个人可以对管理人履行职务过程中财产处置行为提起赔偿的诉讼； （2）能够在管理人财产处置不当时主张权利的主体为债权人委员会，并未赋予个别债权人独立的诉权且四位上诉人无权代表所有债权人提起本案诉讼； （3）债权人个人无权直接干涉管理人执行职务行为。	1. 符合。申请人与本案有直接利害关系，且有明确的被告和诉讼请求，本案应当属于民事案件的受案范围。 2. 可以代表。虽然法条没有明确规定，但根据法理，应当视为个别债权人能够代表全体债权人向管理人请求赔偿。 3. 可以。管理人处置资产的行为与管理人实施的其他执行职务的行为并无区别。

（二）实务问题讨论

我国破产法规定了管理人的勤勉义务和忠实义务。当管理人在执行破产管理事务中违反了这两项基本义务，对他人造成利益的损害时，这种损害必须要得以填补。对管理人的法律地位，学理上存在多种学说，如英美法系的信托说，大陆法系的代理说、职务说、财团代表说以及我国学术界的特殊机构说、破产企业法定代表人说、清算法人机关说等。① 笔者更加赞同破产管理人是财产受托人的这

① 参见王欣新：《论新破产法中管理人制度的设置思路》，载《法学杂志》2004 年第 5 期，第 34 页。

种观点，即其是为了破产债权人和债务人的利益而管理处分财产。管理人在保护破产财产价值实现的同时帮助债务人解脱债务，以自己的名义对破产财产进行管理，因此也要为执行事务中的损害承担责任。①

但就其个别债权人能否代表全体债权人对管理人的财产处置行为提起诉讼，在司法实践中尚存在疑问，此次最高人民法院做出指示，破产案件要从破产程序应兼顾效率和公正两个价值追求出发，在管理人实施处分财产的行为后，赋予个别债权人赔偿请求诉权，将赔偿所得纳入破产财产由全体债权人依法受偿，能够公平保护全体债权人的合法权益，不仅不会影响破产程序的推进，且能够追究管理人在财产处分过程中的不当行为，实现公正的价值目标。

破产法为了制约管理人的权力，保护债权人利益，赋予债权人对管理人重大财产处分行为的监督权和赔偿请求权，这两项权利互为补充，兼顾了破产程序效率与公正两个方面的价值追求。基于效率方面的考虑，债权人仅享有有限的监督权，且只能通过债权人会议和债权人委员会行使。债权人委员会虽有要求管理人纠正的权利，但并无最终决定权和实施权。而赋予债权人在财产处置后的赔偿请求权，则可以在不影响破产程序推进的情况下，追究管理人在财产处分过程中的故意或过失行为责任，实现公正的价值目标。

四、管理人履行忠实义务和勤勉尽责的判断条件

（一）导引案例分析

B公司与A公司管理人其他合同纠纷申请再审民事案/最高人民法院/(2014)民申字第827号②

【裁判要点】

管理人未勤勉尽责，忠实执行职务的判断标准应当限定于管理人有故意或者重大过失的范围内，即必须有充分证据证明管理人在履行职务过程中因故意或重大过失造成破产财产损失时，才可追究管理人的民事赔偿责任。

---

① 参见唐孝东、唐海山、侯颖慧：《试论破产管理人损害赔偿责任及其限制》，载《经济研究导刊》2008年第2期，第107－109页。

② 相关案件：B公司与A公司管理人管理管理人责任纠纷上诉案，江苏省高级人民法院（2013）苏商终字第0202号民事判决书；B公司与被告A公司管理人管理人责任纠纷案，江苏省南京市中级人民法院（2013）宁商初字第20号民事判决书。

【基本案情】

因经营困难，A公司董事会于2011年3月22日决定终止经营，进行清算，并公布《A公司员工分流安置方案》。由A公司股东C公司、D公司垫资支付经济补偿金。2011年8月19日，南京市中级人民法院裁定A公司进入破产清算程序，并指定律师事务所担任A公司的破产管理人。2012年4月23日宣告A公司破产。2012年8月1日，南京市中级人民法院裁定确认B公司等237位债权人的债权，其中B公司的债权额为273,387,133.77元。2012年8月3日，南京市中级人民法院裁定确认了管理人制作的《A公司破产财产分配方案》，其中职工债权总额为225,713,659.93元，该金额中包括一次性补助。2012年9月24日、9月29日，管理人分别向垫资单位C公司、D公司偿还其垫资款项。2012年9月24日、10月12日、12月11日，管理人分别向未签署《终止劳动合同补偿协议书》的57名员工发放了经济补偿金及测算的一次性补助。A公司债权人B公司以管理人未将职工债权公示，并错误清偿职工债权，损害其他债权人利益为由，向南京市中级人民法院起诉，请求管理人赔偿损失。

【一审判决结果】

南京市中级人民法院未支持其诉讼请求。

【一审判决思路】

针对B公司提起本案诉讼是否符合法定条件这一问题，原审法院认为，B公司提起本案诉讼符合法定条件。根据《民事诉讼法》的规定，民事起诉必备的条件包括：原告是与本案有直接利害关系的公民、法人和其他组织；有明确的被告；有具体的诉讼请求和事实、理由；属于人民法院受理民事诉讼的范围和受诉人民法院管辖。B公司认为其民事权益受到侵害而提起本案诉讼，被告明确，且有具体的诉讼请求和事实理由，符合上述法定条件。

针对B公司诉请管理人承担赔偿其损失12,030,220元的管理人责任是否具有事实和法律依据这一问题，一审法院认为，B公司诉请管理人承担赔偿其损失12,030,220元的管理人责任没有事实和法律依据。2011年8月19日，一审法院裁定受理化工厂对A公司的破产清算申请之前，A公司因经营困难进行停产清算，在停产清算期间该公司提前与全体员工解除劳动合同，并向全体员工按工作年限支付经济补偿金和一次性补助，上述行为符合《江苏省劳动合同条例》规定，也不违反法律、行政法规禁止性规定。一审法院受理A公司破产清算申请后，管理人依职权调查了破产企业的财产状况，严格审查了债权人申报的债权。对于A公司申请破产之前，向全体员工按工作年限支付经济补偿金和一次性补助，就发放依据和发放标准进行了审查。如果在A公司破产受理后，再根据《劳动合同法》规定于宣告破产时终止职工劳动关系给予经济补偿，则A公司承担的成本远高于41,639,750元。A公司提前与全体员工解除劳动关系，尽管发放了一次性补助，但对破产的债务人财产整体是受益的，并未影响B公司等债权人的清偿率。第三方垫资支付职工的经济补偿金和一次性补助，由此取得的债权应当在破产程序中按照职工债权的受偿顺序优先获得清偿。因此，管理人依据破产财产分配方案，将涉案的一次性补助41,639,750元作为职工债权向垫资方支付并无不当。B公司认为管理人未勤勉尽责、忠于执行职务依据不足。

【二审判决结果】

江苏省高级人民法院判决驳回上诉，维持原判。

【二审判决思路】

依据现有证据和查明事实，应当认定A公司的股东C公司、D公司因A公司破产向A公司职工代为垫付一次性补偿款41,639,750元。在江苏省南京市中级人民法院裁定受理A公司的债权人申请对A公司进行破产清算前，A公司即因自身经营不善已决定自行清算。2011年5月24日，A公司就职工分流安置时解除劳动合同的补偿标准制定安置方案，该方案中职工领取的经济补偿金和一次性补助标准并不违反法律、行政法规的禁止性规定，应认定为合法有效。管理人接管A公司后，对于A公司应当向职工支付提前解除劳动合同的补偿款依照上述标准予以核实，相关款项发放清单中所载明的发放标准、金额均符合A公司职工分流安置方案的规定，且A公司职工领取的包括一次性补助款在内的安置款均系C公司、D公司先行垫付，故B公司主张C公司、D公司未为A公司向职工垫付一次性补偿款41,639,750元的上诉理由缺乏事实依据，法院不予支持。

C公司、D公司为A公司向职工垫付的一次性补偿款41,639,750元在破产程序中应当依照职工债权的受偿顺序予以优先清偿。C公司、D公司作为A公司的股东，为优先解决企业职工的安置问题，在A公司自行决定清算后，即为A公司应当向职工支付的补偿费用进行了垫付。在人民法院裁定受理A公司进入破产清算后，该两股东单位为A公司安置职工垫付费用的行为仍在延续。且经管理人审核，A公司职工领取的一次性补偿费用，并未超出2011年3月22日A公司员工分流安置方案的发放标准，因C公司、D公司为A公司垫付资金用于安置职工补偿的行为一直延续至A公司破产期间，故管理人认定两股东单位垫资款项应当按照职工债权的受偿顺序在破产财产分配时由C公司、D公司优先获得清偿，并无不当。且江苏省南京市中级人民法院亦已裁定确认管理人制定的破产财产分配方案，故B公司主张管理人未能勤勉尽责的上诉理由不能成立，法院不予采纳。

【再审判决结果】

最高人民法院裁定驳回其再审申请。

【再审判决思路】

根据我国《企业破产法》的规定，管理人应当勤勉尽责，忠实履行职务；管理人未勤勉尽责，忠实执行职务，给债权人、债务人或者第三人造成损失的，应当依法承担赔偿责任。管理人对谨慎、忠实、信用、注意等基本义务的违反，是其承担民事责任的前提和依据。管理人未勤勉尽责，忠实执行职务的判断标准应当限定于管理人有故意或者重大过失的范围内，即必须有充分证据证明管理人在履行职务过程中因故意或重大过失造成破产财产损失时，才可追究管理人的民事赔偿责任。《企业破产法》第四十八条规定职工债权不必申报，由管理人调查后列出清单并予以公示，其立法目的在于从债权申报的角度减轻职工的申报负担，以便提高清算效率，即使管理人未予公示清单的，提出异议的主体应是职工债权人而非其他债权人。其他债权人对于职工债权的数额以及定性等的异议，应当通过依法向人民法院提起职工破产债权异议之诉予以解决。B公司对其涉案职工债权异议未提起诉讼，管理人按照无异议债权予以确认，并无不当。对于破产财产的分配方案，根据《企业破产法》的规定，原则上由债权人会议通过意思自治的方式予以通过，即由出席会议的有表决权的债权人过半数通过，并且其所代表的债权额占无财产担保债权总额的二分之一以上；债权人如认为债权人会议的决议违反法律规定，损害其利益的，有权请求人民法院撤销该决议并责令债权人会议依法重新作出决议；债权人会议的决议，对于全体债权人均有约束力。债权人会议通过破产财产分配方案后，由管理人将该方案提请人民法院裁定认可；法院裁定认可后由管理人执行。本案所涉A公司《破产财产分配方案》，业经A公司债权人会议讨论通过和人民法院裁定后予以执行，并无不当。管理人依据《企业破产法》第一百一十六条的规定执行该《破产财产分配方案》，于法有据。原审判决以南京市中级人民法院亦已裁定确认管理人制定的破产财产分配方案，认定B公司关于管理人未能勤勉尽责的上诉理由不能成立，符合法律规定。B公司关于债权人会议没有债权人会议主席主持且多数债权人退席，违法进行表决并提请法院裁定，以及法院是否裁定《破产财产分配方案》，不是证明管理人是否勤勉尽责的证据和标准的申请再审理由，法院不予支持。鉴于参加破产财产分配的债权人、债权额以及破产财产分配的顺序等事项，均是破产财产分配方案中的主要表决通过事项，故债权人均应根据《企业破产法》的相关规定行使其异议权和表决权。B公司在本案追究管理人未勤勉尽责，忠实履行职务的赔偿之诉中就案涉职工债权的数额及是否应当作为第一顺位优先清偿等有关事实和证据的主张，以及申请调查取证的主张，均不属本案的审查范畴，法院对其相关主张不予审查。本案B公司主张管理人未勤勉尽责，忠实执行职务，缺乏事实和法律依据，原审判决驳回其诉讼请求，符合法律规定。

【一审、二审、再审法院审理思路对比总结】

类目	一审	二审	再审
裁判结果	一审法院对B公司的诉讼请求不予支持。	裁定驳回上诉，维持原判。	裁定驳回再审申请。
争议焦点	1. B公司提起本案诉讼是否符合法定条件。 2. 若本案符合民事诉讼案件受理条件，则B公司诉请管理人承担赔偿其损失的管理人责任是否具有事实和法律依据。	1. A公司的股东C公司、D公司有无为A公司向职工垫付一次性补助41,639,750元。 2. 该款项是否应当在破产程序中依照职工债权的受偿顺序予以清偿。 3. C公司、D公司是否应当作为本案第三人参加诉讼。	1. 管理人是否勤勉尽责，忠实履行职务。 2. C公司、D公司是否应当作为本案第三人参加诉讼。
回应	1. 符合。根据《民事诉讼法》的规定，符合民事起诉必须包括的条件：原告是与本案有直接利害关系的公民、法人和其他组织；有明确的被告；有具体的	1. 确实为其垫付。 2. 可以依照职工债权的顺序予以清偿。 3. 不应当。本案纠纷系A公司的债权人B公司与管理人之间就股东单位向A公司职工垫付一次性补偿款是否	1. 管理人未勤勉尽责、忠实履行义务缺乏事实和法律依据。管理人依据裁定后的《破产财产分配方案》予以执行，符合法律规定；在人民法院裁定受理A公司进

续表

类目	一审	二审	再审
	诉讼请求和事实、理由；属于人民法院受理民事诉讼的范围和受诉人民法院管辖。 2. 无事实和法律依据。管理人依据破产财产分配方案，将案涉的一次性补助作为职工债权向垫资方支付并无不当。	属于职工债权，从而针对管理人是否勤勉尽责发生的争议，B公司的请求权基础是侵权赔偿之诉。C公司、D公司与本案无直接利害关系。	入破产清算后，该两股东单位为A公司安置职工垫付费用的行为仍在延续，在破产债权的清偿中，职工债权本身需优先予以清偿。因此，将C公司、D公司垫付的资金作为优先债权予以清偿，并不损害其他债权人利益。 2. 不应当。C公司和D公司与其讼争并无法律上的利害关系。

（二）实务问题讨论

在破产管理人责任纠纷中，管理人胜诉率极高。① 通过检索管理人赔偿责任的认定可以发现，在大多数案例中，当事人都难以通过事实和法律依据明确指出管理人没有尽到忠实义务和勤勉尽责义务:② 其一，因为忠实义务和勤勉尽责义务的判断标准较为模糊；其二，因为侵权责任损害要件证明难度较大。

管理人通常由受理破产案件的法院指定，且管理人行使对破产财产及破产事务的管理权与处分权也是在某种程度上减轻了法院的工作负担，所以从政治学的角度上看，相对于传统上将破产管理人视为信托受托人而负担勤勉忠实义务，管理人与法院之间更加是一种“庇护”关系，③ 受理法院对管理人有履职评价权，

① 参见宋辉：《破产管理人民事责任：现状、问题与完善》，载《人民论坛·学术前沿》2020年第22期，第116－119页。

② 胡某与某律师事务所、某司法鉴定所管理人责任纠纷案，四川省广安市中级人民法院（2020）川16民初86号民事判决书；A公司与某会计师事务所、朱某等管理人责任纠纷案，江苏省淮安市中级人民法院（2019）苏08民终3919号民事判决书；母某、李某管理人责任纠纷案，四川省高级人民法院（2019）川民终304号民事判决书；王某管理人责任纠纷案，北京市高级人民法院（2017）京民终442号民事判决书；A公司管理人责任纠纷再审审查与审判监督案，河北省高级人民法院（2018）冀民申6613号民事判决书；B公司与A公司管理人其他合同纠纷案，最高人民法院（2014）民申字第827号民事判决书。

③ 参见朱文龙：《破产管理人的民事责任研究》，载《社会科学动态》2020年第4期，第73－79页。

如果管理人未能勤勉尽责，法院有监督不力之嫌，这必然导致法院对管理人过错多保持宽容态度。① 管理人勤勉忠实的对象是法院而非他人，这也许也是现有判决中很少出现追究管理人民事责任的原因。

联合国国际贸易法委员会《破产法立法指南》规定：破产管理人采用的细心标准及其个人赔偿责任对于破产程序的进行具有重要意义。我国《企业破产法》第二十七条规定："管理人应当勤勉尽责，忠实执行职务。"那么勤勉尽责与忠实执行职务的判断标准是什么？所谓勤勉尽责，即要求管理人履行善良管理人的注意义务；所谓忠实履行职务，即要求管理人履行忠实义务。②

忠实义务其实是相较于勤勉尽责更为基础的义务，这是一种道德性的约束，其功能主要是克服破产管理人贪婪心理造成的自私行为。在英美法中，忠实义务主要包括两方面的内容：其一，就属于管理人所提供之劳务范围内的任何事项，受托人不得享有其个人利益或与第三人达成与此项义务不一致的约定；其二，管理人不得为自己或者第三人之可能利益而利用其地位或该地位产生的机会或权力。也有学者认为大陆法系中的善良管理人的注意义务也包含忠实义务的内容。③

通过上述内容可以看出，忠实义务的核心内容为不应当利用破产企业管理人的身份获得个人利益，其忠实的对象不是自己，而是债权人、其他利害关系人、破产企业的职工、投资人、政府等，可以看出其不是单纯的忠于其中一方，而是经过平衡之后忠于全体利害关系人。同时，此义务通常为一种消极性的法律义务，在法条上的表现为"不得""禁止"做某些事项，在实践中表现为不作为。例如：破产管理人不得因自己的身份而受益；破产管理人不得收受贿赂、某种秘密利益或所允诺的其他好处；破产管理人非经允许不得泄露破产业务的商业秘密；破产管理人不得侵吞破产财产及其掌握的其他财产；破产管理人不得利用破产财团的信息和商业机会等。

勤勉尽责，即要求管理人履行善良管理人的注意义务，其实是偏向大陆法系

① 参见宋辉：《破产管理人民事责任：现状、问题与完善》，载《人民论坛·学术前沿》2020 年第 22 期，第 116－119 页。

② 参见王欣新：《破产法》（第 4 版），中国人民大学出版社 2019 年版，第 123 页。

③ 参见最高人民法院民事审判第二庭编著：《最高人民法院关于企业破产法司法解释理解与适用》，人民法院出版社 2007 年版，第 134－135 页。

的一种说法，如德国、[①] 韩国、[②] 日本[③]等国家的破产法。在英美法系中，管理人的谨慎义务是以善良管理人的注意义务为底线的，因此其对管理人的要求实际上高于大陆法系中善良管理人的要求。破产管理人的勤勉尽责要求，实际上是一种管理性义务，其要求管理人在执行职务的过程中运用自己的知识、经验、技能达到某种要求。

破产管理人注意义务的具体内容一般表现为以下十个方面：（1）谨慎接管债务人移交的全部财产和与财产有关的一切账册文件（如未按照程序积极接管破产企业，履行管理职能，未对破产企业的全部财产进行清点、登记造册，查明企业实有财产总额并接管与财产有关的账册、文书、印章及其他资料）；（2）对破产财产的管理处分（如未积极管理债务人财产，未妥当保管债务人财产导致财产灭失的）；[④]（3）对破产债权的调查审查；[⑤]（4）对取回权、别除权的标的物的善管义务（如未积极追偿债务人对外债权，致使债务人流失可回收的债权，令债权人损失可获清偿的债务人财产）；（5）尽心处理各种诉讼或仲裁活动；（6）依法变价和分配破产财产；（7）向法院、债权人和其他利害关系人报告工作和通告信息；（8）请求召开债权人会议；（9）审慎选择委托提供相关服务的专业人士（如因为管理人聘请中介机构时的失职行为导致权利人损失）；[⑥]（10）与破产程序相关的其他注意义务。当然，破产管理人从事公司经营业务时，尚须遵循公司法关于董事注意义务的规定。[⑦] 有学者认为破产管理人的注意义务与董事注意义务性质相同，同属管理性义务，所以两类注意义务的判断标准可以

---

① 《德国支付不能法》第六十条规定："破产管理人负有善良管理人应尽的义务。破产管理人因其犯有过失违反本法规定的义务，应向所有相关人员承担赔偿责任。"

② 《韩国破产法》第一百五十四条规定："破产管财人应以优良的管理者的注意履行其职务；破产管财人玩忽前项之职守时，该破产管财人对利害关系人有赔偿损失的责任。"

③ 《日本破产法》第八十五条规定："（一）破产管理人负有善良管理人应尽的注意义务。（二）破产管理人违反上述义务，给利害管理人造成损害，需承担连带赔偿责任。"

④ 某会计师事务所与A公司、B公司管理人责任纠纷案，江苏省镇江市中级人民法院（2019）苏11民终3217号民事判决书。

⑤ 胡某与某律师事务所、某司法鉴定所管理人责任纠纷案，四川省广安市中级人民法院（2020）川16民初86号民事判决书。

⑥ A公司与某会计师事务所侵权责任纠纷案，江苏省泰州市中级人民法院（2016）苏12民终1606号民事判决书。

⑦ 参见齐树洁：《破产法研究》，厦门大学出版社2004年版，第293－297页。

借鉴适用。[①] 判断管理人的注意义务的履行情况，可以以普通谨慎之管理人在同类公司、同类职务及相似情况下所应有的注意、知识和经验程度作为衡量标准，但如果某一管理人的知识经验和资格明显高于此标准，则应当以该管理人是否诚实地贡献了他所实际拥有的全部能力作为其衡量标准。[②] 更加具体而言就是：首先，管理人要在职业技能等方面具备一定的任职资格；其次，不得以任何形式将本应自己承担的责任进行转嫁；再次，不得因管理人履职不及时给其他债务人造成损害；最后，在可预见到不利后果时，及时采取措施，避免损害的发生或者减少损失的进一步扩大。

另外，站在管理人的角度，各位管理人在履行职务时也要小心谨慎，懂得如何保护自己的合法权益。如果管理人尽到了合理、适当义务，可借助商业判断规则、[③] 可预见性标准、[④] 第三方责任、法院的许可行为等主张免责。

五、管理人民事赔偿责任的构成要件

（一）导引案例分析

邱某、阮某管理人责任纠纷再审审查与审判监督民事案/浙江省高级人民法院/（2019）浙民申2794号[⑤]

【裁判要点】

司法实践中，法院在判决时均认为，管理人责任纠纷本质上为侵权责任纠纷，主张损害赔偿的一方需提供证据证明管理人故意或者过失地实施了违反勤勉尽责义务和忠实义务的行为，给债权人、债务人或第三人造成损失，且损失与管理人的行为之间存在因果关系。具体而言，应当符合以下四个构成要件：（1）管

---

① 参见陈义华、王蕴慧：《论破产管理人的注意义务》，载《河北青年管理干部学院学报》2008年第4期，第62页。

② 参见郑文慧：《董事注意义务的判断标准》，载《检查实践》2005年第2期，第63页。

③ 参见梁爽：《董事信义义务结构重组及对中国模式的反思——以美、日商业判断规则的运用为借镜》，载《中外法学》2016年第1期，第198－223页。

④ 参见宋辉：《破产管理人民事责任：现状、问题与完善》，载《人民论坛·学术前沿》2020年第22期，第116－119页。

⑤ 相关案件：邱某、阮某管理人责任纠纷二审民事案，浙江省台州市中级人民法院（2019）浙10民终831号民事判决书；邱某、阮某、某律师事务所管理人责任纠纷一审民事案，浙江省温岭市人民法院（2018）浙1081民初9221号民事判决书。

理人实施了违反勤勉尽责义务和忠实义务的客观行为；（2）管理人的不当行为对债权人、债务人或第三人造成损失；（3）管理人的不当行为与债权人、债务人或第三人所遭受的损失之间存在一定程度的因果关系；（4）管理人在主观上存在故意或重大过失。

【基本案情】

2015 年 1 月 8 日，因债务人 A 公司不能清偿到期债务，且资产不足以清偿全部债务，该院裁定受理债权人对其的破产重整申请。同年 1 月 20 日，该院指定某律师事务所担任管理人。被告担任管理人期间，在履行调查债务人财产状况等职务行为的过程中，没有发现财务账册中记载着债务人在法院受理破产申请前 6 个月内，仍分别于 2014 年 11 月份对债权人泮某清偿了 100, 000 元、2014 年 12 月对债权人潘某清偿了 50, 000 元（两次清偿合计金额为 150, 000 元）的事项，以致未进行调查核实并根据核实的情况依法决定是否向法院提起撤销权诉讼。原告认为被告系对债务人的个别清偿行为未依法行使撤销权，从而导致全体债权人受到损害，本案遂成讼。

【一审判决结果】

驳回原告邱某、阮某的诉讼请求。

【一审判决思路】

该案的争议焦点是被告在担任债务人的管理人期间，未发现财务账册上记载着债务人个别清偿的事项，以致未进行调查核实并根据核实的情况依法决定是否向法院提起撤销权诉讼。对此，被告是否应对全体债权人承担赔偿责任。

针对上述争议焦点，该院经审查认为，我国《企业破产法》设置破产撤销权，旨在纠正债务人在破产程序开始前法定期间内的不当处分行为，恢复其责任财产，确保债务人财产得以在全体债权人之间进行公平分配。而管理人的主要职责就是行使对债务人财产的管理权和处分权。因此，行使破产撤销权理应是管理人的分内之事，目的在于增加可供分配的债务人财产，进而维护全体债权人的利益。不可否认，被告对其在担任管理人期间未发现债务人财务账册上记载着个别清偿事项存有过失。但是，管理人承担赔偿责任必须具备以下四个要件：

1. 管理人未依法行使撤销权。如何判断管理人是否依法行使了撤销权，这需要根据其法定的职责和义务来进行准确地判断。首先，如果管理人在执行职务的过程中已经发现债务人存在我国《企业破产法》第三十一条和第三十二条所规定的可撤销情形，却没有提起撤销权之诉，或者债权人发现了可撤销行为，要求管理人提起破产撤销权之诉，管理人无正当理由拒不起诉，法院均可认定管理人未依法行使撤销权。显然，本案现无证据可以证明被告在执行管理人之职务过程中存在上述两种情况。其次，从我国《企业破产法》的规定来看，法律并未要求管理人在发现可撤销行为之日起多长时间之内提起撤销权之诉。因此，即使管理人未能在发现可撤销行为的第一时间即起诉，亦只能算是未及时行使撤销权，而不宜将此情形认定为未依法行使撤销权。

2. 产生了债务人财产不当减损的后果。如何判断债务人的财产发生了不当减损，只有当管理人未依法行使撤销权，产生了不可弥补的后果，导致债务人的财产无法追回，才能认定为产生了“不当减损”。

3. “管理人未依法行使撤销权”与“债务人财产的不当减损”之间存在明确的因果关系。由于本案债务人的新管理人可根据财务账册记载的情况经过调查核实后，对确属于债务人个别清偿的行为依法提起撤销权之诉，故现在尚不能认定被告在执行管理人之职务过程中未行使撤销权，已经产生了不可弥补的后果即导致债务人的财产无法追回而形成了“不当减损”，因此，也无法评价上述的因果关系要件是否成立。

4. 管理人存在故意或重大过失。对该问题，如上文所述，本案现无证据可以证明被告在担任管理人职务期间系明知财务账册上记载着债务人个别清偿的内容而故意不依法履行相应的职责，且至今尚不能认定被告的过失行为已经产生了不可弥补的后果，因此，该案无法认定被告系故意或重大过失。

综上所述，该案被告在担任管理人期间，对债务人财务账册材料进行核查过程中，虽有过失，但其作为管理人应对全体债权人承担赔偿责任的要件并不具备，因此，原告的诉讼请求该院难以给予支持。

【二审判决结果】

驳回上诉，维持原判

【二审判决思路】

1. 关于上诉人诉讼主体是否适格的问题。根据《企业破产法司法解释（二）》第九条的规定，破产案件债权人可以自己名义就管理人因过错责任要求赔偿，故上诉人的诉讼主体适格。

2. 关于被上诉人在担任管理人期间是否因未行使涉案撤销权而需承担赔偿责任的问题。在管理人责任纠纷案件中，管理人承担民事责任需具备以下条件：（1）管理人在履职过程中存在侵权行为；（2）该侵权行为对债权人造成损失；（3）侵权行为与损失存在因果关系。本案某律师事务所在担任管理人期间未提起涉案撤销权主要系对该两个案件是否需要行使撤销权存在不同认识，并非因故意或重大过失，并且目前A公司的破产程序并未终结，债权人仍可就是否需要行使上述撤销权向现管理人提出，目前尚未造成实有的损害后果，故上诉人所提供的证据均不足以证明某律师事务所在担任A公司管理人期间因未行使涉案撤销权而造成不可弥补损失的事实，则对于上诉人所主张的赔偿损失诉讼请求依法不予支持。

【再审判决结果】

驳回邱某、阮某的再审申请。

【再审判决思路】

经审查认为，原生效判决认定事实清楚，适用法律正确，审理程序及实体处理均无不当，再审申请人提出的再审申请事由不能成立。

【一审、二审、再审法院审理思路对比总结】

类目	一审	二审	再审
裁判结果	驳回原告邱某、阮某的诉讼请求。	驳回上诉，维持原判。	驳回邱某、阮某的再审申请。
争议焦点	被告在担任债务人的管理人期间，未发现财务账册上记载着债务人个别清偿的事项，以致未进行调查核实并根据核实的情况依法决定是否向法院提起撤销权诉讼，对此，被告是否应对全体债权人承担赔偿责任。	1. 上诉人诉讼主体是否适格。 2. 被上诉人在担任管理人期间是否因未行使涉案撤销权而需承担赔偿责任。	同一、二审一致。

续表

类目	一审	二审	再审
回应	不用承担赔偿责任。 (1) 管理人未依法行使撤销权; (2) 没有产生债务人财产不当减损的后果; (3)“管理人未依法行使撤销权”与“债务人财产的不当减损”之间没有因果关系; (4) 管理人存过失,但不是故意或重大过失。	1. 适格。破产案件债权人可以自己名义就管理人因过错责任要求赔偿。 2. 不符合以下要件:(1) 管理人在履职过程中存在侵权行为;(2) 该侵权行为对债权人造成损失;(3) 侵权行为与损失存在因果关系。	原生效判决认定事实清楚,适用法律正确,审理程序及实体处理均无不当,再审申请人提出的再审申请事由不能成立。

(二) 实务问题讨论

《最高人民法院民事案件案由规定理解与适用》规定:“管理人民事赔偿责任在性质上属于侵权责任,按照侵权责任的构成要件,管理人承担民事责任须同时具备以下条件:(1) 管理人实施了违反勤勉尽责义务和忠实义务的客观行为。勤勉尽责是要求管理人恪尽职守,尽到一个善良管理人的注意义务,其涉及管理技能和标准的法律认定,需结合《企业破产法》和相关司法解释规定的管理人任职资格加以判断。忠实义务是强调管理人不得利用自身地位为自己或某一方利害关系人牟取不当利益,违反忠实义务通常表现为利益冲突、自我交易等。(2) 管理人的不当行为对债权人、债务人或第三人造成损失。(3) 管理人的不当行为与债权人、债务人或第三人所遭受的损失之间存在一定范围的因果关系。(4) 管理人在主观上存在故意或过失。”① 现笔者将对以上构成要件进行逐一解析:

1. 管理人的违法行为

根据《企业破产法》第一百三十条即管理人是因为未勤勉尽责、忠实执行职务,而给债权人、债务人或者第三人造成损失的,依法承担赔偿责任的规定可知,管理人的违法行为主要是因为未勤勉尽责和忠实执行职务。而关于勤勉尽责

① 最高人民法院民事案件案由规定课题组编著:《最高人民法院民事案件案由规定理解与适用》,人民法院出版社2011年版。

义务以及忠实义务的具体内容在前述“管理人履行忠实义务和勤勉尽责的判断条件”中已经详细解释，此部分将不再赘述。

2. 损害结果

在破产衍生诉讼中，管理人责任承担构成要件中的损害结果要件证成尤为困难，因为破产衍生诉讼即为破产程序开启但尚未终结，在破产程序终结前很难证明存在损失且该损失难以挽回，以及损失的具体数额。

在（2019）皖民终 536 号案①中，高某以《A 公司破产财产变卖方案》未经债权人会议决议无效，相关资产转让协议的签订双方恶意串通侵害其作为普通债权人的权益，应当就其未受清偿债权承担赔偿责任为由，提起管理人责任纠纷之诉。法院要求高某不仅应当证明某会计师事务所作为 A 公司管理人未履行勤勉尽责、忠实履职的义务，其损失系管理人的不当行为所致，而且还要证明相关损失的具体数额。但因 A 公司破产程序尚在进行中，高某的债权额能否得到清偿、能得到多少清偿、是否因管理人的责任而不能依法得到清偿，均处于未最终确定的状态，故法院以高某的诉讼请求不具有确定性和可判决性为由驳回其起诉。

有异曲同工之妙的是（2019）川民终 304 号案，② 虽然 A 公司提起的相关返还财产诉讼因以 B 公司名义还是 B 公司管理人名义起诉、管理人刻制的印章上编码有误等问题申请撤回了相关诉讼，但 A 公司在二审庭审中表示正在重新刻制印章准备再次提起诉讼。母某、李某认为 A 公司接管到 B 公司 3000 万元财产后导致财产灭失未履职追回的主张缺乏事实依据，不能成立。

3. 因果关系

因为前述损害结果证明较为困难，所以如果没有损害结果，自然在管理人的不当行为与债权人、债务人或第三人所遭受的损失之间不存在因果关系。

4. 主观过错

过错有不同的形式，即有不同的等级与类型，包括故意与过失，过失中又包括一般过失与重大过失。而管理人承担赔偿责任的过错一般认为是故意与重大过失。故意是指行为人预见自己行为的后果而仍然希望或放任该结果发生的

① 高某、某会计师事务所有限公司管理人责任纠纷案，安徽省高级人民法院（2019）皖民终 536 号民事判决书。

② 母某、李某管理人责任纠纷案，四川省高级人民法院（2019）川民终 304 号民事判决书。

心理状态。[①] 重大过失是指显然欠缺一般人的注意，即一般人稍加注意即可避免但行为人却未能避免的行为。[②] 审判实务中，法院对该要件认定较为严格，管理人的行为一般很难被认定为出于故意或重大过失。[③] 比如在（2018）苏02民终3617号[④]中，管理人在委托A公司评估资产过程中，出现两份编号相同且加盖公章的但内部不一致的评估报告，该事实仅能表明管理人及A公司在履行职务过程中存在瑕疵，但不足以证明管理人具有主观欺诈的故意，即该行为只能被认定为过失，甚至构不成重大过失。同时根据王某管理人责任纠纷二审案[⑤]可知，管理人可以通过程序无瑕疵来证明主观上无过错，也可以通过文件制定审核制、管理人定期报告制和重大事项专项报告制等来减轻自己的执业风险。

综上可知，破产衍生诉讼中的管理人赔偿之诉，原告若想通过证明上述四要件进而维护自己的权利难度较大。2019年11月29日开始执行的广东省高级人民法院《关于审理企业破产案件若干问题的指引》第一百二十三条第二款中规定，"管理人不履行、不当履行或怠于履行职务给债权人、债务人或第三人造成损失的，应当依法承担民事责任"。上述规定并没有区分管理人是否故意、重大过失或者一般过失，只要管理人具有"不履行、不当履行或怠于履行职务"的情形，并给"债权人、债务人或第三人造成损失的"，管理人就应当承担民事责任。另外，江苏省高级人民法院《关于审理公司强制清算案件若干问题的意见（试行）》第七十六条至第七十八条规定，未依法通知债权人申报债权并给债权人造成损失的，管理人承担赔偿责任，以及未依法履行职务给债权人造成损失的，管理人承担赔偿责任。虽然此规定适用在强制清算案件中，但是在破产衍生诉讼中仍可借鉴。此处也未强调未依法通知、未依法履行职务时的主观心理为故意、重大过失还是一般过失，而仅规定造成损失后要承担赔偿责任。为使破产衍生诉讼中的管理人赔偿之诉真正发挥作用，建议立法机关可以针对管理人实施了不同的

---

① 参见郭明瑞、房绍坤主编：《民法》（第3版），高等教育出版社2010年版，第500页。

② 参见郭明瑞、房绍坤主编：《民法》（第3版），高等教育出版社2010年版，第500页。

③ A公司诉某会计师事务所管理人责任纠纷案，江苏省建湖县人民法院（2016）苏0925民初4968号民事判决书。

④ A公司与B公司、某会计师事务所管理人责任纠纷案，江苏省无锡市中级人民法院（2018）苏02民终3617号民事判决书。

⑤ 王某管理人责任纠纷案，北京市高级人民法院（2017）京民终442号民事判决书。

违反勤勉尽责义务和忠实义务的客观行为进一步明确其主观心理状态，适当降低管理人承担赔偿责任时主观心理状态的标准。

本专题小结

关于破产程序中的管理人的法律地位问题，学界向来存在分歧。这些分歧主要源于不同的破产法制度中对破产法中的相关事项的不同定位，例如对破产财团法律人格的认可、对管理人行为后果的承担以及对破产债团的确认等。[①] 笔者认为，我国破产管理人的法律地位应该凸显中立性、独立性与专业性，并且破产管理人的“三性”之间互相影响，互相促进。

就破产管理人的中立性而言，我国破产法立法经历了一个从“以债权人为中心的单面保护”到“债权人与债务人利益双重保护”再到“债权人、债务人、社会公共利益多重利益之兼顾”的过程。[②] 从我国破产法立法保护重点转变的过程可以看出，破产管理人的中立性是立法价值目标转换的必然要求，破产管理人利益归结上的无关性与职责来源上的法定性使得破产管理人在法院的管理与监督之下全面接管破产企业时，在对债务人的财产进行保管、清理、估价、处理以及分配的过程中，综合考量各方利益，公平、公正地推动破产程序稳步向前。

就破产管理人的独立性而言，破产管理人与破产企业无依附关系，也不是法院或者任何机构的附庸，破产管理人与企业、法院、机构、债权人、第三人之间无任何隶属与服从关系。就管理人独立的诉讼主体资格问题，依照民事诉讼理论，有权利能力的人有诉讼当事人能力，学说上称为实质上的当事人。无权利能力的人有诉讼当事人能力，学说上称为形式上的当事人。对于形式上的当事人为何在实体法上无权利能力而在诉讼法上却要承认其有诉讼当事人的能力这一问题尚存有争议，但无论学界对该问题持有什么观点，学者们早已不再关注“有或无”的问题，而是着力于解释“为什么有”，也就是说无权利能力的形式上的当

---

① 参见冀宗儒、钮杨：《破产管理人民事诉讼地位错位之分析》，载《河北法学》2016 年第 4 期，第 20 页。

② 张军：《论破产管理人的法律地位》，载《武汉大学学报（哲学社会科学版）》2012 年第 4 期，第 77－81 页。

事人已得到普遍的认可。①

就破产管理人的专业性而言，管理人的工作能力和敬业精神直接决定着企业破产案件能否依法有效进行以及破产法律制度能否充分发挥其应有的作用。② 要积极构建职业化的管理人队伍，对管理人实行统一的资质认证，通过管理人准入制度、考核制度等建立管理人的管理机制，对管理人名册实施动态化管理，实现管理人人才队伍的可持续性发展。

附：本专题纠纷所涉高频法条索引

《企业破产法》

第二十一条：

人民法院受理破产申请后，有关债务人的民事诉讼，只能向受理破产申请的人民法院提起。

第二十五条：

管理人履行下列职责：

（一）接管债务人的财产、印章和账簿、文书等资料；

（二）调查债务人财产状况，制作财产状况报告；

（三）决定债务人的内部管理事务；

（四）决定债务人的日常开支和其他必要开支；

（五）在第一次债权人会议召开之前，决定继续或者停止债务人的营业；

（六）管理和处分债务人的财产；

（七）代表债务人参加诉讼、仲裁或者其他法律程序；

（八）提议召开债权人会议；

（九）人民法院认为管理人应当履行的其他职责。

本法对管理人的职责另有规定的，适用其规定。

第二十七条：

管理人应当勤勉尽责，忠实执行职务。

---

① 参见雷震、帅晓东：《破产派生诉讼若干法律问题探讨》，载《人民司法》2010 年第 17 期，第 52－57 页。

② 参见张君明：《理性分析与制度完善：论人民法院对破产管理人的监督》，载《理论与改革》2013 年第 5 期，第 199 页。

第三十一条：

人民法院受理破产申请前一年内，涉及债务人财产的下列行为，管理人有权请求人民法院予以撤销：

（一）无偿转让财产的；

（二）以明显不合理的价格进行交易的；

（三）对没有财产担保的债务提供财产担保的；

（四）对未到期的债务提前清偿的；

（五）放弃债权的。

第三十二条：

人民法院受理破产申请前六个月内，债务人有本法第二条第一款规定的情形，仍对个别债权人进行清偿的，管理人有权请求人民法院予以撤销。但是，个别清偿使债务人财产受益的除外。

第四十八条：

债权人应当在人民法院确定的债权申报期限内向管理人申报债权。

债务人所欠职工的工资和医疗、伤残补助、抚恤费用，所欠的应当划入职工个人账户的基本养老保险、基本医疗保险费用，以及法律、行政法规规定应当支付给职工的补偿金，不必申报，由管理人调查后列出清单并予以公示。职工对清单记载有异议的，可以要求管理人更正；管理人不予更正的，职工可以向人民法院提起诉讼。

第一百一十六条：

破产财产分配方案经人民法院裁定认可后，由管理人执行。

管理人按照破产财产分配方案实施多次分配的，应当公告本次分配的财产额和债权额。管理人实施最后分配的，应当在公告中指明，并载明本法第一百一十七条第二款规定的事项。

第一百三十条：

管理人未依照本法规定勤勉尽责，忠实执行职务的，人民法院可以依法处以罚款；给债权人、债务人或者第三人造成损失的，依法承担赔偿责任。

《企业破产法司法解释（二）》

第九条：

管理人依据企业破产法第三十一条和第三十二条的规定提起诉讼，请求撤销涉及债务人财产的相关行为并由相对人返还债务人财产的，人民法院应予支持。

管理人因过错未依法行使撤销权导致债务人财产不当减损，债权人提起诉讼主张管理人对其损失承担相应赔偿责任的，人民法院应予支持。

第三十三条：

管理人或者相关人员在执行职务过程中，因故意或者重大过失不当转让他人财产或者造成他人财产毁损、灭失，导致他人损害产生的债务作为共益债务，由债务人财产随时清偿不足弥补损失，权利人向管理人或者相关人员主张承担补充赔偿责任的，人民法院应予支持。

上述债务作为共益债务由债务人财产随时清偿后，债权人以管理人或者相关人员执行职务不当导致债务人财产减少给其造成损失为由提起诉讼，主张管理人或者相关人员承担相应赔偿责任的，人民法院应予支持。

《企业破产法司法解释（三）》

第十五条：

管理人处分企业破产法第六十九条规定的债务人重大财产的，应当事先制作财产管理或者变价方案并提交债权人会议进行表决，债权人会议表决未通过的，管理人不得处分。

管理人实施处分前，应当根据企业破产法第六十九条的规定，提前十日书面报告债权人委员会或者人民法院。债权人委员会可以依照企业破产法第六十八条第二款的规定，要求管理人对处分行为作出相应说明或者提供有关文件依据。

债权人委员会认为管理人实施的处分行为不符合债权人会议通过的财产管理或变价方案的，有权要求管理人纠正。管理人拒绝纠正的，债权人委员会可以请求人民法院作出决定。

人民法院认为管理人实施的处分行为不符合债权人会议通过的财产管理或变价方案的，应当责令管理人停止处分行为。管理人应当予以纠正，或者提交债权人会议重新表决通过后实施。

《民事诉讼法》

第一百三十条第一款：

人民法院受理案件后，当事人对管辖权有异议的，应当在提交答辩状期间提出。人民法院对当事人提出的异议，应当审查。异议成立的，裁定将案件移送有管辖权的人民法院；异议不成立的，裁定驳回。

第一百二十二条：

起诉必须符合下列条件：

（一）原告是与本案有直接利害关系的公民、法人和其他组织；

（二）有明确的被告；

（三）有具体的诉讼请求和事实、理由；

（四）属于人民法院受理民事诉讼的范围和受诉人民法院管辖。